城镇防灾避难场所规划设计

苏幼坡　王兴国　著

中国建筑工业出版社

图书在版编目（CIP）数据

城镇防灾避难场所规划设计/苏幼坡，王兴国著. —北京：
中国建筑工业出版社，2012.6（2025.2重印）
ISBN 978-7-112-14303-0

Ⅰ.①城… Ⅱ.①苏…②王… Ⅲ.①城市规划-防灾-建筑
设计-中国 Ⅳ.①TU984.2

中国版本图书馆 CIP 数据核字（2012）第 093236 号

本书共分三部分，突发事件与避难，避难场所规划设计和防灾公园规划设计。以国家标准《城镇防灾避难场所设计规范》为依据，论述了城镇重大突发事件是灾时避难和规划建设城镇避难场所系统的根本原因；规划设计城镇防灾避难场所的依据、程序、方法、注意事项与技术指标；防灾公园在城镇避难场所中的地位、功能及其规划设计的基本原则、程序、要求与安全注意事项等。规划设计城镇防灾避难场所"以人为本"，坚持"预防为主"的方针和统筹规划等基本原则，构建城镇灾害应急管理的基本理论框架，强调城镇灾害综合管理以及国家标准《城镇防灾避难场所设计规范》在规划设计城镇防灾避难场所中的主导作用。

本书可供城镇灾害管理部门，编制城镇避难场所规划、城镇避难规划，规划设计城镇避难场所的工程技术人员以及高等学校防灾减灾工程与防护工程的师生参考。对于灾害社会学、突发事件、城市公园等相关领域的研究人员、管理人员以及高等学校师生也有一定的参考价值。

责任编辑：杨　杰　张伯熙
责任设计：赵明霞
责任校对：刘梦然　关　健

城镇防灾避难场所规划设计

苏幼坡　王兴国　著

*

中国建筑工业出版社出版、发行（北京西郊百万庄）

各地新华书店、建筑书店经销

北京科地亚盟排版公司制版

建工社（河北）印刷有限公司印刷

*

开本：787×1092毫米　1/16　印张：18¾　字数：468千字
2012年5月第一版　　2025年2月第二次印刷
定价：**42.00**元
ISBN 978-7-112-14303-0
（22379）

前　言

　　防灾避难场所是提高城镇防灾减灾能力、强化城镇防灾减灾结构、确保居民适时应急行动和安全避难的重要举措，是为城镇居民支撑起灾时人身安全的保护伞。我国各城镇规划设计防灾避难场所系统，势在必行，势在速行。

　　近些年来，我国一些城镇制定了避难场所发展规划，有些城镇还建设了部分防灾避难场所。2003 年北京市建成的元大都城垣遗址防灾公园，是我国城镇防灾避难场所的示范性工程。从此，我国城镇防灾避难场所的规划建设呈现蓬勃发展态势，从首都向各省省会、直辖市、自治区的首府扩展，从特大城市、大城市向中小城市乃至县、乡（镇）发展，从单一类型的防灾避难场所（防灾公园）向多种类型（学校、体育场馆、广场、空地等）并举发展。预计未来 10 年或者更长一段时间，我国城镇将发挥各地的避难场所资源以及经济、防灾技术优势，强化灾害管理力度和灾害应急处置能力，普遍规划建设防灾避难场所，构建城镇人民政府指定的经过规划设计的防灾避难场所系统。而且，各城镇的防灾避难场所具有各种防灾设施和防灾功能，保障居民的避难应急行动与避难生活安全。随着防灾避难场所规划建设的逐步普及，将大幅度提高全国城镇的综合应急防灾能力，为把灾害损失减少到最小创造条件。

　　我国城镇避难场所的规划建设刚刚起步。目前，有些城镇还没有制定避难场所发展规划，一些城镇近期规划的避难场所数量、规模远不能满足重大突发事件发生时居民的实际避难需求，有些城镇公布建成的避难场所，只是设置了一些防灾设施标识，没有或少有实际的防灾设施和避难物资实际储备，灾时难以快速形成必备的各种避难防灾功能，难以应急收容大量避难人员安全避难。各城镇普及性、规范化地规划建设满足实际需求的避难场所系统，还要花费较长时间，投入较多人力、物力和防灾技术资源。

　　以前，我国没有应对各种灾害的城镇防灾避难场所设计规范，影响了城镇防灾避难场所的整体规划设计、个体设计以及防灾设施、防灾功能的规范性、完善性和可靠性。近几年，河北省地震工程研究中心、北京工业大学抗震减灾研究所、中国建筑科学研究院、中国城市规划设计研究院等单位的灾害社会学、灾害工程学、灾害管理学、建筑工程学以及城镇规划等学科领域的专家、教授、工程技术人员，总结国内外城镇防灾避难场所规划设计的经验与教训，开展专题研究与试点实践，利用新的防灾减灾科学研究成果，结合我国国情，完成了国家标准《城镇防灾避难场所设计规范》的制定工作。该项国家标准的颁布，可谓恰逢其时，为规划设计应对各种重大突发事件的城镇防灾避难场所提供重要的法规依据，也为城镇防灾避难场所达到安全、适用、经济、合理的基本要求奠定基础，是我国城镇防灾避难场所规划设计的一个重要里程碑。

　　城镇灾害应急管理的实践表明，发生在城镇的重大突发事件，特别是地震、洪涝、海啸以及台风等重大自然灾害，必造成大量房屋建筑倒塌和严重破坏，产生大量无家可归者或有家难归者，需要应急安置在指定的防灾避难场所安全避难。以日本重大地震灾害为例，1923 年关东地震避难人数 130 万，1995 年阪神地震 30 余万，2011 年东日本地震近40 万，据日本推测，若日本东京湾北部发生 7.3 级地震，在最坏的情况下，整个东京圈将有 700 余万人避难（450 万收容在防灾避难场所，250 万投奔亲友）。关东地震时，重灾区东京市没有规划建设防灾避难场所，避难行动极为混乱。阪神地震、东日本地震时，灾区的县市町普遍规划建设了防灾避难场所，居民大多经过避难防灾教育与演习，没有出现关东地震那样的避难混乱现象，但也出现不少问题。例如：东日本地震重灾区有的避难场所人满为患，甚至挂出"现在满员"的招牌；有的避难场所灾后较长时间不能保障避难人员的基本生活；储备的救灾物资不足，特别是饮用水、食品和御寒物资短缺，灾后超市的基本生活物品被抢购一空；住宅建设缓慢，原定 2011 年 8 月底关闭避难场所，但到 2012 年3 月 11 日地震一周年时，仍有 34 万人避难；由于福岛核电站核泄漏，核电站周边地域的居民不得不背井离乡到外地避难。灾后，针对存在的问题，日本有关部门提出了一些改进措施，例如：增加避难场所的收容能力，完善灾时的医疗体制，提高快速、有效应急行动的水准；强化居民灾时自身保护的"自助"能力——在确保安全的条件下尽快实施避难行动，储备必需的避难应急物资，有应对生命线系统瘫痪和传递安危情报的应急对策等。城镇只有规划建设满足灾时避难实际需求的防灾避难场所，并储备足够的应急救灾物资，方有可能成功应对如此严重的地震巨灾。

城镇没有防灾避难场所→规划建设满足避难需求的防灾避难场所→通过总结重大灾害应急管理的经验教训，采用新的防灾减灾技术与设施，逐步完善防灾避难场所的防灾功能，是城镇防灾避难场所的基本发展路向。

2006 年本书作者曾编著出版《城市灾害避难与避难疏散场所》一书，对近些年一些城镇编制避难场所发展规划，规划设计城镇防灾避难场所，汶川地震、舟曲泥石流等严重突发事件后的救护救援、灾害避难领域的科学研究以及防灾减灾工程和防护工程的学科建设也起了参考和导向作用。2008 年和 2009 年《现代职业安全》杂志连载了该书的主要内容。

拙著《城镇防灾避难场所规划设计》共分 3 章，第一章突发事件与避难，第二章避难场所规划设计，第三章防灾公园规划设计。以国家标准《城镇防灾避难场所设计规范》为依据，立足于避难场所的规划设计，论述了城镇重大突发事件是灾时避难和规划建设避难场所的根本原因，避难是城镇应对重大突发事件的重要应急措施，避难场所是居民避难应急行动和避难生活有安全保障的场所；依据国家标准《城镇防灾避难场所设计规范》规划设计城镇防灾避难场所的依据、程序、方法、注意事项与技术指标；防灾公园与城镇公园的关联与区别，防灾公园在城镇避难场所中的地位、功能与作用及其规划设计的基本原则、程序、要求与安全注意事项，并结合唐山市防灾公园的规划设计，提出了城镇大防灾公园系统的理念和规划设计要领等。拙著强调城镇灾害管理"以人为本"，保护居民生命和身体安全是规划建设城镇避难场所的基本宗旨，坚持"预防为主，防、抗、避、救相结合"的方针和统筹规划设计、因地制宜、经济适用、"平灾结合"、确保安全、强化防灾功能、方便居民避难等基本原则；强调城镇灾害综合管理理念，实现城镇防灾减灾的组织机构、各个环节、区域、资源的整合，避难场所规划建设以及各类避难场所的整合，城镇灾害综合管理与城镇可持续发展的整合；综合、融合城镇灾害应急管理的应急行动理论、情报理论、避难理论、防灾教育与应急组织指挥理论、安全理论与生态环境理论等，构建城镇灾害应急管理的基本理论框架；强调城镇避难场所规划设计的规范性，特别是国家标准《城镇防灾避难场所设计规范》在规划设计中的主导作用，必须执行强制性条文，确保避难场所的规范性、安全性和可靠性。

没有取舍就没有扬弃，没有继承就没有发展。在本书编写过程中，参阅了大量文献，向这些文献的著者表示衷心感谢。由于篇幅所限，书后未能一一列入全部参考文献，深表歉意。

刘瑞兴教授、何建辉工程师为本书的编写做了部分工作；初稿完成后，中国建筑工业出版社责任编辑杨杰为书稿的编辑付出了心血，深表谢意。

由于笔者在城镇防灾避难场所领域的研究水平有限，成书时间又比较仓促，书中谬误难免，诚恳同仁指正。

期待拙著对我国城镇防灾避难场所的规划设计发展起一定的推动作用。

作者　2012 年 3 月 18 日

于河北省地震工程研究中心

河北联合大学建筑工程学院

目　　录

第一章　突发事件与避难

依据《中华人民共和国突发事件应对法》第三条的定义，突发事件是"突然发生，造成或者可能造成严重社会危害，需要采取应急处置措施予以应对的自然灾害、事故灾害、公共卫生事件和社会安全事件。"该定义明确了突发事件的内涵与基本特性——有严重社会危害和突发性，需要采取应急处置措施予以紧急应对。该法的第十九条还规定："城市规划应当符合预防、处置突发事件的需要，统筹安排应对突发事件所需的设备和基础设施建设，合理确定避难场所。"提出了应对突发事件的主要措施，其中包括应对突发事件所需的设备、基础设施和合理确定避难场所。建设城镇避难场所和防灾设施是应对突发事件的重要举措。

所谓"合理确定避难场所"，主要是指城镇避难场所的规划、设计与建设有法律法规依据，符合基本规划原则与要求，满足居民避难需求。一座城镇的避难场所是一个应急防灾系统，应当统一规划、设计、建设与科学管理；合理利用城镇的避难场所资源，建立包括防灾公园系统在内的城镇防灾避难场所系统，满足灾时居民的实际避难需求，使之最大限度地强化城镇防灾结构和防灾功能；规划、设计、建设各类必需的防灾设施，应对城镇可能发生的各种重大灾害，满足避难行动与避难生活、灾后救援与恢复重建的需求；有效利用城市的交通优势、空地和开放空间、公园绿地以及各种公共设施，提高人均有效避难面积，减少避难生活的"贫困度"——防灾设施与基本生活物资的短缺程度；与城镇周边地域交界处的村镇共建避难场所，有必要时与异地建立远程避难协作机制；规划建设避难场所应方便避难人员就近避难，关照避难弱势人群（老、弱、病、残、孕），把流动人口纳入城镇避难场所系统规划。"合理确定"还应当包括城镇确定的防灾避难场所有保障居民避难需求的防灾设施以及基本生活物资储备，确保避难行动与避难生活安全。

居民避难与规划建设避难场所的根本原因是城镇可能发生重大突发事件，特别是地震、海啸、台风、洪涝等严重自然灾害。

通常，突发事件造成建筑物倒塌、严重破坏，或被水、火、风、泥石流、海啸等灾害毁坏，还可能受到毒气泄漏、核辐射、交通瘫痪等灾害的威胁。在这些情况下，有些居民的住宅可能丧失居住功能、居住条件或居住环境，成为无家可归者或有家难归者。而且，在突发事件发生的同时，常伴随城镇生命线系统的瘫痪或严重破坏，受灾的城镇失去供电、供水、供（燃）气功能，甚至交通瘫痪，通信中断，居民从正常的城镇生活骤然转变为灾时状态，部分居民失去住所，无衣少食，缺水、缺医、缺药，甚至丧失最基本的生活条件。重大突发事件还不同程度地造成人员伤亡，需要应急救治。为了保护城镇居民的生命安全，必须组织无家可归者和有家难归者到政府指定的经过规划设计建成的避难场所安全避难，为他们创造宿、食、医、行等基本生活条件，把灾害损失减少到最小。

1.1　突发事件

重大突发事件往往给灾区的居民带来深重的灾难。以2010年为例，突发事件至少夺去26万人的生命。1月12日，海地7.3级地震，2月智利强震，4月冰岛火山喷发、中国玉树地震，7月俄罗斯森林火灾、巴基斯坦特大洪水，8月我国舟曲泥石流灾害，10月印度尼西亚地震、海啸、火山喷发，11月以色列发生了该国建国以来最大的山火等。除地震灾害外，2010年还频发气候灾难。夏季的俄罗斯森林大火，缘于130年来从未有过的干旱和高温天气，西伯利亚的气温高达37℃。高温引发近3万起火灾，造成的直接经济损失达150亿美元。巴基斯坦7月下旬开始的"历史上最严重洪灾"造成1800人死亡，2000多万人受灾。

重大突发事件严重威胁着人类的安全，一旦发生往往造成人员伤亡和经济损失。

2010年1月12日海地突发7.3级地震，30万人死亡，居民住宅大量倒塌或严重破坏，100多万人无家可归。由于灾前海地政府没有在首都太子港等地域规划建设防灾避难场所，震后灾民不得不搭建简易帐篷避难，带来诸多安全隐患。由于临时帐篷极其简陋，十分拥挤，无防火性能，又没有必需的防火器材，一旦发生火灾必火烧连营；而且，灾前没有救援物资的储备，也没有必备的防灾设施，避难人员的生活"贫困度"极高，难以维持最基本的生活条件，部分人产生了抢劫等灾时的过激行为；卫生条件极差，特别是炎热的夏季，极易发生、传播瘟疫。同年10月，海地发生霍乱并快速蔓延，截至2012年初约50万人患病，7000多人死亡。灾后的部分情景见图1-1。

太子港一片地震废墟

居民乘船外逃

灾民领取食品

频发抢劫与哄抢

图1-1　2010年海地地震的部分情景（一）

灾民自行搭建的简易避难帐篷

图 1-1 2010 年海地地震的部分情景（二）

据记载，1917 年、1925 年云南省先后突发两次严重地震灾害。"嶍峨（今云南省峨山彝族自治县）连震五昼夜，城内外房屋罕有存者，人民全家压毙，所在皆是。而地震之后继以大雪，饥饿遗黎、庇身无宇，冻死载道者，弥望相锺，……"；"村中倒塌房屋中，亦救出人民数百，有老有少，甚有不着衣服之妇孺，一并集中旷地，血肉模糊，有似活地狱现象。斯时也，生者无食，死者无殓，伤者无药，……"；"人民露宿旷地，无衣乏食，老弱悲号，妇孺饮泣，目睹心伤，难为图状。"不难想象，面对如此惨重的地震灾害，如果当时灾区规划建设了避难场所系统，灾民就不会"饥饿遗黎、庇身无宇"、"生者无食"、"伤者无药"、"露宿旷地，无衣乏食"。

突发事件有多种分类方法。从能否预报的角度看，有难预测预报和易预测预报两种类型。

（1）难预测预报的突发事件

比较典型的是地震灾害，像近些年我国发生的邢台地震、唐山地震、九江地震、汶川地震和玉树地震等都无短期预报。对于这种类型的突发事件，不可能准确预报哪个城镇在哪个具体时间、具体地点发生哪种类型、多大规模的突发事件，只能在灾害发生后依据实际灾情组织居民避难。城镇灾害管理部门应未雨绸缪、防患未然，在突发事件发生前规划建设城镇避难场所系统，积极应对突发事件。

（2）易于预测预报的突发事件

比较典型的是台风、飓风和暴雨灾害。随着气象科学技术的蓬勃发展，现代高新技术在气象预测预报中的广泛应用，台风、飓风和暴雨等自然灾害的准确预报率越来越高。能够提早数天比较准确地预报这些灾害的形成、发展以及运动路径、灾害规模、受灾范围等，为灾前组织避难疏散提供依据。近些年来，我国东南沿海地区，利用天气预报信息，在台风到来之前，适时组织居民避难疏散，对确保居民的人身安全起了重要作用。频发的台风灾害也促进了台风肆虐地区的避难场所建设。美国是飓风频发国，几年间，发生了伯爵、卡特里娜、丽塔、珍妮、费利克斯、艾琳等多次飓风，造成人员伤亡和严重的经济损失。由于其能够准确预测预报飓风的形成与发展，所以能够在飓风到来之前组织灾前远程避难。图 1-2 是飓风发生前远程避难的车队，居民驾车到轻灾区、非灾区避难，灾害过后，重返家园。

将突发事件从难以准确预测预报转换为易于预测预报的，对于城镇防灾减灾有重要意

| 卡特里娜飓风 | 珍妮飓风 | 伊万飓风 |

图 1-2　美国飓风发生前远程避难的车队

义。我国成功地预测预报了海城地震等地震灾害，这说明只要提高人类认识自然、改造自然的能力，准确掌握地震等自然灾害的基本规律，综合性开发利用各种现代科学技术观测、监控手段，目前尚不能准确预测预报的自然灾害有可能转变成可以预测预报的灾害，有助于组织灾前避难，大幅度减少人员伤亡和经济损失。

为应对各类突发事件，必须完善、强化城镇的防灾结构，赋予必需的防灾功能。规划、设计、建设防灾避难场所是城镇必备的防灾对策。

突发事件也可以划分为自然灾害和人为灾害。以下介绍各种灾害的概况。

1.1.1　自然灾害

我国地域辽阔，地质结构复杂，气候类型和地形地貌多样，海岸线长且有长江等多个大河流域，经常发生地震、台风、暴雨、洪涝、泥石流、山体滑坡、海啸、道路结冰、龙卷风、冰雹、暴风雪、崩塌、地面塌陷、沙尘暴等自然灾害。城镇一旦发生严重自然灾害必造成惨重损失。

有些自然灾害具有突发性，像地震、洪水、飓风、风暴潮、冰雹、雪灾、暴雨、海啸、火山喷发等，在几天、几小时甚至几分钟、几秒钟内就能突发重大自然灾害。

自然灾害已经成为制约各国社会发展的重要因素。据报道，20 世纪每年世界各国有 20%～50% 的人口遭受暴雨、洪水、干旱、飓风、风暴潮、地震、火山、滑坡和泥石流等自然灾害的威胁。20 世纪初，世界人口为 16 亿左右，而到 20 世纪末则增加到 60 亿以上，相应的资源消耗和人类产生的废弃物增长 10 倍多，地球环境不断恶化，不仅自然灾害频发，并由此引发了大量人为灾害。人类社会经济活动对大自然的干扰能力大幅度增加，加剧了自然灾害的肆虐。人类必须亲近自然，感恩自然，合理开发利用自然，保护自然资源和生态环境，实施可发展战略，减少自然灾害的发生。并采取包括规划建设城镇防灾避难场所等在内的有效措施，紧急应对重大突发事件，把灾害损失特别是人员损失降少到最低。

1.1.1.1　地震灾害

我国位于环太平洋地震带和欧亚地震带之间，受太平洋板块、印度板块和菲律宾海板块的挤压，是地震灾害多发国。据统计，20 世纪我国发生 6 级以上地震 650 多次，其中 7 级及其以上 98 次，8 级以上 9 次。全球发生 8.5 级以上特大地震 4 次，我国发生 2 次——1920 年 8.5 级宁夏海原地震和 1950 年 8.6 级西藏察隅—墨脱地震。1976 年 7.8 级唐山地震 242 469 人死亡、175 797 人重伤、3 817 人截瘫，仅唐山市倒塌和严重破坏的房屋就有 1 116 万 m²，占市区建筑物总面积的 95.5%。2008 年 8.0 级四川汶川地震受灾人口 4 625.7 万，其中一半以上灾后无房可住，因灾害影响紧急转移 1 510.6 万人，截至 2008 年 10 月 10 日确认 69 227 人死亡、17 923 人失踪、37.46 万人受伤；在这次地震中，共有 796.7 万间房屋倒塌，2 454 万多间房屋损坏。

新中国成立以来，我国 22 个省、自治区、直辖市发生破坏性地震 100 多次，造成 35 万余人丧生，占全国各类灾害死亡人数的 56%，地震成灾面积达 30 多万平方公里，房屋倒塌达 700 万间。

20 世纪 50 年代以来，我国大陆发生的 7 及以上地震如表 1-1 所示。分析该表可知，60 多年来，我国发生 8.0 级及以上的地震 3 次，震级最高的是察隅—墨脱地震 8.6 级；从发震的时间看，20 世纪 50 年代 4 次、60 年代 2 次、70 年代 6 次（其中 1976 年 3 次）、80 年代和 90 年代分别为 2 次，21 世纪初 4 次；大多是浅源地震，深源地震 2 次（均为吉林汪清）；从地域看，云南 6 次，西藏 3 次，四川、河北、吉林各 2 次，山东、甘肃、青海、新疆、辽宁各 1 次。

20 世纪 50 年代以来我国大陆发生的 7 级以上地震　　　　　　表 1-1

地震名称	时　间	震　级	震　区
察隅—墨脱地震	1950-08-15	8.6	西藏墨脱、察隅一带
当雄地震	1951-11-18	8.0	西藏当雄县的纳木湖区和那曲县的桑雄区一带
当雄地震	1952-08-18	7.5	同上
山丹地震	1954-02-11	7.1	甘肃山丹东北
邢台地震	1966-03-22	7.2	以河北省宁晋县东汪镇为中心，北到尧台、南到史家嘴、西临大曹庄、东到贾家口，面积 137km²
渤海地震	1969-07-18	7.4	山东省垦利县、利津县、沾化县受灾严重
通海地震	1970-01-05	7.8	云南省建水曲江区大甘寨至峨山小街旬心村的曲江河谷
永善地震	1974-05-11	7.1	云南省大关县木杆村
海城地震	1975-02-04	7.3	严重破坏区包括海城、大石桥、田庄台等城镇和村庄
龙陵地震	1976-05-29	7.2 和 7.3 各 1 次	震中区在云南省龙陵县东南部的镇安、朝阳、邦公、平达等 16 个乡，受灾面积 1 883km²
唐山地震	1976-07-28	7.8（7.1 级余震 1 次）	以唐山市为中心，向四面延伸，约 47km²
松潘地震	1976-08-16	7.2	四川省松潘县观音岩以东，平武县王坝楚、水泊以西，牧羊场以南，泗耳（茶房）以北，面积约 1 900km²
新疆乌恰地震	1985-08-23	7.4	震中区在新疆乌恰县和疏附县
云南澜沧—耿马地震	1988-11-06	7.6 和 7.2 各 1 次	震中区在澜沧、耿马和沧源佤族自治县交界处
云南孟连地震	1995-07-12	7.3	震中在缅甸境内
云南丽江地震	1996-02-03	7.0	极震区北起丽江县大具以北，南到丽江县城以南的漾西，东起文化、大东一线，西达文海玉龙雪山一线
吉林汪清地震	2002-06-29	7.2	深源地震
汶川地震	2008-05-12	8.0	从汶川县旋口镇到清平乡，再从北川县的擂鼓镇到南坝镇
吉林汪清地震	2009-06-29	7.0	深源地震
玉树地震	2010-04-14	7.1	震源位于县城附近

在城镇人口密集的地区发生重大地震灾害往往造成大量房屋倒塌或严重破坏，生命线系统瘫痪，产生大量无家可归者和有家难归者，必须采取各种避难措施，保障居民的生命和身体安全，确保基本生活物资供应。上述 20 次重大地震灾害发生时，发震地区都没有规划建设城镇防灾避难场所系统，是灾后当地人民政府临时指定避难场所组织居民避难，或居民自主避难。

1976 年唐山地震时，极震区的房屋基本倒塌，极震区及其周围灾情严重地区的数百万居民均在临时搭建的窝棚或简易房内避难（见图 1-3），避难条件与避难环境相当简陋，曾经出现肠炎、痢疾等瘟病发生与传播的苗头。就连地震震感比较强烈的北京市，也有几十万居民避难，其中仅在公园避难的就有 20 万人左右。给首都的安全、卫生以及城市管理带来诸多困难。

建筑倒塌与严重破坏

避难窝棚与成片的简易房

图 1-3 唐山地震建筑倒塌、严重破坏与避难场所

2010 年 4 月 14 日我国发生的玉树地震 2 200 多人震亡（含失踪），12 000 多人受伤，其中重伤 1 434 人。灾区房屋损失严重，震中附近的结古镇 80％以上的房屋倒塌（见图 1-4），数万居民失去家园，在赛马场、体育场、学校、街头、山上和空地避难。震后第二天，在扎西科赛马场避难的有 4 000 余人，玉树藏族自治州体育场 1 000 多人。

1999 年我国台湾省集集地震灾区，13.5％（避难人数与灾区总人口的百分比）的市民避难。集集地震建筑物倒塌与避难场所示例如图 1-5 所示。

2011 年 3 月 11 日日本发生 9.0 级东日本地震（图 1-6），是一次地震、海啸、火灾、核泄漏等多种灾害构成的复合灾害。据震后 1 年统计，确定死亡 15 854 人，失踪

灾区的建筑严重破坏

左图是玉树县赛马场。上部是震后重建的新居，下部是避难帐篷村。帐篷村内，共安置6 700户27 000多名居民避难。震后一年，避难的居民搬入震后重建的新居。

图1-4　玉树地震建筑破坏情景、避难帐篷村与震后重建的新居

3 155人，合计19 009人，是1995年日本阪神地震死亡与失踪人数（5 436人）的3.5倍；损坏建筑20余万栋，其中全坏4 100栋，严重破坏9 700栋。据震后11天（21日）统计，正在避难所避难的有349 349人，避难高峰时55万，地震次日核电站周围的居民避难地域范围从半径10km扩大到20km，避难人数177 500人，震后6天灾区设2 400多个避难场所；震后19天至少11个县104万户居民停水，震后20天日本北部地区

建筑物倒塌

避难场所

图1-5 台湾省集集地震建筑物倒塌与避难场所

242 927户家庭停电；损坏房屋7.5万栋，住房和设施破坏的损失618亿～1 235亿美元；经济损失估计在1 220亿美元～2 350亿美元。

1923年日本关东地震，死亡142 807人，损坏房屋576 262栋，东京市次生火灾连烧3天，死亡人数的一半左右是火灾所致。而2011年东日本地震是关东地震后死亡人数最多和近些年来经济损失最大的一次地震复合灾害。这两次地震的共同特点是次生灾害造成的人员与经济损失比较大。

地震灾害的主要特点归纳如下：

（1）造成人员伤亡和严重经济损失

我国历史上死亡人数较多的几次大地震如表1-2所示。20世纪我国大陆地震灾害统计数据如表1-3示。

地震、海啸、大火等复合灾害

海啸袭击

福岛核电站发生核泄漏

建筑倒塌

大火

图 1-6 东日本地震灾害与避难场所（一）

避难场所

领取食品

临时诊所　　　　　　　　　　　　　　　　给水车供水

图 1-6　东日本地震灾害与避难场所（二）

我国历史上死亡人数较多的地震灾害　　　　　　　　　　　表 1-2

时间（年）	地 址	震 级	死亡人数（万）	备 注
1303	山西洪洞	8	20	
1556	陕西华县	8	83	震、焚、疫、溺、饥
1668	山东郯城	8.5	4	
1739	宁夏平罗	8	5	
1920	宁夏海原	8.5	23.4	
1976	河北唐山	7.8	24.2	其中，唐山市 14.8 万
2008	四川汶川	8	9	含失踪

20 世纪我国大陆地震灾害统计表　　　　　　　　　　　　表 1-3

项 目	数 据		项 目	数 据
地震震级	6.0～6.9	380 次	发生 6 级以上地震的省份	28 个
	7.0～7.9	65 次	死亡人数	59 万
	8.0 以上	7 次	重伤人数	76 万
	8.5 以上	2 次	倒塌房屋	600 余万间
受灾人数	数亿人次		直接经济损失	数百亿元
间接经济损失	数千亿元			

分析表中数据可知，严重的地震灾害造成极为惨重的人员伤亡和严重的直接经济损失及间接经济损失。同时，使少则几万、几十万，多则上百万、几百万灾民无家可归、有家难归，被疏散到预先规划的或临时指定的几十个、上百个甚至更多个避难场所避难。严重地震灾害后，无家可归者、有家难归者多，需求避难的人多，需要规划建设的避难场所规模大、种类与个数多，而且应合理分布于市区，方便居民就近避难。例如：汶川地震灾情重，受灾面积大，无家可归者数以千万计，灾前没有规划建设避难场所，灾后利用体育馆或在城镇空地搭建帐篷等提供临时避难，并建过渡安置房供居民避难（图 1-7）。

由于重大灾害地震造成大量建筑被破坏，规划建设的避难场所应有较强的抗震性能，或设置在公园、绿地、广场等自由空间，搭建帐篷村等供居民避难。

还应当指出，严重地震灾害影响的地域范围往往十分广泛。唐山地震震害遍布当时的唐山市和唐山地区，还波及北京、天津等重要城市，被波及城市的大量居民也需要避难疏散。特别是地震海啸，被波及的地域可能在数千公里之外，例如：智利地震海啸和印度尼西亚印度洋地震海啸波及日本以及东南亚沿海地区。

（2）突发性

地震灾害具有明显的突发性。

已如前述，依据目前的地震科学预报水平，还难以准确预测预报地震灾害。许多地震灾害是突然发生的。受灾城市只有灾前规划建设了防灾避难场所，才能在灾后较短的时间内安全地疏散大量需要避难的居民，并及时提供最基本的生活保障，伤员特别是重伤员才能得到及时、有效医治。日本阪神地震和我国台湾省集集地震发生后，地方当局没有及时引导居民避难疏散且抢险救灾工作迟缓，受到民众的严厉批评和社会舆论的谴责。

就是准确预测预报了地震灾害，灾前虽然可以预先组织部分居民到非灾区或轻灾区避难，但城市内依然需安置居民就近避难，也应预先规划建设防灾避难场所。1975 年辽宁海城地震是我国成功短期预报的范例。地震发生前，当地人民政府逐户动员居民撤离住宅，

地震前(左)后(右)的汶川县县城

震后疏散到操场上的高校学生　　　　　　　　在街头避难的居民

避难(绵阳市九洲体育馆)

废墟旁建造的过渡安置房

图1-7　汶川地震震灾与避难场所

到室外避难。由于预报的重灾区没有规划建设防灾避难场所，又适逢冬季，居民只能搭建窝棚、简易房避难，有的在草垛内甚至露天避难。虽然避难人员有衣穿、有饭吃、有水喝，但天寒地冷，避难生活十分艰难。可想而知，如果当时规划建成了城市防灾避难场所系统，灾前居民疏散到各个避难场所，同时启用各种防灾设施，形成各种防灾功能，必大幅度提高避难生活质量，震害造成的人员伤亡会进一步降低，灾后发生的次生火灾次数也会减少。

严重地震灾害的突发性要求城镇避难场所必须预先规划建设，并配置相应的防灾设施，储备必需的救灾物资。一旦灾害降临，可快速组织灾区居民到指定的避难场所避难。如果一个城镇灾前没有规划建设防灾避难场所，没有设置各类防灾设施，也没有救灾物资储备，待灾后再建设和筹备，不是没有可能，就是难度太大或耗时太长，不仅给避难带来较大的无序性和难度，而且有可能加重灾害，造成更大的损失。

台风、暴雨和地震伴生的海啸等自然灾害，由于能够预测预报，可在灾前发布气象警报、海啸警报，实施灾前避难，有可能减少人员伤亡和经济损失。但许多严重地震灾害是突发的，应对突发事件的有效对策是灾前制定相应的应急预案，有满足防灾减灾需求的防灾设施和抢险救灾物资的储备。只有居安思危，才能有备无患，灾害突发时才能应对有序，应对有方，应对有效，有应对的思想、组织准备和救灾物资储备；才能快速调动城镇各个防灾结构，开启各类防灾设施，把灾害造成的损失减少到最小。

日本是地震灾害多发国，几乎所有的都县市町都规划建设了避难场所系统，各城镇的防灾减灾能力比较强。但从东日本地震后组织避难与避难场所的基本生活保障看，也有一些问题值得反思与研讨。沿海城镇的海啸专用避难所（高层建筑的高层空间、高地、堤坝等）大多被海啸冲毁，未能起避难场所的作用。由于灾情突发且极为严重，重灾区的许多避难场所基本生活物资——饮用水、食品、毛毯及御寒衣物紧缺，有的避难所避难人员爆满。这表明，避难场所必须具有抗灾功能，必须依据规划设计要求设置各类防灾设施，应特别重视救灾物资的储备，确保灾时避难人员的基本生活。

特别应当强调指出，灾前城镇防灾避难场所的规划建设是在平时稳定生活状况下进行的，防灾设施和防灾物资的购置、运输、安装、储备都比较容易；而灾害发生后，城镇遭受严重破坏或受到重大灾害的威胁，再创造灾前规划建设的避难场所那样的避难条件和避难环境难度很大。因此，防灾设施的建设，防灾物资的储备，宜从灾后向灾前转移。

（3）伴生严重的次生灾害

地震的次生灾害主要有火灾、海啸、余震、水灾、毒气泄漏、核泄漏以及瘟疫等。火灾是严重的地震次生灾害。日本关东地震、阪神地震都发生了重大次生火灾，造成惨重的人员伤亡和经济损失。关东地震时，东京市火灾与地震同时发生，市内 15 个辖区起火，起火点（含当时的郡）共 178 处，其中 83 处被消防队扑灭，95 处酿成火灾。火灾发生处，火借风势、风助火威，形成巨大的火流向周围延烧。而且，从火灾现场飞散出大量烟尘和火星，仅市区就有 100 多处火灾是被飞散的火星点燃的。大火从地震当天的中午一直燃烧到震后第三天的下午 6 时。关东地震死亡 14 万余人，约半数死于次生火灾，仅一个被服场就烧死 4 万余人。1995 年日本阪神地震后 15 分钟发生火灾 85 处，3 天内共发生 256 处，震后 11 天累计 294 处。地震灾区烧毁房屋 7 120 栋，部分烧毁 347 栋，烧毁面积 659 160m²。1975 年海城地震，地震死亡 328 人，震后防震棚发生火灾 3 000 余起，烧死 341 人，次生火灾死亡的人数比地震灾害死亡的还多。

我国是频发严重海洋灾害的国家之一。全球 75％的海啸灾害发生在环太平洋地震带上。余震是对居民生命财产威胁比较大的次生灾害。1976 年 7.8 级唐山地震的当天在滦县商家林发生 7.1 级余震，大量房屋建筑倒塌，因当时居民在室外避难，未造成严重人员伤亡。唐山地震、印度洋地震伴生海啸等严重地震灾害发生后，都出现过瘟病发生的苗头，由于处理及时，未蔓延成灾。

历史的教训值得注意。公元前 23 世纪～公元 1911 年间，我国发生的 1 034 次地震中，许多地震灾害发生后，灾民"人甚恐，多露宿"、"哮哭惊声日夜不绝，民皆露宿"、"兵民口食无资，栖身无所"、"人民流散"，"瘟痢随作"、"人俱死，无收瘗者"。1556 年陕西省华县地震，"秦晋之交，地忽大震，声如万雷，川原坼裂，郊墟迁移，道路改观，树木倒置，阡陌更反。""郡城邑镇皆陷没，塔崩、桥毁、碑折断，城垣、庙宇、官衙、民庐倾颓摧圮，一望丘墟，人烟几绝两千里；四处起火，数日火烟未灭；民天寒露处，抢掠大起。军民因压、溺、饥、疫、焚而死者不可胜计，其奏报有名者 83 万有奇，不知名者复不可数。"华县地震之所以死亡这么多人，不仅仅因为建筑物倒塌砸死、压死，还与饥饿、火灾、水淹与发生瘟疫等多种灾害密切相关。

大量地震灾害表明，不仅主震能够造成人员伤亡，建筑物倒塌、严重破坏和大量财产损失，有些次生灾害造成的损失甚至远超过主震。例如：2004 年印度尼西亚的印度洋地震引发的海啸造成十几个国家 20 余万人死亡，大约是主震震亡人数的 10 倍。2011 年 3 月 11 日东日本 9 级地震伴生海啸，死亡者约 90％是海啸所致。

因为严重地震灾害常伴生余震、海啸、火灾、泥石流和滑坡等次生灾害，从而构成多个灾种的复合灾害。主震是形成复合灾害的祸首，次生灾害是复合灾害的成因，而且有些次生灾害造成的损失有可能远远超过主震。9 级东日本地震不仅震级高、破坏力强，而且主震引发了海啸，发生多次 5 级以上余震，化工企业发生多处爆炸和火灾，福岛核电站发生核泄漏，又伴有降温、降雪，可谓"雪上加霜"。海啸灾害造成的人员伤亡和建筑破坏超过主震。这表明，对于重大地震灾害，规划设计避难场所系统时，应立足于复合灾害，应急措施能够"融霜化雪"，把复合灾害的损失减少到最小。

东日本地震因福岛核电站核泄露致 14 万人避难疏散，最大避难半径 30km（见图 1-8）。由于福岛核电站多次发生爆炸事故，福岛县呼吁居民在室内避难，并将避难半径范围规定为 20～30km。福岛县 3 月 15 日公布的数据显示，在 20～30km 避难半径范围内共有 14 万人，在避难场所的居民共有 4 000 人。

由于重大地震灾害往往酿成复合灾害，规划地震灾害避难场所时，应根据城镇的具体情况，既考虑主震，又要融入重大灾害次生灾害。

（4）分布地域广

我国的地震灾害主要发生在如图 1-9 所示的 23 条地震带上。这些地震带分布在北京、天津、河北、辽宁、山东、内蒙古、山西、陕西、甘肃、宁夏、青海、新疆、云南、四川、西藏等省市区。其他地域也有地震发生，但数量较少，且强度也低。

从图 1-9 可以看出，我国的地震灾害主要发生在五个地区：台湾省及其附近海域；西南地区的西藏、四川西部和云南中南部；西北地区的甘肃河西走廊、青海、宁夏、天山南北麓；华北地区的太行山两侧、汾渭河谷、阴山—燕山一带、山东东部和渤海湾；东南沿海，主要包括广东、福建等地。

福岛第一核电站避难半径扩大至30公里

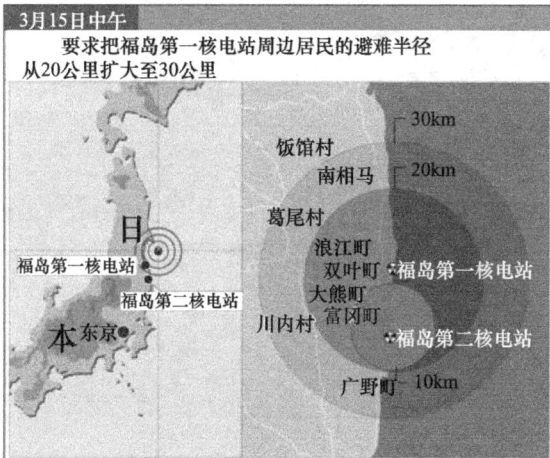

3月15日中午

要求把福岛第一核电站周边居民的避难半径
从20公里扩大至30公里

福岛核电站地理位置与避难半径图

震后核电站爆炸并发生核泄漏

躲避核辐射到避难场所避难的人群

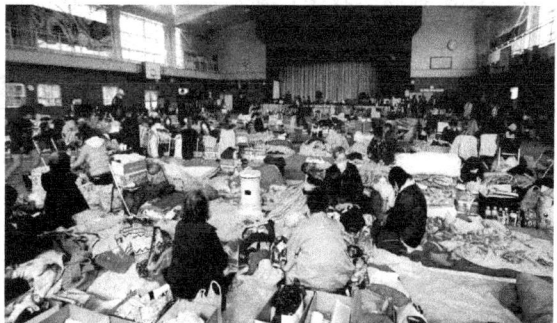

躲避核辐射的避难场所

图 1-8　东日本地震核泄漏与应急避难

我国近 86% 的百万人口以上城市位于地震区，近 130 座位于地震基本烈度 7 度及其以上地区。因此，规划建设地震避难所的任务十分繁重；每个城市的避难场所合理地分布在整个城区，且数量多规模大，以满足避难人群的需求；各种灾害共用城市避难场所，形成城市避难场所系统；要求用作城市避难场所的各类建筑设施抗震性能高，确保避难安全。

特别应当强调指出，现代城市发生严重地震灾害损失更为惨重。据日本有关部门研究推断，若在日本东京发生 7.3 级地震，将震亡 1.1 万人、伤 21 万人，归宅困难者约 650 万，避难高峰时避难人员 700 万左右，其中约 450 万人入住避难场所，经济损失 112 兆日元。

地震灾害分布地域广，突发事件的多样性和地域分布的广泛性，要求可能发生重大地震灾害和其他突发事件的城镇应普遍规划建设避难场所。

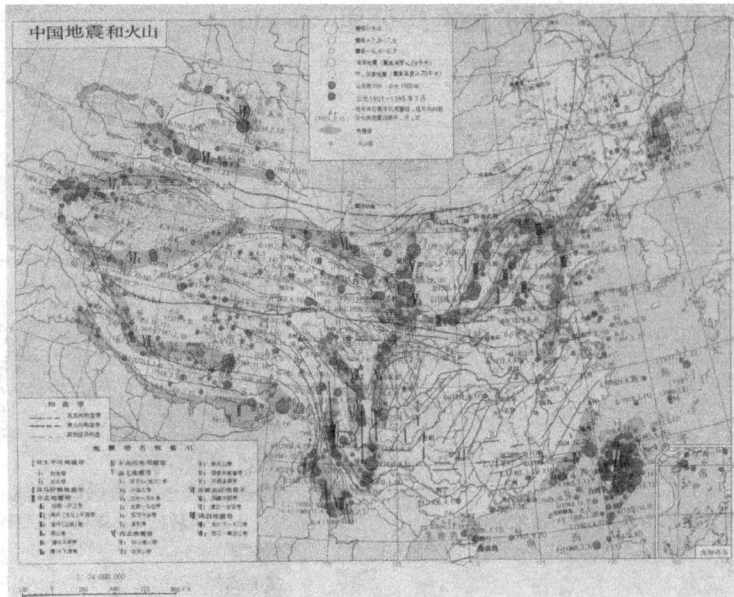

图 1-9　我国的主要地震带分布图

百余年来，日本发生的主要地震与震害如表 1-4 所示。住宅建筑倒塌是造成人员伤亡的主要震害形态，而且，伴随大量住宅建筑倒塌，许多人无家可归，大多采取避难行动，在避难所度过一段时间的避难生活。因住宅建筑倒塌、地震次生灾害和生命线系统瘫痪等原因，一次严重地震灾害，一般造成成千上万甚至几十万、上百万市民避难。因此，日本是规划建设避难场所较早，避难场所指定率较高，避难疏散防灾教育比较普及的国家。日本各都、县、市、町普遍规划建设避难场所，为灾后应急避难提供安全场所。

百余年来日本的主要地震灾害与震害　　　　　　　　表 1-4

地震名称	时间（年）	震级	震害		地震名称	时间（年）	震级	震害	
			死亡人数	损毁房屋栋数				死亡人数	损毁房屋栋数
浓尾地震	1891	8.0	7 273	142 177	智利地震海啸	1960	9.5	139	2 830
明治三陆地震海啸	1896	8.5	26 360	11 723	新潟地震	1964	7.5	26	2 250
关东地震	1923	7.9	142 807	576 262	十胜地震	1968	7.9	52	691
北丹后地震	1927	7.3	2 925	12 629	宫城县海上地震	1978	7.4	28	1 183
三陆地震海啸	1933	8.1	3 064	6 067	日本海中部地震	1983	7.7	104	987
鸟取地震	1943	7.2	1 083	7 736	长野县西部地震	1984	6.8	29	24
东南海地震	1944	7.9	1 223	19 367	北海道西南海上地震	1993	7.8	230	601
三河地震	1945	6.8	2 306	5 539	阪神地震	1995	7.3	5 436	111 054
南海地震	1946	8.0	1 330	13 119	新潟中越地震	2004	6.8	68	3 175
福井地震	1948	7.1	3 769	40 035	东日本地震	2011	9.0	19 000	75 000
十胜近海地震	1952	8.2	33	921					

从表 1-4 可以看出，80 多年来，日本地震灾害人员伤亡和住宅建筑损失最严重的是 1923 年的关东地震，死亡超过 10 000 人的共 3 次。近几十年来，日本有些地震灾害虽然震级较高，但死亡人数只有几十人，从一个侧面反映出日本建筑的抗震能力普遍较高。有些城市局部地区建筑甚至可以抵御最高地震烈度的地震灾害，在这些地域没有必要规划建设地震灾害防灾避难场所。同样强度的地震灾害，发生在发展中国家和经济发达国家，地

震造成的人员伤亡和经济损失可能有较大的差异。

世界几次严重地震灾害的建筑受灾情景如图 1-10 所示。

1906年美国7.8级旧金山地震

1908年7.5级意大利墨西拿地震

1923年7.9级日本关东地震

1936年7.5级巴基斯坦地震

1939年8.0级土耳其地震

1985年8.1级墨西哥城地震

1995年7.3级日本阪神地震

2010年7.1级新西兰地震

图 1-10　世界几次严重地震灾害的受灾情景一瞥

1.1.1.2　海啸灾害

海底地震、海底（或海岛）火山爆发以及海底塌陷、滑坡等大地活动诱发海啸。海啸的海浪具有强大的破坏力。研究表明，发生破坏性海啸的基本条件是海底地震震源深度一般小于 40km，震级大于 6.5 级，海底有较大面积的垂直运动，海底地震的海域海水深度一般大于 1 000m。我国周边海域特别是台湾省等地震多发区，一旦发生海底地震并引发海啸，台湾、广东、福建、海南和浙江等沿海地区可能受到袭击。据不完全统计，公元前 47 年至公元 2004 年，我国沿海共发生 29 次地震海啸，其中 1/3 左右形成海啸灾害。我国存在三大地震海啸风险区，即渤海海域、台湾周边海域和南海海域。这些地域的城市应考虑在滨海地域规划建设海啸避难场所。滨海地域受海啸袭击的宽度与海啸强度、海岸地形地势、防浪堤坝高度与抗海啸强度、海啸水墙运动受阻程度与增能梯度等有关，2011 日本 9 级东日本地震海啸袭击了滨海纵深几公里的地带。

地震掀起的海洋波浪高度一般不超过 1m，但波长较大可达数千米，而且其传播 1 000km 甚至上 10 000km 后，能量损失很小。但传到滨海区域后，能形成高达几米甚至数十米的"水墙"，冲上陆地。"水墙"蕴藏着巨大能量，遭受袭击的地域将遭受惨重的损失。

日本的地震灾害诱发多次海啸，有些破坏性海啸的浪高超过 10m。1923 年关东地震 12m，1983 年日本海中部地震 10m，1993 年北海道近海地震 10m 多，2011 年东日本地震 10m。

2004 年底，印度洋地震伴生海啸造成 13 个国家 20 余万人丧生。其中印度尼西亚的苏门答腊岛近震源的海滨，震后几分钟就受到海啸的袭击。印度尼西亚遭受多次地震伴海啸的袭击（图 1-11），损失极为惨重。

海啸过后灾区一片狼藉

印度尼西亚简陋的海啸避难场所

图 1-11　海啸毁坏的建筑与简陋避难窝棚

建立海啸警报系统，并在可能发生海啸的滨海地区规划建设海啸避难所是应对海啸灾害的主要措施。距离发生海底地震比较近的滨海城市，在震后极短的时间内可能遭受海啸袭击，应规划建设海啸避难所（高层建筑、避难塔、避难高台等）供居民和旅游者避难疏散。而且，在滨海的避难困难地域规划建设专用海啸避难所，确保避难人员有及时避难的空间。图 1-12 是高台海啸避难场所示意图。高台标高高于海啸水墙高度，在平台上可躲避海啸袭击。平台上的建筑可作宿区、救灾物资储备库，平时亦能利用（下部设平时入口，有 2 道防水门，灾时关闭）。从地面到平台设有带扶手的台阶，便于避难人员安全快速登上平台。

1960 年 5 月，智利中南部的海底发生 9.5 级强烈地震（世界地震史上震级最高的地震），导致数万人死亡，200 万人无家可归。大震之后，突发海啸，海岸处浪高一般为 8～9m，最高达 25m。太平洋沿岸，以蒙特港为中心，南北 800km，几乎被海啸洗劫一空，沿岸的码头全部瘫痪。除智利外，还波及太平洋东西两岸，如美国夏威夷群岛、日本、俄罗斯、中国、菲律宾等许多国家或地区。海啸波以每小时 700km 的速度，横扫西太平洋岛屿。仅 14h，就到达了美国的夏威夷群岛，海岸波浪高达 9～10m。不到 24h，海啸到达太平洋彼岸的日本列岛。海岸波浪高 6～8m，最高达 8.1m。造成了日本百余人死亡，冲毁房屋近 4 000 栋。2011 年东日本地震伴生海啸不同地点的海啸波浪高度如表 1-5 所示。

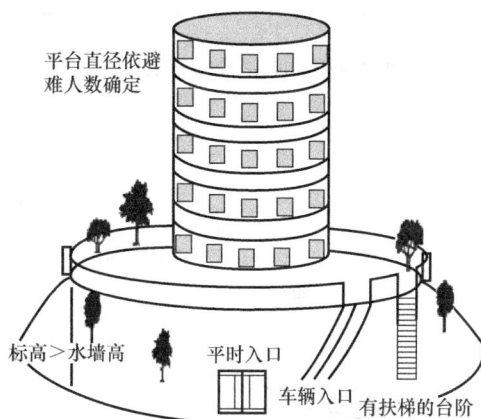

图 1-12　高台海啸避难场所示意图

东日本地震伴生海啸在不同地点的波浪高度　　　表 1-5

地　点	海啸浪高测量仪测量（m 以上）	依据海啸在陆地的痕迹推测（m）	地　点	海啸浪高测量仪测量（m 以上）	依据海啸在陆地的痕迹推测（m）
青森县八户	2.7	6.2	岩手县久慈港	未测量	8.6
岩手县宫古	8.5	7.3	岩手县釜石	4.1	9.3
大船渡	8.0	11.8	仙台港	未测量	7.2
石卷市鲇川	7.6	7.7	福岛县相马	7.3	8.9

历史上的严重海啸灾害如表 1-6 所示。

19 世纪以来的严重海啸灾害　　　表 1-6

时　间	发源地	海岸浪高（m）	发生原因	灾害损失
1868-08-13	秘鲁-智利	＞10	地震	夏威夷、新西兰沿岸受灾
1883-08-27	印尼爪哇	30～40	喀拉喀多火山喷发	30 000 多人死亡
1896-06-15	日本本州	＞20	地震	近 30 000 人死亡
1946-04-01	阿留申群岛	10	地震	夏威夷 159 人死亡
1933-03-02	日本本州	＞20	地震	3 000 人死亡
1960-05-13	智利	＞10	地震	智利死亡 909 人，日本死亡 120 人

续表

时　间	发源地	海岸浪高（m）	发生原因	灾害损失
1964-03-28	阿拉斯加	6	地震	死亡 119 人
1976-08-16	菲律宾	5	地震	死亡 5 000 多人，17 万人无家可归
1992-12-02	印尼	26	地震	死亡 137 人
1992-09-02	尼加拉瓜	10	地震	死亡 170 人，13 000 人无家可归
1998-07-17	巴布亚新几内亚	49	地震	死亡约 2 000 人，数千人无家可归
2004-12-26	印尼	30	地震	14 个国家近 23 万人死亡
2010-02-28	智利		地震	死亡数百人

海啸避难场所示意图如图 1-13 所示。

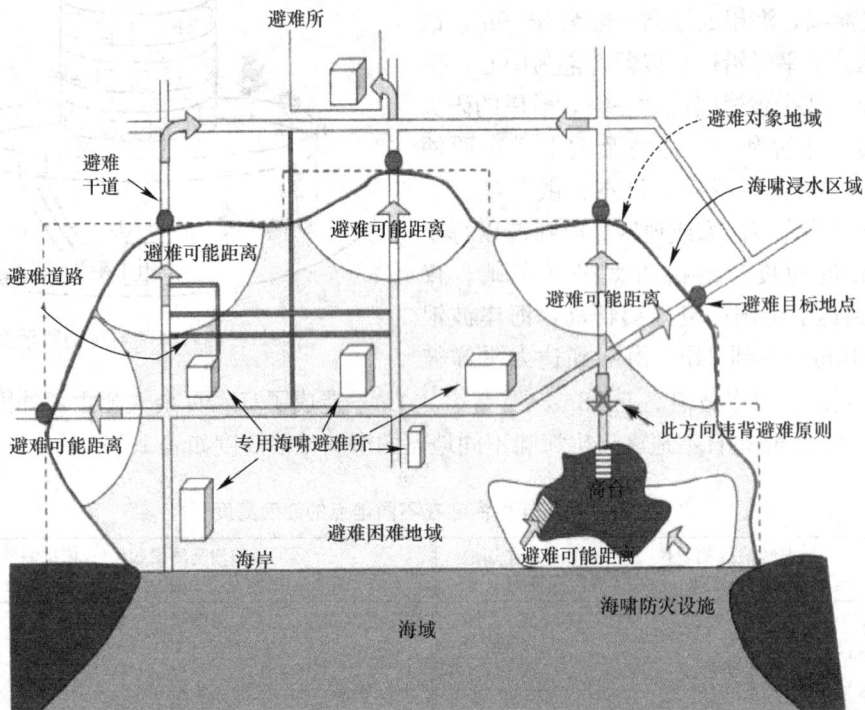

注： 1. 专用海啸避难所。在海啸浸水地域内的居民临时或紧急避难的人工建筑（高层建筑、避难塔等）。不含海啸浸水地域以外的避难设施和高地等）。

　　2. 海啸浸水地域。海啸袭击时，浸水的滨海陆域范围。依据以往海啸的浸水实际状况和海啸浸水模拟结果确定。

　　3. 避难对象地域。海啸发生时，其内居民必须避难的地域。其范围取决于海啸浸水地域的大小。指定的避难对象地域应稍大于海啸浸水地域，确保避难安全。

　　4. 避难目标地点。去避难对象地域以外避难的目标地点，其是避难地域范围的起点。

　　5. 避难困难地域。海啸到达之前，居民去避难对象地域以外避难困难的地域。该地域内的居民和旅游者称为海啸避难困难者。

　　6. 避难可能距离。居民徒步避难，从避难开始到海啸到达的时间范围内，能够到达海啸避难所的距离。即在避难对象地域内，从开始避难到海啸前锋波到达避难目标地点的时间间隔内，居民移动的距离。

图 1-13　海啸防灾避难场所示意图

海啸灾害的特殊性，要求规划建设 2 种类型的避难场所。其一是只收容避难困难地域内避难人员的专用海啸避难所（含避难困难地域内的既有建筑海啸避难所），其二是收容避难可能地域内避难人员的高台和滨海的海啸避难所。专用海啸避难所和高台只供海啸灾害避难疏散，具有鲜明的避难疏散个性，是城镇防灾避难场所的补充与完善。专用海啸避难所利用高层建筑、金属结构或钢筋混凝土结构的避难塔、避难平台。高层建筑避难层、避难塔、避难平台以及高台避难空间不受海啸波浪的袭击。避难高台应设带扶手的台阶。

海啸传播速度极快，为避难安全，原则上避难疏散方向背向海啸袭来的方向，且利于避难人员用最少的时间到达避难所。

由于海滨的地形、地势比较复杂，避难道路也可能有较大的差异。正常情况下，沿避难小路经避难干路到达避难所；也可能沿避难小路经专用海啸避难所或高台的底部，再沿台阶攀登到避难所。

图 1-14 是日本北海道厚岸町床谭地区的高台海啸避难所、海岸町防潮堤与海啸避难所（右侧近处的建筑物）。避难人员沿扶梯从海滩攀登到高台避难，或从海边沿防潮堤石阶进入建筑避难。这是 2 类通用形式的海啸避难所。地震海啸的居民避难行动随地震发生的地域环境而异。如果强烈地震的震源距海岸很近，震后较短的时间内就会发生海啸，像 2004 年印度洋地震震后几分钟，震源附近的海岸就遭受海啸的袭击，造成惨重的人员伤亡。在地震海啸发生前或当地居民尚未收到海啸警报时，海啸的前锋波也许已经到达了沿岸地域。因此，发生强烈地震灾害后，身居海岸边的居民，不管是否发生海啸，都应争分夺秒地立即避难逃生。由于从严重地震灾害发生到海啸袭来的时间极短，不可能寻找家人一同避难，也不能回家携带细软物品，家人应在平时约定避难的场所、商定避难的方法。

图 1-14　日本北海道的 2 个海啸避难场所（沿带扶梯的台阶而上）

东日本地震海啸发生时，石釜市中心地区海啸的发展过程如图 1-15 所示。

从图 1-15 可以看出，海啸来势极为凶猛，在 2min 的时间内，冲毁了市区的大部分建筑，冲走了汽车等可冲击移动的物体，产生大量漂浮物和垃圾。这次地震从发出海啸警报到海啸来临的时间，不足 0.5h，如果发布警报后，不快速到高楼房顶避难，待海啸冲入市区后再避难，必难以逃生。因此，在海啸袭击区内，规划建设海啸专用避难场所有重要意义，为避难困难地域内的人员提供快速逃生的场所。如果城镇避难场所规划建设在海啸

海啸尚未进入视野
3月11日15时21分

海啸冲入市区
15时21分

海啸冲入停车场
15时21分

海啸摧毁建筑和停车场
15时21分

附近的建筑、车辆等普遍遭受破坏
15时22分

附近的建筑、车辆等普遍遭受破坏
15时22分

海啸趋于平息
15时31分

海啸袭击基本平息
16时5分

海啸平息
16时11分

部分地域海水退落
3月12日8时21分

图1-15　东日本地震海啸袭击城镇的发展过程

袭击区内，避难人员自以为到了安全场所，没有再避难的思想准备，一旦海啸袭来，逃生十分困难。

2011年东日本地震伴生海啸造成极其严重的损失，主要原因可归纳为三个方面。其一，地震震级大，引发的海啸"水墙"高，设计的挡波坝比较低，不能阻挡"水墙"冲入市区；其二，避难行动迟缓，海啸警报发布后，若能及时避难，可以逃出2～3km，或就近登上高楼顶层或高层楼道，有可能躲过海啸的浩劫；其三，一些人死于避难途中，即避难困难地域没有设海啸专用避难场所，不得不去向地势较高、距离较远的防灾避难场所避难，尚未到达目的地，凶猛的海啸便已袭来。因此，可能遭受海啸袭击的地域凡避难困难之处宜建海啸防灾专用避难场所。例如：图 1-14 所示的多个平台避难场所相连接的构筑防波堤，既是防波堤又是海啸专用避难场所，两功能融为一体。

1.1.1.3 洪涝灾害

我国受洪水威胁的平原总面积 106 万 km²，占国土总面积的 11.2%（我国平原面积约占国土总面积的 12%）。主要分布在长江、黄河、海河、淮河、珠江、辽河、松花江等七大江河的中下游地区。这些地区经济比较发达、人口稠密、资产密集，集中了全国 1/3 的耕地，66% 的人口，80% 的国内生产总值，61% 的城市。

我国多发洪涝灾害。1950 年 7 月，淮河大水，百年一遇，淹没土地 3 400 余万亩，灾民 1 300 万人。1954 年 7 月，长江、淮河大水，淹没农田 4 755 万亩，1 888 万人受灾。1963 年 8 月，海河大水，淹没 104 个县、市的 7 294 多万亩耕地，2 200 余万人受灾。1975 年 8 月，河南大水，毁房断路，损失惨重，直接经济损失 100 亿元。1985 年 8 月，辽河大水，60 多个市、县，1 200 多万人，6 000 多万亩农田和大批工矿企业遭受特大洪水袭击。1998 年夏季的全国性大洪水，229 万人受灾，死亡 1 500 余人，仅黑龙江省就倒塌房屋 86.17 万间，损坏 98.64 万间，216 万人避难。2010 年 10 月上旬海南省暴雨成灾，16 个市县受灾，166 个乡镇受淹或者被困，受灾人口达 160 多万，33 万城乡居民避难。

2010 年 8 月巴基斯坦洪水，其国土面积的 1/5 受灾，200 万人流离失所，1 600 余人丧生，1 300 多万人受灾，比 2004 年印度洋地震伴生海啸（灾民 500 余万）、2005 年巴基斯坦南亚地震和 2010 年海地地震（灾民各为 300 万）受灾的人数总和还多。灾前没有规划建设避难场所，灾后只能搭建临时帐篷避难。

2009 年，因凯萨娜热带风暴，菲律宾发生 40 年罕见洪水，上万户居民房屋被淹（图 1-16），许多灾民逃离家园。严重洪涝灾害往往造成几十万、几百万甚至上千万人受灾。由于无家可归者和有家难归者比较多，灾后避难疏散的人数也比较多，需大量避难场所和抢险救援物资。如果灾前不规划建设数量适量的避难场所、不储备灾时应急必需的救灾物资、不设置灾时必备的各种防灾设施、没有训练有素的抢险救灾组织机构、灾时只靠居民自主避难或救灾指挥不力，很可能造成更多的人员伤亡和财产损失。

图 1-16 凯萨娜热带风暴时菲律宾居民逃生与等待救援的情景（一）

图 1-16　凯萨娜热带风暴时菲律宾居民逃生与等待救援的情景（二）

　　规划建设洪涝灾害场地的重要环节是绘制城市洪涝灾害淹没区图。为确定避难人员的人数、地域以及开设避难所的数量与规模提供依据。洪涝灾害避难场所不能设在灾时易被洪水淹没的地域内，应避开地势低洼处。

　　应当强调指出，近些年来，我国许多城市建设了地下商场、地下街和地铁等地下空间设施。应当规划建设地下空间避难所，便于地下空间的人群从地下到地上，再在地上就近避难疏散。

1.1.1.4　泥石流、滑坡

　　泥石流是发生在山区的含有大量泥砂、石块的特殊洪流。多由地震、暴雨、冰雪融水等诱发。主要特征是暴发突然，泥、石、水与其他物体形成的浑浊流体沿山沟奔腾而下，在很短时间内将大量泥砂、石块冲出沟外，在宽阔的堆积区漫流堆积，常造成生命财产重大灾害损失。

　　滑坡是山体斜坡上部分岩土在外力（地震、暴雨、岩土本身重力及地下水的动静压力）作用下，沿着一定的软弱结构面（带）产生剪切位移而整体地向斜坡下方移动的作用和现象。泥石流、滑坡是山地经常发生的地质灾害。

　　我国是多山国家，山地面积约占国土面积的 2/3，山区人口占全国总人口的一半以上，全国 2 100 多个行政县（市）中，1 500 多个位于山区。强烈的构造活动、巨大的地形高差、丰沛的降雨、密集的人口分布和人类活动的影响，使我国成为世界上泥石流、滑坡灾害最严重的国家之一。调查资料表明，近 50 年来，我国共发生大小泥石流、滑坡灾害 11

万多次。泥石流、滑坡的地域分布广泛，类型多样，活动强烈，危害严重。泥石流、滑坡的经济损失年均约 100 亿元人民币，死亡 800 人左右，是制约广大山区社会经济发展的重要因素之一。2010 年 8 月 8 日甘肃省舟曲县突发特大泥石流灾害，1 000 余人遇难，数百人失踪。

泥石流冲进县城，截断河流，形成堰塞湖。特大泥石流造成舟曲县城居民住宅大量倒塌、严重破坏，一些住宅楼的底层涌入大量泥浆，街道被泥石流流动物覆盖，许多居民无家可归、有家难归，被安置到帐篷村避难（图 1-17）。

图 1-17　舟曲县城泥石流灾害

2008 年四川汶川地震多处发生滑坡、泥石流，埋没了村庄，隔断了道路，并形成多个堰塞湖，造成严重的人员伤亡和经济损失，加重了灾区的灾情，影响灾后救援工作的顺利展开。2010 年巴西里约热内卢发生滑坡、泥石流灾害，死亡 200 人，1 万多间房屋受到滑坡、泥石流的威胁，1 万多人无家可归。

1.1.1.5　火灾

火灾是严重的人为灾害和地震次生灾害。世界各国死亡 300 人以上的严重建筑火灾如表 1-7 所示。

20 世纪死亡 300 人以上的火灾一览　　　　　　　　　　　　　　表 1-7

时间（年）	国家与发生地	发生火灾的场所	死亡人数	备　注
1903	美国　芝加哥	剧场	602	伤 250 人
1930	美国　俄亥俄州	拘留所	320	死者为囚徒
1933	美国　洛杉矶	学校、仓库等	500	

续表

时间（年）	国家与发生地	发生火灾的场所	死亡人数	备注
1937	中国 丹东	丹东剧场	650	
1937	美国 得克萨斯州	学校	311	煤气爆炸
1942	美国 波士顿	夜总会	492	1 000 人入场
1961	巴西 尼泰罗伊	马戏团帐篷	323	
1967	比利时 布鲁塞尔	百货商店	325	
1978	伊朗 阿巴丹	电影院	430	纵火
1994	中国 克拉玛依	电影院	310	伤 150 人
1995	印度 德布瓦利	中小学生文娱会	425	伤 120 人
1995	阿塞拜疆 巴库	地铁	558	伤 369
1996	韩国 首尔	商场	502	
1997	沙特阿拉伯 麦加	朝圣场所	1 000	死者为朝圣的穆斯林教徒
1998	尼日利亚 瓦里	输油管线泄漏	700	

1976 年唐山地震时，位于极震区的河北矿业学院（现河北联合大学主校区）图书馆发生次生火灾，20 余万册书刊焚之殆尽。且唐山地震震后 3 年，防震棚发生火灾 400 余起。特别应当指出的是 1923 年的日本关东地震，次生火灾造成严重的人员伤亡和经济损失。这次地震伴生的次生火灾共 178 处，其中 95 处酿成大火。这次地震死亡 14 万人，近半数死于地震次生火灾。

关东地震发生严重次生火灾的主要原因是：①地震发生时，地震重灾区的建筑物几乎都是木制的且结构简陋，遭强烈地震后，因结构破坏而倒塌，遇火源极易引发火灾。再加上地震发生在中午做饭之时，市民来不及或忘记熄火就逃出房屋，有火源、易燃物，又有强风助虐，形成了发生火灾并快速蔓延的条件与环境。②许多避难人员肩背车载大量易燃的生活用品，其不仅占用避难空间，也给引发火灾留下隐患。火场飞散的火星等落在易燃物品上引发火灾，在极为混乱的情况下，灭火极度困难。③当时的东京市是一个没有灾害预防与灾害设防的城市。全市 248 万人，只有 50 辆水泵式消防车，平均每 5 万人拥有 1 辆。消防设施严重不足，无力扑灭 170 多处火灾，致使近百处大火蔓延。④地震时，东京市刮起 12m/s 的南风，助长了火势蔓延，吹散的火星引燃易燃物产生新的火源，而且还引发了灼热的旋风，加重了次生火灾的破坏程度。⑤避难的人多，避难路途长，也是火灾烧死众多避难人员的一个不容忽视的原因。地震发生后，东京市有 130 万人避难，震后 1 周还有近 78 万人避难，而且避难行动无组织、无引导，避难人员的防灾减灾意识薄弱，争先恐后地奔向自己认为避难条件好的场所避难，结果有些避难场所拥挤不堪，大火一旦在避难人群的四周或避难人群中发生，难以逃避。从火灾重灾区日本桥区到品川的避难路途 10km 左右，是通常避难所服务半径的 5 倍多，沿途多处发生火灾，存在很大的火灾风险。

火灾产生无家可归者，需要防灾避难场地。而且，规划建设的城镇避难场所应高度重视防火。避难道路、避难所以及防灾设施应具备防火性能，并制定严格的防火措施。城镇必须具备抗灾设防和扑灭严重火灾的消防能力。避难疏散人群步行时尽可能少携带易燃物品。坚持就近避难疏散，若发生火灾向远离火源的方向的向上风头避难疏散。避难行动前关闭室内的所有火源。避难场所设有多个出口和火灾撤退道路。

1.1.1.6 风灾

所谓风灾主要是指暴风、台风或飓风等热带气旋过境而造成的灾害。风灾以及受灾程度取决于风力、风速、风向以及灾区建筑与设施的抗风能力、避难疏散对策等。我国《热带气旋等级国家标准》GB/T 19201-2006 把热带气旋划分为 6 个等级（表 1-8）。台风和飓风是同一种气候现象。我国、日本、菲律宾等亚洲国家称台风，而美国则称飓风。

热带气旋等级表   表 1-8

热带气旋等级	底层中心附近最大平均风速（m/s）	底层中心附近最大风力（级）
热带低压	10.8～17.1	6～7
热带风暴	17.2～24.4	8～9
强热带风暴	24.5～32.6	10～11
台风	32.7～41.4	12～13
强台风	41.5～50.9	14～15
超强台风	≥51.0	16 或以上

（1）台风

台风是我国东南沿海各省和台湾岛的主要气象灾害。每次大的台风都造成重大灾害，需要紧急组织几十万甚至上百万人疏散避难。2004 年云娜台风，浙江全省转移灾民约 40 万。2007 年圣帕台风，浙江省紧急疏散 292 370 人。2007 年韦帕台风，上海转移 21 万余人。2009 年莫拉克台风，福建、浙江、江西和安徽四省共组织 142.9 万人避难疏散。

目前，气象部门已经能够比较准确地预报台风的形成与发展过程——产生位置、运动路向、强度大小、危害范围、到达危害地点的时间以及伴生的暴雨、海浪等，为防灾、抗灾、减灾以及组织居民避难提供依据。

浙江省沿海按照集中避难与分散避难相结合的原则，确定一批建筑质量好的学校、影剧院、会堂和办公用房等公共设施作为公共避难场所。台风影响地域大，受灾人数多，需要规划建设数量适宜的避难场所。但遇过境时间较短的台风时，一般可设紧急避难场所。

（2）飓风

近些年来，强烈的飓风多次在美国等国登陆，造成惨重的损失。2005 年 8 月 25 日卡特里娜飓风（图 1-18）在美国佛罗里达州登陆，8 月 29 日再次在新奥尔良登陆。飓风造成 1800 余人死亡，800 多亿美元的财产损失，有的城市 90% 以上的建筑遭到破坏。美国政府要求新奥尔良市百万人撤离城市，实施远程避难。

2008 年 7 月 23 日飓风多莉在美国得克萨斯州南部登陆，美国墨西哥边境地区数千名居民到避难所避难。2008 年 8 月 30 日飓风古斯塔夫掠过古巴西部，9 月 1 日登陆美国南部，美国路易斯安那州 190 万人逃离灾区。新奥尔良市政府发布强制避难疏散令，把该市变成一座灾时的空城。

2011 年 2 月 3 日雅思飓风在澳大利亚登陆，其强度与卡特里娜相当，近 10 个城镇及大片农牧区受灾，数万人到政府指定的避难场所避难。

大水淹没城镇

建筑倒塌

等待救援的灾民

图 1-18　卡特里娜飓风登陆美国造成的灾害以及救援与避难（一）

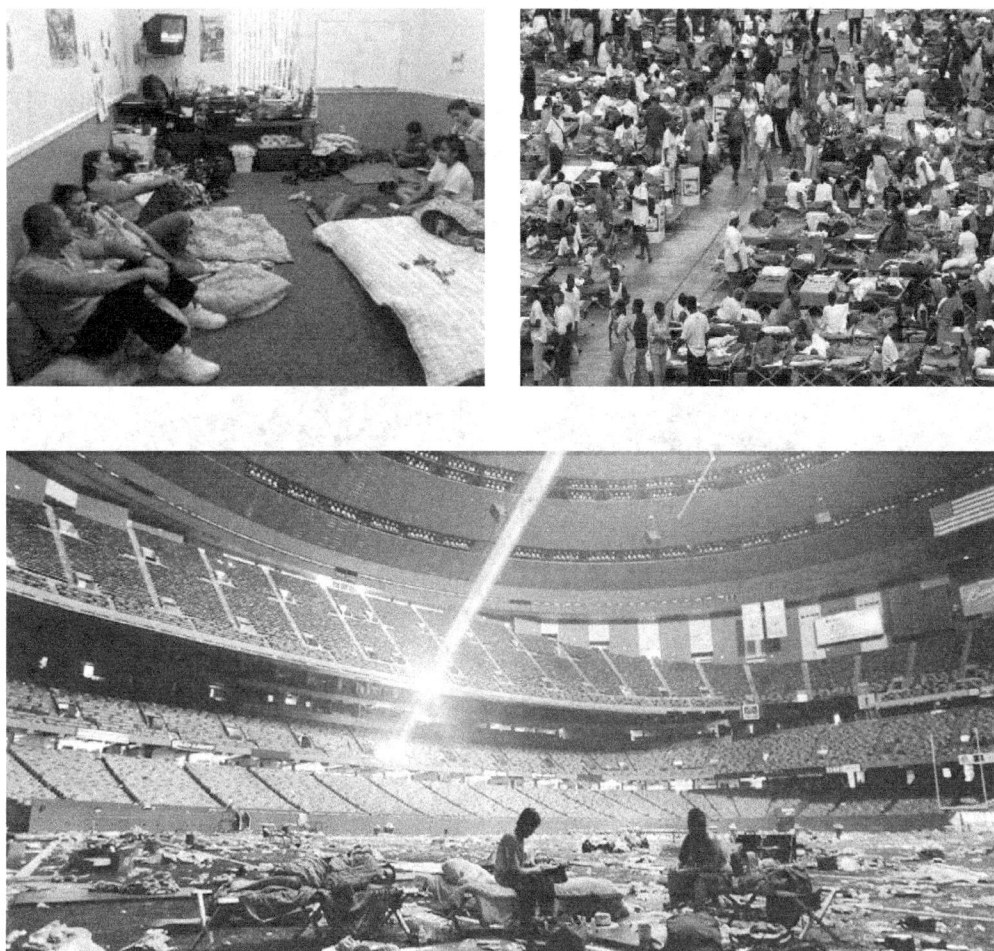

飓风避难所

图 1-18 卡特里娜飓风登陆美国造成的灾害以及救援与避难（二）

（3）强风暴

2007 年 11 月 13 日，强热带风暴锡德袭击孟加拉国南部和西南部地区。风暴最高时速 240km。风暴肆虐 3 天，2 000 多人死亡，275 万人受灾，77 万多座房屋被毁，数千所学校遭严重损坏。孟加拉国政府在灾区设置了 2 170 个避难场所，收容了 150 万人避难。

2010 年 2 月下旬，强烈风暴辛加在欧洲西部登陆。法国灾情最重，死亡 50 余人，100 多万户停电。法国气象台向 68 个省发出警报，其中 4 个省是最高级别的红色警报。

（4）龙卷风

龙卷风是风力极强而范围不大的旋风，是从积雨云中下伸的漏斗状云体。形状像一个大漏斗。其下部直径最小的只有几米，一般为数百米，最大可达千米；上部直径一般为数千米，最大可达 10km。龙卷风的尺度很小，中心气压很低，造成很大的水平气压梯度，从而导致强烈的风速，往往达到 100m/s 以上，破坏力非常大。在陆地上，能把大树连根拔起来，毁坏各种建筑物和农作物，甚至把人、畜一并升起；在海洋上，可以把海水吸到空中，形成水柱。这种风少见、范围小，但造成的灾情往往十分严重。龙卷风是局部灾害，过境时间短，但对建筑物的破坏力强。

1.1.1.7 火山喷发

火山喷发过程中，产生大量火山灰，有害气体弥漫于空中，且有大量岩浆和碎屑形成岩浆流和碎屑流沿山体从高向低顺势流动。火山附近的居民丧失居住场所或居住环境、居住条件（图 1-19）。

火山喷发

菲律宾马荣火山喷发，万人避难疏散

日本伊豆大岛火山喷发避难的情景　　　　　印尼锡纳朋火山喷发 数万人避难

图 1-19　火山喷发与避难

火山喷发灾害只发生于数量不多的活火山，喷发的地点只限于活火山口。但有些火山喷发规模大、延续的时间长、危害的地域广，又不能限定岩浆流和碎屑流流经的路线，且采用提高住宅建筑等抗灾措施不能抵御火山喷发灾害。对这样的自然灾害，只能采取避让对策，得到火山喷发预警后，迅速避难。

如果火山喷发时间长、危害地域广，居民不能在当地避难，必须组织远程避难。1986年11月日本伊豆大岛火山喷发，整个海岛遭受火山喷发的威胁，不得不把岛上灾民转移到东京市和静冈县避难。

1.1.2 人为灾害

人为灾害主要是技术灾害。

技术灾害是因人的行为过失而导致的毒气泄漏、爆炸、火灾等重大灾害，部分技术灾害如图1-20所示。

切尔诺贝利核电站核泄漏

印度博帕尔化工厂毒气泄漏受害者的尸骨

化工厂爆炸

火灾

图1-20 技术灾害

我国多发技术灾害。2003年12月，重庆发生井喷事故，10万人避难疏散。2004年4月重庆天原化工总厂氯气泄漏，15万人避难疏散。2008年8月27日，广西壮族自治区宜州市一家化工厂爆炸，1万多名居民避难疏散。技术灾害发生突然，终止灾害的时间也短，特别是多发的毒气泄漏事故，紧急避难疏散后，几个小时至多几天灾害威胁消失后，居民即可返回家园。因此，技术灾害避难所多属紧急避难所。而且，城市技术灾害一般发生在化工厂、危险品仓库、低压流体输送管网以及道路上，为技术灾害避难所选址提供依据。

有些严重技术灾害危害巨大，延续的时间较长。例如，1984年12月12日午夜，位于印度博帕尔的美国联合碳化物公司一家农药厂发生毒气泄漏，20多年来，因毒气毒害，当时死亡和以后陆续死亡的有50余万人。

1.1.3　突发事件与避难

突发事件是产生无家可归者、有家难归者避难的直接原因。研究表明，严重地震、洪涝、海啸、火灾等突发事件与居民避难存在如图 1-21 所示的关系。

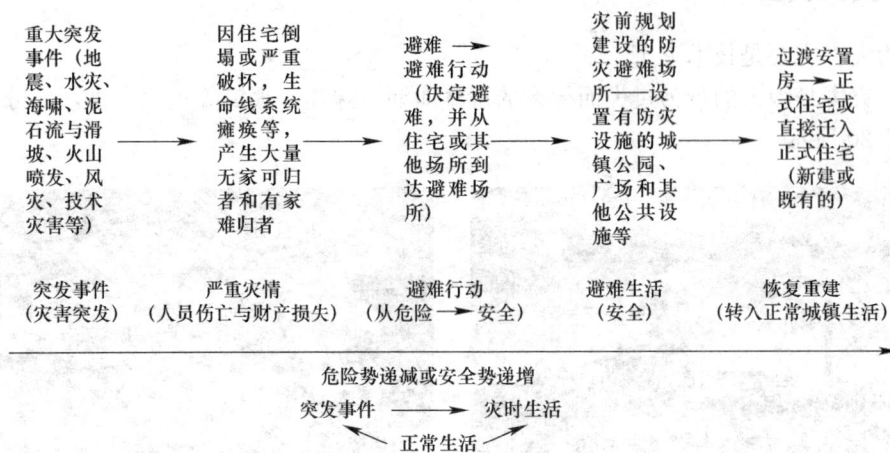

重大突发事件（地震、水灾、海啸、泥石流与滑坡、火山喷发、风灾、技术灾害等）	因住宅倒塌或严重破坏，生命线系统瘫痪等，产生大量无家可归者和有家难归者	避难→避难行动（决定避难，并从住宅或其他场所到达避难场所）	灾前规划建设的防灾避难场所——设置有防灾设施的城镇公园、广场和其他公共设施等	过渡安置房→正式住宅或直接迁入正式住宅（新建或既有的）
突发事件（灾害突发）	严重灾情（人员伤亡与财产损失）	避难行动（从危险→安全）	避难生活（安全）	恢复重建（转入正常城镇生活）

危险势递减或安全势递增

突发事件 ——→ 灾时生活

←—— 正常生活

图 1-21　突发事件与避难的关系图

图 1-21 概括了重大突发事件与避难的相关性。突发事件产生危险场所或者说突发事件造成某些场所的危险势增高，避难是居民从危险势高（安全势低）的场所转移到危险势低（安全势高）的场所。从这样的意义上说，规划建设避难场所是为居民支撑起生命安全的保护伞。

无论是可以预测预报的还是难以预测预报的突发事件，无论是自然灾害，还是人为灾害，一个共同特点是造成建筑倒塌或严重破坏，居民无家可归，或者丧失居住环境、居住条件，或者灾后交通瘫痪、有家难归。这些受灾居民最基本的安置措施是组织避难疏散，到规划建设的避难场所避难。也就是说，重大突发事件产生较多无家可归者和有家难归者，避难行动与避难生活是保护避难人员安全的一条有效途径。这种有效性已经被近些年来发生的多次重大突发事件所证实。凡是重大突发事件发生后及时组织避难与救援，都产生了明显的防灾减灾效果；相反，突发事件的灾情就有可能扩大，造成不应有的损失。海地地震 1 年后发生较大规模的霍乱，不能不说与灾民的避难条件、避难环境很差特别是饮用水不洁有直接关系。而 1976 年唐山地震时，虽然发现了肠炎、痢疾蔓延的苗头，由于采取了积极的防疫措施，很快得到有效控制。

严格来说，突发事件是不可避免的。因此，每个城镇都有可能发生突发事件，并应适时组织灾民避难疏散。这意味着，不是少数城镇需要规划建设避难场所，也不是有的城镇需要规划建设，而是每一个城镇都应规划建设。各个城镇规划建设的避难场所形成我国避难场所网络，对强化全国城镇的防灾减灾结构，保护全国人民灾时安全，有极为重要的意义。

重大突发事件→避难→避难场所，这是从突发事件发生到受灾人员步入避难生活的时序。突发事件发生后，需要及时劝告或指示受灾人员到指定的避难场所避难。不发生某种突发事件的城镇，可以不设置该突发事件的避难场所。例如，西北地区不发生台风灾害和洪涝灾害，非滨海地域不发生海啸灾害，平原地区不发生泥石流和滑坡，热带地区不发生雪灾等。

灾后避难包括避难行动（从受灾地点通过避难道路到避难场所）和避难生活（在避难所内度过）。在制定避难应急措施时，必须兼顾避难行动和避难生活。避难行动在避难道路上完成，时间较短，通常几十分钟、几个小时内就能到达避难场所，但避难行动中避难人群集中，有时会有成千上万甚至几万、几十万或更多的人涌向避难所，组织有方、指挥有力，才能确保避难行动安全。避难生活时间较长，少则几天，多则几个月、半年甚至几年，保障基本生活条件十分重要。特别是避难生活的最初几天，应急解决食（含饮用水）、宿、御寒以及伤病员的医治，对于安全避难有极为重要的意义。2011 年东日本地震时，有的避难所震后 10 天饮用水、食品供应不足，一些避难人员没有避难御寒的毛毯，避难生活十分艰难。

各城镇必须灾前规划建设避难场所系统，因为与灾后临时指定避难场所的避难效果差异很大。灾前规划建设的避难场所，灾害发生前已经制定了各种突发事件的应急预案，组建了突发事件的应急机构，在各防灾避难场所设置了必需的防灾设施，防灾救灾物资的储备能满足应急避难的需求，突发事件发生后可较快地开启各种防灾设施，提供救灾物资，避难人员到达避难场后，有基本生活条件和伤病员的医疗保障等。而灾前不规划建设城镇防灾避难场所系统，突发事件发生后临时指定避难场所，由于没有既有的防灾设施或者防灾设施不完善，缺少必备的防灾功能，而灾后再设置防灾设施难度很大或者根本不可能，避难人员的基本生活和医疗条件难以保障，有可能造成更大损失。因此，还没有规划建设城镇防灾避难场所系统的城镇，应当尽快规划建设；已经规划设计了避难场所系统的城镇，必须落实规划，认真建设，较早形成应对重大灾害的实际避难能力。

在避难场所内的灾时生活逐步转变成正常生活，转变的主要标志是从避难场所乔迁到正式住宅。这需要或长或短的过程。因城镇生命线系统瘫痪避难的人群，生命线恢复正常功能后，即可回到原有住宅生活，时间也许几天、一周等，还有可能更长一些。而因住宅倒塌、烧毁、被水或泥石流冲毁的避难人群，需要重建新居，短则一两年，长则数年。如果灾后购买新居，可能较快地结束避难生活。像唐山地震重建基本结束耗时 10 年，汶川地震 3 年，生活在简易房、安置过渡房的居民几乎全部搬入震后重建的新居。东日本地震后，有的灾民在震后几天之内就购得了市营住宅。

还应当强调，严重地震灾害后新建的住宅，其抗震强度、宜居性能、生活环境等都应好于震前。

唐山地震时，极震区（路南区和路北区）的建筑几乎全部倒塌，经过震后 30 多年的建设，已经成为环境舒适、高楼林立，人民安居乐业的新型城市，1999 年唐山市获联合国"人居荣誉奖"，2004 年唐山市南湖获联合国"迪拜国际改善人居环境最佳范例奖"。震前的建筑或者没有抗震设防，或者抗震设防过低（按地震烈度 6 度设防，而唐山地震极震区的地震烈度多为 11 度），震后按 8 度设防，重要建筑提高 1 度，被誉为我国地震灾害最安全城市之一。而且，其震后十分重视环境绿化建设，规划了东湖公园、体育公园、机场路公园等，新建了南湖公园、凤凰公园等，改造了大城山公园、凤凰山公园，被授予国家园林城市称号。震前与震后发生了翻天覆地的变化，唐山市极震区建筑的破坏情景和新唐山的部分建筑如图 1-22 所示。

建筑震害情景

图 1-22　唐山市极震区建筑的破坏情景和新唐山部分住宅（一）

图1-22 唐山市极震区建筑的破坏情景和新唐山部分住宅（二）

汶川地震后汶川、北川等县城满目疮痍，许多住宅倒塌或遭严重破坏。经过3年的建设，彻底改变了震害面貌，建成了大量民居（图1-23）。

图1-23 汶川地震后山区新建的民居（一）

图 1-23 汶川地震后山区新建的民居（二）

在突发事件、灾时生活、平时正常生活的关系图中，对于难以预测的突发事件，一般具有突发性，在短暂的时间内，地震灾害只需几秒、几十秒，即可从平时的正常生活跌入灾时生活的深渊。即使是可预报的突发事件，像台风、暴雨等也只有几天的时间。如果地震发生在近海地区，其伴生的海啸可能像印度洋地震那样，震后几分钟随即袭击附近的海岸地区，并渡过大洋向其他滨海地区传播，先后在多个滨海地区发生海啸灾害。从灾时生活到平时正常生活，则需要一个或长或短的过程，严重地震灾害需要几年的时间。从平时的正常生活到突发事件的发生，有些突发事件有一定程度的规律性。像北美洲墨西哥湾秋季常发生飓风，我国台湾省、浙江省夏季经常有台风肆虐，海啸、风暴潮只发生在滨海地带；有些突发事件在某些地带发生的几率高，像美洲西部沿海、日本、我国台湾省等国家和地区受地震板块的影响更容易发生地震灾害；有些突发事件具有伴生性，像严重地震灾害伴生海啸、火灾、泥石流与滑坡，核电站震坏引发核辐射，有时还会造成瘟疫蔓延，暴雨引发泥石流和滑坡。而有些突发事件难以预报预测。无论突发事件属于那种情况，都使城镇的平时正常生活突变为灾时生活。严重突发事件通常会产生无家可归者和有家难归者，需要适量的避难场所。

图 1-24 包含安全势的新理念。平时生活、突发事件、灾时生活、恢复重建及其之后新的平时生活的安全势变化示意图如图 1-24 所示。

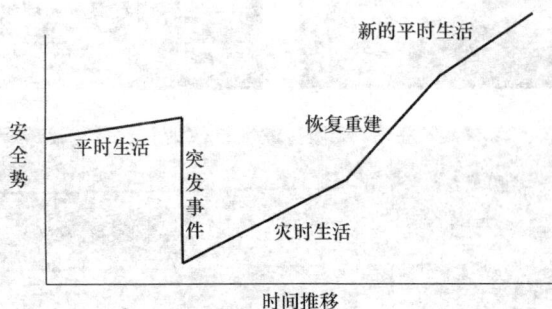

图 1-24 突发事件引发的安全势变化图

城镇平时的正常生活是安全的、有序的，而突发事件发生后受灾城镇的安全势突然降低，危险势骤然升高，处于不安全状态，到避难场所避难是降低危险势的有效措施之一。而且避难生活过程中，城镇从灾时状态逐步向平时状态转换。通过恢复重建，城镇的生活环境、居住条件等进入更高的质量层面，灾后的平时生活应当比灾前更美好。

如果突发事件发生后，不能出现图 1-24 那样的安全势变化趋势，有可能引发更严重的灾难。像 2010 年海地地震，整个国家没有规划建设避难场所系统，灾后当地政府救灾无力、组织无方，灾民长期住在自行搭建的极为简陋的帐篷内，生活环境与生活条件恶劣，结果霍乱蔓延。在近些年发生的突发事件中，瘟疫蔓延极为罕见。

还应当指出，灾时生活安全势的变化梯度，取决于灾害的种类与灾情大小，还取决于城镇是否建设了避难场所系统，是否有灾后行之有效的防灾设施等。2011 年 9 级东日本地震发生后，灾民生活"困难度"之大明显与日本的避难场所准备与国力不相符合。灾后跟踪有关灾民避难生活的报道，不难看出，灾区超市的生活品被抢购一空，而且没有货源补充；有些避难场所特别是重灾区的避难场所不能保障避难人员的基本生活，有的避难场所食品、饮用水、御寒物品紧缺，只为儿童、老人提供少量食品，或者两人一餐分得一个苹果，或者一天每人分得少数几个饭团；还有因饥寒交迫死于避难场所的报道。日本是世界上规划建设城镇防灾避难场所比较普遍的国家，又是经济发达国家，为什么东日本地震后部分灾民的避难生活如此寒苦？分析认为，这次地震是日本地震灾害震级之最，构成符合灾害的次生灾害数量与受灾程度也极为罕见，属意想不到的重灾。例如：重灾区的沿海堤坝普遍被海啸冲毁，海啸避难场所被淹，不能起避难作用；避难道路被毁，严重阻碍救灾物资运输；汽油储备不足，无力向较远的避难场所运送救灾物品；救灾储备仓库或者被毁，或者储备救灾物品不能满足救灾需求；还有一个管理体制的问题，即救灾物资的调拨需办理申请手续，不仅延误救灾时间，也容易造成灾区周边的地域缺少"一方有难，八方支援"的主动救助精神。

1.1.4 突发事件与避难场所规划建设

突发事件造成房屋建筑倒塌或严重破坏，城镇生命线系统瘫痪或严重损坏，居民丧失生活环境与生活条件，产生大量无家可归、有家难归者，为了人身安全必须避难，避难在避难场所进行。这就是突发事件与避难场所的因果关系。

不同的城镇可能发生的突发事件未必相同，甚至有较大的差异。因此，城镇规划建设防灾避难场所对于突发事件的针对性也有所不同。不可能受到海啸威胁的城镇没有必要规划建设海啸避难场所，不在台风袭击区域内的城镇也没有必要规划建设台风避难场所。地震灾害、洪涝灾害多发地区，重点规划建设应对这两种灾害且兼顾其他可能发生灾害的城镇防灾避难场所系统。

一种突发事件的发生有可能诱发多种其他突发事件。例如：严重地震灾害可能诱发海啸、泥石流、火灾甚至核辐射。因此，规划建设的城镇防灾避难场所，应能够应急对应多种灾害构成的复合灾害。2011 年 9 级东日本地震至少有 64 个指定避难场所遭受海啸袭击，造成不同程度的人员死亡。图 1-25 是这 64 个避难场所的分布图，其中高田市松原地区的一个避难所因海啸死亡 100 余人。

突发事件的多样性、伴生性和城镇防灾避难场所统筹规划性的有机结合，要求规划建设的避难场所能够应对各种突发事件。例如：严重地震灾害伴生海啸，应依据预想的海啸水墙高度，在海啸避难困难地域设海啸专用避难场所，像东日本地震有些滨海地域海啸冲上陆地数千米，如果从预报发布到海啸袭击只有几分钟、一二十分钟，到海啸袭击地域以

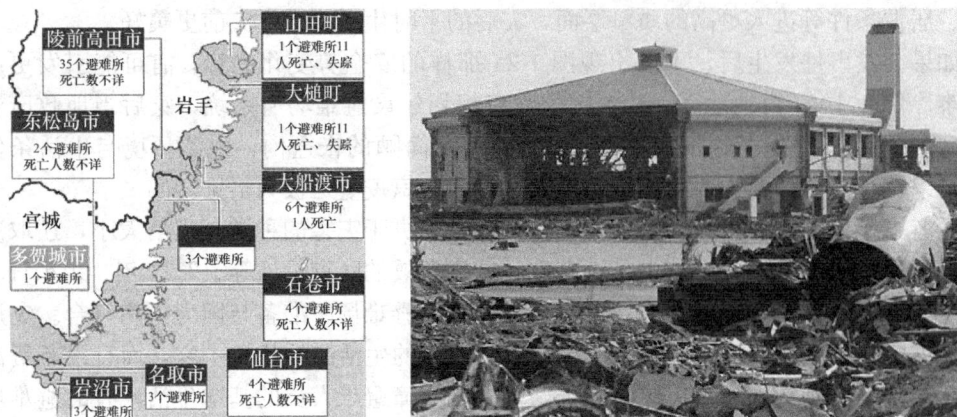

图 1-25　64 个避难场所分布图（右图是松原地区一个受灾的避难所）

外的避难所避难是不可能的。而且，在海啸能够袭击到的地域内不宜设一般城镇防灾避难场所。应对多种灾害，需研制多种避难应急预案，力求规划建设的避难场所不受突发事件的威胁或一旦受到威胁有及时转移之策。

城镇规划建设的防灾避难场所系统的规模，应满足严重突发事件发生后居民避难的需求。而且在城镇的分布合理，方便居民避难。城镇各个住宅小区内的居民人数多，而且即使是上班的职工、学生等，一旦发生突发事件，基本上也会返回各自的住宅所在地。因此，一个城镇避难场所系统的数量、规模、分布与居民的人数、分布密切相关。避难场所在居民小区的分布密度较高。

凡是可能发生严重地震、海啸、洪涝、台风等各类突发事件的城镇，都应当规划建设防灾避难场所。

一个城镇规划建设了防灾避难场所系统，不仅强化了城镇的防灾结构和防灾能力，也是城镇科学管理、现代化管理的重要标志。换言之，应当规划建设城镇防灾避难场所系统却不规划建设，是城镇管理水平落后的体现。规划建设城镇防灾避难场所系统不能应付，不能走形式，不能只插防灾设施的标识而无相应的实质内容。严重突发事件发生时，必须能够全面发挥避难场所系统的各种防灾功能，确实保障居民的生命和身体安全。

1.2　避难、避难人员与避难方式

1.2.1　避难

避难是因突发事件，居民丧失居住场所、居住条件或居住环境，受灾人员从危险的场所或预想危险的场所，向安全的场所或预想安全的场所转移。

"避"是躲避、避开、防止；"难"是突发事件，是灾难、灾害和不幸的遭遇。地震避难是躲避地震及其次生灾害，这些灾害的破坏作用和恶劣后果，产生或增加了一些场所特别是居民住宅的危险性。而规划建设城镇防灾避难场所的基本宗旨则是降低城镇居民灾时生活的危险性，提高安全性，保护居民的人身安全。城镇防灾避难场所的安全环境与安全条件是防灾避难场所原来固有的和后来人为附加的,后者是对防灾避难场所安全性的完善、提高。在城镇防灾避难场所规划建设中,普遍存在安全环境与安全条件的人为附加。例如:在城市公园的基础上附加各种防灾设施改造成防灾公园。城镇广场附加各类防灾设施,用作防灾避难场所等。

在世界灾害史上,避难是突发事件诱发重大灾害时居民躲避灾害的普遍行为。避难是人类躲避灾害的本能、方法、措施,也是城市综合防灾诸多环节中的重要环节,对于有效抗御各种灾害起重要作用。制定避难措施、避难预案,规划建设城镇防灾避难场所是现代城市防灾减灾规划的重要内容,也是城镇安全有序组织居民避难的前提与基础。

《中华人民共和国突发事件应对法》第四章应急对策中规定:"组织营救和救治受害人员,疏散、撤离并妥善安置受到威胁的人员以及采取其他救助措施","立即抢修被损坏的交通、通信、供水、排水、供电、供气、供热等公共设施,向受到危害的人员提供避难场所和生活必需品,实施医疗救护和卫生防疫以及其他保障措施"。这些规定表明,避难是依法进行的处置突发事件的应急对策。应把突发事件的避难纳入法制管理的范畴。

近些年来,我国许多城镇特别是大中城市编制了防灾规划,有的还规划建设了避难场所,城镇的防灾减灾结构得到完善,避难疏散意识和组织能力逐步提高,为突发事件发生时组织居民避难,奠定了思想、措施和设施基础。但我国许多城镇目前建设的避难场所,其规模较小和数量较少,尚不能满足重大灾害发生时避难的实际需要;也未形成城镇防灾避难场所系统,一些防灾避难场所的防灾设施不完善,有的只是规划了避难设施的区域,设置了防灾设施的标识,尚未形成确保居民安全避难的防灾设施与救灾物资储备条件。

城镇居民避难的主要去向是城镇防灾避难场所。即使像美国、日本等经济发达的灾害(地震、飓风、洪涝灾害、海啸等)多发国,有的强烈地震灾害伤亡人数甚少或零死亡,也十分重视规划建设城镇防灾避难场所。规划建设城镇防灾避难场所比较早,城镇指定避难场所指定率最高的是日本。或者说,为应对各种突发事件,每个城镇都需要规划建设防灾避难场所。城镇居民避难需求避难场所,满足居民避难需求是城镇规划建设防灾避难场所系统的基本依据与要求。

1.2.2 避难人员

避难人员是突发事件发生后需要到避难场所避难的对象。

突发事件的避难人员包括两类人群。其一,目前的实际受灾者,主要是因重大突发事件住宅倒塌、严重破坏、烧失、水淹、冲毁等丧失居住场所的人员和因毒气泄漏、核辐射等住宅丧失居住环境和条件的人员。这类避难人群是突发事件已经发生状况下的避难,即灾后避难。其二,目前有遭受灾害威胁的危险者,主要是因突发事件避难劝告的对象或者虽然没有发出避难劝告但必须紧急避难的人员。这类避难人群是突发事件或其次生灾害已经发生或即将发生,可能或将要危害居民人身安全需要避难的人员。使受到灾害威胁的人群灾前避难。灾前避难,可以有效地减少人员伤亡。

避难人员中含城镇的流动人口和归宅困难者。包括城镇的受灾农民工、临时工,滞留在车站、码头的旅客,城镇的旅游观光客和来访者,流浪者和乞讨者等。例如,2011 年东日本地震发生后，因飞机停飞、火车停运，机场、火车站有大量旅客滞留（图1-26）。

图1-26　东日本地震时车站、机场滞留的旅客（右：羽田机场）

界定避难人员的避难条件，对于有效安置无家可归者、有家难归者以及合理分发救灾物资与救灾补助等有一定的价值。但在严重突发事件发生或即将发生的紧急状况下，很难准确界定谁应当避难，谁不应当避难。通常是来者不拒，在避难生活中逐步核实，对于不符合避难条件的居民，如有必要，可劝其离开避难场所。

为了防止避难场所过分拥挤，可采取在自家住宅也能得到必要救援的救灾体制，消除"只有去避难场所才能得到更多救援"的误解。受灾人员无论住在避难场所内，还是住在避难场所外，享受同样的救援待遇（救援物资的分配，灾害情报的提供，伤病的救治等）。在东日本地震后，有的避难场所满员，并在避难所门前设置满员警示牌（图1-27）。

图1-27　"现在满员"告示

制定城镇避难场所发展规划或规划建设城镇防灾避难场所时，必须关照避难弱者。可规划建设避难弱者专用的福祉防灾避难场所，或在一般避难场所内设避难弱者的专用间，并考虑避难弱者的看护以及救灾物资储备上的特殊需求。灾时，避难人员享受平等、公平的救灾物资救助，但不是均分，应兼顾需求。

避难人员是城镇防灾避难场所的服务与管理对象。避难场所的行政管理部门应做好服务与管理工作，工作的核心是为避难人员创造基本生活条件，确保避难人员人身安全。

避难生活处于灾时状态，生活条件与生活环境一般会低于正常的城镇生活，而且受灾初期，灾区的社会治安状况有可能比较混乱，容易引发部分人的过激行为甚至犯罪行为，像海地地震后太子港频发抢劫和哄抢食品事件。因此，避难人员应当遵守社会公德，履行避难场所的相关规章制度，积极参与、支持避难场所管理工作，有令则行，有禁则止。

1.2.3　避难方式

依据世界各国多年来应对各种重大灾害的实践，避难方式可以归纳为逃荒、灾前避难、灾后避难、远程避难、自主避难、广域避难、引导避难等。

1.2.3.1 逃荒

世界灾民逃荒史是一部血泪史。在我国，逃荒主要是新中国成立之前的避难行为。在当时的历史条件下，严重地震、洪涝等自然灾害发生后，当地政府救援迟缓、救援款物甚微，灾后灾民没有栖身之所，又断粮、无（饮用甚至生活用）水、缺衣、少药，形成复合灾害，灾民在灾区陷入"上天无路，入地无门"的生活绝境。灾区特别是重灾区成为灾难、饥荒与生存绝望之所，灾民为寻求一条生路，不得不逃荒避难。灾民从重灾区逃向非灾区或轻灾区，通过沿途乞讨、卖儿卖女或出卖苦力等寻求最基本的生存条件。

逃荒是最危险的一种避难方式。1068 年河北沧县、河间一带地震，"人民流散，去如鸟兽，死于道路者不少。"从灾害的地域分布上看，灾民从重灾区逃往轻灾区、非灾区似乎是从危险性高的地区逃往危险性低的地区，但由于避难途中灾民没有基本生活与安全保障，只有大体的逃荒方向和预想的归宿，但没有准确的逃荒落脚地，政府不救济，轻灾区和非灾区的市民也无力承担众多逃荒者的基本生活需求，灾民没有力量抵御疾病或其他意外事故的打击，部分灾民死于逃荒途中；即使找到了落脚点，生活也十分贫苦。

1.2.3.2 灾后避难

可短期预测预报的灾害可以实施灾前避难，例如飓风、台风等；而难预测预报的灾害则主要是灾后避难。例如：重大地震灾害，灾后避难主要是躲避次生灾害可能造成的损失，必须为避难人员营造灾后安全的基本生活条件。

地震次生灾害主要是余震、火灾、水灾、海啸、滑坡、泥石流等地质灾害。

（1）余震是重要的地震次生灾害。严重地震灾害的主震发生后，一般都伴有大量余震，有些余震具有破坏性。唐山大地震的当天，在滦县商家林一带发生的 7.1 级余震，造成震中附近房屋建筑进一步倒塌。已经遭受不同程度破坏的房屋建筑，再遇破坏性余震有如"雪上加霜"，将加剧建筑物破坏程度。威胁居住者的生命财产安全。而且，地震灾害发生后的较短时间内，难以及时、准确诊断房屋建筑的震害程度，又难以准确临震预报破坏性余震。所以，重大地震灾害后，继续在已经发生震害又未经安全诊断的房屋建筑内生活，存在严重安全隐患。

（2）火灾是对避难人群威胁较大的地震次生灾害。最惨痛的教训是 1923 年的日本关东地震，地震次生火灾烧毁房屋 44 万 7 千余栋，震后避难行动中因地震次生火灾夺去了大约 7 万人的生命，约占地震死亡与失踪人数的一半。日本阪神大地震，地震次生火灾烧毁房屋 7 千余栋。我国多次地震灾害也发生过严重火灾。1925 年云南省大理地震，"烈焰烛天，……，共延烧三百余家。""火延各处，城内绣衣街一带，完全烧毁。"

（3）地震灾害诱发海啸是沿海国家特别是地震灾害多发国常见的现象。日本多次地震灾害诱发海啸，产生狂涛巨浪，浪高数米到十几米。2011 年在东日本地震时，许多牢固的高层建筑屋顶成为重要避难场所（图 1-28）。

2004 年底发生的印度洋地震并发海啸，造成多个国家惨重的人员死亡（表 1-9）和经济损失，受灾国沿海的许多旅游胜地遭受严重破坏。位于地震区内、有可能因地震诱发海啸的沿海城市，在沿海一带还应当规划建设躲避海啸的防灾避难场所。而且，沿海城市凡可能被海啸破坏、淹没的地域或楼层不宜规划建设地震防灾避难场所。建立海啸预报系统是预防海啸的重要措施，地震发生后，依据可靠信息发出海啸预报，可以实施灾前避难，使市民和其他人员躲离海啸袭击地区，可以有效地减少人员伤亡和经济损失。

图 1-28　海啸袭来，居民在高层楼顶避难

印度洋地震伴生海啸死亡和失踪人数统计　　　　　　　　　　　　表 1-9

国家或地区	死亡（失踪）人数	国家或地区	死亡（失踪）人数	国家或地区	死亡（失踪）人数
印度尼西亚	131 029（37 063）	斯里兰卡	31 229（5 637）	印度	12 407（已含）
马尔代夫	83（0）	泰国	5 395（3 071）	马来西亚	68（0）
缅甸	80（0）	孟加拉国	2（0）	东非	312（0）
（合计）	131 192（37 063）	（合计）	36 626（8 702）	（合计）	12 787（已含）

（4）住宅的生命线系统处于瘫痪状态也是震后避难的主要原因。住宅内生命线系统的主要功能是为市民提供水、电、燃气、供暖、通信等。生命线系统一旦遭受重大灾害特别是破坏性地震灾害，丧失上述功能，市民失去基本生活条件与生存条件，即使不发生余震，在住宅内避难安全性也比较低。

1.2.3.3　灾前避难

临灾预报发布后的灾前避难，是市民躲避重大灾害将要造成的灾难。像 1975 年海城地震，由于临震预报准确，震前市民普遍离开住宅、工作场所到临时搭建的避难棚避难，使数以万计、十万计的市民幸免于难。在这种情况下，震前的住宅、工作场所等建筑对市民的生命财产构成威胁，而搭建的临时避难棚则是安全之所。通常，房屋建筑倒塌是地震灾害造成人员伤亡的主要原因。因此，准确的临震预报发布后，及时实施震前避难，避开危险性高的建筑物，可以有效地减轻人员伤亡和财产损失。但地震灾害发生后，处于避难生活中的市民依然受到地震次生灾害特别是火灾的威胁。震前避难与地震灾害发生后的震后避难构成临震预报避难的全过程，在这种情况下，震后避难是震前避难的延续，但躲过了主震造成的部分严重损失。台风、飓风、洪水等容易实现灾前准确预测预报，实施灾前避难的可能性更大。和震后避难比较，震前避难可以躲避地震主震造成的损失，延续的震后避难又可以躲避地震次生灾害造成的损失，震前避难与震后避难接续，具有更显著的避难减灾效果。灾前避难，在临灾预报发布到地震重大灾害发生的短期内，可以充分利用灾前的时间资源，把避难人员以及部分可移动的贵重财产转移到安全地带，还可以从域内紧急调配和从域外紧急补充应对重大灾害必需的各类抗灾减灾资源（人力资源、物资资源、技术资源等），并预先实施科学配置，为灾后抗灾减灾和市民避难创造更充足的资源条件。而且，灾前避难的避难人员有重大灾害发生的思想准备，灾害发生后人员伤亡与经济损失小，在一定程度上可以减轻重大灾害对市民心理上的创伤以及灾后必须应对的各种社会问题。还应当指出，临灾预报发布后，可以指示、劝告城市的流动人口离开预发灾区，把重病患者转移到预发灾区以外的医院救治，部分市民特别是避难弱者还可以自愿投奔远方的亲戚朋友避难，减轻震灾。海城地震发生前，当地政府指令居民携带细软离宅，临时流动人口离开灾区，贵重仪器设备搬到室外，有效地减少了生命财产损失。

随着社会的进步，科学技术的发展，重大灾害预测与预报能力的提高，有些灾害实现灾前避难的可能性增加。从灾后避难向灾前避难发展，是避难方式的一个发展方向，也是城镇应急防灾水准提高的一个重要标志。

1.2.3.4 远程避难

远程避难是灾前避难或灾后避难的一种特殊方式。规划防灾避难场所的一个重要原则是市民就近避难。即把整个城镇划分为多个避难圈，每个避难圈是附近市民的最小避难地域单元。但当遇到特别重大的灾害时，原来规划的防灾避难场所有可能受到罕见灾害的威胁，必须把市民转移到更安全的防灾避难场所，或者从市区的防灾避难场所转移到郊区的防灾避难场所，甚至转移到更远的地方避难。1986 年 11 月日本伊豆大岛火山爆发，整个海岛遭受火山喷发的威胁，岛上灾民转移到东京市和静冈县避难。2005 年美国丽塔飓风袭击美国之前，百万避难人员驱车"大逃亡"，是典型的远程避难。在这样的"大逃亡"中，汽车是避难的主要交通工具，又是避难人员临时避难生活空间，灾害结束后立即返回避难出发地，"逃亡"只是为了暂时躲避重大灾害。在各种灾害的应急避难方案中，如有必要，应当编制远程避难预案，按照规定的远程避难所和避难道路组织远程避难。2011 年东日本地震半个月后，9 000 人从宫城县南三陆町转移到县内外的 23 个避难场所避难，也应属于远程避难。

远程避难与逃荒有本质的区别。前者是有规划、有组织的集体避难行为，避难行动有基本的安全措施，备有避难必需的一般生活用品，有栖身之所，伤病者可以得到医治等，灾情减轻或消失后，可以集体返回原地。但逃荒是灾民个体的、家庭的或多个灾民、多户灾民暂时松散结合的避难行为，没有安全与基本生活保障，是一种盲目的无奈的避难行为，避难的归宿或者能够返回原地，或者移居他乡，或者避难途中因病饿和其他事故而死亡。

像 2005 年美国两次飓风那样的远程避难，应当有避难应急预案，并在灾前进行缜密的组织、管理与指挥，否则有可能因避难人多、车多，造成交通堵塞、汽油短缺、基本生活用品供应不足，给远程避难带来种种安全隐患和不便。

由于战乱，有些国家的灾民也实施远程避难。像美国发动的伊拉克、阿富汗战争，美英法等国发动的利比亚战争都造成大量难民远走他乡甚至到其他国家躲避战乱。到 2011

年 4 月初已有 40 余万人从利比亚逃往邻国。2011 年 4 月柬泰边境发生武装冲突，大量居民避难，等待救援。战乱逃亡与避难的情景如图 1-29 所示。

利比亚战乱外逃的难民

联合国难民署搭建的避难帐篷（窝棚）村

图 1-29　战乱逃亡与避难的情景

从战乱国家撤离回归本国的人员实质上也是远程避难，但从安全的角度看，撤离到达的目的地更安全。躲避战乱是居民躲避战争的威胁、危害，保护人身安全的避难行为，在避难地一般有联合国或当地政府的救护。

1.2.3.5　自主避难

自主避难是市民自主的、自愿的、重大灾害刚刚发生后无组织状态下的避难行为。重大灾害发生后，市民自主避难的防灾避难场所有两种选择，其一是自觉地按照灾前规划建设的指定避难所避难，其二是自行选择城市设施或临时避难设施（帐篷等）避难。阪神大地震时，自主避难的市民人数比较多，占据了许多非指定防灾避难场所。这不仅造成指定防灾避难场所资源的浪费，而且占据的设施震前未经安全诊断，可能存在较大的安全隐患。避难指挥部门和避难引导人员应当指示、劝告自主避难人员到指定避难所避难。

重大灾害发生后，如果避难场所管理系统或其中一部分处于瘫痪状态，有组织的避难行为往往落后于自主避难，在城镇相关组织机构尚未开展避难劝告、避难指示之前，居民已经无组织的自发避难。因此，城镇灾害管理机构灾后快速指挥避难有重要意义。

灾前避难往往是发布避难劝告或避难指示后，有组织的避难。因为城镇尚未受灾，当地政府和城镇灾害管理部门组织机构健全，有及时组织、指挥避难的能力与可能。而灾后避难，则容易发生自主避难，重大灾害突发后，身居危险处的居民一般会快速撤离，主动寻找避难场所，而政府和城镇灾害管理部门避难疏散的指挥、组织能力的形成往往滞后于居民的自主避难。

1.2.3.6 广域避难

发生地震、大火、水灾、火山喷发等重大灾害时，灾害的影响范围比较大，需要较大地域范围的市民到较远的避难场所避难或者在每一个较大的地域内设立一个规模较大的防灾避难场所。广域避难的地域范围视灾情轻重、避难人员与避难场所多少等确定。日本大阪市在市区规划了30多个广域避难所，遍布大阪市的每个辖区。

1.2.3.7 引导避难

当前的城市人口，少则几十万、上百万，多则千余万。一旦发生重大灾害，特别是像阪神地震和唐山地震那样的城市直下型地震，必然骤然产生大量无家可归者和有家难归者，在较大的地域和极短的时间内，有数以十万计、百万计的居民需求避难。满足避难需求，把避难人员安全疏散到各个防灾避难场所，需要很高的组织能力、指挥能力、劝告能力与引导能力。而且，重大灾害发生后，如果抗灾救灾指挥机构和志愿者不能在极短的时间内按照城市防灾避难场所的规划引导市民到指定防灾避难场所避难，市民有可能自行选择避难道路与避难场所实施自主避难。市民自主地、自觉地到预先规定的指定避难所避难，实际上也是引导避难，只不过引导行为发生在重大灾害发生前的综合防灾教育中。

引导避难应当在灾害发生前的综合防灾减灾教育中进行定期演习，使市民知晓每个家庭或机关单位所在的避难圈，避难经由的避难道路与到达的指定防灾避难场所，避难必须遵循的规章制度和安全事项等。一旦发生重大灾害，即使城市抗灾救灾指挥机构和志愿者尚未形成引导功能，市民也可以自觉地按照综合防灾演习的避难途径到达指定避难所避难。

显然，市民无论采用哪种避难方式，都应当是从危险性或预想危险性高的场所转移到安全性高的场所。危险性来源于重大灾害和由其引发的基本生活条件丧失。而安全性则有赖于提高城市的抗灾设防水准，科学规划、建设、管理、利用防灾避难场所，储备灾时确保市民基本生活条件的避难资源，及时得到域外的救助与支援，维护灾区社会治安等。

在各种避难形式中，提倡引导避难、灾前避难或从灾后避难向灾前避难转化，某些重大灾害可实施广域避难或远程避难，减少自主避难，杜绝逃荒现象发生。无论采用哪种避难形式，城镇都应灾前规划建设城镇防灾避难场所系统。

1.3 避难过程

避难是一个过程，如图 1-30 所示。整个过程包括避难准备、避难行动和避难生活。避难生活结束后，避难人员步入灾后新条件下的正常生活。

1.3.1 避难准备

（1）避难劝告与避难指示

重大灾害发生后或根据灾害预测预报（地震短期预报、台风预报、风暴潮预报、海啸预报等）重大灾害即将发生，城镇人民政府必须依据相关法规和城镇避难劝告、避难指示标准发布避难信息，组织灾前避难或灾后避难。避难劝告、避难指示发布后，有的居民决定避难，开始避难行动；有的居民不听从避难劝告、避难指示，不采取避难行动。2010年智利 8.8 级地震发生后，日本发布了地震海啸警报，据日本《读卖新闻》2010 年 3 月

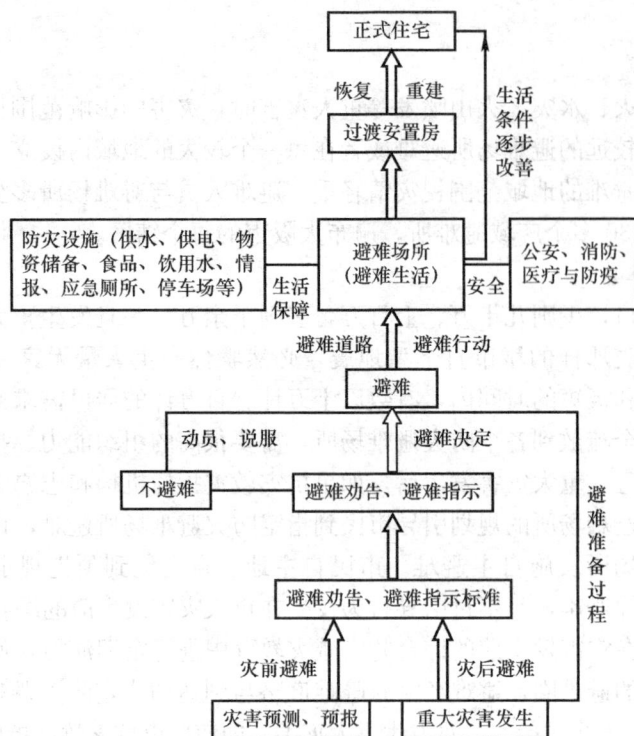

图 1-30　避难过程图

2 日报道，整个日本共向 66.59 万个家庭约 156 万人发布了避难劝告、避难指示，只有 4.21 万人避难，97％以上的人没有避难。爱知县避难劝告 56 万人，实际 4 人避难；名古屋港区避难劝告 649 人，无 1 人避难。2011 年东日本地震，震后几分钟就发布了海啸预报，海啸发生在震后 20 分钟之后，如果发布海啸警报后，沿海居民立即到附近高层建筑的屋顶或高层避难，应有更多的人躲避开海啸袭击，像图 1-28 所示楼顶上的避难人员那样。对避难行为而言，灾害警报就是避难指示，居民应当立即避难，不能迟缓，更不能视若无睹。

当地政府发布避难劝告、避难指示后，如果条件允许，决定避难的居民需要携带紧急应对灾害的饮用水、食品、衣物、生活必需品（收音机、手电筒、生理用品等）以及各种票证、贵重物品。关闭住宅内的水、电、煤气开关和门窗。特别是避难弱者等行动迟缓的人群，更应尽早、尽快准备避难，并安排人员照顾或看护。

依据当前的气象预测预报技术，台风、风暴潮、暴雨等气象灾害可在灾害发生前比较准确地预报灾害的发生时间、受灾地域和灾害肆虐的路线、受灾程度和持续时间等，有可能组织居民灾前避难。近些年来，我国的多次水灾和台风、美国卡特里娜飓风、智利地震引发的海啸等都组织了灾前避难甚至远程避难。和灾后避难比较，灾前避难可以有效地减少人员伤亡，因为重大灾害发生时，避难人员已经离开了危险程度比较高、承灾能力相对弱的住宅或地域。像 2004 年印度洋地震伴生海啸，地震后没有及时发出海啸预报，印度尼西亚及其周边一些沿海国家造成 22 万多人死亡（表 1-9）。灾害管理部门必须重视适时组织灾前避难和灾后避难向灾前避难转化，这是减少灾时人员伤亡的重大灾害措施。

避难劝告、避难指示标准是近些年来避难研究的重要课题。避难劝告、避难指示标准是当地人民政府发布避难劝告、避难指示的基本依据。日本一些都、道、府、县编制了部分灾害的避难劝告、避难指示标准。依据日本历次重大灾害组织避难的经验，编制避难劝告、避难指示标准时，应注意以下事项：①既要参考当地以往的受灾状况，又要考虑可能发生大暴雨等超过预想规模的灾害。判断发布与否时，不能只限于标准的具体数据，还必须考虑灾害现场的监视情况，堤防的异常，滑坡、泥石流灾害的前兆现象，当地气象台的气象实况报告等，进行综合性判断。②居民避难的时间必须考虑当地政府动员居民避难的时间、居民准备避难的时间（从下决心避难到开始避难的时间）、从避难起点到达避难场所的时间。特别是居民准备避难的时间和从避难起点到达避难场所的时间，需要考虑避难地域内的避难弱者。③对于水灾、泥石流和滑坡、大潮等灾害，必须充分确认情报的种类、提供情报的机构和情报的准确性、可靠性。④为了使居民充分认识避难的意义和判断标准，当地人民政府平时必须开展防灾基础知识的普及教育和防灾减灾演习。吸收居民参加判断标准的编制，有助于提高避难劝告、避难指示的效果。⑤当地人民政府与当地气象台共同编制避难劝告、避难指示标准，实现避难情报资源共享。当地政府和气象台必须建立气象异常的通报体制和当地政府容易获得各种情报的情报传递体制，以便当地政府按照避难劝告、避难指示标准等动员辖区内居民避难。⑥即使编制了避难劝告、避难指示标准，依然要注意积累各种灾害情报，不断修订、完善标准。

日本广岛县泥石流避难标准如图 1-31 所示。图中纵坐标 x 是短期实效雨量（半衰期 1.5h，mm），反映地表水量对发生泥石流的影响。横坐标 y 是长期实效雨量（半衰期 72h，mm），反映泥石含水量对发生泥石流的影响。发生泥石流的界限是依据历史上长期实效雨量、短期实效雨量与发生泥石流三者的关系绘制的，当短期实效雨量和长期实效雨量在此线相交时，泥石流发生。蛇形曲线表示短期实效雨量与长期实效雨量的关系。警戒劝告标准、避难劝告标准距发生泥石流的时间依次是 2h、1h。短期实效雨量和长期实效雨量到达警戒劝告标准时，居民应高度注意灾害情报特别是泥石流现场的观测实况，随时了解有无发生泥石流的前兆，进行避难的准备工作，等候发布避难劝告。达到避难劝告标准后，迅速准备并采取避难行动。

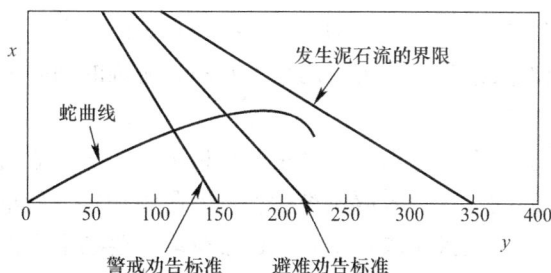

图 1-31　泥石流避难劝告标准图

避难劝告和避难指示对于减少灾害损失有重要意义。2011 年东日本地震岩手、宫城和福岛 3 个县震后死亡人数、失踪人数的统计结果表明，凡发布避难指示的，即强制性组织避难疏散的或全町避难的，像福岛第一、第二核电站附近的浪江町、富冈町、裕叶町、广野町、双叶町、大熊町等死亡人数和失踪人数都比较少。显示出，避难劝告、避难指示和及时避难对减少人员伤亡起重要作用。

（2）避难物品准备

避难劝告、避难指示发布后，在时间条件允许的情况下，避难人员可随身携带避难短期内急需、必需的生活物品，例如：饮用水、食品、急需的生活用品和医药等。

日本市场销售的避难物品便携袋是灾时必备防灾物品的提（或背）袋，是灾前家庭应当储备的重要避难物品，用于灾后短期内应急。地震灾害多发国日本，避难物品便携袋已经商品化。2010 年日本避难物品便携袋一例如图 1-32 所示。避难物品主要包括背提两用的避难物品袋、手动发电式多功能灯（兼作手电筒、手机、警报接收器）、保质期 5 年的饮用水（500mL×4 瓶）、保质期 5 年的食品、雨披（可防寒、防暑、遮雨）、家用药包、干洗发剂、多功能电工刀、充气枕、固体燃料、紧急供水带、应急口哨、家用床单、手套、三角巾、干电池等。家庭、单位和救灾物品储备仓库均可储备避难物品便携袋。灾时，一袋在手，可满足一个人一两天的基本生活需求。

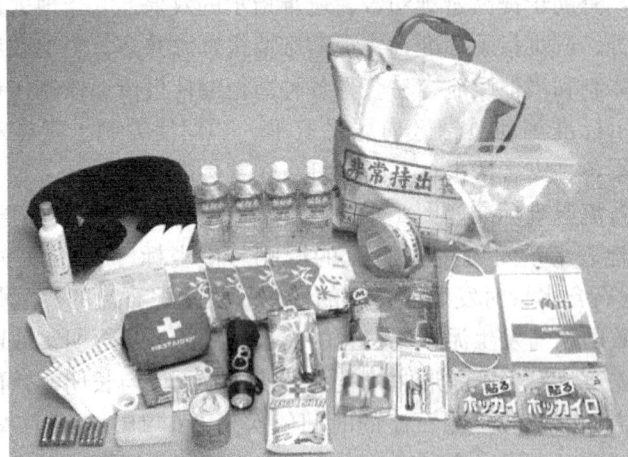

图 1-32　日本的避难物品便携袋一例

（3）避难决定

避难是居民躲避灾害的自觉自愿行动。避难决定是居民依据避难劝告、避难指示的发布原因和其本人的防灾减灾意识，对灾害的个人判断、避难的利弊分析，将决定本人或者家庭是否避难。

尽管避难组织者希望发布避难劝告特别是避难指示后，所有应当避难的居民都快速进行避难准备并按指定的时间、地点采取避难行动。但避难劝告、避难指示发布后，有的居民因种种原因等待、观望、犹豫不决，不采取避难行动。避难组织人员必须耐心劝说这些居民作出避难决定，尽快脱离危险地区。

避难决定可能发生在避难劝告、避难指示之前或其后。发生在避难劝告、避难指示之前属自主避难，避难人员自行选择避难方法、避难道路、避难场所。在事件突发前后，受到其伤害或可能受到其威胁的居民，有可能在发布避难劝告、避难指示前，自行决定避难。自主避难是在突发事件威胁下居民的无组织避难行为，是居民避难本能、避难意识、避难能力的综合体现。自主避难与避难劝告、避难指示比较，具有时间超前性；但由于是缺少避难标准指导的无组织行为，又有可能具有盲目性、随众性甚至灾害谣言的蛊惑性。

即使是避难指示发布后，被指令避难的一些居民仍有可能决定不避难，为了确保所有应当避难居民的安全，在组织避难过程中，难免伴有动员与说服，强制性地使一部分决定不避难的居民重新决定避难。

在我国，避难劝告、避难指示发布后，居民选择避难或不避难，没有法律条文约束。《中华人民共和国突发事件应对法》第四十九条规定：自然灾害、事故灾害或者公共卫生事件发生后，履行统一领导职责的人民政府可以采取一项或多项应急处置措施，其中包括"组织营救和救治受伤人员，疏散、撤离并妥善安置受到威胁的人员以及采取其他救助措施"。第五十六条规定："受到自然灾害威胁或者发生事故灾害、公共卫生事件的单位，应当立即组织本单位应急救援队伍和工作人员营救受害人员，疏散、撤离、安置受到威胁的人员"。第六十六条规定："单位或者个人违反本法规定，不服从所在地方政府及其有关部门发布的决定、命令或者不配合依法采取的措施，构成违反治安管理行为的，由公安机关依法给予处罚"，但《公安部关于规范违反治安管理行为名称的意见》中不含疏散、撤离、安置的条款。

1.3.2 避难行动

避难行动是居民决定避难后，从避难起点经避难道路到达避难场所的过程。从避难准备起到避难行动完成的过程如图 1-33 所示。

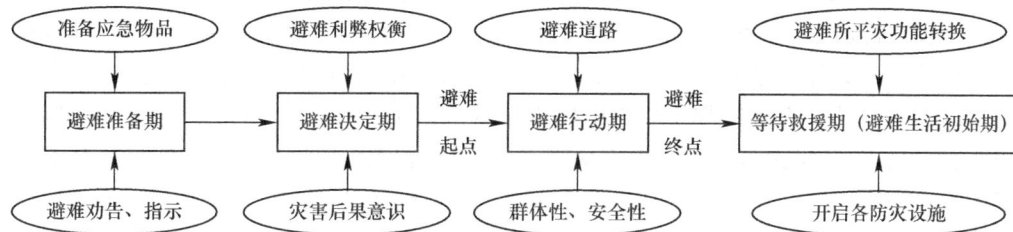

图 1-33　避难行动过程示意图

1.3.2.1 避难行动的影响因素

避难行动的影响因素（以火灾为例）如图 1-34 所示。

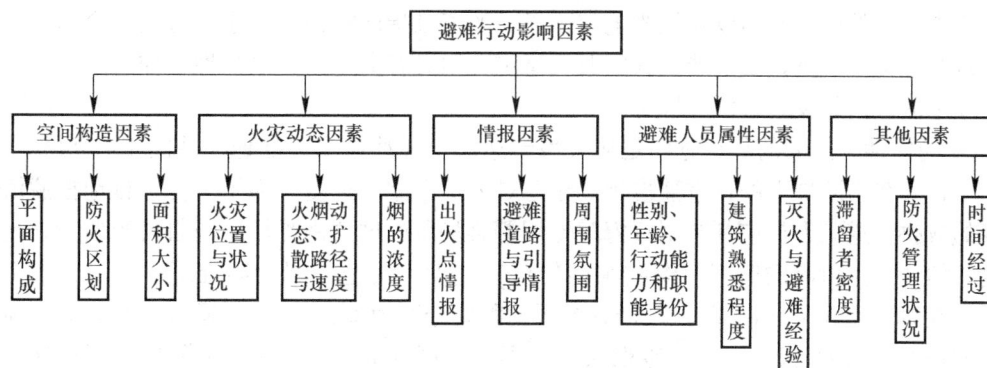

图 1-34　火灾避难行动的影响因素

从图 1-35 可知，影响避难行动的因素中，既有人、物、时空的因素，也有火灾发生、发展与灾情的因素。人的因素包括避难人员属性、引导情报、防火管理状况和滞留者密度。物的因素包括建筑物空间构造和避难道路。时空因素包括火灾位置、火灾周围氛围和时间经过。

住宅已经被火灾烧毁或严重破坏的无家可归者或丧失了居住条件、生活环境的有家难归者，只能采取避难行动，到防灾避难场所避难。如果住宅附近发生严重火灾，尚未殃及到自家住宅，是否采取避难行动则受多种因素影响。火灾因其产生火焰，具有鲜明的可视性，在较远的距离观察，就能大体判断火灾的严重程度，火烟的漂移方向和速度快慢，火源距自家住宅的大致距离及威胁的严重程度等。根据消防部门的情报信息，了解火灾是否可控，火势是否逐步减弱，形成火灾的可燃物及其燃烧生成物是否是严重危害身体健康的毒气。住宅周边的防火空间与防火条件能否阻止火焰蔓延，住宅是否在火灾的下风头。火灾可能蔓延到住宅；住宅虽然远离火源，但受到火灾释放的危害身体健康的毒气或浓烟的严重威胁；接到避难劝告特别是避难指示后，应当或必须采取避难行动。

1.3.2.2 避难行动的基本特性

（1）避难方向性

① 向开放性。城镇公园（含防灾公园）绿地、广场、空地、体育场（含学校操场）、大型停车场等开放空间的知名度比较高，甚至家喻户晓、交通通达性好、场地平坦、棚宿区的面积大、距避难起点比较近，且部分原有设施可直接或稍加改造用作防灾设施。因此，城市公园特别是防灾公园、学校、广场等是其附近居民选择的重要避难场所。通常，开放空间没有或少有既有建筑，不存在建筑倒塌造成的次生灾害，尤其适合用作地震避难场所。1923 年日本关东地震的主要避难场所是城市公园。1976 年唐山地震、1995 年日本阪神地震以及 1999 年我国台湾省集集地震等重大地震灾害发生后，城市公园都是主要的避难场所。开放性是室外型避难场所的基本特征，向开放性是地震等重大灾害避难行动的重要特性。

② 向光性。灾害发生时，有些居民对黑暗有不安感甚至恐惧感，远离黑暗是避难人员的正常心态。重大灾害发生在黑夜且城市供电系统瘫痪或部分瘫痪，或突发大水，道路被水淹没，或因火灾浓烟迷漫能见度很低，人们习惯上朝视线好、有照明的方向移动。能见度高或有照明，是准确判断避难道路及其周边环境安危、避难方向的重要条件。避难道路、避难场所的应急照明以及用光电技术显示的避难指向标识，对避难行动安全与安全避难有重要意义。但是，发生严重火灾时，避难方向又有离光性和风向性，即避难方向宜与火灾发生的方向相反，且向上风头转移。

③ 同向性。海啸的移动方向是从大海到达海岸并冲向海边陆地。从图 1-15 可知，海啸水墙在其袭击陆域上的行进速度远高于避难人员奔跑的速度。为了争分夺秒地摆脱海啸水墙的威胁，避难人员应判断附近海啸专用避难场所或城镇避难场所与自己当前所在地的距离，估计到达所需的时间，海啸水墙的行进速度，决定去哪个避难所避难，如图 1-35 所示。设海岸到 3 个（1、2、3）避难场所的距离分别为 t_1、t_2、t_3；避难人员到 3 个避难场所的距离分别为 s_1、s_2、s_3。避难人员的奔跑速度为 u，海啸在袭击陆域的行进速度为 h。如果 $t_1/u < s_1/h$，$t_2/u < s_2/h$，$t_3/u < s_3/h$，则避难人员可以在海啸到来之前安全到达 3 个避难场所；如果 $t_1/u > s_1/h$，$t_2/u > s_2/h$，$t_3/u > s_3/h$，避难人员即使选择最近的避难场

所也不能安全避难。因此，设计海啸专用避难场所或其周边的城镇避难场所时，应研究避难人员的安全避难距离。

设避难人员所在的位置距离 3 个避难场所之间的距离 $t_{均}$ 相等，且 $t_{均}=t_2$；海啸在陆域的行进速度是避难人员奔跑速度的 n 倍。如果 $n=1$，要是避难人员在海啸到达海岸后迎着海啸袭来的方向奔向避难场所 2，则避难人员与海啸前锋同时到达避难场所；要是与海啸同向奔向避难场所 1 或 3，避难人员到达避难场所后海啸尚未袭来。因此，在这

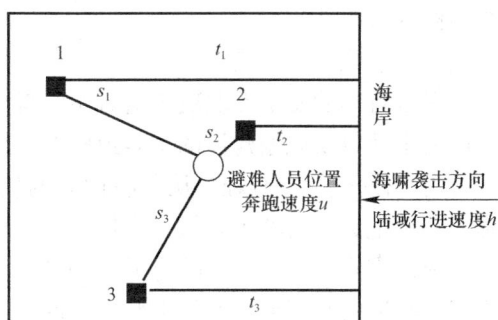

图 1-35　海啸避难场所安全避难选择图
○是避难人员所在的位置；■是海啸避难场所。

样的情况下，作为一个原则，避难方向应同海啸的移动方向相同，即朝远离海岸的方向避难。

（2）避难道路的选择性

① 归巢性。所谓归巢性是指首次进入不了解内部状况的建筑物或场所时，有沿进入道路返回的倾向。例如：到某个楼层，乘电梯（或沿楼梯）上来的人，大多乘电梯（或沿楼梯）下去。反映出人的道路熟悉程度对道路选择的影响大小。居民避难行动选择行动路线的一个重要原则是选择平时经常行走、最熟悉的道路。由于经常行走，熟悉道路状况及周边环境，有助于准确判断灾后避难道路的可行性、安危程度，并有初步预料避难途中在何处可能发生危险、发生什么危险，预先谋划出安全行走与化险为夷的相应对策，道路堵塞时如何绕行等。规划设计避难道路宜选择居民经常利用的道路，并定期或非定期进行避难演习，让居民熟悉避难道路。在一定的意义上说，提高居民对避难道路的熟悉程度，实际上是提高居民对规划设计避难道路的认同性，对避难引导以及避难行动安全有积极意义。

② 求近性。采取避难行动时，如果有多条道路通往附近的一个避难场所，或可以去附近几个避难场所，在路况大体相同的条件下，居民会选择最近的道路避难。避难行动的行程越近，所需的避难行动时间越短，途中发生危险事故的可能性越小，或者说避难行动更安全。规划设计各个避难场所的避难道路时，无论在避难场所内，还是在避难场所外，都应重视求直、求短，缩短避难行动的行程。城市避难道路裁弯取直，有助于缩短避难行动的行程。特别是像美国飓风灾害的远程避难，避难行动的行程少则几十千米，多则上百千米，缩短行程尤为重要。因此，规划设计远程避难场所更应高度重视避难道路的选择。

③ 可视性。避难道路的可视性是指路面裸露，能够直接看到路面的实际情况。这对准确判断避难道路的可行状况、安危程度有重要参考价值。洪水灾害的防灾避难所和避难道路均应设置在水的淹没线之上，确保避难所和避难道路的可视性。如果避难人员在被水淹没的避难道路上行走，不仅行动迟缓，而且存在严重安全隐患。因为避难道路的可视性差或可视性完全丧失，无法判断水的深度、路面的障碍物和道路的实际走向，行走在这样的道路上危险性极大。如果水流湍急，发生意外的可能性更大。海啸灾害避难特别是震源位于近海的严重地震引发的海啸，距离震源很近的沿海地区，在极短的时间内就可能发生海啸，要求避难道路有良好的可视性，以便快速从海啸威胁区到达安全区。夜间照明可提

高道路的可视性。

（3）避难行动的安全性

避难行动的安全性取决于避难组织者、指挥者的科学引导，工程设计人员设计的行动空间安全性以及规划建设的避难道路及其周边环境的安全保障。

① 向安全性。避难是从危险性高的场所转移到安全性高的场所，从而躲避危险与灾害。如果把灾害的城市看做安全场或危险场，避难人流必须从安全势低（或危险势高）的场所流向安全势高（或危险势低）的场所。如果 2 个场所的安全势（或危险势）相同，没有必要采取避难行动；2 个场所安全势（或危险势）的差值越大，避难行动的安全性与必要性越大。2 个场所的安全势（或危险势）相等，不存在避难的安全推动力，避难没有安全价值。如果居民错误地到安全势更低（或者危险势更高）的场所避难，有可能招来更大危险和灾难。这表明，规划设计避难场所、科学引导居民避难是避难的重要安全保障。

② 科学引导性。所谓科学引导性，是采用科学的避难劝告与避难指示手段，成功地引导所有应当避难的人员，从避难起点（居民住宅、企事业单位和公共活动场所等）安全到达避难终点（各类防灾避难所）。自主避难是在突发事件已经发生或即将发生的条件下无组织的避难行为，避难所、避难道路、避难方向、避难时间、避难同行者等的选择，由自主避难人员决定，不存在有组织的科学引导，危险性较大。即使是有组织的避难，避难劝告或避难指示发布后，部分居民有可能决定不避难，这是不安全之举。2010 年 6 月江西抚州大水，有的村镇平房或楼房底层已经进水约 3m，而且据当时的近期天气预报还有大雨，大部分群众已经撤离到抚州体育馆或附近的学校避难，但部分群众仍抱侥幸心理，舍不得离开家园、舍不得家园的财产，不愿撤离。尚未发生灾害但预计即将发生灾害或已经发生灾害并将加剧灾害、避难则生不避难则亡的危急情况下，如何在极短的时间内说服或采取合法的行政手段动员、指示避难人员全部避难，是科学引导的一个重要课题。在重大灾害面前，避难疏散是确保居民安全的基本保障与有效措施。而且，往往是机不可失，失不再来。避难疏散的组织者、引导者，应当按照预定的避难疏散计划和灾时依据灾情修订的方案，把避难人员引导到预先指定的或临时指定的避难场所。在避难道路没有堵塞的情况下，选择最近的避难道路。如果避难道路堵塞，引导到最近的冗余道路。强调距离最近，实际上是强调避难行动安全。避难行动的距离越近，避难行动所需的时间越短，避难途中发生危险的几率越低。

③ 空间安全设计性。所谓避难行动空间安全设计性，是在规划设计城市避难场所和避难干道总体布局以及二者的衔接性，避难场所内避难道路的通达性、通畅性、无障碍性时，应进行避难安全性综合优化，使整个城市的避难场所、避难道路系统处于最优安全状态。确保必备的冗余道路，避难道路尽可能不与车行道路混杂且其种类、宽度、照明等符合避难场所设计规范，灾时关键路段实施交通管制，避难场所周边形态和入口形态便于居民避难，避难行动过程中的居民集合场所宜设应急厕所等。避难道路的层次性是避难行动空间安全设计性的重要内容，大致可以划分为 4 个层次。其一，是去其他城镇或地区远程避难的公路及其与城市衔接的道路；其二，是紧急避难场所到固定避难场所的道路；其三，是从避难起点到紧急避难场所的道路；其四，是避难场所内的道路。这些道路相互衔接，功能互补，构成功能齐全的避难道路网络或系统。依据不同的灾害类型、灾害规模大小、避难人员多少等启用全部或部分道路。其中，远程避难道路还应考虑沿途的燃料供

应、避难人员的基本生活保障和伤病员的救治。

④ 安全保障性。规划建设的避难道路应当具有抗灾性能，例如：道路和桥梁的抗震性，发生严重水灾时不被淹没等，确保重大灾害发生时避难人员安全通过。城市内的避难道路两侧难免有高层建筑，通过山地的避难道路可能发生山体滑坡、泥石流，避难道路两侧还可能有火源和其他危险源，有的避难道路还可能穿越铁路或河流等。规划建设避难道路时，必须重视避难道路及其周边环境的安全保障性，确保灾时避难道路不中断，不堵塞，不发生次生灾害。

⑤ 避难安全的惨痛教训。1923 年日本关东地震，避难人员自主避难，130 余万人涌向公园、车站、铁道、被服厂等自以为安全的空间，有些居民还乘坐火车到外地避难（图 1-36）。许多避难场所人满为患，多处大火烧死近 7 万人。凸显出规划建设城镇防灾避难场所、居民掌握避难基础知识和预防地震次生灾害的必要性、重要性。

铁道上

被服厂内

上野公园

火车站

图 1-36　1923 年日本关东地震居民避难的情景

未经规划建设的自主避难场所，没有相应的防灾设施、没有安全保障，导致在此避难的大量人员伤亡；避难宜有序进行，数万人甚至几十万人蜂拥而至某一个场所避难，一旦发生严重次生灾害，必造成惨重损失，一个被服厂烧死近 4 万人，大火过后惨不目睹；开展居民避难教育与实地演习意义重大灾害，日本关东地震时，肩扛车载，携带大量衣物，一旦着火，难以扑灭。惨痛的教训应当吸取。

（4）灾害情报对避难行动的指导性

灾时，危险发生与逼近趋势的分析、避难的必要性和财产损失的判断以及避难的意向等是影响居民采取避难行动的重要因素。有效避难行动的基础是居民对所在地域灾害性质的正确理解和灾害危险性与发展趋势的准确判断。不同时间、不同场所，灾害及其潜伏的具体状况差异较大，处于灾害威胁场所的居民，依据灾情变化，适时采取避难行动，是应对灾害，保护人身安全的有效措施。居民避难既要听从避难动员、避难指令和对灾前、灾时掌握的避难情报的分析，还应重视灾害现场灾变的判断，特别是泥石流、山地暴雨等地域范围比较小的灾害，灾变的判断尤为重要。

判断突发事件的发生及其逼近趋势，正确理解灾害性质、灾害危险性的重要依据是灾害管理部门发布的灾情通报、灾害警报、避难动员和避难指令等各种灾害情报。依据灾害的地域范围，灾害情报有可能来自中央气象台的天气预报、中国地震局地震台网的监测预报等。这样的灾害情报服务范围广、更具权威性和可信性；也可能来自各省、直辖市、自治区及其辖区的地方气象台、地方性地震或地质观测点等，这种灾害情报服务范围小，针对性强。为全面获得灾害情报，应当整理、融合、分析上述两种情报。例如：中央气象台发布暴雨警报后，可能发生水灾的地区，应密切观测当地的雨量大小、河流水位的高低及其变化，达到避难标准后，适时发布避难动员或避难指令。又如：发布海啸警报后，可能发生海啸的地域应随时观测海面波浪的变化、海啸前锋到达的时间及其"水墙"高度，为组织沿岸居民避难疏散或取消海啸警报提供灾害情报依据。

灾害情报、灾害警报的必要性和有效性与灾害的种类有关，对于危险逼近速度快、提高建筑物抗灾强度难、对人的生命危害大的灾害（海啸等），必要性强，防灾减灾效果好。灾害警报的有效功能在于明确界定危险地域，预先给出从危险发生到危险来临的适度时间，适用于可预测性强、破坏力容易识别的灾害（海啸、泥石流、台风、大潮等）。预测预报可能性小、危险逼近速度非常快的灾害（地震等），发布灾害警报的可能性小，但这样的灾害如能准确预报，像 1975 年辽宁海城地震那样，有效组织灾前避难，可以大幅度减少灾区的人员伤亡和财产损失。还应当指出，即使是同一条河流发生的决堤灾害，发生在山地、山麓扇形地或平原上，危险的逼近速度也有较大的差异，要求的灾害情报速发性也不同。

居民的避难意向（决定避难还是不避难）受应对突发事件的行动心理等种种人为因素和各种环境条件的影响。实施避难疏散时，必须首先确定避难时间、避难方法、避难道路和避难目的地。而且，熟知当地的地域条件，是安全避难的重要条件。

乘坐汽车避难，应考虑所经道路的状况——堵塞/畅通，泥石流、山崩、水冲断路，实施交通管制等。在校的学生遇突发事件需要转移避难，必须在学校领导和教师的组织下有序进行。

决定避难后，离开住宅前，应切断电源，关闭煤气阀门，妥善摆放住宅内的物品（发生洪涝灾害或海啸时，把物品从低层搬到高层），携带细软，防止次生灾害发生，减少灾害造成的损失。

发出避难动员或避难指令后，或者直面突发事件时，受多种人为因素的严重影响，居民的判断和行动并不相同。有的因素促进避难行动，有的则阻碍避难行动。主要影响因素如下：①灾害经验：遭受过重大灾害浩劫的居民，目睹过重大灾害造成的惨重人员伤亡和财产损失，对灾害危险的意识高，反应灵敏，一般会积极主张避难。而若忘记、淡化重大灾害产生的严重后果或以轻微灾害的经验应对重大灾害，对重大灾害缺乏应有的认识，不能准确理解避难的防灾减灾功能，有可能力争不避难，拒绝避难动员甚至避难指令的实施。②个人属性：居民的年龄、性别、职业、宗教信仰等个人属性，有时也影响避难意向与避难行动。例如：有的老年人有拒绝避难的倾向，即使大祸即将临头，也不愿离家避难，固守"热土难离"的旧观念。③家庭因素：灾害发生时，通常一家人一起避难。即使灾时一家人处于分散状态，也会按照灾前的约定向一起靠拢，在避难途中或避难场所团聚。无小孩的年轻人家庭避难行动快，而有避难弱者的家庭避难行动则比较迟缓。快速决定避难的家庭，避难行动快，决定晚或犹豫不定的家庭，避难行动迟。灾时全家人平安的避难行动快，而有人员伤亡的家庭避难行动迟。④时间：灾害发生在白天，灾害状况容易掌握，利于灾害情报的收集与传递以及避难行动的展开。而若发生在夜间，特别在供电系统瘫痪的情况下，将给避难的组织与引导带来较大困难。灾害发生在职工上班时间，城镇政府机关、灾害管理部门和各企事业单位的避难指挥机构和领导者能够及时应对，快速组织、引导居民和其他人员避难。而若发生在下班时间，像日本阪神地震发生在凌晨，会有诸多居民自主避难，自行寻找避难道路和避难场所。⑤其他人的行动：有些居民避难具有随众性，邻居或他人避难与否在很大程度上影响着其避难意向。邻居或他人避难，也跟随着避难；看见他人不避难，也决定不避难。特别在灾情不明，避难依据不甚明了的情况下，更容易出现避难的随众倾向。⑥灾害种类：能够耳闻目染、身体有感觉的灾害（地震、火山喷发等）易于组织避难。有前兆、逼近速度比较迟缓的灾害（地裂、熔岩流、泥石流和滑坡等）有充分的时间组织避难。

从受灾害威胁（即将发生或推断未来发生）的地区迁居到安全场所，是保护居民生命财产的基本途径，可以说是超前的"永久性避难"。但迁居需要高额的费用，耗费大量人力物力，灾前从居住多年的住宅移居到其他地域的新住宅，即使强调说明现有住宅存在严重危险，移居的阻力也很大。一般是等到重大灾害发生后，不得已而为之。

日本的三陆海岸是里阿斯海岸，其近海频发海沟型重大地震灾害并伴生海啸灾害。1896年该海岸发生的严重海啸，造成2.2万人死亡。灾后虽然一些居民迁居到其他村落，但许多居民还是在原址重建。特别是当地的渔民，为了出海打鱼方便，不肯离开原址。37年后的1933年严重海啸再次袭来，又有大约3 000人死亡（表1-10）。这次灾害后，积极动员居民从危险的沿海低地向安全的高地转移。

日本三陆海啸死亡人数统计表 表1-10

海啸名称	发生时间	死亡人数（人）				
		岩手县	宫城县	青森县	北海道	合计
明治三陆海啸	1896年	8 157	3 387	343	6	11 893
昭和三陆海啸	1993年	2 667	307	30	13	3 017

1.3.3 避难生活

避难人员在防灾避难所度过的生活称为避难生活。避难生活与正常的城市居民生活有明显的差异。国内外多次重大灾害的避难实践表明，避难生活是灾害状态下"贫困度"比较高的生活，特别是避难初期饮用水、食品和生活物品可能相当短缺。城镇规划建设防灾避难场所时，有关部门应未雨绸缪，形成比较完善的救灾物资储备机制，避难人员也应理解灾后的生活困境，灾时随身携带必需的生活物品并避免发生过激行动和违法行为；避难生活具有群体性，在防灾避难场所内，许多事情不是个人行为、家庭行为，而是避难场所内避难人员的集体行为，每个避难人员都应当融入集体行为，适应集体行为，完善集体行为，协调个人与集体的关系，努力创造避难的和谐生活条件和环境；在防灾避难场所内，只能维持避难人员最基本的生活条件，保持最基本的生活环境，但避难生活条件和环境应随时间推移逐步改善；在时间上，避难生活比较暂短，只有几天、几个月或稍长些的时间，当避难人员能够搬回原有住宅或迁居新的住宅（临时的或永久的），避难所的避难生活结束。

在避难过程的各个环节中，避难生活的时间最长，而且涉及生活的方方面面，在规划设计城镇防灾避难场所时，应本着"以人为本"的原则，合理谋划各个避难场所避难人员的避难生活保障，完善管理体制，提高避难生活质量，确保安全避难。

1.3.3.1　确保必需的避难生活场所

凡收容避难人员的防灾避难场所，无论避难人员的避难生活长短（1～3 天、30 天或更长时间），都应当提供满足避难需求的避难生活场所，具体的技术指标是避难有效面积。紧急避难场所提供的有效避难面积，避难人员能够站立或坐下休息，并能在人群中穿行，一般每人不少于 $0.5m^2$；固定避难场所提供的有效面积至少满足每位避难人员睡眠的需求，一般在 $1.5m^2$ 以上，例如 $2.0m^2$ 或更大一些。有效避难面积的大小应当满足最低的活动空间需求，有条件的城镇，可适当提高有效避难面积，以便改善生活环境，减少次生灾害，为避难人员提供更大的活动空间。避难生活场所还应当满足进餐、饮水、盥洗、晾晒衣物以及排泄等的需求。国家标准《城镇防灾避难场所设计规范》中规定的有效避难面积，是为了确保安全避难居民必需的基本避难生活场所。

1.3.3.2　发挥医疗机构医治重伤员和卫生防疫的功能

突发事件往往造成人员伤亡，有些重大灾害甚至死伤几十万，像 1976 年唐山地震 24 万余人死亡，17 万多人重伤，其中唐山市重伤 81 630 人（内含截瘫患者 1 814 人），丰南县重伤 22 037 人（内含截瘫患者 841 人）。在一次灾害中，有这么多的重伤员，必须设立医疗机构（包括医疗站、医院、治疗中心等），组织大批医护人员，调拨大量医疗设备和药品为伤病人员服务。无论是在灾区本地治疗，还是运往非灾区救治，在灾区的及时诊断、医治、护理都极为重要。唐山地震全国支援灾区的医护人员 19 767 人以及大量医疗设备和药品，运往非灾区救治的重伤员 105 589 人，充分发挥了接收重伤员各地医院的人力和物力资源，为重伤员的及时诊断、治疗、康复创造了良好的医疗、护理条件。

重视城镇特别是防灾避难场所卫生管理，提倡饮用开水，注意食品卫生，设洗澡、洗衣和消毒设施，适时接种疫（菌）苗等是卫生防疫不容忽视的内容。

重大灾害容易诱发瘟疫，灾后必须配备适量的防疫人员，积极开展卫生防疫工作。一旦发现疫情，采取有效措施，消除疫源、切断传播途径、控制传播人群，把发生瘟疫的地区、感染瘟病人数和瘟病传播时间减少到最小。绝不能像海地地震那样，灾后 2 年 50 万人患霍乱，7 000 人死亡。

1.3.3.3　提供饮用水、食品和生活物资

突发性是突发事件的基本特性，通常在人们毫无准备的情况下发生，像 2010 年海地地震、玉树地震、舟曲泥石流等，避难人员没有避难准备时间，在避难场所避难的初期饮用水、食品和生活用品短缺。解决这个问题的有效办法是规划建设城镇防灾避难场所时设救灾物资储备仓库，灾后立即启用仓库储备的救灾物资；也可灾后快速从本城镇或灾区附

近的城镇紧急调拨救灾物资，满足避难人员的基本生活需要；避难人员应当有携带避难物品便携袋或避难物品的意识，由避难人员个人解决灾后最困难时期的饮用水和食品是一种有效方法。因为重大灾害发生后的短期内（几个小时、半天甚至一两天内），城镇行政管理机构可能处于瘫痪、半瘫痪、不健全的灾时状态，运输道路中断或平时形成的救灾物资储备机制破坏。而且，即使是灾后立即组织救灾物资的调拨，分发到避难人员手中也需要一定的时间。还应当指出，有些重大灾害发生在寒冷的冬季，特别是冬季的夜间，给穿着单薄的避难人员及时发放御寒衣物，对保护身体健康无疑有重要意义。

2011 年东日本地震后，部分避难场所特别是边远地区的避难场所物品短缺，最初一段时间，基本生活难以保障，这不符合一个经济发达国家的救灾能力。其灾后给水、供食等情景如图 1-37 所示。

超市物品抢购一空　　　　　　　　　　　　排队购买饮用水、食品

分发食品　　　　　　　　　　　　　　　　领取饮用水

图 1-37　东日本地震灾后给水、供食等情景一瞥

宿住等基本生活空间、饮用水、食品、御寒衣物、医疗是基本避难生活保障的重要基础。城镇建立与可能发生的灾害救灾相适应的救灾物品储备仓库有极为重要的救援价值。

1.3.3.4　完善生活环境

灾时，城镇防灾避难场所是避难人员的集体生活场所。由于每个避难场所入住的避难人员少则数十人、几百人、几千人、上万人甚至更多，生活环境管理对于安全避难有重要意义。

在公共设施（学校教室、体育馆等）内避难的人群，多人同居一室，避难人员之间难免互相干扰，甚至因干扰发生纠纷；一旦发生传染病，特别是流行感冒等以空气为媒介的疾病，易于快速传播；厕所是环境管理的重点部位，保持厕所清洁是防止蚊蝇滋生的基本途径，也是预防肠道等传染病发生、蔓延的重要措施；室内外定期或不定期消毒，公共居室不得豢养宠物，应扑灭蚊蝇和老鼠；人多，每天产生的垃圾也多，要及时清扫外运。

在帐篷村，虽然每顶帐篷内居住的人数较少，还有可能分家庭居住，不同帐篷之间的相互干扰比公共设施小，但也应重视生活环境管理。除公共设施的管理内容外，帐篷之间的距离必须符合防火要求，且按要求配置防火器材，以防发生火灾时，火烧连营。帐篷应搭建在地势较高且平坦的场所，周围设排水沟，以防雨水进入。

过渡安置房是汶川地震后我国出现的新型临时避难场所，是灾后有关部门规划设计的产物，具有更高的防灾减灾性能。

1.3.3.5　避难生活的安全保障

避难生活必须确保避难人员的人身安全。安全避难是避难人员从安全势低的场所移动到安全势高的场所，这是避难生活安全保障的前提。在避难生活中，伤病人员得到及时有效的治疗，采取有效措施防治瘟疫，有应对次生灾害特别是次生火灾的具体措施（有火灾发生时的撤退路线、避难场所设消防器材，城镇有同时扑灭多次严重火灾的人力、物力资源和消防水源等），确保基本生活条件（住宿、饮食、衣物、生活环境等）并重视饮食卫生（不饮用生水，不食变质食品等），避难场所夜间设照明设施，关照避难弱者，避难场所纳入公安部门的保护范畴等。

1.3.3.6　关照避难弱者

避难弱者，通常指老、幼、病、残、孕。有的国家把不懂灾区当地语言的人（外地人、外国人），甚至醉汉归入避难弱者。

避难弱者是避难过程中应当特别关注的人群。所谓"弱"，主要表现在避难行动比较迟缓，需要更多的避难行动时间或更早安排避难；避难生活有困难，需要照看或护理，有的行动需要轮椅，避难场所应设无障碍道路；有的需要奶粉、尿不湿等生理用品，救援储备仓库应适量储备。考虑避难弱者避难生活的特点，可规划建设专为避难弱者使用的福祉避难场所，或在避难场所内设老幼病残孕避难间，并相应设置无障碍设施。

1.3.4　灾害情报与避难

灾害情报包括灾害动因情报、受灾情报、行动指示情报、安危情报、生活情报、防疫灭病情报、恢复重建情报以及灾害谣言等。灾害发生后，一般城镇居民必须关注的情报如表 1-11 所示。

城镇居民应当关注的几种灾害情报种类　　　　　　　　　表 1-11

情报种类	情报目的	灾害		
		地震	火山喷发	风雨灾害
灾害动因情报	掌握灾害现状	震源、震级、烈度	位置、规模、死亡人数、各种观测数据	台风情报、风速、雨量、江湖水位
受灾情报	掌握灾害现状	死伤人数、建筑和生命线破坏状况	死伤人数、建筑和生命线破坏状况	死伤人数、建筑和生命线破坏状况
危险程度与警报	指导避难	海啸或余震情报	火山情报（紧急、临时）	气象警报、河流洪水警报
避难情报	指导避难	避难劝告、避难指示避难场所、避难道路	避难劝告、避难指示避难场所、避难道路	避难劝告、避难指示避难场所、避难道路

情报种类	情报目的	灾害		
		地震	火山喷发	风雨灾害
行动指示情报	确保安全	灭火、撤离海岸去避难场所避难	不能靠近火山碎屑流	适时避难、注意滑坡和泥石流前兆
生活情报	确保避难生活	避难场所、救灾物资分配、交通、医疗机构、生命线系统恢复	避难场所、救灾物资交通、生命线系统恢复	避难场所、救灾物资交通、生命线系统恢复
安危情报	确保安危	家人、熟人的安危	家人、熟人的安危	家人、熟人的安危
相关安危情报	确保安全	财产的损失/避难场所所在地	财产的损失/避难场所所在地	财产的损失/避难场所所在地
救援物资情报	救援	必需的物资/场所	必需的物资/场所	必需的物资/场所
志愿者情报	救援	参加的工作/方法	必需的工作/方法	必需的工作/方法

下面以重大地震灾害为例，说明各类灾害情报的内容与实用性。

（1）灾害动因情报

内容包括灾害的发生原因与前兆，地震板块与断层，主震震源，可能引发的次生灾害等。这类情报对掌握地震灾害的形成机理、预测预报以及抗震减灾决策有重要参考价值。依据目前地震灾害预测预报的科学技术水平与实践经验，准确临震预报的难度较大。如果能像1975年海城地震那样实现临震短期预报，可以大幅度减少人员伤亡与财产损失。灾害动因机理情报的综合研究，可以把实践经验抽象升华为理性认识，为地震灾害的准确预测预报奠定理论基础。

（2）受灾情报

是掌握灾区灾害状况的主要情报途径，内容涉及人员伤亡，建筑物倒塌、烧失、严重破坏，生命线系统瘫痪以及其他灾害形态，直接与间接的经济损失，对灾区政治、经济、文化的严重影响等。受灾情报是决策抢险救灾特别是救灾资源配置与恢复重建的基本依据。救灾资源以震中为圆心的同心圆配置原理是依据地震灾害受灾地域分布状况提出的。

（3）危险程度与预警

地震主震发生后，获取余震、火灾、海啸、泥石流、山崩、滑坡等次生灾害及其危险程度的相关情报，对于灾害管理部门合理组织、指挥居民避难和科学实施救援对策，居民决定避难等有重要指导意义。如果灾害前兆情报显示，可能发生危害居民人身安全的次生灾害，应发布不同等级的灾害预报，并依此采取相应防灾减灾对策，为灾区居民支撑起安全保护伞。灾害预警是灾害来临之前发出的躲避灾害的重要情报，居民对预警情报不能麻木不仁，否则可能带来灾祸。2011年东日本地震发出海啸警报后，如果海啸袭击地域的居民果断奔向海啸避难场所，大多可幸免于难。但，一些居民并未采取紧急避难措施，在死亡的2万多人中，约90%死于海啸。按照警报情报紧急避难是减少人员伤亡与经济损失的有效途径，特别是避难指示发布后，应避难人员必须无条件服从指令，必须深信"灾害情报救人"的道理。

（4）行动指示情报

地震灾害发生前后的灾害发展动向情报，特别关注灾害的发生前兆，灾害的地域分布和动态变化，次生灾害发生的可能性与发生的位置、时间等。灾时灾害管理部门利用行动指示情报开启避难场所和救灾物资储备库，指导居民从重灾区向轻灾区或非灾区转移，沿安全的避难道路去指定的避难场所避难，指令政府相关部门、公安、消防、医院等抢险救灾，合理配置支援灾区的人力、物力，适时决策规划重建。

（5）安危情报

地震灾害发生时，灾区内的个人、集体是否平安的情报。灾后，居民期盼家人、亲朋和相关单位平安的心情十分强烈，急切获取安危情报。电话是获取这类情报的重要途径。我国四川汶川地震、日本阪神地震等多次重大地震灾害后，都曾出现居民排长队打电话的景象。日本阪神地震时，神户大学的因特网站为该校的部分留学生传递了平安信息。收看电视、收听广播电台的灾害情报以及查看寻人留言等也有可能获取安危情报。每次重大灾害后，许多居民在电话亭排队打电话，图1-38是东日本地震和汶川地震后居民排队打电话的情景。

图1-38 东日本地震（左）和汶川地震后居民排队打电话的情景

（6）生活情报

重大地震灾害发生后，避难居民关注避难场所的生活环境与条件，救灾物资的供应与分配，伤病员救治场所，城镇生命线系统的破坏形态、破坏程度以及恢复进程，避难生活的安全保障等。避难弱者希望获取福祉避难场所情报。救灾物资情报提供救灾物资供应与分配的场所、时间、方法、数量以及领取方法。

（7）地震谣言

近些年来，我国出现过多次地震谣言。基本上是没有地震发布权的单位或个人散布的带有地震预报内容的虚假情报。地震谣言往往具有快速传播、多途径传播和跨地域传播的特点。谣言一旦在较大的地域传播，有可能产生严重的社会危害。1923年日本关东地震时，因地震谣言日本警察等杀害数千名朝鲜人和华工。平息灾害谣言的关键是灾害管理部门揭穿灾害谣言的虚假性、欺骗性，消除群众对灾害谣言认识上的模糊性。

（8）避难情报

包括避难劝告、指示与避难引导，避难道路与避难所，次生灾害，避难生活救灾物资保障等方面的情报。避难劝告是劝告避难人员快速避难，避难指示是重大灾害迫在眉睫即将威胁居民安全时，行政部门发出的避难命令。必须避难的人员对避难指示听而不闻、抗拒避难，极其危险。依据避难情报适时避难是躲避灾害的有效途径。

如果发生洪涝灾害，在发布大雨、洪水警报后，或洪水超过警戒水位、上游发生严重洪灾时，根据灾害特点、河道状况、气象分析等，预测本地即将发生灾害，应做好指示避难的准备，并实时指示辖区内的居民避难。避难指示是一项极为严肃的工作，不应避难而指示避难，将干扰甚至严重干扰城镇正常的生产、经济活动和居民生活；但若必须避难，而没有指示避难，将造成不可弥补的人力资源、物资资源损失。

避难情报的收集、传递宜形成平时特别是灾时畅通的情报网络，各级避难指挥机构之间，各避难所之间，避难的指挥人员、引导人员之间以及他们与避难人员之间，避难管理部门与抗灾减灾资源储备仓库之间，防灾避难场所与医疗机构、公安部门、气象服务部门、交通部门、消防部门之间等，都应当保障情报信息畅通无阻，且一旦受阻应当在极短的时间内恢复。作为避难情报的收集和传递手段，城市综合防灾部门应当充分利用有线、无线通信设施以及卫星通信、航空通信等多种情报途径。

向避难人员传递避难情报，可以利用直升机、广播车、电台与电视台、因特网以及口头传递等。重大灾害发生后，由于停电、气象条件恶劣、通信设施破坏等，有些通信设施可能处于瘫痪状态。在这样的情况下，向居民传达避难情报以广播车、直升机广播、手机通知、口头传达等更有效。而灾前，通过电视台、因特网、广播电台（站）以及其他新闻手段，通过城市社区各基层组织口头传递等，可以取得更好的效果。

居民通过警报等各种灾害情报获取突发事件的发生、威胁或发生的可能性。灾害情报有的是政府部门发布的，诸如气象预报、海啸警报等。有的则是各地区的灾害实况情报，例如：一座城市的暴雨、台风等短期预报、气象雷达报告等。灾害具有很强的突发性和地域性。因此，判断是否避难疏散，既要考虑政府部门发布的灾害情报，又要考虑各地区的局部灾害实况情报。例如：中央气象台、省市自治区气象台发出暴雨警报后，预报的暴雨地区应随时观察附近河流的水位变化和降雨强度的变化，并根据实际灾情决定是否组织避难以及避难的地域、规模、避难路线、避难场地、避难所以及必须采取的其他安全措施。

发布突发事件情报、灾害警报等的必要性、有效性随突发事件的种类而异。难以准确预报、突发性极高的灾害，除非像海城地震等那样有准确的短期预报能够组织灾前避难外，通常难以在灾前发出灾害警报，只能灾后依据实际灾情组织避难。海啸等灾害逼近灾区的速度快，靠建筑抗灾能力难以抑制且对人的生命危害大的灾害，及时、快速发布灾害警报有重要意义，以便灾害来临之前所有人员快速撤离灾害威胁区。台风、大潮等灾害可在灾前预报其运动路线和受灾地域，从突发事件发生至灾害到达的时间比较长，又容易判断灾害的破坏力，发布警报对于防灾减灾往往起重要作用。

灾害情报错综复杂。避难情报又产生于灾害即将发生或刚刚发生，抗灾救灾指挥机构尚未发挥领导、指挥功能，志愿者也未形成较强的引导力量，灾情调查没有开始或调查力量十分微弱，灾情收集与传递都有较大的难度。特别是灾后市民普遍采取自主避难，部分市民乘汽车进行远程避难，避难情报的收集与传递更为困难。因此，平时通过综合防灾教育与演习，提高市民的总体综合防灾意识，增强市民对城市灾害的关心度（熟知灾害用语与避难符号等的程度）、危险度（对自身居住地灾害危险性认识的程度）以及对策度（灾时基本生活用品的准备数量、避难应掌握的基础知识多少等）。关心度、危险度和对策度的综合分数越高，市民的综合防灾意识越强。

还应当指出，突发事件的突发性、救灾过程的时序性、获取灾害情报的迫切性、实效性、综合性以及灾害情报迟发带来的严重危害性等，决定了灾害情报必须力求具有准确、适时、速发、速检、速用等基本品格。

（9）救援物资情报

救灾物资是居民灾后生活特别是避难基本生活的物资保障。情报内容包括救灾物资储备仓库及其储备的物资种类与数量，救灾物资的调拨、运输与配置，国内外支援灾区物资的接收、管理与分配，每个避难场所或救援地点的救灾物资发放处与领取方法等。灾害救助情报包括自助、公助、共助和国际救助 4 个方面，每个方面都包容大量救援物资情报。

（10）卫生防疫情报

这是确保避难生活安全的重要情报保障之一。近 60 年来，我国多次重大地震灾害都创造了大灾之后无大疫的奇迹。没有再现新中国成立前我国一些地震灾害后"哮哭惊声日夜不绝"，"死尸遍野"，"瘟痾随作"、"人俱死，无收瘗者"的悲惨景象。2010 年海地地震后，灾区爆发霍乱，显示出，即使在 21 世纪，灾后仍有瘟病爆发并较长时间蔓延的可能性，必须高度重视卫生防疫情报。

（11）恢复重建情报

恢复重建是灾区居民从灾时生活过渡到新的平时生活的重要阶段。通过恢复重建情报，灾区居民看到灾后新生活的曙光，而伴随恢复重建的深化与结束，避难人员从避难场所逐步乔迁至正式住宅，最终结束避难生活。

综上所述可知，地震灾害的情报类型不同，情报的实用性也不同。各类地震灾害情报在地震灾害预测预报与预防，掌握灾害发生、受灾程度与灾情的地域分布，制定抗震减灾方略，救灾资源的储备、调拨与分发，劝告、指令居民避难与安全度过避难生活，编制恢复重建方案等防灾减灾活动中起重要作用，并推动了地震学、灾害学以及灾害情报学深入发展。

1.4　避难场所

1.4.1　避难场所

城镇防灾避难场所是依据城镇的避难场所发展规划等相关法规、标准，经统筹规划、设计、建设，实施科学管理，突发事件发生时，用于居民安全避难、支援灾区的人员宿营和设置救灾指挥机构的场所。

合理规划、设计、建设避难场所是城镇防灾减灾的重要举措。城市防灾避难场所是城市总体规划、综合防灾规划等不容忽视的内容，并在城镇防灾避难场所规划中进一步统筹化、具体化、时序化、理性化，逐步完善并形成能供各类突发事件应急使用的城镇避难场所系统。城镇防灾避难场所必须依据相关法规统筹规划、设计、建设，并实施科学管理。突发事件发生时，防灾避难场所是确保居民安全避难的重要场所。应统筹规划，合理设计，按质按量完成建设工程，并制定平时、灾时的管理机制，突出安全性、实用性、实效性、实时性。统筹规划，一个城镇应只有一个防灾避难场所系统，避免多头建设、重复建设；一个城镇应只有一个防灾避难指挥系统，统一指挥、统一步调、统一行动。科学制定平时管理、防灾设施维护与更新，灾时开启、利用与关闭的管理体制。平时发挥平时功能，灾时能够立即启用各种防灾设施，快速转换为避难场所。平灾结合是避难场所管理的基本原则之一。

城镇防灾避难场所的规划、设计、建设既要遵循相关法规、标准的规定，符合避难疏散的基本原则，又要综合利用并优化组合城镇的避难场所资源，还要考虑城镇人口资源、公共设施资源（特别是城镇生命线系统、医院、公安和消防部门）以及它们在城镇的分布，各类突发事件的历史、现状和发展趋势，城镇的地形地貌及其周边环境，城镇避难道路及其与临近城镇和道路网络的连接等，力求城镇的各类避难场所布局合理，避难道路通达，安全措施可靠，易于救援救护，方便就近避难等。

从居民避难的角度看，防灾避难场所是市民避难行动的归宿与避难生活的空间。避难的安全性、时效性、成功性不仅取决于避难的组织、指示、劝告、引导的成效大小，居民的综合防灾意识高低、承灾能力强弱，还在很大程度上取决于防灾避难场所的综合防灾能力、安全设施与安全保障、灾后救灾资源的提供速度、力度和持续性等。

城镇防灾避难场所的使用功能，不限于供居民避难，规模较大的避难场所还能用作支援灾区的部队、工程技术人员、医务人员和志愿者的宿营地和活动场所。严重突发事件后，支援灾区的人员数量比较多，1976 年唐山地震时，震后 4d 内到达灾区的中国人民解放军指战员 10 万余人，医务人员近 2 万人，工程技术人员 3 万余人，到同年 12 月 10 日，全国累计有 224 834 人支援唐山灾区，对唐山地震灾区的救援与恢复重建作出了重大灾害贡献。像唐山地震那样的重大灾害发生后，急需各类人员紧急支援灾区，必须为他们提供必需的生活、工作、活动场所和生活条件。由于人数较多，宜安置在规模较大的公园、广场和城镇空地。可以规划为指挥宿营型避难场所（只有抗灾指挥机构、支援灾区人员的宿营地和活动场所）、混合型避难场所（除上述外，还有居民避难场地）。

避难场所是城镇防灾减灾的一种重要措施。2010 年国务院发布了《国务院关于进一步加强防震减灾工作的意见》的第十七条规定："推进应急避难场所的建设。各地区要结合广场、绿地、公园、学校、体育场馆等公共设施，因地制宜搞好应急避难场所建设，统筹安排所需的交通、供水、供电、环保、物资储备等设备设施。学校、医院、影剧院、商场、酒店、体育场馆等人员密集场所要设置地震应急疏散通道，配备必要的救生避险设施。"第十八条规定："完善应急物资储备保障体系。加强国家、省、市、县四级救灾物资储备体系建设。优化储备布局和方式，合理确定储备品种和规模，完善跨地区、跨部门的物资生产、储备、调拨和紧急配送机制。加强救灾物资设备的质量安全监管。鼓励引导社会力量开展应急物资储备，推进应急救援产品动员生产能力建设，实现专业储备与社会储备、物资储备与生产能力储备的有机结合。"还要求到 2015 年，20min 内完成地震烈度速报，破坏性地震发生后 2h 内救援部队能赶赴灾区开展救援，24h 内受灾群众基本生活得到安置。随着上述要求在我国各省市区逐步落实，将大幅度提升我国的抗震减灾能力。

1.4.2 避难场所在城镇的分布

我国从第一个城镇防灾避难场所设立至今已有 10 来年的时间，一些大中城市甚至县乡都编制了避难场所发展规划，有些城镇已经或正在设计建设避难场所。中长期的发展规划应当规划一个城镇的避难场所系统及其发展进程、避难场所在城镇的分布与服务半径、应对的主要灾害与避难规模、避难场所的管理机制等。

在城镇避难场所的长期规划中，各个避难场所在一个城镇的分布显示出避难场所系统的整体形象。避难场所在城镇的分布必须符合城镇避难场所系统的规划原则与基本要求，合理利用城镇的避难场所资源，科学布局各类避难道路与避难所，有助于强化城镇的防灾结构，方便居民就近安全避难。通常，在一个相对成熟的城镇避难场所系统中，各避难场所的分布，应当综合考虑城镇的人口分布、避难场所资源的优化筛选利用、各类避难场所的合理布局、重大灾害的避难人员数量、避难道路及其通达性等。

当前，我国一些城镇特别是省、直辖市、自治区的首府，按照城镇防灾避难场所短期规划，设计建设了部分避难场所，并绘制了避难场所城镇分布图。这些分布图具有明显的避难场所系统的不成熟性或局部性。待避难场所系统长期规划实现后，才能形成成熟的或完整的避难场所城镇分布图。图1-39是近些年北京市规划建设的避难场所，主要分布在中心城区。大多是公园——元大都遗址公园、朝阳公园、万寿公园、海淀公园、皇城根遗址公园、曙光防灾教育公园、西便门三角绿地等。

在各城镇避难场所系统的长期发展规划中，一般有比较成熟的、完整的避难场所分布图，如图1-40所示，其中大多数避难场所只是规划，尚未设计建设。

图1-39 北京市已经规划建设的避难场所分布图

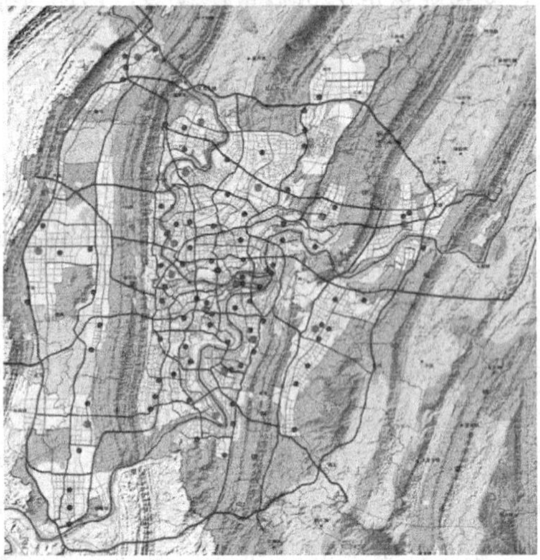

图1-40 我国某市避难场所规划图

城镇多年前就规划建设避难场所系统，或规划时间虽晚但设计建设速度比较快，中心避难场所、固定避难场所、紧急避难场所已经全部或基本建成，当前的避难场所系统分布图应当具有成熟性、完整性。图1-41是日本东京市规划建设的避难场所分布。

从图1-39和图1-41可以看出，避难场所系统的成熟性、完整性主要是指各种规模、各类避难场所规划建设齐全，与城镇人口分布相对应，比较合理地分布在城镇各居民区和其他有避难人群的场所，各避难场所的服务半径符合避难场所规划设计的基本要求且有必备的安全保障，城镇内避难道路通达性好，与城镇外的交通网络具有良好的连接性等。

应当指出，图1-40和图1-41中，还明确地给出了城镇避难场所系统与城镇外的交通联系，这为远程避难、救援物资的运输、支援灾区各类人员进出城镇提供依据。

1.4.3 我国避难场所的发展历程

据文献报道，1068年河北沧县、河间一带地震，"时城舍皆圮，吏民惧压，皆幄寝茇舍"。"幄"，帐幕；"茇"，在草间住宿。1679年三河、平谷地震，康熙皇帝离开宫殿住进

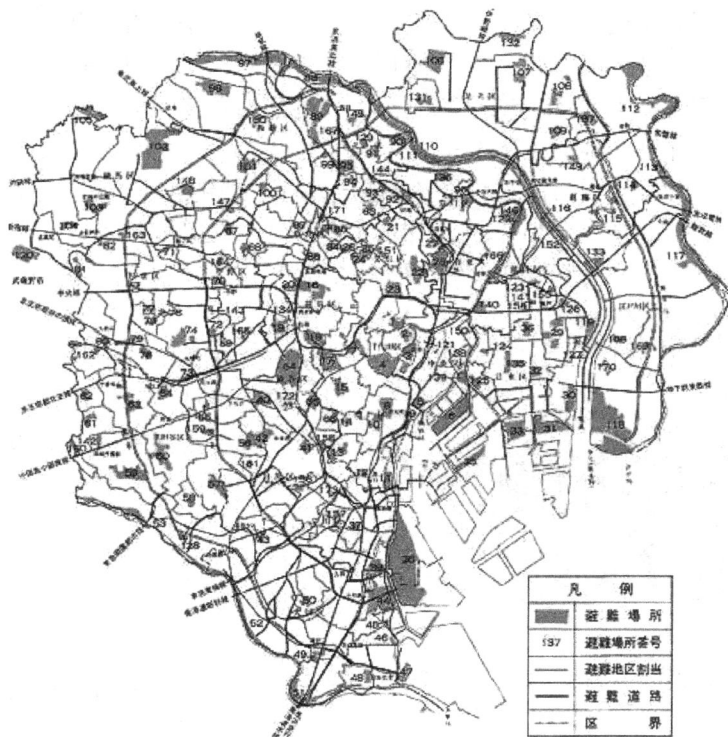

图 1-41 日本东京市规划建设的避难场所系统

帐篷。1730 年北京西北郊地震，雍正皇帝也移住宫殿外的帐篷。1668 年山东莒县、郯城地震，"居者惧覆压，编苇为屋"，"民多露处席棚中，经月乃定"。"苇"，芦苇，编制草席的原料。1830 年河北磁县大地震后，临漳县"各于居旁隙地架木为棚，结草为庐，合家聚处……。""搭席棚……是时官民用席甚夥……遣胥役往邻邑各处采买。署内外因公用席两万数千张……。""署中房屋尽倒，集夫备除积土碎石，择隙地或倒房之基搭席棚数十处，以为道府厅及大小委员办公栖息之用。"

　　上述史料表明，当时严重地震灾害发生后，以草、芦苇、帷幕等为原料，搭建了简易栖身之所，形成规模不等的避难场所。

　　以史为鉴。我国几千年有文字记载的灾害史还表明，许多重大灾害没有避难场所或者避难场所规模远不能满足灾民避难需求，灾民不得不长时间露宿街头或荒郊野外，造成大量灾民死亡；由于没有规划建设防灾避难场所，每遇大灾，灾民的生命、身体存在各种安全隐患，产生严重的精神障碍，给灾后救援与管理带来诸多困难；各类防灾避难所有不同程度的防灾功能，可以用作紧急防灾避难所或中长期防灾避难所；汶川大地震后建设的大量过渡安置房为今后规划建设中长期防灾避难所提供了重要依据。

　　我国防灾避难所的历史沿革是露宿→"架木为棚，结草为屋"（窝棚）→简易房、帐篷→过渡安置房。

1.4.3.1 露宿

　　露宿是重大灾害发生后，灾民在室外或野外荒郊避难。是一种原始的、危险的避难方式。对一次具体重大灾害而言，也是初始的避难方式。据文献记载，我国新中国成立前重

65

大地震灾害发生后，灾民"人甚恐，多露宿"、"哮哭惊声日夜不绝，民皆露宿"、"兵民口食无资，栖身无所"、"人民流散"，"瘟痢随作"、"人俱死，无收瘗者"。1556 年陕西省华县地震，"民天寒露"。1920 年宁夏海原地震，"地震时值冬日，气候寒冽，灾民流离失所，衣食俱无，故不死于地震多死于冻馁。"

民以食为天，以居为安。严重地震灾害造成大量房屋倒塌或严重破坏，灾民"栖身无所"、"庇身无宇"，只能"天寒露处"。特别是灾害发生在天寒地冻、大雪纷飞或暴雨成灾、狂风肆虐的季节，长时间露宿，必然加剧、扩大灾害，甚至引发瘟病蔓延，造成更多灾民死亡。图 1-42 是新中国成立前灾民逃荒途中露宿荒郊的情景。逃荒是一种较长时间的避难行为，生活没保障，安全也没保障。即使是近些年，许多重大灾害后，没有规划建设防灾避难场所的城镇，一些无家可归者或有家难归者，也只能暂时露宿，经住宅建筑安全鉴定后或返回住宅，或搬入帐篷、简易房等防灾避难所。这样的露宿是没有规划建设城镇防灾避难场所系统城镇居民避难的一个初始环节，时间

图 1-42　新中国成立前鲁西南灾民露宿荒郊

较短，与逃荒露宿荒野有本质的区别。

1.4.3.2　"架木为棚，结草为屋"——窝棚

窝棚是灾时用于临时避难的简陋小屋。用草、草帘、芦苇、苇席、木杆和遮蔽物等搭建。已如前述，严重地震灾害发生后，灾民搭建简易栖身设施——草棚（草垛、草堆）、席棚等，以避风雨和日晒（图 1-43）。"架木为棚，结草为庐"是避难场所从露宿向宿住的初始转化。虽然草垛、席棚等结构简单，避难空间狭窄，避难环境、条件差，难耐次生灾害的侵袭，但材料易得，搭建容易，且防震，有初步的防风雨、蔽日晒和居住功能。用作紧急避难所，有一定的防灾作用。相对于灾后露宿而言，"架木为棚，结草为庐"是防灾避难所的发展与进步，为灾民提供稍安全的避难空间。但窝棚只能在重大灾害后短期使用，取而代之的应当是简易房、帐篷等。

图 1-43　1927～1928 年山东大水灾民的窝棚

还应当指出，随时间推移，搭建窝棚的材料发生了较大的变化。早期的窝棚多用草、

苇席等搭建。唐山大地震时，灾民们从废墟中拾捡木杆、苇席、油毡、塑料布、砖头、石块和其他可以利用的建筑物品用作窝棚的建筑材料。

1.4.3.3 简易房

简易房是简易的房屋建筑。和窝棚相比，防灾功能稍高，具有更宽裕一些的生活空间和更长一些的使用寿命。50多年来，是我国一种重要的中长期防灾避难所。

邢台地震、唐山地震等严重地震灾害后，普遍兴建简易房供灾民避难。据统计，邢台地震灾区搭建简易房的人数占调查者的83.6%；唐山地震后，市区普遍搭建的简易房是当时灾民的主要避难场所。1975年海城地震临震预报后，市民普遍搭建、住进简易房，大幅度减少了地震造成的人员伤亡。

唐山地震后，唐山市区搭建了大量居住条件十分简陋、难以御寒越冬的窝棚（图1-44）。为此，抗震救灾指挥部门决定在唐山市区兴建简易房，要求其具备防震、防雨、防风、防火、防寒等功能。到地震当年年底，唐山市区共建简易房40余万间，满足了群众入住的需要。简易房的具体施工方法是：清除废墟后，按预先确定的距离，挖坑埋柱（4根以上），柱上纵横架设木架，形成圈梁式的木结构；在梁上架设木杆，其上再铺苇席或草帘、草袋，房顶铺油毡，用木条以铁钉固定，并用砖头等压牢；在木柱之间砌砖、石等至窗台；房内外墙壁涂抹泥浆；安装简易的房门和窗户；房内搭火炕或设燃煤铁炉。

图1-44 唐山地震的简易房

规划建设的简易房具有住宅的基本功能，设门、窗、居室，有生活活动空间，可以生火取暖、做饭，防风雨，蔽日晒等。唐山地震后唐山市区建造的简易房起了中长期避难所的作用，少则使用一两年，多则10几年。汶川大地震后100天，四川灾区的农村也自建了大量简易房（图1-45）。

图1-45 汶川地震后搭建的简易房

简易房是重大灾害后，救灾阶段、恢复重建阶段灾民的主要生活空间，灾区重建结束后，灾民全部搬进正式住宅，简易房的避难功能结束。

1.4.3.4　防灾帐篷

历史上西藏牧民过着游牧生活，不断迁徙，居无定所，为了御风避寒，创造了携带方便的住所——帐篷。

邢台地震、海城地震和唐山地震时，国内生产帐篷的企业极少，除了抗震指挥机构、部队驻地和医疗机构搭建少量帐篷外，灾区的防灾避难所基本上是窝棚和简易房。

随着我国帐篷企业的发展，防灾帐篷的生产能力大幅度增加，在避难场所的应用以及功能也不断增多（图1-46）。2008年我国18个省、市、自治区的75家防灾帐篷企业日产标准帐篷3.5万顶。为我国重大灾害后较大规模利用帐篷避难创造了良好的物资条件。

居民避难帐篷

帐篷小学

帐篷图书室

帐篷医院

帐篷办公室

救灾部队宿营地

图1-46　汶川地震帐篷的部分功能（一）

帐篷超市

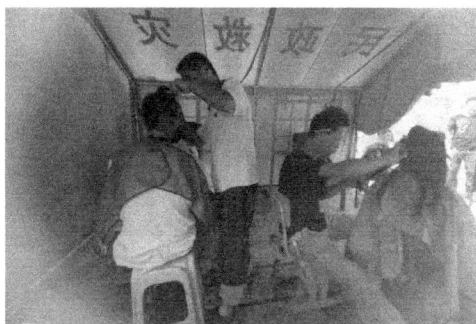
帐篷理发室

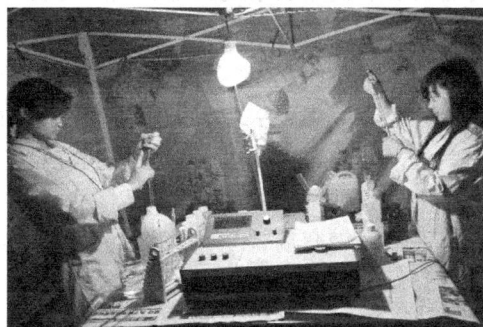
帐篷实验室

帐篷厨房

图 1-46 汶川地震帐篷的部分功能（二）

地震灾害后较大规模搭建帐篷村，始于九江地震。地震当天，国家民政部组织调运帐篷 1 000 顶，地震次日，已有 6 000 顶帐篷运抵九江灾区。九江地震发生后，仅瑞昌市就向灾民发放救灾帐篷 10 740 顶。特别是四川汶川大地震，一个月运抵四川灾区的帐篷高达137.9 万顶，数量之多，我国地震灾害史上前所未有。

防灾帐篷可以灾前生产、储备，平时成捆存放；构造部件采用组装式，占用空间小，重量轻，便于运输；可制成多种类型和规格，用于多灾种或多目的防灾。经过多次严重地震灾害的实践考验，帐篷用作避难所，调运方便、组装快捷，具有窝棚和简易房的防灾功能。因此，近些年来城市防灾管理部门的救灾物资储备仓库都储备一定数量的帐篷，重大灾害发生后紧急调运至灾区，搭建成避难场所。帐篷即可分散搭建，也可成片建成帐篷村。帐篷村便于灾后灾民的集中救助，也有利于避难场所的集中管理。严重地震灾害后，在城市的广场、防灾公园的棚宿区以及地势平坦的开放空间均可搭建帐篷村。九江地震、云南盈江地震、汶川地震发生不久，灾区随处可见帐篷村。

但是，一般的防灾帐篷蓬料单薄，御寒、防暑能力差。棉帐篷性能稍好，但价格贵，体积大，透气性能也有待改善。所以，帐篷适于用作紧急避难所。九江地震后，农村普遍规划建设正式房，灾后几个月灾民陆续从帐篷入住正式房，政府部门收回大量救灾帐篷。汶川地震灾后 100 天，四川省 1 000 多万灾民入住性能更好的过渡安置房，大量帐篷被收回入库。相对而言，严重地震灾害后规划建设的简易房、过渡安置房，防灾性能更好，使用寿命更长，能够接续防灾帐篷，作中长期避难所。

图 1-47 汶川地震灾区的过渡安置房

1.4.3.5 过渡安置房

汶川地震灾区兴建了百万套过渡安置房（图 1-47）。其中彩钢过渡安置房经过建筑设计研究机构的正式设计，材质具有良好的防灾和耐用性能，是值得推广的中长期避难所。根据国务院汶川地震抗震救灾总指挥部的决定，汶川灾区建 100 万套过渡安置房。要求每套过渡安置房的面积 15～20m²，材质选用轻钢结构或符合抗震和使用要求的其他材料，配置照明设施，确保 3 年使用期。平均每 50 套过渡安置房建一个集中供水点、一个公共卫生间、一个垃圾收集点。集中供水点设置遮雨篷，满足洗衣、洗漱、炊事需要。公共卫生间分设淋浴设施和厕所，并配化粪池和无障碍设施；平均每 1 000 套安置过渡房建一所小学、一个医疗所、一个零售商店；平均每 2 000 套过渡安置房建一所中学。

过渡安置房有多种形式和材质。各省、市、自治区援建的过渡安置房外墙、屋顶大多采用保温、抗震、耐火、耐用性能好的彩钢保温板，外窗的材质为塑钢。并且，进行用地内的总平面设计、建筑设计、结构设计、给水排水设计、供暖通风设计、电气设计、消防设计、管理机构设计。在过渡安置房中，彩钢过渡安置房具有更高的防灾功能，更好的生活条件与环境，是未来中长期避难所的发展方向。

我国中长期防灾避难所实现从简易房、帐篷向过渡安置房的转化，是我国经济快速发展，防灾减灾能力日益增强，国家防灾减灾"以人为本"基本方针的重要体现。

综上所述可知，露宿是最危险的避难方式。"架木为棚，结草为庐"（窝棚）可以营造简陋的有一定防灾功能的避难生活场所。简易房和帐篷具有防震、御寒、遮蔽风雨和日晒、能够提供炊事和睡眠场所等防灾功能。汶川地震后兴建的彩钢过渡安置房是我国中长期防灾避难所的一个重要里程碑，其规模之大史无前例，其性能之高与近些年日本的灾后临时住宅相近。规划建设防灾避难场所是强化城镇防灾结构、提高防灾能力的必行之策。

我国城镇防灾避难所的规划建设已经起步，2003 年我国第一个城市防灾避难场所在北京市元大都城垣遗址公园挂牌问世。目前，北京、天津、上海、重庆、成都、广州、太原、昆明、杭州等城市不同程度地规划建设了防灾避难场所（主要是防灾公园、广场等），浙江沿海的一些市、县、镇也规划建设了一些防台风、防洪涝的避难所。汶川地震后，绵阳市开设了九洲体育馆避难所，避难高峰时收容 3 万余名灾民避难，这是我国首次把大型体育设施用作防灾避难场所。特别应当指出的是汶川地震后 3 个月，四川省已有 445 万多户家庭，超过 1 000 万受灾群众住进了过渡安置房，其中包括 70 万套彩钢保温板过渡房。

但是，我国还有一些大中城市、大量的中小城市和乡镇还没有规划建设防灾避难所；

已经规划建设防灾避难所的城镇，避难所的数量、规模以及相关设施的建设和物资储备还不能满足重大灾害发生后的实际避难需求；以前规划建设的城镇防灾避难所没有技术标准、规范可循，许多关键性的技术指标有待制定、完善，国家标准《城镇防灾避难场所设计规范》的问世，必对我国防灾避难场所的规划、设计、建设产生深远影响，有效地提高规划设计的规范性、完善性和可靠性。

还应当指出，避难场所或者是临时的，或者是短期的，随着灾后恢复重建，避难的人群逐步乔迁新居，避难场所最终失去避难功能而关闭。由于我国综合国力逐年提高，避难场所的寿命也在逐步减少，像 1976 年唐山地震的简易房使用时间最长的大约 10 年，而汶川地震只有两三年。

当前，我国地震等严重突发事件发生后，一般先搭建避难帐篷或形成避难帐篷村，短期（几天、数周、数月）避难，然后建设过渡安置房，较长时间避难（半年、1 年、2 年），再迁入正式住宅。这是一种比较科学的避难场所设置方式。帐篷搭建容易，耗时较短，便于灾民快速入住避难空间，具有挡风、遮雨，防日晒，供休息和宿住等功能，居民在灾后较短的时间内就有了基本生活保障。而过渡安置房虽然防灾功能更完善，但搭建耗时较长，特别是组成区、片产生更高的防灾功能，耗时更长。可以说，这种安置方式符合先易后难、先安居后完善的原则。从避难场所的类型变化看，帐篷→过渡安置房，然后喜迁新居——正式住宅，是灾后避难场所变化的基本路向。

我国设计建设的过渡安置房，防灾功能完备，实用性强，入住者的基本生活有确实保障。这是对避难场所最基本的要求，也是最重要、最本质的要求。我国的过渡安置房与日本的临时住宅在防灾功能上、建筑材料上多有相近之处，都是一次性临时居所。

1.4.4 日本的避难场所

江户时期日本已经有救灾简易房（图 1-48），安置灾民避难。

1923 年关东地震时，居民主要是在公园等空间避难。上野公园避难人数 50 万。由于灾后发生严重次生火灾，大火连烧 3 天，几个区的建筑毁于一旦，并造成惨重的人员伤亡。居民在铁道上、窝棚内、火车站和楼梯上避难，有的乘火车逃离灾区到外地避难（图 1-49 和图 1-50）。

日本是经济发达国家，又是地震、海啸等自然灾害的多发国，理应有较高的防灾投入、较强的防灾能力，但 2011 年东日本地震伴生海啸发生后，灾区的救灾物资储备严重不足，一些避难场所中避难人员

图 1-48 江户时期的救灾简易房

的基本生活得不到保障，不仅饮用水、食品、御寒衣物短缺，连焚烧遇难者尸体的油料都难以满足需求。震后 10 天左右在一些地区开始建设建临时住宅，又因材料不足影响了工程进度。

在铁管内避难　　　　　　　　　　　　避难所内的儿童

避难窝棚

图1-49　1923年日本关东地震时的部分避难场所

图1-50　在帐篷、自家汽车内避难

日本的临时（一次性）住宅建设始于1978年宫城县地震。此后，几乎每次地震灾害都依据灾民的需求建造一批临时住宅，还有部分灾民在帐篷、汽车内避难（图1-50）。近些年来，日本多次灾害的临时住宅如图1-51所示。

日本的建筑抗灾性能比较高，严重突发事件后灾民多在学校的体育馆等处避难。待临时住宅建成后，供避难人员申请居住。

依据日本《灾害救护法》，临时住宅只供避难人员使用2年。但由于一些避难人员无家可归，且买不起或申请不到住宅，有时不得不延长使用期限。像1995年阪神地震临时住宅延长了3次使用时间，到1999年才关闭，使用时间4年多。

1999年关闭的阪神地震临时住宅

2004年新潟暴雨三条市临时住宅

2007年能登半岛地震临时住宅

2008年岩手内陆地震临时住宅

2008年日本汤涌地区泥石流后临时住宅

2004年中越地震小千谷市諏访公园临时住宅

图 1-51　日本灾后建设的部分临时住宅

　　日本历次灾害与应急临时住宅的建设户数如表 1-12 所示。从表 1-12、图 1-48、图 1-49 可以看出，日本避难场所的发展历程是露宿、窝棚、木结构简易房、轻钢骨结构预制件应急临时住宅。避难场所的防灾性能从弱到强，结构从简到繁，建材从木料（或其他易得材料）到轻钢骨结构预制件，逐渐强化防灾结构，提高避难生活的安全性。每次灾害后建设的避难场所栋数差别较大，少者 3 栋、10 栋、几十栋、百栋、几百栋，多者成千上万栋。在统计范围内，阪神地震后建造的临时住宅最多，近 5 万栋（包括自建临时住宅和国外援助的住宅）。有些临时住宅是避难人员申请分发的，有的是销售的或租赁的。从建设栋数与供给户数的数据分析，表中早期的简易房，不是一户一栋，而是多户一栋，像 1943 年鸟取地震，七八户共住一栋简易房。

日本历次灾害与应急临时住宅的建设户数　　　　　　　　　　　　　表 1-12

时间（年）	灾害名称	建设栋数	供给户数	建筑构造类别等
1923	关东大地震	1 600	2 158	同润会临时住宅事业建应急临时住宅
1934	第一次室户台风	3		搭窝棚
1934	函馆市大火	76		搭窝棚
1938	阪神大水灾	1 086		搭窝棚
1943	鸟取地震	117	888	木结构简易房
1945	战争灾害越冬住宅		约 30 万	出售建筑材料 租赁（木结构简易房）
1948	福井地震		6 499	临时木板房
			1 200	木结构简易房
1952	鸟取大火		1 000	木结构简易房
1953	京都水灾（8.15 水灾）		145	木结构简易房
	京都水灾（13 号台风）		299	木结构简易房
1957	西九洲大水灾		228	木结构简易房
1961	第二次室户台风		512	木结构简易房
1964	新潟地震	（新潟市）	636	木结构简易房
1976	酒田大火		198	轻钢骨结构预制件应急临时住宅
1976	台风 17 号		478	轻钢骨结构预制件应急临时住宅
1977	台风 9 号永良海岛		176	轻钢骨结构预制件应急临时住宅
1978	攻城县海上地震		70	轻钢骨结构预制件应急临时住宅
1982	长崎大水灾		39	轻钢骨结构预制件应急临时住宅
1983	日本海中部地震		150	轻钢骨结构预制件应急临时住宅
			5	木结构简易房
1983	三宅岛火山喷发	69	340	轻钢骨结构预制件应急临时住宅
1985	长野市地附山滑坡灾害		75	轻钢骨结构预制件应急临时住宅
1990	茂原龙卷风	14	28	轻钢骨结构预制件应急临时住宅
1991	云仙普贤岳火山喷发灾害		1 227	轻钢骨结构预制件应急临时住宅
			178	木结构简易房
1993	鹿儿岛水灾		45	轻钢骨结构预制件应急临时住宅
1993	北海道西南海上地震		408	轻钢骨结构预制件应急临时住宅
1995	阪神地震		49 618	轻钢骨结构预制件应急临时住宅 外国制品的输入 自建临时住宅
1998	五条市集中暴雨水灾		21	轻钢骨结构预制件应急临时住宅
1999	广岛市梅雨大雨灾害		30	轻钢骨结构预制件应急临时住宅
1999	台风 18 号大潮浸水灾害		13	轻钢骨结构预制件应急临时住宅
1999	集中暴雨洪水灾害（轻米町）		30	轻钢骨结构预制件应急临时住宅
2000	有珠山火山爆发		734	轻钢骨结构预制件应急临时住宅
2000	鸟取县西部地震		37	轻钢骨结构预制件应急临时住宅
2001	台风 15 号高知县西部暴雨灾害		10	轻钢骨结构预制件应急临时住宅

　　日本采用轻钢骨结构预制件建造临时住宅始于 1976 年酒田大火。由于是预制件，可在灾前完成预制，灾时按照组装程序应急组装，在较短的时间内即可建成多处成区、成片的临时住宅群。

　　日本临时住宅的供给对象是住宅倒塌、全部烧毁或被大水冲失的家庭；没有临时住宅或租不到租用房的家庭；确认没有自力确保住宅的人。每个居住单元的临时住宅分配给一户居住，能够供水、供电、供煤气，室内设厨房、厕所、浴室、空调是临时住宅的发展方向。

　　临时住宅建设前，城市灾害管理部门应调查如下事项：从受灾之日起 5 日内调查住宅受灾状况；灾区居民的动向和对市区住宅的迫切要求事项；关于室内住宅的紧急措施状况和预定；其他住宅应急对策上的必要事项。基于调查结果，编制临时住宅入住者选定调查书，并履行报告手续。灾害管理部门预先进行临时住宅的选址，优先选择公有土地，公有土地没有适当的场地时，通过与私有土地所有者充分协商后选定。选择的场地应易于得到饮用水，且保健卫生上没有障碍。选择集体性收容灾民的应急临时住宅场地时，还应考虑交通状况，便于儿童上学，方便灾民生活与工作。

　　供给户数是适用日本《灾害救助法》的受灾家庭的 3 成以内。但，万不得已的情况下，确认供给户数必须超过 3 成时，申请超标准建设。

　　城市灾害管理部门选定临时住宅的入住者，入住的期限是临时住宅完成之日起的 2 年，并负责临时住宅的管理。

1.4.5　不同国家或地区避难场所的差异性

　　从亚洲一些国家避难场所的发展历程看，大致的发展顺序是露宿→窝棚→简易房→帐篷→一次性住宅（过渡安置房、临时住宅），防灾性能依序递降。目前亚洲国家中，我国和日本等少数国家，灾后多建设一次性住宅，许多国家的避难场所多为窝棚、简易房和帐篷（图 1-52）。

　　城镇是否规划建设防灾避难场所，规划建设什么样的防灾避难场所是一座城镇甚至一个国家防灾经济实力、技术实力等的综合体现。

印度尼西亚

泰国

斯里兰卡（我国援助的帐篷）

孟加拉

图 1-52　亚洲部分国家的避难场所掠影（一）

巴基斯坦　　　　　　　　　　　　　　　　　印度

图 1-52　亚洲部分国家的避难场所掠影（二）

　　无论哪个国家或一个国家的哪个发展时期，防灾避难场所普遍关注避难的生活空间，饮食、衣物的救助和医疗条件，即具有最基本的生活环境与生活条件。

　　有的国家避难场所贫富差距甚大。例如：海地地震后居民普遍自行搭建极为简易的避难帐篷，灾害初期几乎看不到工厂生产的灾后组装的帐篷，显示出国家的救灾能力很差，居民普遍比较贫困。而富人则使用工厂正式生产的帐篷，避难环境与避难条件也好得多（图 1-53）。

海地地震灾民自行搭建的极为简陋的避难帐篷

海地地震富人的避难帐篷与避难环境

图 1-53　避难场所的贫富差距

1.4.6 城镇防灾避难场所的类型

按照不同的设定指标，城镇防灾避难场所有多种类型。

（1）按服务对象划分

城镇防灾避难场所可以为支援灾区的部队、工程技术人员、医疗队、志愿者和救灾指挥服务机构服务，也可以为城镇居民服务，还可以同时为以上二者服务。依此，划分为避难型，为城镇居民避难服务；指挥宿营型，为支援灾区人员和指挥机构服务；混合型，同时为城镇居民避难和支援灾区人员、指挥机构服务。

（2）按规模与功能划分

从分类的角度看，规模是指避难场所的避难服务面积。面积大于50ha的是中心避难场所，一般城镇只有1个，特大城市也只有少数几个，大多为指挥宿营型。10ha左右的是固定避难场所，1ha左右的紧急避难场所，它们主要用作避难型，其中固定避难场所有可能是混合型。

（3）按时间长短划分

如划分为短期、中长期避难场所。《地震应急场所选址及配套设施》GB21734—2008按避难时间划分为3类，Ⅰ类30天以上，Ⅱ类10～30天，Ⅲ类10天以内。

（4）按避难服务设施的类型划分

主要有防灾公园、学校避难场所、广场避难场所、体育场馆避难场所、福祉避难场所等。

（5）按空间划分

按开放空间和封闭空间划分为两类，其一是避难场地，像公园绿地、城镇空地、广场、体育场和操场、露天的停车场和集贸市场等，利用其中的开放空间搭建帐篷或上百成千顶帐篷构成的帐篷村、简易房或过渡安置房供避难人群栖身。其二是避难所，像体育馆、学校教室等各类房屋建筑，利用既有的封闭空间供避难人群避难。

城镇防灾避难场所可归纳为7种类型。

（1）紧急防灾避难场所

城市内的小公园、小花园、小广场、专业绿地、高层建筑中的避难层（间）。主要功能是供其附近的避难人员临时就近避难，也是避难人员集合并转移到固定防灾避难场所的过渡性空间。避难道路和紧急防灾避难场所主要用于避难行动。

（2）固定防灾避难场所

面积较大、可以容纳较多避难人员的公园、广场、体育场馆、大型人防工程、停车场、空地、绿化隔离带以及抗灾能力强的公共设施、防灾据点等。是避难人员较长时间度过避难生活和进行集中性救援的重要场所。固定防灾避难场所主要用于居民的避难生活。

（3）中心防灾避难场所

规模大、功能全、起避难中心作用的固定防灾避难场所。城市的中心固定防灾避难场所，一般设城市抗灾救灾指挥机构、情报设施、抢险救灾部队营地、直升机坪、医疗抢救中心和重伤员转运站等。大城市避难人口多的辖区，也可设立辖区的中心固定避难所，用作本区的抗灾救灾指挥中心。其功能具有比较高的综合性。

（4）防灾据点

防灾据点是指采用较高抗灾设防要求、有避难功能、有效保障避难人员安全的建筑物空间。可以用作紧急防灾避难场所或固定防灾避难场所。比较典型的防灾据点是高层建筑的避难层（间）。

（5）防灾公园

防灾公园是满足避难需求、可有效保障避难人员安全的公园。防灾公园是按照《城镇防灾避难场所设计规范》规划设计建成的城市园林，防灾设施与防灾功能比较齐全，可以容纳的避难人数比较多，是重要的防灾避难场所。避难区主要设在公园内的绿地等自由空间，可以作紧急防灾避难场所、固定防灾避难场所和中心防灾避难场所。日本是规划建设防灾公园较早的国家，把地震灾害发生时，面对市区大火，确保避难人员生命安全且起防灾避难场所作用的公园称为防灾公园。

（6）指定防灾避难场所

是城市规划建设的并指定避难地域或避难对象的防灾避难场所。灾害发生后，通过引导避难，把避难人员引导到预先规定的指定防灾避难场所避难。指定避难所，有助于避难行动与避难生活的有序性、计划性和安全性。日本各市县的防灾避难场所指定率比较高，全国96.7%，富山、石川、宫崎等14个县高达100%，福井县最低，也为80%。据对日本2 461个市町村的统计，其中97%指定了防灾避难场所。

（7）福祉避难场所

所谓福祉避难所是以老年人、残疾人等避难生活有困难、灾时需要救护者的人为对象开设的避难所。常设置在城镇的老年公寓、养老院、老年活动中心、福利院、残疾人活动中心和残疾人康复中心等公共福利设施内。

从身体状况和医疗救助必要性上看，福祉避难场所的服务对象尚未达到住（医）院的程度，但在避难所避难生活中必须得到关照。根据本人和家庭的要求以及避难所可能收容的人数等，下列人员优先：坐轮椅的残疾人、视力障碍和需要看护的人员，由于所在的避难所有台阶等，单独行动困难的人员；孤独症、神经障碍症患者，长期过集体避难生活明显困难的人员等。看护人员可以和被看护人一起在福祉避难所避难（一人看护一人）。

福祉避难场所必须设置防灾设施并满足如下条件：必须在泥石流、滑坡等地质灾害危险区域之外；依据过去的浸水状况和浸水预测结果判断，必须能够确保避难人员的安全空间（楼层）；指定的福祉避难所必须是抗震、耐火结构的建筑物；必须实现无障碍化，适合避难对象使用；必须能够确保避难人员的利用空间在 $20m^2$ 以上（按10人记，每人 $2m^2$）。

按照配置功能级别、避难规模、服务对象和开放时间，国家标准《城镇防灾避难场所设计规范》避难场所分类如下：

① 紧急避难场所。灾后就近临时避难的场所，也是避难人员集合并转移到固定避难场所的过渡性场所。

② 固定避难场所。具备宿住功能，设置相应的生活保障设施，用于灾后居民固定避难和进行集中性救援的避难场所。其又划分为短期固定避难场所（具备简易避难功能，用于灾后短期安置避难人员的固定避难场所）、中期固定避难场所（用于灾后中期安置避难人员的固定避难场所）、长期固定避难场所（具备较完备的避难功能，用于灾后长期安置避难人员的固定避难场所）。

③ 中心避难场所。规模较大、功能较全，起救灾指挥、应急物资储备、综合应急医疗救援等综合避难中心作用的固定避难场所。场所内一般设应急管理区、应急物资储备区、应急医疗区、专业救灾队伍营地等。中心避难场所通常可整合综合性避难功能演示、演练、教育和培训功能。

不同的国家或地区，地震避难所的分类方法不同。

在《东京都地域防灾规划》（1996 年修订）中，把避难所划分为以下 3 类：

其一，防灾避难场所（广域防灾避难场所）。避难面积较大的大型公园和绿地等的自由空间，实施广域避难的场所。日本大阪市的广域避难所基本上是各个辖区的公园绿地。

其二，临时集合场所。到避难所避难之前，邻里之间会面、互问安危的场所，或者避难人员集合形成避难人员群体的场所。

其三，避难所。是为重大灾害时住宅倒塌、烧毁的灾民或者震后担心受灾的人开设的、起临时收容和保护作用的学校、公民馆等建筑设施。

《大阪市地域防灾规划》（1993 年）把避难所划分为临时避难所和收容避难所。临时避难所是具有抗灾（火灾、水灾等）功能的广场、公园、空地等，每人的避难面积原则上 $1m^2$，能够收容 200 多人避难。用作收容避难所的建筑，有供应食品的设备或有可以应急用作供应食品设备的设施，能够容易地搬运食品且相对安全，原则上避难面积每人 $2m^2$，可以收容 100 多人（在有可能浸水的地区，设在建筑物的第二层以上，其他地区设在第一层以上）。

《神户市地域防灾规划》（1994 年）对避难所做了以下规定：预先选定灾时灾民的紧急待避所、收容避难所和广域防灾避难场所，而且让市民家喻户晓。紧急待避所的安全性高于可能发生灾害的建筑物。收容避难所除具有紧急待避所的安全功能外，还应当有供应食品的设施。广域防灾避难场所则是发生地震次生火灾并延烧的情况下，为防止其地域内的市民遭受热辐射和烟尘的伤害，而选定的防灾避难场所。

我国台湾省则把防灾避难场所划分为紧急防灾避难场所、临时防灾避难场所和临时收容场所、中长期收容城所。

1.4.7　避难空间设施

避难空间设施是避难人员避难生活的栖身之所，其防灾减灾设施的完善程度、基本生活保障能力、人均有效避难面积、防灾避难场所的管理水平等反映了居民避难生活的安全程度与质量高低。

近几十年来，我国在地震防灾避难场所建设上积累了比较丰富的经验。据调查，1966 年河北省邢台地震后，地震烈度 9 度区搭建防震棚人员占总人口的 90% 以上。唐山地震后，灾区群众就地取材，90% 以上的居民在公园、操场、空地、建筑物废墟旁搭建防震棚。2005 年九江地震时，灾区普遍搭建了帐篷村。

近些年来，我国的一些城市开始规划建设防灾避难场所。许多城市的抗震防灾规划中，都包含避难、防灾避难场所、避难行动与避难生活的相关内容。2003 年北京市建成了我国第一个防灾公园，并计划在几年内再建设 1 000 多处市级应急防灾避难场所。杭州市在建设拱墅区杭州汽车城防灾避难场所后，2006 年拟利用现有的学校、体育馆、公共绿地等设施，全面铺开建设应急防灾避难场所和紧急避难基地，将规划建设一个占地面积

260.5ha 的市级应急防灾避难场所。

日本阪神大地震建造帐篷村的材料有木料、板材、塑料波纹板、镀锌钢板、集装箱（建设用的或船舶用的）、帐篷（包括运动会帐篷）、预制件等。

城市避难空间设施正朝着多元化的方向发展。近些年来的地震避难实践表明，学校建筑、各类体育馆和展览馆、福祉设施、寺庙，以及在公园、广场、停车场、绿地、空地等开放空间搭建窝棚、简易房，建帐篷村等都用作避难空间设施。随着私家汽车数量的快速增加，有些灾民还利用自家汽车作临时避难栖身之所，这在 2005 年美国"丽塔"飓风远程避难中显露得尤为突出。

阪神大地震后的调查表明，在日本《灾害救助法》的适用地区，到小学校避难的占 20%（极震区约为 57%），到中学的占 13%左右，到公园的占 8%。学校特别是小学校是避难人员最愿意选择的避难设施。小学校数量多，比较均匀地分布在城市的各个社区，附近市民家喻户晓，校内有比较完善的城市生命线系统，距市民住宅近，有操场甚至体育馆，避难条件比较好。相对于小学校，中学校特别是大学的数量比较少，虽然也有用作避难所的诸多有利条件，但市民的选择性普遍低于小学校。

唐山地震时，由于城市中心地区（路南区、路北区）的建筑几乎全部倒塌，不可能利用既有设施或建筑作避难所。震后短期内，在地震废墟上搭建了大量窝棚。窝棚的居住条件十分简陋，难以御寒越冬。震后 10 天，河北省唐山抗震救灾指挥部提出"发动群众，依靠群众，自力更生，就地取材，因陋就简，逐步完善"建设简易房。唐山地震极震区震后居民住房的变化趋势是窝棚（少量帐篷）→简易房→正式住宅。简易房是窝棚的完善，并在震后城市恢复与重建中发挥了重要作用。

唐山地震的简易房具有防震、防雨、防风、防火、防寒等功能，有 3 种形式：其一是无房脊、房顶一边高一边低的"一坡水"式，其二是房顶中间起脊的"两坡水"式，其三是两头出檐的平房。当时唐山市流传着一个顺口溜："登上凤凰山（唐山市内凤凰山公园内的一座小山），低头看唐山，遍地简易房，砖头压油毡。"反映出唐山市区震后简易房数量之多与其基本特征。震后的前几年唐山市区的市民主要在简易房内生活，直至逐步搬进正式住宅为止。可以认为，从窝棚搬入简易房是震后从紧急救援阶段向恢复阶段发展的重要标志；当简易房完成它的历史使命，居民普遍入居正式住宅后，则意味着唐山地震灾区恢复、重建基本结束。

还应当指出，近些年来，在重大灾害的避难中，广泛采用的避难帐篷是一种颇具优点的避难设施。可以用难燃材质制作，可供集体、家庭和个人使用，能够折叠便于储存、运输，适于各个季节和气候条件下使用，制造工艺简单，灾前可以批量生产，灾时可以紧急赶制，用后不产生大量建筑垃圾等。日本阪神大地震、我国台湾省集集地震、印度洋地震、我国九江地震以及汶川地震都搭建了一些帐篷村，在灾民避难过程中起了重要作用。

阪神大地震时，有各种各样的设施和自由空间被选作防灾避难场所，特别是公园和学校校园的自由空间，构成了帐篷村，成为重要防灾避难场所。稗田公园、都贺川公园（两处）、求女塚西公园、西滩公园、石屋川公园、寿公园、大和公园等多处建起帐篷村。其他防灾避难场所震后 7 个月左右由于避难设施原有功能的恢复，避难功能消失。但帐篷村的寿命比较长，震后 2 年多还有多处帐篷村有避难栖身者。从功能上看，帐篷村主要用作避难人员的居室和置物。此外，还设有厕所、洗手间、厨房、洗衣房、淋浴器或澡堂、救援物资仓库、集会场所和帐篷村本部。作为特殊设施还有临时店铺等。

从重大灾害发生后的避难需求到避难所产生，从灾民背井离乡逃荒到在灾区就近避难，从灾后灾民自发搭建防灾避难场所到科学规划、建设、管理、利用防灾避难场所，从灾民自主盲目避难到有应急预案、有组织的安全避难，反映出人类抗御重大灾害的能力日益提高，社会不断进步，科学技术蓬勃发展，抗灾理念逐步更新。

1.4.8 避难场所的功能及其变化

避难场所的功能主要是为避难人员提供基本生活条件和安全保障。具体的避难功能包括就寝功能、救护功能、饮食功能、洗澡功能、排泄功能、安全功能和存放遇难者尸体功能等。这些功能，随着避难生活的推移而逐步变化。

1.4.8.1 宿住功能

从近些年来发生的重大地震灾害居民避难的状况看，避难生活的起始阶段，大量的避难人员涌入学校等设施，指定避难场所以外的设施也有可能成为自主避难人员的防灾避难场所。阪神地震时，学校的教室、走廊挤满避难人群，甚至出现不能完全满足避难空间需求的状况，人均宿住空间狭小，室内空气混浊，噪音声响干扰大，环境卫生条件差，不适应这种环境的避难人员难以入眠，也容易发生、蔓延瘟病。有的人为了避开这样的生活环境，虽在避难所占有就寝空间，但并不住宿，只领取分发的生活用品，另谋栖身之所。但到了避难生活的稳定、缩小阶段，由于避难人数逐渐减少，人均避难空间不断扩大，就寝的空间环境有所好转，有的避难人员可能在避难所内设置隔间，形成各个家庭或个人的避难空间，以提高就寝等避难生活的质量，直到离开避难所或避难所关闭。如果各个避难所就寝的人数大幅度降低，有关管理部门将逐步撤销、合并避难场所，其数量相应减少，避难所的整体避难功能逐渐削弱。图 1-54 是东日本地震后 5 个月一个避难所的情景。和图 1-6所示的避难场所比较，避难人员大幅度减少。

图 1-54　东日本地震后 5 个月一个避难所的情景

1.4.8.2 救护功能

救护危重伤员是避难生活起始阶段避难所的重要功能之一。避难所内设医疗点，救护危重伤员。条件基本成熟后，果断将危重伤员转移到地震灾区域内、外的医院治疗。除设有医疗中心的中心避难所之外，其他的避难所救护功能时间比较短。一般的固定避难所，只是危重伤员的暂时收容、中转地，就是设有医疗中心的中心固定避难所，其救护功能也随危重伤员的减少而减弱，并随医疗中心的关闭而消亡。避难所的救护功能与域内、外医院的救护功能相互转化，震后地震灾区医院遭受不同程度的破坏，甚至短期内失去救护功能，域外医院远水解不了近渴，避难所的救护功能起主导作用。但随着灾区医院的快速恢复和危重伤员大量转移到域外救治，避难所的救护功能明显减弱，直至消失。因此，严重地震灾害后，成千上万的医务人员紧急奔赴地震灾区，在避难所设立临时医疗机构，积极抢救危重伤员对于减少伤员死亡率和伤势恶化有重要的意义。唐山地震后，中国人民解放军以及河北省、辽宁省、上海市等省、市和卫生系统支援唐山地震灾区的医疗队283个，利用各种交通工具把1万余名危重伤员运往全国100多个城市的医疗系统救护（图1-55），地震灾区大灾之后无大疫，危重伤员得到良好医治，产生了明显的社会效益、救护效益与减灾效益。

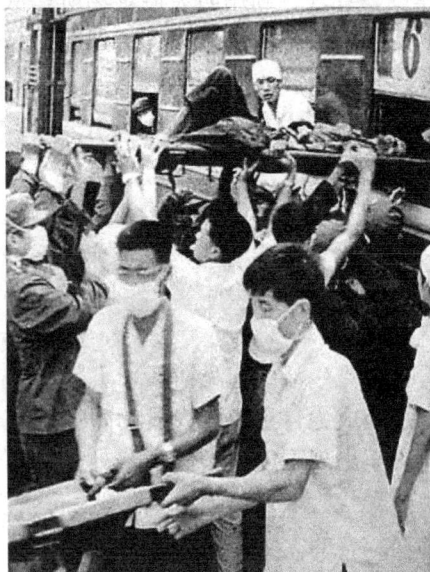

图1-55　火车外运重伤员去外地医治

1.4.8.3　饮食功能

饮用水是极为重要的生活必需品，对于震后城市供水系统瘫痪或没有供水系统的避难所，城市灾害管理部门应调集给水车紧急为避难人员供水或从周围城市调集大量矿泉水、纯净水等分发到各个避难所，也可以利用水净化设备生产达到饮用水标准的饮用水。利用避难所附近的河水、湖水和公园水景设施用水作为避难生活用水，城市生命线的供水系统修复后，上述供水功能消失。重大灾害后，居民往往失去生产熟食的能力，避难人员自身没有携带食品或携带的食品有限，避难所必须定时供应食品。避难生活开始时，避难人员可以食用自带的或他人支援的饼干等食品或空投、分发的熟食或其他食品。避难生活基本稳定后，有关部门或志愿者设立厨房、食堂，专事避难所及其附近市民的饮食。随着避难所的避难人数大量减少，避难所集体供餐的功能消失，避难人员自炊的人数增加。阪神大地震时，在避难生活缩小、撤销阶段大多避难人员自备盒式炊炉自炊。唐山地震后最初几天，空军向重灾区空投熟食或分发压缩饼干等食品，随后设立食堂或居民自炊。

1.4.8.4　洗澡功能

洗澡是市民的一种重要生活习惯，特别是重大灾害发生后的初期，由于参加避难行动和其他抢险救灾活动，许多市民身体疲乏、精神不振、衣冠不洁、希望避难所设有洗澡设施，以清洁身体、解除疲劳、振奋精神、换洗衣服。但重大灾害发生后，城市给水排水系统遭严重破坏或完全瘫痪，在震后较短时间内设置洗澡设施难度较大。日本阪神大地震后1周，在神户市内和一些避难所设立了一些临时洗澡设施，但随着避难所避难生活功能的减退，志愿者撤离，这些临时洗澡设施陆续关闭，取而代之的是临时淋浴器。

1.4.8.5　排泄功能

地震等重大灾害造成给水排水系统、垃圾及其处理系统瘫痪或不同程度破坏，致使城市不能发挥正常的排泄功能。结果，避难所内的厕所和临时厕所便溺横流、脏臭不堪；垃圾遍地，夏季蚊蝇滋生，成为瘟病蔓延的重要诱发场所。灾后，防灾避难场所乃至整个城市应保持必要的处理排泄功能，对于提高避难生活质量，抑制瘟病发生与蔓延有重要作用。防灾避难场所的厕所和垃圾应当安排专人管理，并采取人工清理、消毒等措施，改善避难所的卫生环境与生活条件。排泄功能不畅，是避难生活中最烦恼的问题之一。

1.4.8.6 安全功能

安全避难和避难安全是规划建设防灾避难场所、组织居民避难的基本宗旨。避难所的其他功能可以变化，可以减弱，但避难所的安全功能必须逐步完善。特别在避难生活进入缩小阶段、撤销阶段，绝不能轻视安全，忽视安全。避难生活中的安全不仅包括抗御重大灾害，还应当重视饮食安全、防疫灭病以及卫生安全等，尤其是有避难弱者的避难所，还要格外关注弱者群体的安全。防灾避难场所必须进行安全评价，采取各种安全措施，确保居民避难生活安全。日本关东大地震避难过程的安全隐患及其严重后果，我国海城地震避难生活中的次生火灾，巴基斯坦北部地震部分灾区震后得不到及时救援，日本阪神大地震和我国台湾省集集地震后救援行动缓慢等教训，值得吸取。

1.4.8.7 防灾教育功能

随着城镇防灾避难场所防灾功能的发展，一些避难场所被赋予了防灾教育功能。普遍用于开展防灾训练、演习。每年定期或不定期组织附近居民到各自指定避难场所学习防灾的基础知识，进行避难现场模拟演习，提高防灾避难意识，掌握安全避难的过程、方法与措施，领悟避难过程中避难人员与避难人员、避难人员与避难引导者之间如何建立和谐的人际关系，初步了解各种避难设施及其功能等。

北京曙光防灾公园利用宣传橱窗、模型等宣传防灾基础知识。这种面向来公园游憩的附近居民、观光者的防灾教育具有时间长久以及潜移默化的特点。

1.4.8.8 遇难者尸体的存放功能

严重地震灾害发生后一般都会造成不同程度的人员死亡。震后的短期内，城市火葬场或者严重破坏，或者没有足够的火化能力，因此在避难所和城市的许多地方停有遇难者的尸体。唐山地震遇难者的尸体采用埋葬方式，而阪神大地震则主要是火化。阪神大地震时各区避难所尸体的最长存放时间是：东滩区 25 天，中央区 14 天，兵库区 9 天，长田区 10 天，须磨区 13 天。避难所存放遇难者尸体的时间应当是短暂的，一旦所有尸体处理完毕，存放尸体的功能就彻底结束。从防疫灭病的角度看，避难所内不宜存放遇难者尸体，特别是夏天，可能诱发各种疾病。

显然，防灾避难场所持续时间较长的功能是安全、宿住、饮食以及排泄等。

有关避难场所的功能，不同城镇的灾害管理部门，依据本城镇的具体情况，有不同的认识。例如：在日本《长野县避难所指南的制定方针》中，把避难所的功能划分为安全与生活，保健、医疗和卫生，情报与社区。

（1）安全与生活

① 确保安全。这是避难所最重要的功能。因余震和风雨灾害，有房屋倒塌、河流决口的危险时，在灾害发生之前或发生之后，作为安全设施，避难所具有迅速、可靠地收容避难人员，保护避难人员生命、身体安全的功能。

② 供应水、食品和生活物资。避难所有供给避难人员饮用水、应急食品，提供衣物和寝具的功能。原则上，随生命线系统和流通渠道的恢复，这种功能要求逐步降低。

③ 提供生活场所。对因住宅损坏和城市生命线系统瘫痪等，自家住宅生活困难的避难人员，在一段时间内有提供就寝和起居场所的功能。与季节和期间相对应，除了防寒、防暑对策和炊事、洗涤等设备外，还应有保护隐私等的生活环境。

（2）保健、医疗、卫生

④ 确保健康。有治疗避难人员伤病的救护功能和提供健康咨询等保健医疗服务功能。虽然避难初期以紧急医疗、巡回健康咨询等为中心，但伴随避难时间的延续，心理咨询等越来越重要。

⑤ 提供厕所等，完善卫生环境。为避难人员提供生活上必需的厕所、澡堂和淋浴器，垃圾处理和防疫对策，维持清洁的生活环境。

（3）情报和社区

⑥ 情报的提供、交换与收集。在为避难人员提供灾害情报、安危情报和救援情报等的基础上，有避难人员之间确认安危和进行情报交换的功能，还有收集避难人员安危、受灾状况和避难人员的要求等情报，反馈给政府机关的功能。但必须注意随时间推移所需情报内容的不断变化。

⑦ 社区的维持、形成。维持以前的社区，以便避难的邻里之间在避难生活中相互鼓励，互相帮助。而且，避难人员之间有形成新社区的功能。这种功能对避难长期化尤为重要。

在上述的各种功能中，②水、食品和生活物资；④保健康；⑤供厕所等完善卫生环境；⑥情报的提供、交换与收集等功能，不仅对进入避难所的避难人员，就是对在自家住宅生活的受害者，根据需要也应享受公平的救灾服务。

在灾害发生后的混乱期间，由于没有形成管理体制，充分发挥避难所功能产生困难时，根据时序必须把优先的功能作为重点。在灾害发生初期；①确保安全是最重要的功能；④通过紧急医疗等确保健康；②水、食品和生活物资和；⑥情报提供、交换与收集等是最优先的功能。之后，其他功能变得越来越重要。随着生命线系统的恢复和避难人员迁居住宅，各种功能减弱，直到避难所关闭，各种功能消失。

避难所长期开设时，在避难所的各种服务不仅具有提供临时居住场所的功能，还有支援生活恢复与重建功能。

在重大灾害的避难所管理过程中，避难人员不仅仅是各种服务的接受者，还应照顾避难弱者，避难人员之间相互关照，积极参加避难所管理，才能更有效地发挥避难所的各项功能。

1.4.9　避难场所的关闭与重复利用

按照避难所启用、发展与消亡的时序，避难生活大体可划分为起始、稳定、缩小和关闭4个阶段。在起始阶段，除最初的一两天外，避难场所作为灾民的生活与救援据点具有各种各样的避难生活功能；在稳定阶段，基本上能够按时定量地满足避难人员的基本生活需求；到缩小阶段，避难的人数越来越少，逐步合并一些避难场所；进入最后阶段，大量的避难所逐步关闭，同时安置少量延续避难人员。

关闭避难场所是结束避难生活的举措。应当坚持逐步、适时、稳妥的原则。避难场所为避难人员提供避难生活空间，并创造最基本的生存、生活条件。随着灾后的时间推移，避难人员逐步离开避难场所，避难空间也会越来越大。但避难人员离开避难场所的一个重要条件是撤离避难场所之后，另有栖身之所，而且生活条件应当比避难场所更好。因此，解决避难人员临时的或长期的住宅是他们告别避难场所的关键性因素。如果灾害未造成住宅建筑的严重破坏，轻微破坏的住宅建筑经加固、维修后依然可以居住，灾情基本稳定后，许多居民会返回自家住宅，结束避难生活。但像唐山地震、阪神地震那样，大量住宅倒塌、烧毁或严重破坏，必须为众多避难人员提供新的住宅，且许多居民的避难生活时间比较长。

不同的国家震后解决居民住房的方式不同，唐山地震后市民栖身之所的变化途径是：窝棚（帐篷）→简易房→正式住宅（基本上是国家投资建设）。而阪神地震则是公共设施（学校、广场、公园等）→应急临时住宅→正式住宅（各户自建的有房地产的住宅、建成出售的多层住宅、公营住宅、租地住宅、租用住宅等）。因此，震后城市灾害管理部门应当对居民住宅的破坏程度及其地域分布作出准确评价，确定无家可归者的户数与人口数，供规划建设新住宅参考。对于住宅倒塌和破坏严重的灾害，避难人员只能分期、分批搬进新建住宅。建设新住宅的速度越快，从避难场所搬出的避难人员越多，关闭避难场所的时间越早；否则，将延迟避难场所的关闭时间。绝不能在较多灾民没有住宅的情况下，撤销避难场所。

避难场所关闭后，应及时整理、消毒、维修，恢复平时功能，并具备再次用作避难场所的功能。城镇制定的各个避难场所应能重复利用，长期保持防灾功能，一旦突发事件发生，随时能够投入使用。

1.4.10　避难场所的关闭示例

东日本地震后 7 个月，开始关闭避难场所。宫城县境内震后第三天（2011 年 3 月 14 日），占全县 14％的人口（328 850 人）在 1 183 个避难场所避难。7 月 29 日，避难人数减少到 1 万人。10 月 7 日还有 743 人在 7 个市町的 52 个避难所避难，每个市町 100 余人，每个避难所平均只有十几个人，关闭避难场所的时机已经成熟。石卷市避难高峰时约有 5 万人避难，震后 7 个月（10 月 11 日）只剩 202 人，决定关闭避难场所。64 人转移到 4 个"待机所"。在"待机所"的生活时间限定 2 个月，照常发放食粮。关闭避难场所的情景见图 1-56。

据日本复兴省 2012 年 2 月 23 日的统计，东日本地震将近 1 年，仍有 34 万人无家可归。其中，32 万余人住在临时住宅和公营住宅，2 万人住避难所、旅店、亲戚朋友家等。这次地震，避难高峰时，避难总人数是 55 万，震后 1 年只有 12 万人左右（占避难高峰时避难人数的 22％），回到原有住宅或迁入新居。正在避难的 34 万人全部结束避难生活尚需时日，很可能要用几年的时间。

1.4.11　避难生活的几点注意事项

1.4.11.1　避难生活空间的分配
避难生活空间、管理空间和救援空间是避难场所的主要空间构成。这些空间的合理布

准备搬出

搬出避难所的告别仪式

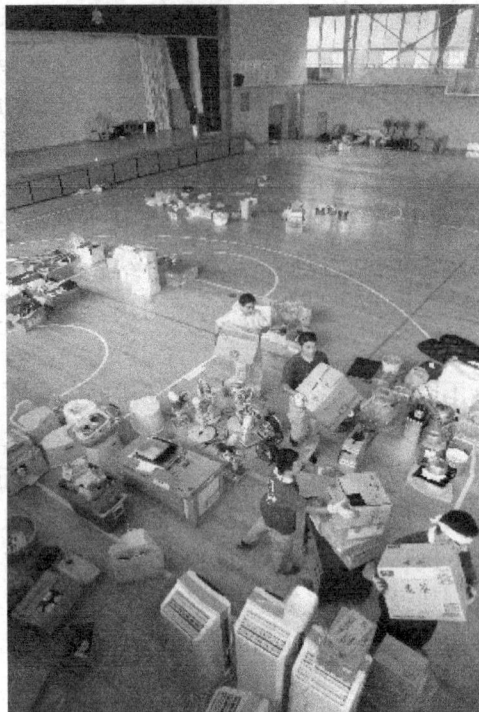

清理现场

图 1-56　东日本地震关闭避难场所的情景

局与分布是设计建设与科学管理防灾避难场所的重要内容。

避难场所管理空间包括管理办公室及其工作人员宿住空间、接待避难人员的空间、会议室、宣传与公告场所、消防器材放置处等。

救援空间主要是救治伤病员、收发救灾物资（饮用水、食品、衣物等）、打电话、避难与心理咨询等空间。

避难生活空间涉及避难生活的方方面面。主要是宿住、饮食、洗漱（浴）、排泄（厕所与垃圾）、避难弱者、儿童玩耍与学习、车辆停放、交流与娱乐、更衣（女性，兼哺乳）、吸烟、晾晒衣物、会客等的空间。避难场所空间构成表如表 1-13 所示。

避难场所的空间构成表 表 1-13

空　间	用　途	设置要求
① 管理空间	接收避难人员	设在避难场所的正门附近
	管理办公室	设在避难场所的正门附近，可与接受避难人员的场所设置在一处
	公告场所	在管理办公室门前，设置公告板与留言板
	宣传场所	办公室、休息室内设广播设备、电视机和电脑等
	会议场所	设置在办公室和休息室等处
	消防器材	安消防要求设置消防器材，有条件的设消防水源
	避难所管理者临时宿住处	在办公室和临时帐篷内确保职员干部的临时宿住处

续表

空 间	用 途	设置要求
② 救援活动空间	救护室（所）	开展应急医疗活动
	物资等保管室	接收、管理救援物资等
	物资等分配室	设物资、食品的分配场所
	公共电话室	设置在避难人员能利用且在避难所内就寝场所听不到声音的地方
	咨询场所	设置在咨询时确保个人隐私的场所，尽可能早设
	宿住场所	满足避难需求的既有公共建筑，开放空间搭建的简易房、帐篷、过渡房等
	更衣室	至少要设女子更衣室，并兼哺乳场所，确保单间（或隔间）
	休闲场所	设置成共用的多功能空间，还可以用作交流场所、娱乐场所
	厨房（电气烹调器具用）	电力恢复以后，设置电开水箱、烤炉等
	游戏和学习场所	白天供孩子们玩耍，晚上供学生学习。距离宿住所稍远些
③ 避难生活空间	临时厕所	原则上设在室外，宿住场所闻不到臭味且粪便车容易进入的地方，为方便老年人和残疾人利用，设在从宿住场所沿着墙能到达的地方。
	垃圾堆积场	原则上设在室外，宿住场所闻不到臭味且垃圾车容易进入的地方，确保有分别收集的空间。
	吸烟场所	设在室外，宿住场所严禁吸烟
	物资装卸和分	场所设在载重汽车容易进入的地方
	配场所	室内没有适宜的场所时，可设在屋外的临时帐篷等内
	炊事、准备膳食的场所	卫生状况稳定以后，在屋外设置避难人员能够自己做饭的临时炊事设备
	临时洗浴、晾晒衣物的场所	原则上设在屋外，能够安装、使用锅炉，可以排水的场所
	停车、存车场	一般情况下，不允许汽车、自行车进入，但住宅倒塌、没有停放场所且不妨碍其他用途时，允许临时放置
	避难弱者专用场所	可为避难弱者设专用避难间
	会客场所	可设在会议室、娱乐场所等

1.4.11.2 避难生活的时序性

随灾后时间推移，避难场所的状况有很大的变化，必须根据这种变化，按时序研究对应方针与对策。依据日本阪神地震居民的避难经验教训，提出的避难场所避难生活时序性如表 1-14 所示。在表 1-14 的不同的时序内，避难场所内避难人员与避难生活的状况不同，应采取不同的应对措施，确保避难人员平安地度过各个时序。

避难生活的时序性 表 1-14

时 序	避难场所状况
灾害发生～灾后 3 天左右	• 实现平灾转换，在开放空间搭建帐篷、简易房等宿住处 • 避难人员蜂拥至避难所，精神处于不稳定状况 • 有些居民到非指定避难场所避难，有关部门难以全面掌握避难场所的状况 • 避难场所管理人员来避难场所之前，避难人员有可能砸锁进入避难设施内 • 次生灾害、大规模火灾、危险物泄漏等，引发避难人员转移、扩大、混乱 • 避难初期，食品、救援物资不足，部分居民容易发生分配纠纷和过激行动（哄抢超市，甚至抢劫等），可能出现社会治安混乱现象 • 各种情报不畅，容易加剧避难人员精神上的急躁不安 • 难以把握伤病员、老年人等灾时需要帮助、救护者的状况 • 在城镇相关机构和避难场所内，集中询问、确定居民安危状况 • 国际救援队到达，安置宿住等

续表

时　序	避难场所状况
灾后3天~1周左右	・基本上能够供给食品等，避难人数处于流动状态（进出人数不相等） ・灾后第三天左右，避难人员情绪逐步稳定，但健康状况和卫生环境恶化（例如：出现呼吸道和肠道传染病，厕所脏乱甚至难以利用） ・生命线系统恢复迟缓时，食品和生活用水可能供不应求 ・志愿者人数和物资等在各个避难场所的分配未必完全相同，有的居民认为救援不公有意见 ・着手过渡安置房的规划设计
灾后1周~2周左右	・接收国内外大量救灾物资，需要大量人力资源 ・退出避难场所的人增加 ・随着避难场所的人员减少，可腾空、合并部分避难场所 ・伴随避难生活长期化，卫生环境恶化 ・避难人员开始上学、上班，避难场所作为避难生活场所的功能进一步强化 ・开始出现避难所内外人员之间救灾待遇是否公平，有的居民并对救援产生依赖性
灾后2周~3个月左右	・避难场所大体处于稳定状态 ・伴随着生命线系统的恢复，依然住在避难场所的只剩下失去住宅且没有去处的居民 ・伴随避难生活的长期化，对老年人等进一步加强保健、医疗服务 ・避难人员减少的同时，志愿者也在减少，难以维持避难场所的管理体制 ・建设、提供过渡安置房 ・避难人员逐步减少，避难所进一步腾空、合并，直至关闭

注：考虑季节的对策：①避难所内配备空调和散热器设备；②配置储存生鲜食品的设备；③确保简易的洗澡设施。

1.4.11.3　不同时段、不同季节的注意事项

我国南北纬度相差50多度，地跨热带、亚热带、暖温带、中温带和寒温带。冬季南北温差40℃左右，有些地区的昼夜温差也很大。灾害发生在白天、黑夜对避难行动与避难生活影响也比较大。灾害是否发生在做饭时间，明显影响火灾的发生率。

地震灾害发生在不同时间带、不同季节的注意事项如表1-15所示。

地震灾害发生在不同时间带、不同季节的注意事项　　　　　　　　　　　表 1-15

条　件	注意事项
白天	・中小学校，教职员为确保学生安全，组织、引导避难；是避难场所的学校迎接避难人员到来 ・家庭处于离散状态，确认安危和避难地点有障碍（电话系统瘫痪或打电话的人数剧增） ・在车站码头、旅游场所等滞留流动人员，宜组织就近避难 ・由于灾害、次生灾害的破坏或威胁，有的指定避难场所不能利用，这些指定避难场所的避难人员需安置到其他避难场所安全避难 ・上班时间，灾害管理部门和避难场所管理人员灾后可及时实施避难指挥、管理工作 ・在居民住宅区，因大量人员上班，男劳力少，避难弱者比较多 ・商场、娱乐场所等处的顾客等，因具体活动地点不确知，搜索失踪者比较困难 ・救出救援的视线好，有利于救灾工作的开展
晚上和夜间	・必须在停电、黑暗的条件下采取避难行动，不仅实施困难，也容易扩大灾害 ・在黑暗中开展救灾活动比较困难 ・晚饭时炉灶的使用率高，容易多发火灾 ・避难行动中容易发生安全事故 ・伴随家庭离散或发生突发事故，容易产生混乱 ・如果灾害发生在下班时间，避难场所管理人员到达避难场所的时间比较长

续表

条 件	注意事项
冬季	·采取防寒措施，否则容易冻害避难人员 ·冬季炉灶的使用率比较高，容易多发火灾，若刮强风，容易引火灾易蔓延
夏季	·采取防暑措施，必须在避难场所内早期实施卫生对策和保健对策（食品、饮用水、生活垃圾、洗澡设施、洗涤等） ·家庭储藏的和商店库存的以及救援的食品容易变质 ·降雨期间，室外空间的利用（利用帐篷、操场等）比较困难 ·若降暴雨，发生泥石流等次生灾害的危险性大

1.5　避难安全的历史教训

表 1-16 是对 1995 年日本阪神地震避难生活的调查结果。调查内容包括避难场所的场地环境、建筑环境、设施环境和生活单元等避难条件以及避难生活存在的主要问题。从该表可以看出，避难人员在上厕所、用餐、洗澡、就寝与睡眠、情报缺乏与混乱、卫生状态、个人隐私、医疗、不安感、垃圾处理、乳幼儿育儿、相互帮助、室内换气、生活用品、老年人监护、病人救治、噪声、政府援助、照明、供暖、应考学生的学习生活、宠物、消遣等诸多方面存在各种各样的问题。例如：居民在城镇公园的帐篷、窝棚内避难，虽然避难宿住空间不会倒塌，但不一定能保护个人隐私。但公园进出口一般有固定式车挡阻拦，车辆不能进入；帐篷、窝棚漏雨、浸水以及不同季节存在寒冷、酷热、潮湿等问题。

阪神地震避难生活存在的主要问题　　　　　表 1-16

项　目	创造的避难条件	存在的问题
场地与建筑环境	距自家住宅近（A）（B）（C）（D）	应急厕所不清洁（A）（B）（D）
	可以设置临时浴池（A）（B）	车辆噪音干扰，不能入眠（A）（B）（D）
	容易了解人的秉性（A）	没有纱窗，有蚊虫进入（A）（B）
	坚固安全（B）（C）	公园内的蛐蜒等能够进入室内（D）
	空间高大不易患感冒（B）	从地面进入雨水（E）
	洗衣和晾干的空间充足（B）	不能提供炊事场所（C）
	发生地震不会倒塌（D）（E）	帐篷的间隙漏雨（D）
设备环境	（光线环境）	（空气环境）
	电灯可以照明（B）	空间大，安装空调不起作用（B）
	（其他）	白天太热，室内难以生活（D）
	有冷气、暖气设备（C）	用应急灯太暗，用水银灯太热（B）
	有洗衣机（C）	应急灯过亮，周围的人不能入眠（B）
	有洗漱间（C）	电压低，家用电器不能使用（A）
		电源插座不足（B）、没有煤气（C）、电量不足（D）

续表

项　目	创造的避难条件	存在的问题
与原来功能的关系	能够与儿童交流（A） 可以参加保育所的活动（A） 比在学校避难时间长（C）	关闭避难所要督促行政机关和设施管理者（A）（B）（C） 避难所周围的市民不愿意（A）（B）（C） 避难人员赖着不走，不能自由用电（A）（E） 学校复课，儿童返校，继续避难很不协调（A）为防火灾和污染，不能动火（A） 广播线路铺设在整个校园，白天不能使用（A）运动场上即使存水也不能挖渠放水（E）
生活单元	能够与陌生人说话（A）（B）（C） 可以相互帮助（A）（B） 孩子们有游戏伙伴（B） 过集体生活有安心感（B） 避难条件相同，有隐私（D）	嫉妒先搬出避难所的人（A）（B） 没有个人隐私（A）（B）老年人之间争吵（A） 因人际关系搞的精神紧张（A） 别人用灯时不能熄灯（A） 睡觉时，总怕周围的人看见（D） 疾病容易蔓延（B）
防范	能够共同生活与防范（B）	女性穿内衣睡觉遭受性骚扰（A）

　　注：表中，（A）学校设施（校舍）；（B）学校设施（体育馆）；（C）集会设施；（D）公园（帐篷）；（E）学校运动场（帐篷）。

　　据日本建筑学会近畿支部的调查，避难生活存在的主要问题是上厕所（约 50%）、用餐（约 40%）、洗澡（约 38%）、就寝与睡眠（约 36%）、情报不足与混乱（约 33%）。对神户市长田区避难生活存在问题的调查结果为：用餐（约 39%）、洗澡（约 37%）、上厕所（约 33%）、个人隐私（约 26%）、医疗（约 23%）、互相帮助（约 23%）。

　　综合以上调查结果可知，避难生活存在的严重问题主要是用餐、就寝与睡眠、上厕所等居民生活的基本问题。有些问题平时看来不足为重，但灾时却显得十分突出，例如：厕所，平时有水冲洗，比较容易保持清洁，但灾时有的无水冲洗，使用的人数又剧增，很容易脏臭不堪，甚至难于使用。

　　还应当指出，日本阪神地震发生在凌晨，有围墙、围栏的城市公园还未开园，公园附近的居民想去公园避难，结果不能入园，给避难带来困难。因此，规划城镇防灾避难场所，必须考虑入口和周边的形态，方便居民避难，或者避难场所内安排夜间值班人员，重大灾害发生后及时组织、引导居民避难。

　　为了确保避难生活安全，给避难人员提供不断完善的生活环境与生活条件，创造和谐的避难氛围，使广大居民逐步搬迁到临时的或长期的住宅，应当妥善处理以下几个问题。

　　（1）避难场所应储备一定数量的基本生活必需品。阪神大地震发生十几个小时后才开始给避难人员发放少量的食品，出现了抢夺食品的现象。这种过激行为反映出避难人员的饥饿状态。如果避难场所储备足够避难人员一两天急需的饮用水、食品等，由灾害管理部门、部队实时发放，可以有效地解决震后避难生活最困难时期的饮食问题。

　　国内支援与国际援助是为避难场所提供生活保障的重要途径。

　　唐山地震没有接受任何国际援助。在震后最初几天内，全国支援的熟食 70.9 万 kg，衣物数十万件。震后几个月内，全国有 22 万多人支援唐山灾区，各省、直辖市、自治区、国务院各部委和中国人民解放军支援灾区的物资累计超过人民币 2 亿元。有 10 万余人参加了新唐山的恢复与重建。

日本阪神地震后得到 72 个国家和地区的支援，支援形式主要有慰问、捐款、参加救援活动——派遣灾害救援特别部队、地震专家、医疗队和搜索犬等，支援救援物资——主要有饮料与食品、衣物、日用品、医药和医疗器材等。

（2）规划、建设、管理避难场所，宜为避难人员创造更好一些的避难环境与条件。特别是包括冲洗厕所用水在内的生活用水供应，防止瘟病流行，减少避难所内噪声，灾后及时炊事，妥善安排避难弱者的避难生活，夏季消灭蚊蝇，冬季能够取暖，病人能够得到及时治疗等问题。

（3）避难生活是一个过程，在这个过程中，防灾避难场所的功能随时间推移不断变化。城市灾害管理部门应当依据具体的变化状况，在不同的避难生活阶段采取不同的防灾减灾措施，使避难人员逐步安全地结束避难生活。其中一个比较重要的问题是为避难人员提供临时的或长期的住宅。

（4）防疫灭病是避难生活中不容忽视的问题。重大灾害后，避难生活往往需要数月、半年、一年甚至更长时间，历经春、夏、秋、冬四季，比较容易患当地流行的各种传染病，并且有迅速蔓延的环境与条件。唐山地震后，曾经出现肠炎、痢疾蔓延的苗头，阪神地震多人患流行性感冒，我国台湾省集集地震出现肠道病患者，印度洋地震伴生海啸发现疟疾、肠道疾病病例。由于发现及时，医治有效，未能广泛蔓延。历史上一些重大灾害后往往伴发严重瘟疫，2010 年的海地地震还造成霍乱蔓延，值得灾害管理部门和卫生防疫系统高度重视。

（5）妥善关闭避难场所。应当坚持逐步、适时、稳妥的原则。避难场所为避难人员提供避难生活空间，并创造最基本的生存、生活条件。随着灾后的时间推移，饮食等生活条件逐步完善，避难人员逐渐离开避难场所，避难空间越来越大。但避难人员迁出避难场所的一个重要条件是另有栖身之所，而且生活条件应当比避难场所更好。因此，解决避难人员临时的或长期的住宅是避难人员告别避难场所的关键性因素。

解决的基本途径是规划设计建设防灾避难场所系统时，设置比较完善的防灾设施，力求种类齐全，规模满足避难生活需求，材质与设施具有抗灾能力，布局合理。另外，还应加强灾前、灾后避难场所的管理，确保防灾设施完好，灾时能够及时启用，且通过科学管理及时、充分地发挥防灾功能。

应当强调指出，必须吸取日本关东地震次生火灾的教训，在规划建设城镇防灾避难场所和引导避难时，必须高度重视制定、落实防火措施。

（1）城市消防设施必须满足灾时消防需求

关东地震的一个惨痛教训是城市没有足够的消防能力，消防车太少，虽然通过消防活动扑灭了部分火灾，但仍有近百处大火延烧。而且延烧时间高达 40h。如果当时有足够的消防设施实施消防作业，在火灾初起之时将大火扑灭，就不至于造成严重的人员伤亡和其他损失。

灾时的消防规划，不仅仅是专业消防人员、消防设施与设备（消防车、消防警报系统、灭火器等）和各种水源的配置。还必须高度重视提高居民的防火意识，火灾报警以及防火、灭火方法的掌握，业余消防队伍的建设，培养全民消防的意识与水平。如果居民能够在避难之前随手关闭火源，避难时不携带大量易燃物品，避难途中避开火源和大火，在避难场所高度重视安全防火，就有可能避免震后次生火灾的多发、连发，减少次生火灾造成的损失和对城市专业消防的压力。

　　建设抗灾能力强的城市火灾观测系统、预报系统和指挥调度系统，利用现代高新技术科学管理城市消防，对平时城市消防和灾时应对可能多发的火灾有极为重要的意义。

　　统筹规划城市的消防用水。严重地震灾害往往破坏城市生命线系统，甚至短期内完全瘫痪，以自来水作为灾时的消防水源，有可能难以满足消防的紧急需求。因此，有必要采取消防水源的多元化措施，把江（河）水、湖水、坑水甚至海水作为消防水源，并配备适用这些水源的消防设施与设备。城市公园一般都有水景设施，且其位于城区交通比较畅通的位置，是比较理想的消防水源。一般情况下，沿海城市海水资源、沿江城市江水资源取之不尽、用之不竭，宜作城市消防水源。

　　我国许多城市沿江、沿海或拥有较大的水面，可以用作消防水源。部分城市市区的主要水面（河流、海洋和湖泊）如表 1-17 所示。从该表可以看出，我国各省、直辖市和自治区首府的市区都有水面；有的城市水面较多，即使重大灾害造成城市供水系统瘫痪，也有比较丰富的消防水源，像南宁、武汉等城市；有的城市水面较少，一旦给水系统瘫痪，消防水源贫乏，有可能给消防灭火带来水源困难，特别是石家庄、西安、呼和浩特、西宁、郑州、乌鲁木齐等城市。尽管有的城市开挖了一些水渠，但并未较好地解决城市给水系统瘫痪后的消防水源，这种状况应当引起城市管理者的高度重视，设法谋划解决。

我国部分城市市区的主要水面　　　　　　　　　　　　表 1-17

城　市	水面（河流、海洋、湖泊）	城　市	水面（河流、海洋、湖泊）
北京	通惠河　京密引水渠　昆明湖　中南海　北海　玉渊潭　什刹海	天津	海河　子牙河　北运河　水上公园
上海	黄浦江　苏州河	重庆	长江　嘉陵江
哈尔滨	松花江　太阳湖	长春	伊通河　南湖　大房身水库
沈阳	浑河　新开河　南运河	石家庄	东明渠　石津总干渠
广州	珠江　流花湖　荔湾湖　麓湖　东湖	南宁	邕江　南湖
福州	闽江　晋安河　白马河　西湖	杭州	钱塘江　京杭运河　西湖
南昌	赣江　抚江　南湖　东湖　西湖　贤士湖	长沙	湘江　浏阳河　年嘉湖　跃进湖
武汉	长江　东湖　沙湖　黑水湖	南京	长江　秦淮河　玄武湖　莫愁湖
合肥	包河　南淝河	济南	黄河　大明湖　趵突泉
郑州	金水河　东风渠　熊耳河　西流湖	太原	汾河　迎湖
银川	西大沟　四二干沟　宁大湖　碱湖	呼和浩特	滨河　和平西渠　和平东渠
兰州	黄河	西安	浐河　沣惠渠
贵阳	南明河　黔灵湖	昆明	盘龙河　大观河　翠湖
拉萨	拉萨河　流沙河	成都	府河　沙河　南河
海口	海甸河　红城湖　琼州海湾	西宁	湟水　西川河　解放渠
乌鲁木齐	水磨河　和平渠　三顿碑水库	台北	淡水河　基隆河

　　随着城市化的快速发展，我国一些地区出现了规模较大的城市群，像首都圈城市群、长江三角洲城市群、珠江三角洲城市群等。每一个城市群，城市都比较密集，相互距离较近，可以形成相互支援的消防体系，一个城市发生火灾或地震次生火灾，周围的城市可以

快速支援。这种城市群之间大消防的理念应当应用于城市消防系统的规划建设中。把邻近城市的消防力量作为本城市消防力量的冗余，是一种又经济又有效的消防措施。

（2）必须高度重视市区火灾对防灾避难场所的威胁

避难场所周围的市区火灾对避难场所安全构成严重威胁。所谓避难场所周围的市区火灾是指发生在避难场所四周市区环境中的火灾。对避难场所的安全威胁主要表现在诱发火灾，或者大火的辐射热危害避难人员。对于避难场所周围市区可能发生火灾的一个方向或多个方向，宜根据可能发生的火灾大小、风速与风向，留出 100～200m 的防火隔离带。如果是防灾公园，可以在公园四周栽植防火树林带。

第二章　避难场所规划设计

依据国家标准《城镇防灾避难场所设计规范》，规划设计城镇避难场所是落实《中华人民共和国突发事件应对法》等国家法律法规以及城镇发展建设总体规划、防灾避难场所规划、避难规划等地方法规的重要举措。规划设计必须符合法律法规的规定，坚持规划设计基本原则、要求和程序，合理确定避难场所系统的防灾设施和防灾技术指标，并进行安全评价。

2.1　规划设计的技术指标

技术指标基本上是规划设计城镇防灾避难场所的量化规定，为合理规划设计防灾避难场所的规模、有效避难面积、服务半径、避难道路以及防灾设施等提供依据，对评价避难场所的防灾功能和实施效果也起重要作用。

2.1.1　不同国家和地区的规划设计技术指标

近些年来，一些国家和地区的地震工程学、城市管理学、城市规划学、城市灾害管理学等学科的研究人员和工程技术人员，探讨了城镇防灾避难场所的规划设计技术指标，供规划设计防灾避难场所参考。

我国和日本提出的主要技术指标如表 2-1～表 2-7 所示。

我国大陆　　　　　　　　　　　　　　　　　　　　　　　　　表 2-1

项　目	避难场所类型	指　标	说　明
规模	中心避难场所	≥50ha	各类避难场所的用地可以自成一片，也可以由比邻的多片避难用地构成
	固定避难场所	≮1ha	
	紧急避难场所	≮0.1ha	
有效避难面积	中心和固定避难场所	＞2m²/人	
	紧急避难场所	≮1m²/人	
	超高层建筑避难层（间）	≮0.21m²/人	10～15 层设 1 个避难层（间）
服务半径	中心和固定避难场所	2 000m 左右	步行行程 1h 之内
	紧急避难场所	500m 左右	步行行程 10min 之内
道路（主通道）宽	中心和固定避难场所	≥8m	含道路两侧的人行道。设盲道，通行轮椅
	紧急避难场所（内外）	≥4m	含道路两侧的人行道。设盲道，通行轮椅
入口数量	大城市特大城市	≮8 个	
	中小城市	≮4 个	
	固定避难场所	≮4 个	周边不设围墙、围栏，车辆进出口无台阶、车挡和陡坡，至少 1 个出入口能进出轮椅
	紧急避难场所	≮2 个	
	防灾据点	至少 1 个进口、1 个出口	
防灾设施	应急通信与广播设施		采用现代化通信手段
	能源与照明设施		尽可能采用风能、太阳能等自然能源
	防灾物资储备仓库		至少储备 3 天以上的基本生活应急物品
	直升飞机停机坪		可设置在中心避难场所
	消防设施		含消防车、消火栓、消防通道与消防水源等
	防火隔离带（防火树林带）		与避难场所的间距≥30m

我国台湾省是地震、台风等多种自然灾害的多发区。近些年来，特别是1999年集集地震以后，一些研究机构开始探讨城镇防灾避难场所规划建设的相关课题，台北等城市已经规划建设了城镇防灾避难场所，并探讨了城镇防灾避难场所的技术指标（表2-2、表2-3和表2-4）。

我国台湾省紧急避难场所 表2-2

项 目	基准参数	原 因
避难场所类型	邻里公园、广场、学校、道路、停车场、体育场、车站、寺庙、空地、活动中心等开放空间	震后3~20min可以到达的紧急避难场所
避难道路宽度	至少5m	扣除房屋倒塌、广告牌掉落后的宽度（考虑了台湾城市巷道狭窄的情况）
服务半径	270~350m	确定该指标的依据是集集地震时避难人群避难行为能承受的距离以及避难人群的行进速度
规模	有效开放空间至少容纳50余人	紧急避难的目的是避开火灾与危险物的临时场所
有效避难面积	>1m²/人	保障紧急避难场所有适度的活动空间
防止火灾延烧地带	>10m为宜	确定的主要依据是火灾的影响范围，隔离带主要是耐火建筑周边的空地和绿地
其他	土地坡度<30°	不得位于地震断层带15m范围内，不得有极易发生火灾的公共建筑等
基础设施设备	消防用水	能满足避难居民的基本需求以及避难场所消防需求

我国台湾省临时避难场所及临时收容所 表2-3

项 目	基准参数	原 因
避难场所类型	邻里公园、城市广场、学校、体育场、活动中心、机关等	震后10min~3h可到达的临时避难场所和临时收容所
避难道路宽度	至少12m	扣除房屋倒塌、招牌掉落后的宽度
救灾道路宽度	>15m	路面有效净宽，能通行消防车
服务半径	350~800m	步行或利用简易交通工具到达避难场所
规模	有效开放空间100~200m²	物资运输、联络、建立医疗中心，需较大面积
有效避难面积	>2m²/人	保障避难场所有适度的活动空间
防止火灾延烧地带	最好10m以上	确定的主要依据是火灾影响范围，隔离带主要是耐火建筑的空地和绿地
其他	土地坡度<30°	不得位于地震断层带15m范围内 不得有极易引发火灾的管线与公共建筑
基础设施	临时水电、卫生及盥洗设施、消防用水	所有基础设施满足居民的基本生活需求，发挥救援功能
	广播设备	
	临时发电设备	接受灾区外救援信息
	夜间照明	
	情报收集场所	
	临时医疗场所	依场所区位、范围有所不同

我国台湾省中长期收容场所　　　　　　　　　　　　　　　　　表 2-4

项　目	基准参数	原　因
避难场所类型	全市性公园、大型开放广场 等大型开放空间	震后为长期收容避难人员搭建避难房的场所
避难道路宽度	≥15m	可以用交通工具到达或运补物资
救灾道路宽度	>15m	路面有效净宽能满足交通畅通
服务半径	<2 000m	可利用交通工具到达避难场所
规模	有效开放空间>5hm^2	物资运输、联络、建立医疗中心，需较大面积
有效避难面积	>3m^2/人	保障避难场所有适度的活动空间
防止火灾延烧地带	>25m	确定的主要依据是火灾影响范围，隔离带主要是 耐火建筑的空地和绿地
其他	土地坡度<30°	不得位于地震断层带15m范围内 不得有极易引发火灾的管线与公共建筑
基础设施设备	临时水电、卫生及盥洗设施 消防用水 广播设备 临时发电设备 安置组合屋或货柜屋 基础生命线系统	能够满足避难居民的基本需求和发挥救援功能 接受灾区外救援信息
可以担当的功能	医疗救护场所 集散物资转运站 安置居民活动中心 防救指挥中心	依场所区位、范围有所不同

　　日本频发地震、海啸等多种重大灾害。因此，府道县市町普遍编制防灾规划、避难场所中长期发展规划以及避难场所规划。在这些规划中，都有各自的规划技术指标（日本尚无防灾避难场所的规划设计规范或标准）。而且，对灾时启用的防灾避难场所进行现场考察，获取相关的技术指标，为规划设计防灾避难场所提供依据。例如：阪神地震时，神户市各区机关大多成为防灾避难场所，在避难人数高峰期，避难人群比较拥挤，每位避难者占有的避难面积（含通道）如表 2-5 所示。日本避难场所的规划设计指标见表 2-6。

阪神地震神户市各区机关防灾避难场所人均占有面积　　　　　　表 2-5

区级机关名称	避难使用的部位	每位避难者占有的避难面积（含通道，m^2）
中央区	2层区机关候客室	3.65（2.2）
兵库县	地下室、阁楼	1.0（0.6）
长田区	区机关、福祉机构 会客室及会议室	1.9（1.1）
须磨区	2层区机关会客室	2.8（1.7）
垂水区	会议室、正门门厅大厅	1.57（0.9）
北区	3层大会议室	2.42（1.4）

　　注：括号内的数据相当于日本的草席张数。

日本的避难场所规划指标 表 2-6

项 目	避难场所类型	指 标	说 明
规模	中心避难场所	≥50ha	具有中心防灾避难场所功能，城市大型公园
	固定避难场所	≥10ha	起固定防灾避难所的作用，城市骨干公园
	紧急避难场所	≥1ha	起紧急防灾避难场所作用，城市小公园、小花园
	有避难功能的绿色通道	宽>10m	通往各类避难所的绿色通道
人均有效避难面积	中心避难场所	2m²/人	有效避难面积是从公园总面积中除去水面以及其他不宜收容人群避难的场所（茂密树林、道路等）
	其他避难场所	1~2m²/人	
入口	中心避难场所	$\mu=33$ 人/(m·min)	入口宽度=进入的避难人口数(R)/流动系数
		$t=60$min	(μ)×规划避难时间（t）（步行）
	其他避难场	$\mu=30\sim60$ 人/(m·min)	
		$t=30\sim60$min	
道路宽度（含入口）		10~12m	双车道 5.5m，避难道路 4.5~6.5m（$R=15\,000\sim20\,000$ 人，$\mu=60$ 人/(m·min)，$t=60$min
		5~6m	单车道 2.5~3m，避难道路 3m 左右（$R=10\,000$，$\mu=60$ 人/(m·min)，$t=60$min
		3~4m	单车道 2.5~3m，避难道路 1m 左右
防灾设施	固定（含中心）防灾避难场所		应急贮水槽、应急水井、公园水景设施（水池、水流）、洒水设施（防火树林带、避难广场、公园入口处）
	饮用水	3L/(人·日)	贮存量满足供应人群 2~3d 饮用，其中一部分供炊事、医疗卫生等。供应人群含周边避难圈内的部分居民
	生活用水	10~20L/(人·日)	供紧急避难阶段使用
	水冲厕所用水	24L/(坑·日)	供紧急避难阶段使用。60~100 人/坑。实测 73 人/坑
	消防用水	40m³/处	每个消防点的最低贮水量，应确保 1min 供水 1m³，连续供水 40min
	情报设施		
	应急厕所		
	应急广播设施和通信设施		
	避难标识设施		
	应急照明设施		
	应急电源设施		
	储备仓库		
	管理机构		储备的物资包括救助救援物资（消防器材与电源、照明设施，家用消防器材，医疗器材与电源，防疫与卫生器材）、避难及避难临时生活用品（防灾设施器材，避难帐篷，炊具，医疗、卫生用品，衣服、毛巾等，防寒、防水用品，饮用水，食品）

2.1.2 技术指标的总括

在研究不同国家和地区城镇防灾避难场所规划设计技术指标的基础上，总括的主要技术指标见表2-7。

技术指标总括表

表 2-7

项 目	防灾避难场所类型	技术指标	适用的灾种与说明
规模	中心避难场所	50ha 以上	严重地震灾害、洪涝灾害、台风等城市全域性灾害
	固定避难场所	≥1~5ha	各种灾害。依据灾害特点选用部分城镇避难场所
	紧急避难场所	≥0.1ha	同上
	海啸避难场所	视避难困难地域大小、避难人数确定海啸避难场所个数与收容人数	适用于海啸灾害
人均有效避难面积	中心避难场所	≥2m²/人	避难者人均实际占有的避难面积（或就寝占有面积），总有效避难面积中不含避难场所内的水面等
	固定避难场所	≥2m²/人	能够放置携带的少量生活物品，有睡眠和出入的空间
	紧急避难场所	≥1m²/人	可以睡眠，能在人群中穿行
	海啸避难场所	≥1m²/人	海啸避难场所属紧急避难场所
服务半径	中心避难场所	2 000m 左右	避难者徒步避难行程 1h 左右。在避难疏散的条件下，步行速度取 1m/s 左右
	固定避难场所	2 000m 左右	同上
	紧急避难场所	500m 左右	避难行程 10min 左右
	海啸避难场所	可能避难距离	
	远程避难场所	从灾区到非灾区或轻灾区的距离	
避难道路	中心避难场所	8m 以上	防灾疏散场地内含道路两侧的人行道。坡度小于 30°，能通行轮椅
	固定避难场所	8m 以上	同上
	紧急避难场所	4m 以上	同上
	地下空间避难场所	避难道路（出入口）	宽度按照地下空间的人数多少、全部人员离开地下空间的时间范围计算。规划从地下空间经出入口到地表的避难场所道路和地表的避难所
	海啸避难场所	同紧急避难场所	堤坝、高岗或通往避难所避难层的道路设台阶、扶手
	远程避难	灾前指定	利用高速公路、国道等
	消防通道	≥3.5m（单车道）	出入口宽度≥4m。2 个消防道路中心线的距离≤160m
	救援通道	同上	
出入口	大城市特大城市	≥8 个	出入口数量的设置以确保避难疏散安全为准
	中小城市	≥4 个	
	中心避难场所	≥4 个	
	固定避难场所	≥4 个	
	紧急避难场所	≥2 个	
	海啸避难场所	≥1 个	受海啸"水墙"袭击的一侧，玻璃窗宜小、宜少
	地下空间避难场所	≥2 个	出入口高度高于地表水流的深度
避难方向	地震避难场所	指定的避难场所	
	洪涝灾害避难场所	同上	
	海啸避难场所	背向海啸袭来的方向	服务半径半圆形
	地下空间避难场所	朝向地下空间出入口	由低向高，朝不进水的出入口或从进水的出入口逆流而上

续表

项　目	防灾避难场所类型	技术指标	适用的灾种与说明
避难方向	火灾避难场所	背向火源	上风头或火灾无威胁的方向
	泥石流避难场所	指定避难场所	有前兆或发布预警后到指定避难所避难
	技术灾害避难场所	灾害无威胁处	毒气泄漏避开下风头或直接威胁区
防灾设施	防灾贮水槽	贮存避难者3天饮用水	湖水、池水、河水用作生活用水、消防用水
	应急水井	防灾贮水槽的补充	水质符合饮用水标准用作饮用水或生活用水
	应急厕所	50～60人/坑	日本公园实测：73人/坑
	应急广播设施		
	应急通信设施		利用现代通信手段，确保灾时通信畅通
	避难标识设施	依照或参照地方标	
	应急发电设施	准或规定	
	应急照明与电源设施		尽可能利用风能、太阳能等自然能源
	防灾物资储备仓库	储备3d避难急需物品	采用多种方式储备
	监控装置	关键部位设置摄像头	与城市防灾指挥机构防灾信息系统连接
	直升机停机坪	参照相关标准	设置在中心防灾疏散场地
	管理机构	每个避难所设1个	负责平时管理、灾时启用与管理
	入口形态	宽度符合避难要求	便于避难人群和车辆进出
	外围形态		便于避难人群进出
	防火隔离带	与火源相距≥30m	防灾公园宜设防火树林带
	棚宿区	平坦、开阔、宜居	高低不平的场地需平整

2.1.3　选用技术指标的注意事项

规划设计应对各种灾害的城镇防灾避难场所，应选取国家标准《城镇防灾避难场所设计规范》规定的技术指标，并且掌握技术指标的类型、取值原则性与灵活性、技术指标与优化防灾避难场所资源的关系等。规划设计的城镇防灾避难场所系统应具有应对预想灾害的防灾结构与防灾功能。

2.1.3.1　技术指标的取值原则

国家标准《城镇防灾避难场所设计规范》中规定技术指标最低值的基本原则是满足避难行动与避难生活的基本需求，确保避难人员人身安全，维持基本生活环境和条件。技术指标确定最低值和取值范围正是这种原则的体现。选取技术指标时，既要考虑城镇避难场所资源多少，适当减低避难生活"困难度"，又应考量经济上的可行性和避难的实际需求。

2.1.3.2　技术指标的类型与设计取值

综合分析表2-1～表2-7可知，技术指标主要有两种类型。

（1）单值指标，即在国家标准或研究人员推荐的技术指标中，某个技术指标的数据只有1个，例如：避难棚宿区帐篷间的最小距离，紧急避难、临时避难、短期避难、长期避难的时间划分以及避难道路宽度，抢险救灾人员和避难人员每天每人的生活用水量等。应当注意，有些单值指标的含义是最小值，即设计的最低值，像避难棚宿区帐篷间的最小距离等；有些单值指标是界限划分值，例如：避难场所的时间划分；有的是固定值，例如：50～100 个床位的急救医院，医务人员的卫生间男女各 1 个，每个避难场所只设 1 个管理机构（办公室）等。在国家标准《城镇防灾避难场所设计规范》中，单值技术指标数量不多，有的虽是单值指标，实际上是区域性指标的最低值或最高值，相当于≤、≥。单值技术指标数量少，说明防灾避难场所的规划设计具有比较大的灵活性、适用性、实用性以及规划设计时技术指标的可选性。

（2）区域（多值）性指标。其表征特点是技术指标有区域性符号≤、≥、<、>、≮、≯、≠、～等。这些技术指标确定了指标取值的最小值、最大值、不能取的数值以及取值的最高值和最低值的范围。依据区域性指标规划设计防灾避难场所时，只要在容许的技术指标范围内取值，都符合设计要求。但必须明确，取值大小必须确保避难行动和避难生活安全，考虑避难场所的类型、规模、用途、避难人数与使用时间长短、城镇的防灾避难场所资源以及城镇的经济实力。

2.1.3.3 优化城镇防灾避难场所资源与技术指标的取值

通常，一座城镇进行防灾避难场所系统总体规划设计和各个防灾避难场所个体规划设计时，技术指标的确定主要取决于各个城镇防灾避难场所资源的多少、类型、分布以及可扩展性，重大突发事件的类型、受灾程度与受灾范围，人口及其在城镇的分布，周边地域其他城镇的避难支援能力等。通常，不同的城镇这些影响因素可能存在较大差异。因此，不同城镇规划设计防灾避难场所系统和各个防灾避难场所选取的技术指标未必相同。

充分挖掘城镇防灾避难场所资源，优选构建城镇防灾避难场所系统，对于避难场所安全，降低避难生活"贫困度"等有重要意义。例如：封闭空间固定避难场所的人均有效避难面积取值越低，每个避难空间收容的避难人员越多，避难生活中不仅避难人员之间的相互干扰越大，难以保护个人隐私，而且一旦发生呼吸道传染病很容易蔓延。在城镇防灾避难场所资源比较多，优化构建防灾避难场所时，宜在一定程度上适当提高人均避难有效面积。如城镇防灾避难场所资源比较紧缺，特别是老城区人口集中，避难空间狭窄，则难以增加人均有效面积。

2.1.3.4 技术指标取值的灵活性

规划设计城镇防灾避难场所过程中，凡涉及国家标准《城镇防灾避难场所设计规范》的强制性条文，必须强制性执行，而非强制性指标则可以有一定的灵活性。例如：国家标准规定在固定避难场所内长期避难的时间界限是 90d，但到 90d 时，如果城镇防灾避难场所达不到完全关闭的条件，可以适当延长，像日本阪神地震后，2 次延长了固定避难场所的关闭时间。

一项国家标准特别是最新编制的国家标准，其内容和技术指标有一个逐步完善和成熟的过程。没有纳入国家标准的避难场所或避难场所内布局改变时，其技术指标在不违背国家标准的基础上，可以灵活选用。福祉避难场所的设计，国家标准中没有设计专项，设计时既要符合标准要求，又要灵活地适宜选取技术指标，像人均有效避难面积是否宽裕些，避难生活更方便些，救灾物资储备仓库中储备避难弱者专需的物品等。避难场所内的布局和设施不断改进，图 2-1 是设隔断和挂蚊帐的避难所，应注意如何设计布局，确定人均有效避难面积等。图 2-2 是在自家车内避难，应注意车型不同时如何界定车均有效避难面积。

设隔断　　　　　　　　　　　　　挂蚊帐

图 2-1　设隔断与挂蚊帐的避难所

图 2-2　自家车内避难

2.1.3.5　规划设计与建设

规划设计城镇防灾避难场所是建设避难场所的前期工作，还必须依据规划、设计的成果，建设防灾避难场所系统及其包括的各个避难场所，每个避难场所都赋予符合国家标准技术指标要求的防灾设施和防灾功能，并制定合理的管理体制和规章制度，城镇的整个防灾避难场所系统具有合理的突发事件避难功能，每个避难场所都是城镇防灾结构的不容忽视的组成部分，承担着自身的防灾功能。防灾避难场所的各种防灾功能是突发事件发生前储备的或者说潜在的，突发事件发生后需要避难场所时，启用储备的防灾设施，形成能够应急对应各种灾害的防灾功能，防灾功能由潜在转化为显在。因此，在制定了城镇避难场所发展规划并完成城镇避难场所系统及其各个避难场所的设计任务后，尚应按国家标准规定的技术指标，在规划设计的适宜位置建设、安装必备的防灾设施，并认真监理、验收。

目前，我国许多城镇的防灾避难场所或者达标率低，或者防灾设施不健全，有些尚未达到国家标准的要求。据报道，至 2010 年 7 月，我国某省已确定 1 235 处、3 317 万 m² 的应急避难场所，基本满足城镇居民避险需求。但达标率低，尚无一处配套完善、标识明晰、达到建设标准的应急避难场所。部分市、县（区）依托原有的公园、空地规划了一部分应急避难场所，但多数应急避难场所的指挥、通信、监控、供水、供电、污水处理、厕所等配套设施不达标，这种现象在我国各省、直辖市和自治区中绝非个例。

特别应当强调指出，避难场所的标识只显示各个防灾设施的位置、方向和布局等。标识与相应的防灾设施必须同时存在，才能完成规划设计技术指标达到的要求和目的。城镇避难场所的防灾设施和物品大致分为 3 类。一类是建设时设置在避难场所现场，棚宿区、各类标识、大型贮水槽、应急水井、非组装式厕所、直升机停机坪、机动车停车场以及常用的工具类等；另一类储备在救灾物资储备仓库，帐篷和组装式构件（组装式房屋、组装式厕所）、各类电源及其燃料、被褥衣物和毛毯、饮用水、食品和生活用品、生理用品等；再就是避难人员随身携带的应急使用的生活用品。前两类属于城镇防灾避难场所规划设计范畴。

建设城镇防灾避难场所时，现场的各类标识并不能产生确保避难人员基本生活的防灾功能，或者说只有各类避难标识的场所不具备防灾避难场所的资格，不属防灾避难场所范畴。必须在设置各类避难标识的同时，把规划设计的防灾设施和物品设置在避难场所现场和救灾物资储备仓库，并且健全、完善各种规章制度，妥善管理与维护，一旦发生突发事件即可启用，产生技术指标要求的防灾功能。有这样一条报道，某省会城市宣布建成了省内第一个防灾公园，公园内外设置了各种防灾设施标识，恰逢夜间发生地震谣言，附近居民急忙奔往该公园，园内连灯光、广播都没有，更何谈其他防灾功能。这样的"防灾公园"如何起到防灾作用，规划城镇防灾避难场所的宗旨是保护居民人身安全，搞形式主义是坑害百姓之举。

日本浜松市防灾公园的部分防灾设施如图 2-3 所示。

（1）设置在避难场所现场的设施

（a）

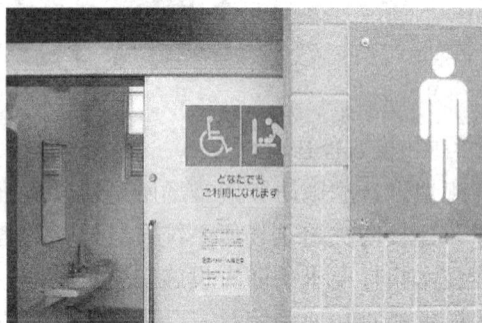

（b）

（c）

（d）

图 2-3 日本浜松市防灾公园的部分防灾设施（一）

（a）棚宿区；（b）厕所；（c）帐篷办公室与医疗室；（d）避难所标识

(e)　　　　　　　　　　　　　　　　(f)

(g)　　　　　　　　　　　　　　　　(h)

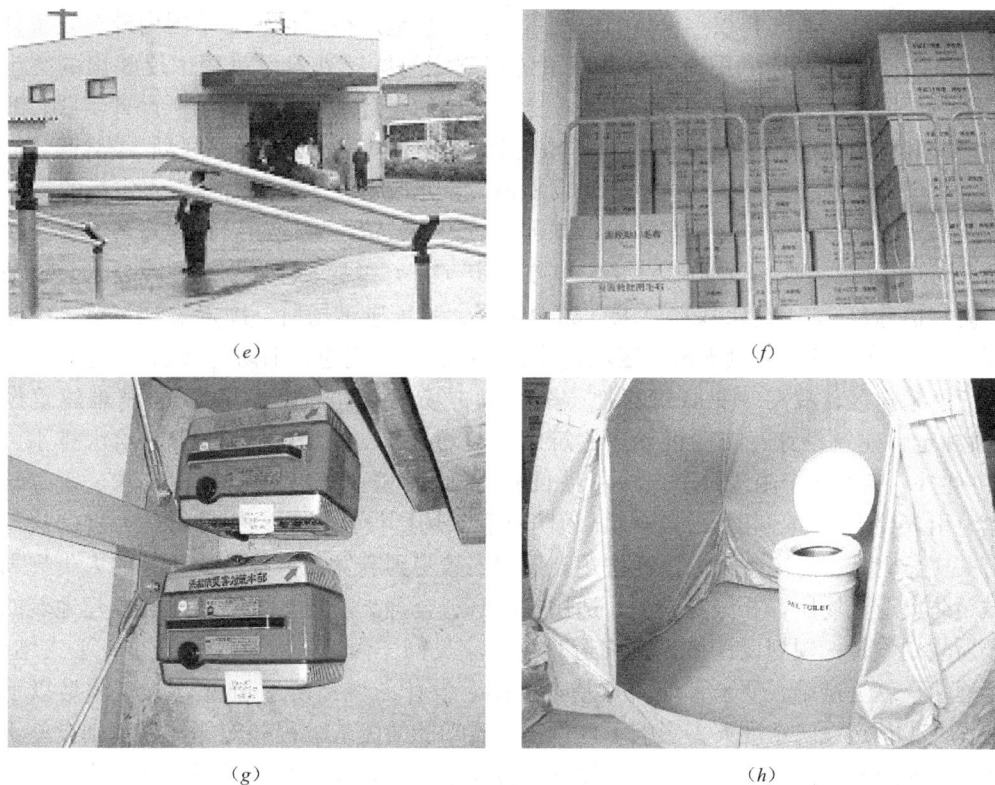

图 2-3　日本浜松市防灾公园的部分防灾设施（二）

(e) 救灾物资储备仓库；(f) 储备的毛毯；(g) 储备的发电机；(h) 储备的组装式厕所

（2）储备仓库与储备的物资

图 2-3 所示的公园之所以称为防灾公园，是因为避难场所现场设置了并在救灾物资储备仓库储备了灾时必需的防灾设施和物品。开启这些防灾设施就能形成灾时必需的防灾功能，提供基本生活保障，确保避难人员人身安全。只安装防灾设施标识而现场未设置也未储备防灾设施和物品的所谓防灾公园，其实是只设防灾设施标识的有基础防灾功能的普通城镇公园，并不是也不可能成为城镇防灾公园。

2.2　国家标准

以前，我国没有城镇防灾避难场所的设计规范，影响了城镇防灾避难场所整体规划设计、个体设计以及防灾设施、防灾功能的规范性、完善性和可靠性。日本的府道县市町虽然普遍编制了防灾规划、避难场所中长期发展规划以及避难规划，但未编制城镇防灾避难场所的国家标准或规范。2012 年我国编制了适用于各类突发事件的国家标准《城镇防灾避难场所设计规范》。

国家标准《城镇防灾避难场所设计规范》是根据住房与城乡建设部建标［2008］102 号文的要求，由河北省地震工程研究中心、北京工业大学抗震减灾研究所会同有关的规划、设计、勘察、研究和教学单位研究制定的。本规范是在调查、总结国内外突发事件应急避难的经验教训，总结我国近年来城镇防灾避难场所规划建设过程中反映出的突出问题，采纳了防灾减灾工程新的科研成果，考虑我国的经济条件和避难场所设计实践，开展专题研究和试点研究的基础上编制的。并在全国范围内广泛征求有关规划、设计、勘察、科研、教学单位及管理部门的意见，经反复讨论、修改、充实，最后经审查定稿的。

国家标准《城镇防灾避难场所设计规范》适用于城镇统筹规划设计应对各类突发事件的防灾避难场所。规定了总则、术语、基本规定（分类和要求、规划和建设要求、设防要求与防灾措施）、场所设计基本要求（场地选择、紧急避难场所、固定避难场所、中心避难场所）、总体设计（一般规定、区域设计、布局、应急交通、消防与疏散）、避难场地设计（应急宿住区、救灾专业队宿营地、医疗救护场地、直升机使用区）、避难建筑设计（一般规定、建筑设计、结构设计、建筑设备与环境）、基础设施（电气、给水排水、标识）。此外，还有3个附录（避难场所项目分类要求、避难场所项目设置要求、紧急转换和紧急引入要求）。编制国家标准《城镇防灾避难场所设计规范》的目的是为贯彻执行国家有关应急管理、防灾减灾的法律法规，妥善安置受到突发灾害威胁或危害的人员规划建设城镇防灾避难场所，并做到安全、适用、经济、合理。适用于城镇新建和改建地域的避难场所规划设计。规划设计城镇防灾避难场所应贯彻"因地制宜、保证安全，平灾结合、易于通达，就近避难、便于管理"等基本原则。设计的城镇防灾避难场所应满足以下要求：在遭受预定设防水准灾害影响下，承担避难功能的建筑工程和应急保障基础设施不应发生损及避难功能的破坏，应急辅助设施不应发生严重破坏，并能及时恢复，临时设置的应急保障基础设施和辅助设施、应急设备，应能顺利安装和启用；在遭受高于预定设防水准的灾害影响下，承担避难功能的建筑、应急保障基础设施及辅助设施，不应发生危及避难人员生命安全的严重破坏，避难功能应能顺利恢复；在临灾时期和灾时启用的避难场所，应保证承担避难功能的建筑、应急保障基础设施及辅助设施不发生危及重要避难功能的破坏；避难场所内不承担应急功能的建筑工程设施和设备，不得影响避难场所应急功能发挥，不得危及避难人员生命安全。

近些年来，国家标准《城镇防灾避难场所设计规范》的主编单位——河北省地震工程研究中心和北京工业大学抗震减灾研究所，在城镇防灾避难场所规划设计领域做了大量工作，取得了诸多研究成果。参加了一些城市防灾规划、避难场所发展规划和避难规划的编制工作，完成了一些城市避难场所系统的规划设计，主持、完成了多项"十一五"国家科技支撑计划项目、全国自然科学基金项目以及其他项目，出版了《城市灾害避难与避难疏散场所》等专著，编制了《城市抗震防灾规划标准》GB 50413—2007等国家标准，还发表了相关的学术论文百余篇。在城镇建筑工程的规划、设计、勘察以及科学研究、本科与研究生教学等领域也有比较丰富的经验和创新性的成果。因此，国家标准《城镇防灾避难场所设计规范》的设计内容中，既包含防灾避难规划设计的创新理念，又有城镇规划和工程设计的创新思维；既有防灾减灾与工程防护的坚实理论基础，又有城镇防灾避难场所规划设计的丰富实践经验；既以灾害工程学、灾害社会学为规划设计的主线，又融入城市管理学、建筑工程学、环境科学与安全科学等多学科的相关理论。坚实的理论基础，丰富的实践经验，规划设计的创新理念与创新思维等，体现了《城镇防灾避难场所设计规范》的先进性、理论性、实践性、可操作性和技术指标的合理性、安全性。

国家标准《城镇防灾避难场所设计规范》提出的强制性条文（文字加粗部分），规划设计必须严格执行。例如：城镇避难场所的数量、规模和空间分布应满足遭受预定设防水准相应灾害影响时的疏散避难和应急救援需求。婴幼儿、高龄老人、残疾人及行动困难、需要卧床伤者和病人等特定人员的专门避难区应符合无障碍设计要求。地震避难场所的预定设防水准不应低于本地区抗震设防烈度相应的罕遇地震影响，且不应低于 7 度地震影响。避难建筑的抗震设防类别不应低于重点建筑设防。防风避难场所应考虑临灾时期和灾时的避难使用，龙卷风避难场所的相应安全保护时间不得低于 3h，台风避难场所不得低于 24h。位于防洪保护区的防洪避难场所的防洪标准不应低于城镇防洪标准所确定的淹没水位，重要应急避难功能区域的安全超高不应低于 0.5m。避难场所排水系统应能迅速、及时地将场所内雨水排出，并满足下述要求：避难建筑排水设计重现期不应低于 5 年，相应室外场地不应低于 3 年；中心避难场所周边区域的排水设计重现期不应低于 5 年；固定避难场所周边区域的排水设计重现期不应低于 3 年；台风避难场所周边区域的排水设计重现期不应低于 5 年，避难建筑的设计雨水流量应按不低于历史或预估的最大暴雨强度复核。市级应急指挥区、应急医疗卫生区、应急直升机使用区应按 I 级保障；专业救灾队伍场地、中心避难场所的应急供水和市级应急物资储备区不应低于 II 级；中长期固定避难场所的区域级应急指挥区、应急医疗卫生区、应急直升机使用区不应低于 II 级；中长期固定避难场所的应急供水和区域级应急物资储备区不应低于 III 级。应急指挥和管理、应急宿住以及区域级和场所级应急交通、供水、供电、消防、通信、医疗、物资储备等重要应急功能区不应规划建设在不适宜用地上，应避开可能发生滑坡、崩塌、地陷、地裂、泥石流等及发震断裂带上可能发生地表位错的部位等危险用地，应避开行洪区、指定的分洪口门附近、洪水期间进洪或退洪主流区及山洪威胁区。

综上可知，国家标准《城镇防灾避难场所设计规范》为规划设计应对各种重大突发事件的城镇防灾避难场所提供重要的法规依据，也为城镇防灾避难场所达到安全、适用、经济、合理的基本要求奠定基础，是我国城镇防灾避难场所规划设计的一个重要里程碑。

2.3 规划设计依据

强化城镇防灾结构，紧急应对突发事件，必须未雨绸缪、防患未然，灾前规划建设防灾避难场所系统。规划建设的依据是相关的法律法规。这是防灾避难场所具有生命力的基石。依法规划、设计，依法建设、管理，依法利用、维护是城镇防灾避难场所的法律保障，也是城镇防灾避难场所具有科学性、合理性、完善性、综合防灾性、统筹规划性、城镇社会经济和环境资源适应性的重要体现。

每个城镇的避难场所规划都以国家的、地方的相关法律法规为依据。例如：《北京中心城避难及避难应急场所规划纲要》的编制依据是：《中华人民共和国防震减灾法》、国家《破坏性地震应急条例》、国务院关于北京城市总体规划的批复、北京城市总体规划（2004～2020 年）、《北京市实施〈中华人民共和国防震减灾法〉办法》、《北京市破坏性地震应急预案》和国务院《关于加强防震减灾工作的通知》等。

2.3.1 国家的相关法律法规

近些年来，我国颁布了《中华人民共和国城乡规划法》、《中华人民共和国防震减灾法》、《中华人民共和国突发事件应对法》和《汶川地震灾后恢复重建条例》、《自然灾害救助条例》以及《房屋建筑工程抗震设防管理规定》、《市政公用设施抗灾设防管理规定》等相关法律法规和部门规章。2012年编制了国家标准《城镇防灾避难场所设计规范》，为规划设计城镇防灾避难场所提供规范依据。

我国的一些国家标准中也包含避难场所的规划设计内容。例如：《城市抗震防灾规划标准》GB 50413—2007分9章，其中第8章中有关避难疏散的强制性条文是："避难疏散场所不应规划建设在不适宜用地的范围内"、"避难疏散场所距次生灾害危险源的距离应满足国家现行重大灾害危险源和防火的有关标准规范要求；四周有次生火灾或爆炸危险源时，应设防火隔离带或防火树林带；避难疏散场所与周围易燃建筑等一般地震火灾源之间应设不小于30m的防火安全带；距易燃易爆工厂仓库、供气站、储气站等重大灾害次生火灾或爆炸危险源距离应不小于1000m。避难疏散场所内应划分避难区块，区块之间应设安全防火带。避难疏散场所应设防火设施、防火器材、消防通道、安全通道。""避难疏散场所每位避震人员的平均有效避难面积，应符合：紧急避难疏散场所人均有效避难面积不小于$1m^2$，但起紧急避难疏散场所作用的超高层建筑避难层（间）的人均有效避难面积不小于$0.2m^2$。固定避难疏散场所人均有效避难面积不小于$2m^2$。"

这些法律法规是从国家利益的高度，保护灾时人民的人身安全，减少财产损失，是规划设计城镇防灾避难场所的法律法规依据。其中的宗旨、指针和原则，对规划设计城镇防灾避难场所有重要导向作用；其中的技术指标，凡属强制性条文的必须严格执行，非强制条文也有重要参考价值。

2.3.2 地方法规

《中华人民共和国宪法》第100条规定："省、直辖市的人民代表大会和它们的常务委员会，在不同宪法、法律、行政法规相抵触的前提下，可以制定地方性法规，报全国人民代表大会常务委员会备案。"地方性法规是省、自治区、直辖市以及省级人民政府所在地的市和国务院批准的较大市的人民代表大会及其常务委员会，根据宪法、法律和行政法规，结合本地区的实际情况制定的、并不得与宪法、法律行政法规相抵触的规范性文件，并报全国人大常委会备案。在城镇避难场所规划设计范畴内，我国一些省、自治区、直辖市制定了地方法规。

近些年来，我国北京、上海、天津、重庆、杭州、武汉、沈阳、成都、拉萨、深圳等几百座城镇编制了城市避难场所中长期发展规划、避难场所布局规划以及其他相关规划。部分省、直辖市、自治区还编制了地方标准。例如：北京地方标准《地震应急避难场所标准》、江苏省工程建设地方标准《城市应急避难场所建设技术标准》。依据《北京中心城避难及避难应急场所规划纲要》，北京市的各辖区还分别制定了《××区应急避难场所建设方案》。

《北京中心城避难及应急避难场所规划纲要》共六部分、十一章：

《上海市中心城应急避难场所布局规划》在目标和指导思想中规定："按照城市应急体系建设总体要求,以应对地震灾害为主并兼顾其他灾害事故,加强中心城应急避难场所及相关设施的规划建设,构建和完善中心城应急避难场所体系框架,增强城市整体防护能力。规划期限近期至2010年,远期至2020年。中心城应急避难场所规划控制指标:根据应急避难场所功能要求和相关资源情况,中心城应急避难场所有效用地面积为每人3.0m^2(浦西内环以内不低于每人2.5m^2),其中Ⅰ类应急避难场所每人2m^2(浦西内环以内不低于每人1.5m^2)。应急避难场所规划人均指标达不到上述标准的部分区域,应加强资源统筹,进一步细化制定并实施跨行政区的应急疏散预案。中心城应急避难场所规划布局:控制和预留中心城可以作为避难场所的5 240ha用地资源。按照功能、规模和服务半径需要,严格控制并逐步实施460处、共计约2 353ha的Ⅰ类避难场所建设。中心城规划设置1处市级指挥中心,各区设置区级指挥中心各1处。规划要求各相关部门和各区政府加强控制和预留各类规划应急避难场所,结合公共绿地、学校、体育场等相关设施的建设和改造,有序组织实施;结合试点建设项目加快研究制定各级应急避难场所建设标准;加强对应急疏散通道系统的深化完善,认真研究并严格执行应急疏散通道沿线桥涵隧道、两侧新建建筑的控制要求;加快制定全市应急疏散及接纳预案;加强防震减灾和应急救援知识普及,增强全民防范意识。"

《杭州市应急疏散避难场所布局规划2008～2020年》提出,以人为本,平灾(战)结合,以防灾减灾为主,保证战时,以预防为主,防御与救助相结合,立足抗灾救灾的指导思想及其所界定的规划范围和布局、规划期限和近期建设项目、实施保障措施等。根据杭州市的城市布局结构,结合人民防空建设的已有资源优势及工作需要,专门制定了人民防空应急疏散避灾场所布局规划专篇,明确了城市总体防护体系、人民防空应急疏散避灾场所布局、人防工程总体规模、人员遮蔽工程、普通大型地下空间、疏散基地建设、人防避灾支撑系统等方面的内容及具体安排。同时，在突发公共事件应急疏散避灾场所布局规划专篇中对综合防灾分区、应急疏散避灾场所设置标准、应急疏散避灾场所布局、避灾场所适应类型、应急疏散通道组织、场所应急避灾支撑系统、各灾种应急疏散避灾及配建导引等方面的安排给予了明确的划分和界定。加快制定已经疏散避灾场所管理规定和实施方案，并建立相应的管理制度，以确保发生突发公共事件时管理有序、联络畅通、服务到位。批复同时要求各区政府依据本《杭州市应急疏散避难场所布局规划 2008～2020 年》制订社区（村）级应急避灾场所布局规划，深化完善应急避灾场所体系。

我国各个城镇的避难场所规划不仅突出了指导思想、规划原则、规划步骤（程序）等共性问题，还结合本城镇的社会经济、资源环境和突发事件等特点，解决了一些问题。但基本上都着眼于规划，强调规划，而设计、建设与管理的内容较少。若把规划比喻为龙头，就显得无身少尾，城镇避难场所的法规体系不健全、不完善。已经规划、设计、建设了防灾避难场所的城镇应当切实落实规划、科学设计、依规建设、严格管理，凡建成或指定的城镇防灾避难场所都必须有改善城镇防灾结构的作用，并具备防灾避难场所的防灾功能，一旦发生突发事件，能够应急启用。

2012 年国家标准《城镇防灾避难场所设计规范》的颁布，为规划设计城镇防灾避难场所提供了规范依据。

2.4 规划设计原则

国家标准《城镇防灾避难场所设计规范》规定避难场所设计应贯彻"因地制宜、保证安全，平灾结合、易于通达，就近避难、便于管理"的原则。

2.4.1 统筹规划设计

城镇防灾避难场所的统筹规划设计有丰富的内涵。既包括基于城市综合防灾理念，统筹规划设计防灾避难场所和防灾设施，使之产生的防灾功能能够应对各种重大突发事件；又包括城市形成防灾系统，各类防灾避难场所发挥综合防灾作用，产生 $1+1>2$ 的防灾效果；还包括城市群（例如：环渤海城市群、长江三角洲城市群、珠江三角洲城市群等）各相邻城市之间的防灾避难场所的统筹规划，重大突发事件发生后，城市群的城市之间实施远程避难与救助。

依据统筹规划设计原则，一座城市只规划建设一个防灾避难场所系统，形成统一指挥、统一规划设计、逐步建设、不断完善的机制。一座城市的防灾避难场所系统应能应对各类突发事件。

统筹规划设计还应遵循经济性原则。和以往的城市防灾避难场所多头规划设计、多头建设管理、多头指挥比较，可以有效地避免不合理规划建设和重复规划建设，有助于提高城镇防灾避难场所系统的综合防灾能力，减少建设投资。目前，我国尚处在社会主义初级阶段，设计建设城镇防灾避难场所必须坚持经济性原则，统筹规划设计是实现经济性原则的重要体现与保障。即使是经济发达国家，也应强调统筹设计建设。

学校（特别是小学校）、公园绿地、广场、公共建筑等都是城市防灾避难场所的重要组成部分。在城市防灾避难场所的整体结构中，各类或者各个防灾避难场所只起其自身的防灾功能，不可能完全替代其他类型或其他防灾避难场所的防灾功能。1999 年我国台湾省集集地震时，各类防灾避难场所的面积和收容人数的比例如表 2-8 所示。显然，比例最高的是学校，公园和机关分别居第二位和第三位，此外还有机关、停车场、市场、体育场、车站等。规划设计城镇防灾避难场所系统时，必须同时考虑各种类型的防灾避难场所，使系统中的各类防灾避难场所相辅相成、相得益彰，以强化城市防灾结构，产生最大化防灾效果。

集集地震各类避难场所的避难面积和收容人数的比例（％）　　表 2-8

	学校	公园	机关	停车场	市场	体育场	车站	道路	活动中心	寺庙	加油站	其他
避难面积	56.89	19.74	9.29	5.33	2.78	2.74	1.16	0.57	0.53	0.49	0.44	0.04
收容人数	37.46	22.37	11.6	4.66	4.64	1.22	1.02	5.34	2.39	4.10	0.04	5.13

各类城镇防灾避难场所合理布局，是统筹规划设计的重要关注点。城镇避难场所系统的避难责任区应当覆盖城市社区的全部居民住宅，所有避难的居民都应能就近避难。布局城镇防灾避难场所时，应考虑有效利用城镇其他防灾减灾资源，例如：消防、医疗、公安、道路交通、仓储机构等，创造良好的安全防灾环境与条件。

统计表明，我国一些城镇的避难场所类型比较单一，主要是将城镇公园改造成防灾公园。在统筹规划设计时，应当逐步延伸到学校等其他类型。一座城镇的小学校数量多、分布广，大多位于居民区，知名度比较高，城镇生命线系统比较齐全，交通通达性好，是城镇防灾避难场所的重要资源。

为统筹规划设计，应形成统一的城镇灾害管理体制。目前，有的城镇建成了统一的管理机构，有助于统筹规划设计。而有些城镇的灾害管理分别隶属于民政、人防、地震、水利等多个部门，则需要统一协调。

2.4.2 "平灾结合"

城镇防灾避难场所具有"平"（平时）、"灾"（灾时）两种功能，必须坚持"平灾结合"原则，即把平时功能与灾时功能有机地融为一个整体。以公园绿地为例，平时是一般城市公园，满足一般城市公园的规划、设计、建设要求，美化城市环境，保持城市生态平衡，供居民游憩休闲、强身健体，有些城市公园还有旅游服务功能。像唐山市的南湖公园，经过近些年的规划建设，从过去的垃圾堆放场、城市污水排放地，改造成了山清水秀的城市公园，如果进一步规划建设灾时避难必需的防灾设施，赋予各种必备的防灾功能，可建设成唐山市的中心防灾避难场所。其防灾功能是在城市公园既有的基础防灾功能的基础上，通过完善、增设防灾设施而产生的新的防灾功能。防灾设施的防灾功能平时处于隐性状态，突发事件发生时启用防灾设施后，才能发挥其防灾功能。在城市发展的历史长河中，城镇防灾避难场所的平时功能是长期的，并随城市建设的发展而逐步完善；而防灾功能是短暂的，只显露在突发事件发生后的较短时间内，避难功能结束后，即恢复为平时功能。

从平时功能到灾时功能或从灾时功能到平时功能都有一个转化过程。从平时功能转化成灾时功能，需要有防灾设施的启用过程，例如：在棚宿区搭建帐篷，运输、分发饮用水、食品和衣物，设临时食堂，开设医疗站（室）、应急厕所等。从灾时功能转化为平时功能有防灾设施的停运过程，例如：帐篷、简易房的拆除与清虚，救援部队、医疗队、抢险工程队和志愿者的撤离，应急厕所的停用和清污等。

一些避难场所功能"平"向"灾"转换的示例如表2-9所示。

一些避难场所功能"平"向"灾"的转换示例　　　　　　　　　　　　表2-9

避难场所	类型	平时主要功能	灾时主要功能	"平"向"灾"的转换
学校	操场	上体育课或其他体育活动	开放式棚宿区	搭建帐篷等宿住设施
	教室	上课和学习场所	封闭式宿住区	搬出桌椅，铺设睡垫等
公园	开放空间	休憩、健身、旅游等	开放式棚宿区	搭建帐篷等宿住设施
广场		社会活动、文化活动等	开放式棚宿区	搭建帐篷等宿住设施
停车场		停放各类车辆	开放式棚宿区	搭建帐篷等宿住设施
文化馆或体育馆		文化活动或体育活动	封闭式宿住区	搬出文化设施、体育设施，铺设睡垫等

主要功能转换的同时，开启其他各类防灾设施，形成灾时必备的多种防灾功能，确保基本生活条件与环境。

严格来说，没有任何一个防灾避难场所，只具备灾时功能，而平时备灾不利用。不能转换成灾时防灾功能的场所，不可能是防灾避难场所。

2.4.3　确保安全

城镇防灾避难场所的基本宗旨是确保灾时避难人员人身安全，规划设计过程中，应始终把安全置于首要地位或核心地位。

城镇防灾避难场所必须进行安全评价，并依据评价结果，有针对性地采取安全控制措施，消除危险隐患，确保避难安全。

（1）控制城镇防灾避难场所的危险因素，必须"以人为本"，坚持"预防为主，防、抗、避、救"相结合的方针，强调灾前控制，并重视灾后控制措施向灾前控制转化。灾前控制是城镇正常生活中的控制，比灾后控制容易得多。设计建设城镇防灾避难场所属灾前控制。即在灾害发生之前储备了灾时必备的防灾设施与救灾物品，灾时开启防灾设施就能确保避难人员安全。规划设计人员与管理人员必须始终牢记确保避难人员安全是城镇规划设计与建设防灾避难场所的基本宗旨，并贯穿于规划设计、建设与管理的实践过程中。《城镇防灾避难场所设计规范》中规定的各类技术指标充分考虑了各种安全因素，按照国家标准设计建设防灾避难场所，有确保避难安全的基本保障。

（2）制定城市建设总体规划、城市综合防灾规划、园林绿地专业规划和城镇避难规划时，应进行城市灾害安全特别是地震安全评价，并以此为基础合理布局各类城镇防灾避难场所。安全评价以防灾避难场所系统安全为目的，应用安全系统工程原理和方法，确定避难场所系统中存在的危险与有害因素，判断发生安全事故的可能性及其严重程度，为制定防范措施和管理决策提供科学依据。防灾避难场所选址以及完工后进行安全评价，既建避难场所进行安全现状评价。所谓安全现状评价，是针对避难场所的现状，分析、辨识安全保障与危险要素，审查确定其与城镇防灾避难场所法律法规、规章、标准、规范要求的符合性，预测发生安全事故的可能性及其严重程度，提出科学、合理、可行的安全对策，作出安全现状评价结论的活动。我国一些城镇的防灾避难场所现状评价的重点内容包括是否符合国家标准的要求，避难场所内是否设置了各类防灾设施及其完善程度，是否设置了城镇救灾物资储备仓库且其内储备了灾时必需的救灾设施与应急必需的救灾物资等。

（3）建立城镇防灾避难场所系统，不同规模的城镇防灾避难场所发挥不同的安全作用，并且形成有机的防灾体系。每一个防灾避难场所都具有城镇防灾避难场所的防灾功能，避难人员无论生活在城镇防灾避难所，还是行走在避难道路上都有防灾安全感，确实做到处处安全、时时安全。通常，城镇防灾避难场所系统依据规模和功能划分为中心避难场所、固定避难场所和紧急避难场所；依据类型有学校避难场所、防灾公园、广场避难场所、体育设施避难场所等。无论什么规模、什么类型的避难场所都必须设置必需的防灾设施，灾时产生确保避难安全的防灾功能。

（4）对城镇防灾避难场所威胁最大的次生灾害是火灾，是安全评价与危险管理的重要灾种之一。必须评价有无防火树林带与防火隔离带及其防火效果，有无消防通道、消防设施与消防水源及其满足消防要求的程度，有无火灾发生后避难者撤离防灾避难场所的撤退道路以及撤退的去处等。消除防灾避难场所内部的火灾隐患，阻止外部火灾蔓延至避难场所内部，是防止避难场所火灾的有效路向。避难场所内应加强火源管理，设置消防通道、消防器材和消防水源，其周边设防火隔离带或防火树林带，对避难场所防火有重要意义。防火教育应当警钟长鸣。

（5）地址的选择是影响避难场所安全的重要因素。无论是新建的还是既有的城镇防灾避难场所，其棚宿区和宿营地应避开地震活断层、岩溶和采矿塌陷区、滑坡和泥石流活动威胁地带、海啸袭击区。距离危险品生产工厂和仓库、火源和高压电线线路、传染病医院的距离符合有关技术标准或技术规范的要求。城镇防灾避难场所入口形态和周边形态方便避难人员出入。规划建设无障碍避难道路。还应当指出，应对不同的灾害，避难场所选址的安全要素不同。例如：已经发生的地震灾害主要考虑各种次生灾害，避开或远离次生灾害源，而水灾则必须同时考虑主灾和次生灾害，避难场所不能选择在被水淹没的场所或高层建筑的底部楼层，海啸专用避难场所主要考虑海啸水墙的袭击等。因此，规划设计应对不同灾害的防灾避难场所，安全因素既有共性，也有个性。规划设计时，应当有机地融合共性与个性。

规划设计防灾避难场所的安全因素与关联性如图2-4所示。

各种安全因素都紧密围绕规划设计防灾避难场所的基本宗旨和基本方针，即保护避难人员人身安全，把灾害损失降低到最小。规划→设计→建设→管理的各个环节都必须重视安全、确保安全。

2.4.4 强化防灾功能

防灾功能是城镇防灾避难场所的特质与生命，城镇防灾避难场所与一般公共建筑的基本区别就在于防灾功能的完善程度。也可以说，城镇防灾避难场所是通过增设防灾设施，形成相对完善的防灾功能，以确保避难人员安全避难。规划设计城镇防灾避难场所必须刻意强化防灾功能。

（1）兼顾选址场所的基础防灾功能及其灾时向防灾功能的转化，并增设新的防灾设施，形成灾时必备的、能够快速启用的防灾功能。例如：规划设计城镇防灾公园包括三条主线，其一是规划设计城市公园，其二是如何把城市公园具有基础防灾功能的设施兼作防

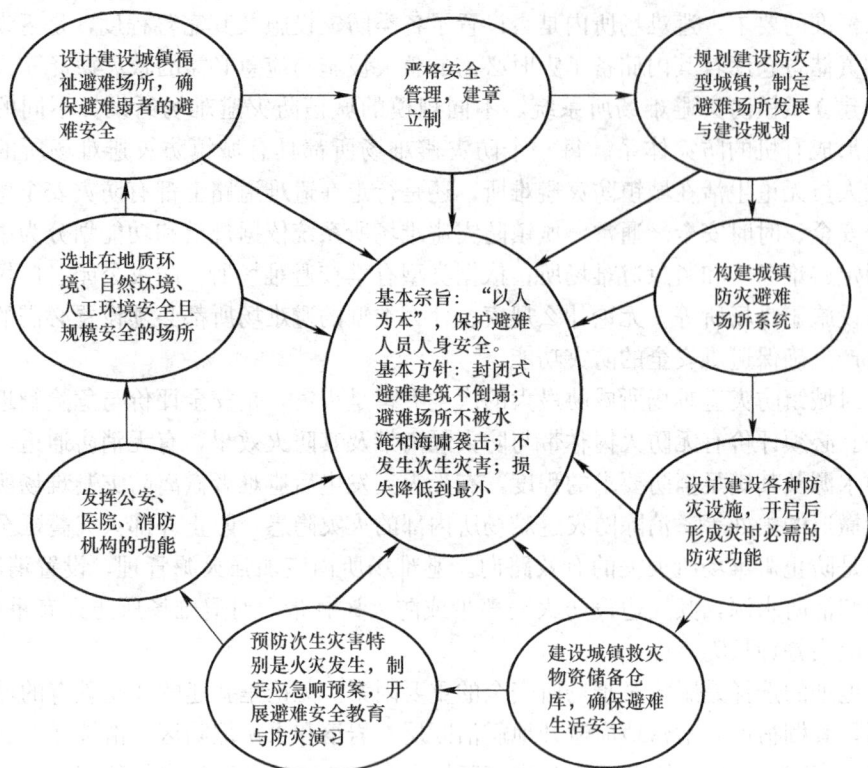

图 2-4　规划设计防灾避难场所的安全因素与关联性

灾设施，其三是规划设计新的防灾设施。三者的有机共构思维是强化防灾功能的基础。开放式棚宿区（宿营区）应当特别关注开放空间的规模与宜居性，以便提供面积较大且适于避难的宿住区，容纳较多的居民安全避难；设置满足避难需求的防灾设施，尽可能降低灾时避难人员的"困难度"。城镇防灾避难场所的防灾功能越完善，这种"困难度"越低，避难生活质量也越高。充分利用平时具有基础防灾功能、灾时能转换成防灾功能的设施，是强化防灾避难场所防灾功能的防灾理念，也是降低防灾设施投资的经济思维，可以用较少的设施投资获得较高的防灾功能与防灾效果。作为城镇防灾避难场所的开放空间或封闭空间都有一定规模的宿住区，大多与城镇生命线系统特别是交通系统、情报系统、给水排水系统、电力系统连接并设置相关的设施，城镇公园还有水流、水池以及其他专用设施，凡具有基础防灾功能的设施均应考虑灾时转换为防灾设施。

（2）城镇防灾避难场所必须满足重大突发事件的避难需求。避难面积符合国家标准规定的技术指标，储备必需的应急救灾物品与抢险救灾器材，设置灾时能够快速启用的各类防灾设施以及能够安全避难的避难道路和消防通道。在海啸袭击区的避难困难地域，设海啸专用避难场所——高层建筑、构筑物平台和高地。规划设计的防灾避难场所的有效避难总面积，必须不小于人均有效避难面积乘以避难总人数，或每个防灾避难场所的有效避难面积，不得少于服务区内避难人员的总人数乘以人均有效避难面积。确保城镇发生各类重大突发事件时，每位避难人员都能有其安全避难之所。2011 年东日本地震发生后，有些避难场所挂出"满员"的招牌，拒收更多的避难人员，这种教训值得汲取。

（3）规划设计城镇防灾公园系统，应充分发挥各类防灾公园的防灾功能。1973年日本《城市绿地保全法》中把城市公园列入"防灾系统"。形成防灾公园系统是有效发挥城市公园防灾功能的重要途径。中心防灾公园、固定防灾公园、紧急防灾公园以及居民住宅区内的小花园、绿地等是城镇防灾公园防灾系统的基本要素。有助于居民在住宅附近的小花园、绿地集合，再依次转移到紧急防灾公园、固定防灾公园或中心防灾公园避难。符合居民避难行动的基本规律，也是确保避难安全的有效措施。而且，防灾公园系统宜融于城镇防灾避难场所系统，既强化防灾公园系统的防灾功能，又提升城镇防灾避难场所的综合防灾能力。将一个较大地域内的防灾避难场所构建成大防灾避难场所系统，对强化防灾功能有重要价值。

（4）宜在城镇防灾避难场所周边栽植防火树林带，设置防火隔离带等形成城镇防灾避难场所的防火屏障，阻止外部火灾向避难场所内延烧，降低火灾热辐射对避难场所避难人员的威胁。选择火焰遮蔽率高的树种和适宜的栽植模式，可以有效地提高屏蔽效果。为了强化防火性能，可为防火树林带设置散水装置，外部发生火灾时，向树冠、树干喷洒水流，提高其对火灾的屏蔽能力。

（5）充分发挥公安、医院和消防机构在防灾避难中的社会治安、医疗救护与防疫以及消防灭火的功能，这是强化防灾避难场所防灾功能必须高度重视的因素。重大突发事件后，容易引发城镇社会治安短时间的混乱，甚至发生海地地震时出现的抢劫等违法行为；有些突发事件，特别是地震灾害往往造成人员伤亡，灾后的卫生防疫工作也十分紧迫；火灾是较易发生且危害严重的灾害或次生灾害。因此，公安、医院和消防机构在强化城镇防灾避难场所防灾功能中有不可替代的地位。

2.4.5　方便避难

（1）就近避难

所谓就近避难，是严重突发事件发生后，去距离避难人员最近或较近的防灾避难场所避难。通常，先到附近的紧急避难场所，再转移到指定的固定避难场所。

所谓避难人员，是指住宅遭破坏、无家可归或归家困难的城市居民、城市流动人口和有被劝告、指令避难的人群。避难的起点一般是居民住宅、职（员）工工作或办公场所以及其他活动场所（商场、娱乐场所、行走途中等）。

居民就近避难，距自家住宅和防灾避难场所距离近，避难时程短，安全性高，且熟悉周围环境，避难人员多为邻里，有亲近感。学校师生、企事业单位工作人员就近避难，避难人员有归属感、安全感和集体荣誉感，有助于有组织、有序地引导避难。在商场、娱乐场所内的人员、城镇流动人口、行走在途中的人员就近避难，应避免盲目避难带来的危险，等候灾害管理部门的指令，以便作出妥善的避难安排。

在重大地震灾害发生后的极短时间内，海啸危害区的人群（包括旅游者）应当背向海啸袭来的方向，迅速到最近的城市防灾避难场所或海啸专用避难场所（高层建筑物的较高层间、构筑物平台和高地等）。稍有迟疑或避难行动时程稍长，有可能带来惨重的后果。

但并非所有的重大灾害后居民都就近避难。火山喷发、飓风等灾害有时实施远程避难。例如：1986 年日本伊豆大岛火山喷发后，2005 年"丽塔"飓风袭击美国之前，都实施了远程避难。远程避难亦属防灾避难场所的规划范畴，其与就近避难不同，路程较长，避难途中耗时较多，途中的加油站需要储备足够的汽油，沿途的商场、超市储备灾时必需的生活用品，并为没有自家交通工具的居民准备运输工具等。

（2）合理规划设计城镇防灾避难场所出入口形态和和外围形态。入口不宜设台阶、车挡，至少有一个入口通道无障碍，方便残疾人。外围不宜设围墙、栅栏，重大灾害发生后避难者可以从外围的各个部位进出。

（3）园路不能有陡坡，残疾人轮椅应能无障碍通行。

城镇防灾避难场所规划原则的核心是以人为本，确保避难安全。重大灾害发生后，保护避难人员生命安全，身体免受次生灾害伤害，是规划建设避难场所的基本宗旨。特别应当预防严重次生火灾与瘟病的发生与蔓延。

城镇防灾避难场所规划设计原则的核心是完善防灾设施和防灾措施，强化防灾功能和防灾结构，确保避难行动和避难生活安全。统筹规划，使城镇形成统一的避难场所系统，各类和各个避难场所相互关联、优势互补，强化城镇防灾结构，实现具有系统性安全的规划构思。平灾结合，平时功能与防灾功能有机结合，灾时适时转换，全面凸显防灾设施的防灾功能，是避难安全的基础与保障。确保安全和强化防灾功能，都紧密围绕防灾设施、安全措施和保障，是安全避难核心中的核心。为方便居民避难，设计建设的避难道路应有较高的通达性，避难路程短、耗时少，减少次生灾害发生的几率。因此，避难安全是避难场所规划设计的灵魂。

2.4.6　可行性

一座城镇的防灾避难场所系统是城镇所有防灾避难场所资源的优选与组合，需要综合研究城镇的现状与发展、经济实力与可能的防灾经济投入、灾害及其避难需求、建筑防灾设防与防灾能力、防灾设施及其完善程度、道路防灾性能与防灾改造、防灾物资储备及其数量、避难场所规模与营造的防灾环境、避难场所系统向城际的延伸与延伸程度等。因此，规划、设计、建设城镇防灾避难场所必须充分考量上述多种因素，力求有较强的可操作。

较强的可行性、可操作性是全面实施避难场所发展规划与规划目标的重要保障。为此，规划设计城镇避难场所系统时，必须充分分析必要性、实施的可能性，并进行技术经济评价；依法规规划设计，符合规划设计程序，履行相关的审批手续；与城镇的居民避难需求以及社会经济、生态环境资源和防灾的经济投入能力相适应；依据城镇避难场所发展规划，分期分批建设，逐步实施、日臻完善；充分利用既有建筑和公园绿地等开放空间，避难场所的防灾改造宜突出实用、实效，防灾设施质量可靠、能耗低或利用自然能；规划设计方案既要符合市情，又要合乎民意，虚心听取居民的意见和建议，居民的参与度越高，支持力度越大，越容易安全实施避难过程；确保城镇防灾避难场所系统的资源投入全部用于避难场所的规划、设计、建设与管理。

城镇防灾避难场所规划设计方案应进行可行性分析，通过对经济合理性、条件可能性和技术适用性与先进性的分析论证，选择人力、物力、财力投入少，又能取得较好技术效益、经济效益和社会效益的切实可行方案。特别注意分析论证法律法规可行性、经济可行性、技术可行性、防灾设施和安全措施可行性、避难行动和避难生活的可行性等。

2.4.7 因地制宜

所谓因地制宜，是指根据不同城镇的具体条件，规划设计相应的防灾避难场所系统。

（1）应对灾害的因地制宜

我国陆地国土面积约为 960 万 km^2，约占全世界陆地面积的 1/15，居世界第三位。我国还有广袤的海洋国土，管辖的海域面积约为 300 万 km^2，是世界上为数不多的海洋大国；我国地质结构复杂，气候类型和地形地貌多样，大河流域较多；南北跨热带、亚热带、温带、寒温带，东西跨滨海湿润区、半湿润区、内陆半干旱区、内陆干旱区，地貌、地形、气候等自然条件十分复杂。致灾因素复杂，灾害种类繁多，经常发生地震、台风、洪涝、泥石流、山体滑坡等重大自然灾害。城镇所在的地域不同，发生的灾害类型可能有较大的差异。东南沿海地区多发台风；长江等大河流域常发生洪涝灾害；地震活断层穿越或地震活断层附近的城镇，发生重大地震灾害的几率比较大；东北和新疆北部有发生暴风雪的可能。因此，不同地域的城镇，避难场所应对的灾害、主要灾害可能不同；城镇避难场所系统的规模、类型、储备的救灾物资等也不同。

（2）经济条件的因地制宜

我国尚处于社会主义初级阶段。2008 年我国有国家级贫困县 592 个，其中云南 73 个，陕西、贵州各 50 个，甘肃 43 个，河北 39 个，山西 35 个，河南、内蒙古各 31 个。这些贫困县的经济发展、城镇基础设施建设以及防灾减灾能力，都落后于非贫困县，特别是山东、江苏、山海、浙江、广东等经济相对发达地区的城镇。虽然影响城镇防灾避难场所规划建设的因素比较多，但不能忽视经济因素。各个城镇规划建设防灾避难场所，都应当有适量的经济投入，但必须实事求是，讲求实效，注重节省，不搞形式，量力而行。从灾后避难需求的角度看，越是贫困地区，建筑的抗灾设防水准越低、灾时产生的无家可归人数越多、所需的避难场所规模越大，更应当重视避难场所的规划建设。

（3）次生灾害的因地制宜

有的重大自然灾害，由于发生多种次生灾害，往往酿成复合灾害。像东日本地震实际上是地震、海啸、火灾、核辐射等的复合灾害，而且次生灾害海啸的死亡人数占总死亡人数的 90% 左右，核辐射使数以十万计的民众背井离乡，到异地避难。规划建设的城镇防灾避难场所系统，应能同时应对主灾和主要次生灾害。例如：地震与海啸、火灾、核泄漏、滑坡、泥石流；暴雨与洪涝灾害、台风、泥石流、滑坡、山崩；煤气泄漏与火灾、爆炸等。不同的城镇不仅主灾不同，相同主灾的次生灾害也可能不同，因地而异。

因地制宜原则强调不同城镇的防灾避难场所应依据本城镇的具体情况规划设计，不能无条件地照搬照套其他城镇的规划设计结果。

2.5 规划设计要求

国家标准《城镇防灾避难场所设计规范》中规定了设计城镇防灾避难场所的基本要

求、设防要求和应急保障要求。有些要求的强制性条文，必须严格执行。

2.5.1 基本要求

避难场所设计包括总体设计、避难场地设计、避难建筑设计、避难设施设计等。

避难场所划分为紧急避难场所、固定避难场所和中心避难场所，固定避难场所划分为短期、中期和长期三类。

城镇避难场所应与城镇应急交通、供水、供电、医疗、物资储备等应急保障基础设施布局相协调，并符合下列规定：城镇避难场所的数量、规模和空间分布应满足遭受预定设防水准相应灾害影响时的避难和应急救援需求；避难场所应结合场所周边的各类防灾和公共安全设施及市政基础设施的具体情况，有效整合场地空间和建筑工程，形成有效、安全的防灾空间布局；城镇应根据预定设防水准所确定的受伤人数在中心避难场所和长期避难场所集中设置应急医疗区和重伤治疗区；必要时，大城市可结合医疗卫生设施布局，安排专门应急医疗场所；接纳超过责任区范围之外人员的避难场所，应制定专门的避难方案和实施保障措施；对于婴幼儿、高龄老人、残疾人及行动困难、需要卧床的伤者和病人等特定人员，必要时可安排福祉避难场所或在避难场所中安排特定避难区满足其避难需求；城镇宜逐步增加避难建筑，改善避难安置条件。避难建筑可优先选择体育建筑、影剧院、展览馆、会展中心、中小学教学用房和中小学食堂等公共建筑。

避难场所应进行应急管理、应急宿住、应急保障基础设施，应急辅助设施等应急功能设计和避难单元划分，并符合下列规定：市、区级应急指挥管理、应急医疗卫生、应急物资储备等宜单独设置在中心避难场所或中长期固定避难场所；应急宿住可采用避难建筑和避难场地类型，避难场地可设置帐篷或活动房屋等；专业救灾队伍宜单独划定临时驻扎营地，并设置设备停放区；志愿者队伍驻地可与专业救灾队伍驻地和应急管理区结合设置；婴幼儿、高龄老人、残疾人及行动困难、需要卧床的伤者和病人等特定人员的专门避难区应符合无障碍设计要求；可选择中心避难场所和一定数量固定避难场所综合考虑配置市、区级应急救灾功能及应急演练、应急功能演示或培训设施。

避难场所的应急设施配置应满足其开放时间内的需求。

避难场所的开放时间可根据需避难应对的灾害特点确定，不宜超过表 2-10 的规定。

避难场所最长开放时间 表 2-10

适用场所	紧急避难场所		固定避难场所			中心避难场所
避难阶段	紧急	临时	短期	中期	长期	长期
开放时间（d）	1	3	15	30	100	100

注：避难场所的开放时间可根据需避难应对的灾害种类和发生发展特点及相应的应急和避难需求，考虑城市灾害应对实际情况和要求综合确定。

各类避难场所的设置，应满足其责任区范围内避难人员的避难要求以及城镇的应急功能配置要求。避难场所可根据分级控制要求设置，见表 2-11。

各级避难场所分级控制要求　　　　　　　　　　　　　　表 2-11

项目 级别		有效避难面积 （ha）	避难距离 （km）	避难容量 （万人）	责任区避难服务建 设用地规模（ha）	责任区服务 人口（万人）
中心避难场所		≥20，一般 50 以上	5.0～10.0	不限	7.0～15.0	5～20
固定 避难 场所	长期	5.0～20.0	1.5～2.5	1.00～6.40	7.0～15.0	5～20
	中期	1.0～5.0	1.0～1.5	0.20～2.00	1.0～7.0	3.0～10.0
	短期	0.2～1.0	0.5～1.0	0.04～0.50	0.8～2.0	0.2～3.0
紧急避难场所		不限	0.5	根据城镇规划建设情况定		

注：1. 表中各指标的适用是以满足需避难人员的避难要求及城镇的应急功能配置要求为前提；
　　2. 表中给出范围值的项，后面数值为上限，不宜超过；前面数值为建议值，可根据实际情况调整。

根据分级控制要求设置避难场所时，应满足以下要求：紧急避难场所和固定避难场所的避难责任区范围应根据其避难容量确定，其避难距离和责任区服务用地及人口规模宜采用表 2-13 所列出的指标；中心避难场所和固定避难场所按照表 2-11 配置的市、区级应急功能服务范围，宜按建设用地规模 20.0～50.0ha、人口 20～50 万控制；中长期固定避难场所总容量和分布宜满足预定设防水准下的中长期避难需求。

避难人员避难面积应符合下列规定：设计避难场所方案时，避难人员人均有效避难面积可按不低于表 2-12 规定的指标乘以表 2-13 规定的人员规模修正系数核算。设计避难场所方案时，避难场所内需医疗救治人员的有效使用面积紧急疏散期应不低于 15m²/床，固定疏散期应不低于 25m²/床。考虑简单应急治疗时，紧急疏散期每位病人不宜低于 7.5m²，固定疏散期每位病人不宜低于 15m²。详细设计避难场所时，单人净使用面积不应低于表 2-14 的规定。

不同避难期人均有效避难面积　　　　　　　　　　　　表 2-12

避难期	紧急	临时	短期	中期	长期
人均有效避难面积（m²/人）	0.5	1.0*	2.0*	3.0	4.5

注：* 对于位于建成区人口密集地区的避难场所可适当降低，但按表 2-12 修正后不应低于临时 0.8m²/人、短期 1.5m²/人。

人均有效避难面积修正系数　　　　　　　　　　　　表 2-13

避难单元内人员集聚规模（人）	1 000	5 000	8 000	16 000	32 000
修正系数	0.9	0.95	1.0	1.05	1.1

单人净使用面积（m²）　　　　　　　　　　　　表 2-14

避难姿态	避难期 紧急	临时	短期	中期	长期
站立或坐	0.5	0.7	1.0	1.0	1.0
可躺卧休息	0.3	1.35	1.35	1.8	2.0
轮椅使用者	1.0	2.0	2.0	4.0	4.0
需长时间卧床者	3.0	4.0	4.0	4.0	4.0

启用避难场所时，应进行紧急转换和引入评估。

预先建造的应急工程设施在紧急转换和紧急引入时，应进行应急评估和应急设计，满足国家标准《城镇防灾避难场所设计规范》的防灾要求方可启用。

避难场所的应急评估和应急设计可按下述基本程序和内容要求进行。评估划定危险场地，确定危险建筑及其影响范围，核算可用作避难用地的规模；快速评估预先设置的承担避难功能的建筑工程和应急保障基础设施，复核启用条件，确定需紧急恢复的内容和要求，确定需紧急引入的配套设施和设备物资；梳理避难空间的安排，确定可利用的用地和工程设施；复核消防设施、危险区划定及警告标识等基本安全设施和安全出口、应急交通、应急供水及应急物资供应等基本生活设施；对管理、宿住等应急区确定需紧急引入的应急工程设施和设备物资，根据可能收容的避难人口进行合理布局，确定紧急引入和启用的时序和要求；对需利用的工程设施进行紧急评估，确定需要紧急修复和配套的内容和要求，按照应急功能安排紧急转换或引入。

评估划定危险场地时，可按下述要求进行。现场调查、复核可能发生滑坡、崩塌、泥石流等地质灾害的地段，确定灾害的影响范围；现场调查地裂缝地段，确定地下采空区、活动断裂地表破裂的危害性，划定危险区；对于活动断裂地表破裂明确地带，危险区范围可划定为破裂带两侧15m。

对于现场调查地陷、液化冒砂冒水地段，确定砂土液化和软土震陷地段，存在液化侧向扩展或流滑可能的故河道、现代河滨、海滨划定30m危险带；应避开严重震陷、液化地段；对于其他震陷、液化地段，当建筑地基水平位移量大于10mm或发生整体显著倾斜时，应判定为危险建筑，并按照建筑物高度加安全间距划定危险区。

根据建筑工程震害现场应急评估的相关规定，评估避难场所内建筑工程震害，并按下述要求采取处置措施。遭受相当于或高于预定设防水准灾害影响时，基本完好、轻微破坏和中等破坏较轻的建筑工程可按安全距离划定影响范围，其他建筑工程按照可能倒塌划定影响范围；遭受低于预定设防水准灾害影响时，基本完好、轻微破坏的建筑工程可按安全距离划定影响范围，其他建筑工程按照可能倒塌划定影响范围；建筑工程按照可能倒塌划定影响范围时，应符合下列规定：对于整体倾斜、底层薄弱破坏等可能倾覆倒塌的建筑物，按照建筑物高度加安全间距划定危险区；对于可能垮塌的建筑物，可按规范要求确定影响距离。

对需紧急引入的建筑工程应按下述要求进行应急评估，按照应急功能安排进行应急设计。根据建筑工程震害现场应急评估的相关规定，评估需引入建筑工程震害，确定需紧急引入对象的适宜性。遭受相当于或高于预定设防水准灾害影响时，宜优先选择基本完好和轻微破坏的建筑工程作为紧急引入对象；中等破坏较轻且不存在现行《建筑抗震设计规范》GB 50011—2010列举的不规则类型的建筑工程，其损坏部位和程度对应急指挥、宿住等影响轻微，可及时修复，也可作为紧急引入对象；遭受低于预定设防水准灾害影响时，宜优先选择基本完好、按不低于重点设防类设防且不存在现行《建筑抗震设计规范》GB 50011—2010列举的不规则类型的建筑工程作为紧急引入对象；紧急引入建筑场地和地基应避开危险区范围，不存在液化、震陷场地破坏现象，但存在发震断裂影响时，其避开主断裂的距离宜按35m控制；评估可避难利用的建筑面积及配套设施完好情况，根据规范的相关要求评估可容纳避难规模，核定应急宿住面积和配套设施的使用面积；复核消防设施、危险区划定及警告标识等基本安全设施和安全出口、应急交通、应急供水及应急物资供应等基本生活设施；进行应急宿住及配套用房的布局和房间设置；确定应急管理、宿住、医疗、物资供应等功能需紧急修复和引入的应急工程设施和设备物资，确定紧急引入和启用的内容、时序和要求。

2.5.2 设防要求

国家标准《城镇防灾避难场所设计规范》规定了地震、风灾、洪水的设防要求。

避难场所的抗震要求应符合下列规定：地震避难场所的预定设防水准不应低于本地区抗震设防烈度相应的罕遇地震影响，且不应低于 7 度地震影响；避难建筑的抗震设防类别不应低于重点设防类。

防风避难场所应考虑临灾时期和灾时的避难使用，相应的安全保护时间龙卷风避难场所不得低于 3h，台风避难场所不得低于 24h。

防洪保护区内的防洪避难场所防洪标准不应低于城镇防洪标准所确定的淹没水位，重要应急避难功能区域的安全超高不应低于 0.5m。

对于非洪灾和台风避难场所范围内的河、湖水体的最高水位，水工建筑物、构筑物的进水口、排水口和溢水口及闸门的标高，应综合考虑上下游排水能力和保证措施，保证重要的避难功能区不被水淹。

避难场所排水系统应能迅速、及时地将场所内雨水排出，并满足下述要求：避难建筑排水设计重现期不应低于 5 年，相应室外场地不应低于 3 年；中心避难场所周边区域的排水设计重现期不应低于 5 年；固定避难场所周边区域的排水设计重现期不应低于 3 年；台风避难场所周边区域的排水设计重现期不应低于 5 年，避难建筑的设计雨水流量应按不低于历史或预估的最大暴雨强度复核。

2.5.3 应急保障要求

避难场所的应急交通、供水、能源电力、通信等基础设施的应急保障级别可划分为以下三级：Ⅰ级——灾时功能不能中断或灾后需立即启用的应急保障基础设施，涉及国家公共安全，影响市级应急指挥、医疗、供水、物资储备、消防等特别重大灾害应急救援活动，一旦中断可能发生严重次生灾害等特别重大灾害后果；Ⅱ级——灾时功能基本不中断或需迅速恢复的应急保障基础设施，影响集中避难和救援人员的基本生存或生命安全，影响大规模受灾或避难人群中长期应急医疗、供水、物资分发、消防等重大灾害应急救援活动，一旦中断可能导致大量人口伤亡等重大灾害后果；Ⅲ级——灾时需尽快设置或恢复的应急保障基础设施，影响集中避难和救援活动，一旦中断可能导致重大灾害后果。

避难场所中各应急保障对象应安排设计应急交通、供水、能源电力、通信等应急保障基础设施，并应满足下述要求：应急保障基础设施应分别采用冗余设置和增强抗灾能力的多种保障方式，保证满足其应急功能保障性能目标的可靠性要求；当无法采用增强抗灾能力方式时，需增设一种冗余设置方式；应规划设计应急保障基础设施及辅助设施所承担的应急保障功能，并对影响应急保障功能的主体结构和附属构件及设施进行抗灾设计及验算，采取有效的抗灾措施。

位于地震设防区的具有应急保障要求的建筑工程抗震设防标准、抗震设计和抗震措施应保证达到其应急功能保障性能要求，并符合下述要求：Ⅰ级应急保障工程及其配套能源、电力、供水、通信等工程应按高于重点设防类进行建设；Ⅱ、Ⅲ级应急保障工程及配套能源、电力、供水、通信等工程应按不低于重点设防类进行建设；当无法满足上述规定时，允许通过增设冗余设置确保应急保障。

规划设计的避难场所应急交通保障措施，应符合下述规定：应急救灾和避难通道的有效宽度，救灾主干道不应低于15m，避难主通道不应低于7m，避难次通道不应低于4m，一般避难通道不应低于3m；计算应急救灾和避难通道的有效宽度时，应按照规定考虑道路两侧建筑倒塌后瓦砾废墟的影响；对于救灾主干道两侧建筑倒塌后的废墟宽度宜按特大灾害考虑，避难主通道和次通道宜按重大灾害考虑；应急救灾和避难通道上的桥梁、隧道等关键节点的抗灾能力应满足相应保障要求；并符合表2-15的规定。

应急保障要求

表 2-15

保障级别	可选择形式	应急出入口数量
Ⅰ	救灾主干道	不少于4个
	两个方向上的避难主通道	同上
Ⅱ	救灾主干道	不少于2个
	避难主通道	同上
	两个方向上的避难次通道	同上
Ⅲ	救灾主干道	同上
	避难主通道	同上
	避难次通道	同上

避难场所设计应按照灾时灾民基本生活用水和救灾用水保障需要，安排应急保障供水来源、水处理设施、输配水管线和应急储水设施，且应急供水来源应采用应急市政供水保障、设置应急储水装置或取水设施两种方式；应急储水装置或取水设施应保障不少于紧急救灾期的饮用水和医疗用水的水量核算，应急市政供水保障的供水量时，应考虑灾后管线的可能破坏造成的漏水损失；应急消防供水可综合考虑市政应急供水保障系统、应急储/取水体系和其他天然水系进行设计，并应采取可靠的消防取水措施。

根据应急保障对象的供电保障要求设置避难场所应急供电系统，采取应急保障措施，并符合下述规定：Ⅰ、Ⅱ级应急供电保障应采用两路独立电力系统电源引入，两路电源同时工作，任一路电源应满足平时一级负荷、消防负荷和不小于50％的正常照明负荷用电需要，电源容量应分别满足平时和灾时总计算负荷的需要；Ⅰ、Ⅱ级应急供电保障应配置应急发电机组，灾时供电容量应满足灾时一级、二级电力负荷的要求；Ⅰ级应急发电机组台数不应少于2台，其中每台机组的容量应满足灾时一级负荷的用电需要；Ⅰ级应急供电系统至少有1路由配电站抗震设防类别不应低于重点设防类的市政应急供电系统电源引入。当无法满足要求时，应配置备用应急发电机组，其容量应满足灾时一级负荷的用电需要。无法采用两路电力系统电源引入时，应配置备用应急发电机组；当应急发电机组台数为2台及以上或应急发电机组为备用状态时，可选择设置蓄电池组电源，其连续供电时间应不小于6h。

避难场所周边区域交通和供水工程设施的应急保障级别，应符合下述规定：应急保障基础设施的应急功能保障级别应不低于应急保障对象的级别；中心避难场所，承担市、区级应急指挥、应急供水、应急物资储备和应急医疗的固定避难场所应为Ⅰ级；中长期固定避难场所应不低于Ⅱ级；采用多个专项功能避难区整合形成一个综合性避难场所时，其相互之间的应急交通保障级别应不低于Ⅱ级；其他避难场所不宜低于Ⅲ级。

避难场所各避难单元交通和供水工程设施的应急保障级别应符合下述规定：承担市级应急指挥、应急物资储备、应急医疗、应急供水的避难单元应为Ⅰ级；独立设置的应急指挥区、应急物资储备区、应急医疗区、应急供水区应不低于Ⅱ级；应急停机坪、应急发电设施、需要运水车通行的应急储/取水设施的应急交通应不低于Ⅱ级；专业救灾队伍场地的设备设施停放地区与场所出入口及城市应急道路之间的应急交通保障等级应不低于Ⅱ级。独立设置的应急垃圾储运区的应急交通保障级别应不低于Ⅲ级；应急宿住单元应根据避难人口规模设置不低于表 2-16 规定的应急保障级别的应急通道。

住宿单元交通工程设施的应急保障级别　　　　　　　　　　表 2-16

类　别	避难场所预订启用时间	宿住人数（万）	应急保障级别
避难建筑	临灾时启用	>3.2	Ⅰ级
		1.6～3.2	Ⅱ级
		≤1.6	Ⅱ级
	灾后启用	>3.2	Ⅱ级
		1.6～3.2	Ⅱ级
		≤1.6	Ⅲ级
避难场地	临灾时启用	>3.2	Ⅱ级
		1.6～3.2	Ⅱ级
		≤1.6	Ⅲ级
	灾后启用	>3.2	Ⅱ级
		1.6～3.2	Ⅲ级
		≤1.6	Ⅲ级

设计避难场所时，宜考虑下述各类应急保障对象和工程设施为永久建设：中心避难场所和固定避难场所的应急交通、应急储水和取水工程设施；承担市、区级应急指挥、应急物资储备、应急医疗、专业救灾队伍驻扎区和直升机使用区的交通、供水、供电工程设施；应急医疗区的应急垃圾收集；中心避难场所、中长期固定避难场所的应急物资储备库；用于避难的地下工程和避难建筑的应急通风工程设施；消防工程设施；化粪池；应急广播设施。

避难场所内的避难场地、避难建筑及其他工程设施，应根据避难人员聚集规模，综合考虑采取防火措施，配置消防设施。

避难场所内应急配电装置的位置和构造，应安全可靠，具备防止意外触及的措施；场所内建筑、配电设施的防雷装置应符合国家有关标准的规定。

避难场所内的承担应急功能的供电、供水和排污管线宜埋地敷设并采取有效抗灾措施，在遭遇预定设防水准灾害时不损坏。

避难场所应急供水系统管线的应急保障级别不应低于表 2-17 的规定。

避难场所应急供水系统管线的应急保障级别　　　表 2-17

供水对象	用途	应急保障级别
应急医疗救护	饮用水，医疗救护用，消防用水	Ⅰ级
	生活用水	Ⅱ级
	不属于Ⅰ级和Ⅱ级的其他用水	Ⅲ级
应急指挥及抢险救援专业队	饮用水，完成抢险救援护任务必需的用水，消防用水	Ⅰ级
	维持基本生活的必需用水	Ⅱ级
	不属于Ⅰ级和Ⅱ级的其他用水	Ⅲ级
避难住宿、办公服务	饮用水，消防用水	Ⅱ级
	维持基本生活的必需用水	Ⅲ级
	不属于Ⅰ级和Ⅱ级的其他用水	Ⅲ级

避难场所的应急供水系统的应急保障级别应符合下列规定：市级应急指挥区、应急医疗卫生区、应急直升机使用区应按Ⅰ级保障；专业救灾队伍场地、中心避难场所的应急供水和市级应急物资储备区不应低于Ⅱ级；中长期固定避难场所的区域级应急指挥区、应急医疗卫生区、应急直升机使用区不应低于Ⅱ级；中长期固定避难场所的应急供水和区域级应急物资储备区不应低于Ⅲ级；避难人员规模大于 1.6 万的避难单元不应低于Ⅲ级。中心避难场所应根据应急指挥、应急医疗卫生、应急物资储备、专业救灾队伍场地等功能需要配置紧急备用电力系统。

设计避难场所时，宜考虑下述各类应急保障对象和工程设施为永久建设：中心避难场所和固定避难场所的应急交通、应急储水和取水工程设施；承担市、区级应急指挥、应急物资储备、应急医疗、专业救灾队伍驻扎区和直升机使用区的交通、供水、供电工程设施；应急医疗区的应急垃圾收集；中心避难场所、中长期固定避难场所的应急物资储备库；用于避难的地下工程和避难建筑的应急通风工程设施；消防工程设施；化粪池；应急广播设施。

供水和排污管线宜埋地敷设并采取有效抗灾措施，在遭遇预定设防水准灾害时不损坏。

避难场所内的应急通信广播系统应符合下述要求：有危险时可迅速通知危险区域内的人员；应急控制中心的应急通信广播系统应能随时以及在可能预计到的危险条件下持续工作，危险情况发生后，系统至少能广播一次危险信号和至少 30s 的有关语言信息，系统应有保护措施以防止发布错误的危险信号，系统根据避难过程需要应能够分区域进行寻呼或广播。

避难场所内应急固定厕所应采取有效措施，保证停水、停电及无法排污时仍可使用。

避难场所内不承担应急功能的建筑工程设施和设备，应通过安全评估划定安全区，并设置明显标志。

用作人员避难或物资储存对通风有专门要求的地下工程和避难建筑应进行应急通风设计，并配置机械通风所需要的紧急备用电源和电力设备。

2.5.4 场所设计基本要求

(1) 场地选择

避难场所应充分利用公园、绿地、广场、学校操场、体育场馆、人防工程和大型停车场等可利用的城区既有或拟建的场所，根据周边交通环境和配套设施情况进行选择，并与城区环境相协调，明确所需增设的应急设施和应急功能建设或改造要求，符合抢险救灾、避难人员安置、应急救援及消防等防灾减灾要求。避难场所外围形态应有利于避难人员顺畅进入和向外疏散。中心避难场所宜选择在与城镇外部有可靠交通连接，易于伤员转运、物资运送，并与周边避难场所有安全避难通道联系的区域。固定避难场所宜选择在交通便利，所服务街区的居民比较熟悉，有充足的有效避难面积，并与服务范围内居住区能建立安全避难联系、便于人员进入和避难的地方。固定避难场所通常以居住地为主的原则进行布局。紧急避难场所可选择居住小区内的花园、广场、空地和街头绿地等设施；防风避难场所宜选择避难建筑安排应急宿住。

防洪避难场所可根据淹没水深度、人口密度、蓄滞洪机遇等条件，通过经济技术比较选用避洪房屋、安全堤防、安全庄台和避水台等形式。

避难场所场地选择应按照《建筑抗震设计规范》GB 50011—2010、《岩土工程勘察规范》GB 50021—2001、《城市抗震防灾规划标准》GB 50413—2007 等相关标准要求，优先选择场地地形较平坦，地势较高、空气流通，周边道路畅通、交通便利，具备一定基础设施的适宜地段，并符合下列规定：应急指挥和管理、应急宿住以及区域级和场所级应急交通、供水、供电、消防、通信、医疗、物资储备等重要应急功能区，不应规划建设在不适宜用地上，应避开可能发生滑坡、崩塌、地陷、地裂、泥石流等及发震断裂带上可能发生地表位错的部位等危险用地，应避开行洪区、指定的分洪口门附近、洪水期间进洪或退洪主流区及受山洪威胁区；避难场地应避开高压线走廊区域；避难用地应处于周围建（构）筑物倒塌影响范围以外，并保持足够的安全距离；避难用地应避开易燃易爆危险物品存放点、严重污染源以及其他易发生次生灾害的区域；距次生灾害危险源的距离应满足国家现行重大灾害危险源和防火的有关标准要求；有火灾或爆炸危险源时，应设防火隔离带。避难区块之间应设防火安全带，配设防火设施、防火器材、消防通道、安全通道；应急功能区与周围易燃建筑等一般次生火灾源之间应设置不小于 30m 的防火安全带；距易燃易爆工厂仓库、供气厂、储气站等重大灾害次生火灾或爆炸危险源距离不应小于 1 000m；重要应急功能区不应设置在稳定年限较短的地下采空区；无法避开时，应评估采空区的稳定性，确定利用方案；位于或邻近次生灾害易发区的避难场所应提出防止次生灾害的对策和措施，制订应急预案；周边或内部林木分布较多的避难场所，可通过防火树林带等防火分割措施防止次生火灾的大规模蔓延。

不适宜场地应进行土地利用评估，提出防灾对策，并满足下述要求：根据《建筑抗震设计规范》GB 50011—2010 等相关标准规定避让的活动断层，其专项研究工作应满足下述要求：该活动断层属于发震断层；该断层可能造成地表位错；应有足够证据证明该活动断层可能造成地表位错，这些足够证据应符合：有充分的证据证明在断层的某些段或分支上具有全新世以来的地表错动位移，地表错动位移可被直接观察或推测。

断层或其部分的测绘和定位精度及可靠性应满足城镇规划的要求。该断层应被清晰地测绘和定位，并符合：断层线被清晰地测绘和定位，断层应可通过直接观察或其他直接地形地貌证据证明的间接方法被识别。

需要避让的活动断层，应避开主断裂带，避让距离应通过专项评价确定。

当断层属于走滑型时，可按照表 2-18 根据距离发震断层可能造成地表破裂危险区的距离进行分区。

发震断裂的避让区域划分

表 2-18

本地抗震设防烈度	各避让级别距离地表破裂危险区距离（m）				地表破裂危险区
	一级	二级	三级	四级	
8	200	100	40	20	地表主破裂带范围，危险地段。通常地表破裂线两侧15m范围内宜划定为地表破裂危险区
9	400	200	80	40	

需要避让的发震断层的避难场所场地规划建设应符合下述要求：Ⅰ级抗震应急功能保障的建筑工程，应评估对断裂的工程影响，进行充分的断层避让论证；应急宿住区的应急帐篷应采取不低于四级避让距离；灾后紧急设置的区域级应急管理、应急医疗、应急物资储备等功能区的应急设施应采取不低于三级避让距离；应急水源区应采取不低于一级避让距离；液化等级为中等液化和严重液化的故河道、现代河滨、海滨，当有液化侧向扩展或流滑可能时，在距常时水线约100m以内不宜规划安排修建永久性建筑工程，否则应进行抗滑动验算、采取防土体滑动措施和结构抗裂措施。

常时水线宜按设计基准期内年平均最高水位采用，也可按近期年最高水位采用。

位于适宜性差的用地上的应急保障基础设施所采取措施应能适应场地破坏位移。

（2）紧急避难场所

紧急避难场所宜根据责任区内所属居委会、社区情况，结合应急医疗卫生和应急物资分发等服务综合设置场所管理点。场所管理点可按 $50\sim100m^2$ 用地面积预留配置。

紧急避难场所应急宿住功能一般宜设置应急休息区，根据避难规模适当分割为相对分散的避难单元，并符合下列规定：紧急避难场所应急休息区的避难单元避难人口规模不宜大于 2 000 人，避难单元间可选择常态设施或设置缓冲区进行分割；缓冲区设置宽度根据其分割聚集避难人口规模确定，当不多于 2 000 人时，不宜小于 4m；当 2 000～5 000 人时不宜小于 6m；当 5 000～8 000 人时不宜小于 8m；当在 8 000～16 000 人时不宜小于 12m。紧急避难场所可根据应急管理区、应急休息区的规模和分布情况可选择设置应急储水或供水装置、应急厕所、应急交通标识、紧急照明设备、应急广播等应急辅助设施和设备。

紧急避难场所宜设置应急垃圾收集点或应急垃圾储运区。

紧急避难场所宜设置区域位置指示、警告标识和场所功能演示标识，根据需要选择设置场所引导性标识和场所设施标识。

（3）固定避难场所

固定避难场所宜结合应急通信、公共服务、应急医疗卫生、应急供水等设施统筹设置应急指挥和应急管理功能，配置管理用房，并符合下列规定：设置有市、区级应急管理功能的固定避难场所宜按长期避难场所且不应低于中期避难场所要求，宜独立设置应急指挥区。长期避难场所应急指挥区应考虑应急管理要求配置应急停车区、应急直升机使用区，配套设置应急停车区、应急通信、电力等设施，综合考虑应急管理要求选择设置应急救灾演练、应急功能演示或培训设施。固定避难场所宜设置场所综合管理区。短期避难场所根据具体情况可不单独设置场所管理区，将场所管理用房设置在一个相对独立的应急避难单元内。

固定避难场所应设置应急宿住区，并根据避难规模适当分割为相对分散的避难单元，分级配置相关应急设施设备，并符合下列规定：中长期固定避难场所应设置应急宿住区，避难单元间可选择常态设施或设置缓冲区进行分割，并满足消防防火要求；短期避难场所可采用应急宿住区和应急休息缓冲区交叉设置的方式，适当考虑区域级避难人员的不确定性；避难人口规模不小于 3.2 万的应急宿住区宜设置应急休息缓冲带、应急休息广场进行分割，分割间距不小于 28m 应急宿住功能设计时，应根据应急宿住区规模配备应急保障基础设施和辅助设施；应急宿住功能设计时，应考虑专业救灾队伍和设施的配置。

固定避难场所应设置区域位置指示、警告标识和场所功能演示标识，超过 3 个避难单元的场所宜设置场所引导性标识、场所设施标识，其他场所可选择设置场所引导性标识和场所设施标志。

固定避难场所的应急物资储备区和应急医疗卫生区应设置在场地内或场地周边。当利用周边设施进行应急物资储备和应急医疗卫生时，与避难场所的距离不应大于 500m。

长期固定避难场所应设置应急垃圾储运区，中短期固定避难场所宜设置应急垃圾收集点或应急垃圾储运区。

（4）避难场所

中心避难场所应根据城镇应急功能安排设置应急指挥和应急管理功能，并符合下列规定：中心避难场所宜独立设置应急指挥区，并综合考虑配置应急救灾演练、应急功能演示或培训设施；中心避难场所应急指挥区应配置应急停车区、应急直升机使用区，配套设置应急通信、电力等设施。

承担应急宿住功能的中心避难场所宜单独设置场所管理区，其应急宿住设计应符合长期固定避难场所的要求。

中心避难场所应设置应急物资储备区、应急医疗卫生区及其相应配套设施。

中心避难场所的应急医疗卫生区应单独设置医疗垃圾应急储运设施。

2.6 规划设计程序

城镇防灾避难场所规划设计程序如图 2-5 所示。规划设计程序包括两部分：一是总体规划设计，主要内容为避难容量规划设计和避难场所系统规划设计；二是避难场所的单体设计，即在总体规划设计的基础上，分别设计各个避难场所。如果经安全评价，各单体规划设计满足安全避难的需求，可按照城镇避难场所规划，着手分期分批建设；若各单体规划设计结果不能满足城镇安全避难的需求，则调整总体规划设计特别是城镇避难场所系统的规划设计。

2.6.1 总体规划设计

总体规划设计主要完成两项任务，即在遵循相关法律法规、规划设计原则与要求的基

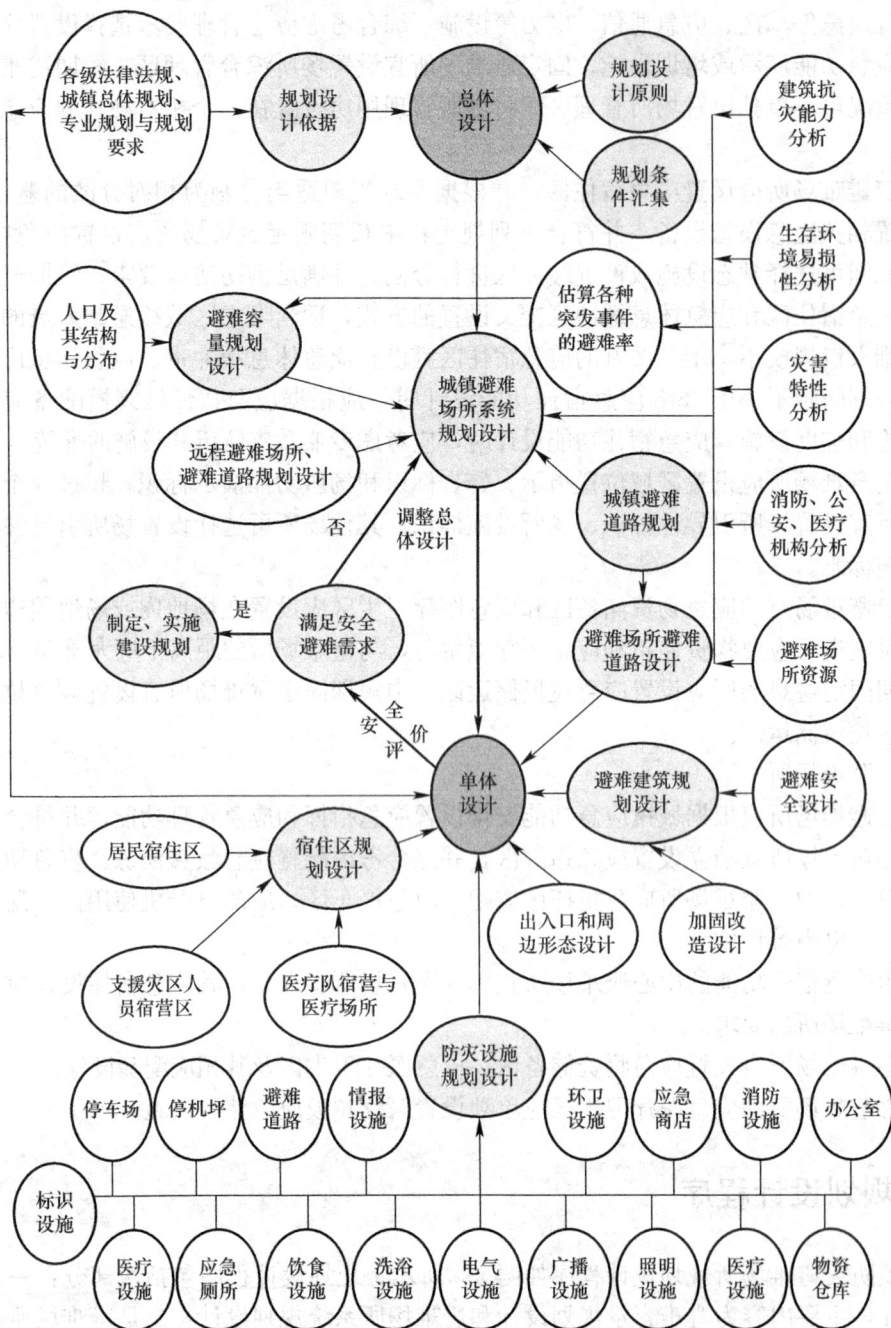

图 2-5 避难场所规划设计程序图

础上，统计城镇总人口及其分布，依据突发事件的避难率计算城镇避难人数，并合理利用城镇的避难场所资源，规划设计城镇防灾避难场所系统，为设计单体避难场所提供基本依据。

2.6.1.1 收集分析规划设计依据

城镇防灾避难场所的规划设计必须以相关的法律法规为准绳、城镇总体规划和城镇相关专业规划为依据，并采纳城镇各界提出的合理要求和建议。换言之，规划设计城镇防灾避难场所不是少数规划设计人员的任意行为，只有以准绳、依据和要求为指针、基础和保障，规划设计的避难场所系统才有生命力。

近几年，我国先后制定了规划设计城镇避难场所的相关国家标准，即《城镇防灾避难场所设计规范》、《地震应急避难场所 场址及配套设施》GB 21734—2008 和《城市抗震防灾规划标准》GB 50413—2007。为规划设计城镇防灾避难场所提供重要的基本依据。这 3 个国家标准的灾害对应范围不同。《城镇防灾避难场所设计规范》应对包括地震灾害在内城镇各种突发事件，另两个国家标准则只适用于地震灾害。《城市抗震防灾规划标准》第八章的内容是避难规划。

城镇防灾避难场所规划设计是城镇总体建设规划、避难场所发展规划和避难规划的实施、落实与具体化，并在法律法规的框架内进行。

最新的城镇建设总体规划一般都明确规定城镇及其周边的主干道、次干道和一般道路，规划公园绿地、各类学校、广场、大型停车场、空地、各个居民区、主要工矿企业、政府机关以及消防、公安、医院和物资仓库及其所在的位置等。是规划设计城镇防灾避难场所系统不可或缺的重要图文资料。城镇防灾避难场所与城镇建设总体规划的有机结合，规划设计的避难场所系统与城镇的发展建设融为一体，有效强化城镇的防灾结构和防灾功能，是建设防灾的城镇、与自然和谐发展的城镇、生态持续平衡城镇的重要举措。

城镇的建设总体规划、避难场所发展规划、避难规划对规划设计城镇防灾避难场所有重要参考与指导意义。规划设计防灾避难场所是专业规划的延伸，是建设、管理避难场所系统的基础，并为修订专业规划提供实践依据。

规划设计要求是城镇防灾主管部门、工程技术人员和市民提出的合理的建议和期望。在规划设计城镇防灾避难场所过程中，应重视征求城镇各界人士的意见和建议，并认真分析，合理采纳。广泛征求居民的意见，对于提高居民的防灾与避难意识，参加防灾避难活动的积极性等也有不容忽视的作用。

无论是城镇防灾避难场所的总体规划，还是各个避难场所的单体规划都必须符合有关城镇防灾减灾和避难场所的各级法律法规。具体的依据是国家标准《城镇防灾避难场所设计规范》。

2.6.1.2 规划设计原则

规划设计原则对城镇避难场所的规划设计起重要导向作用。对于合理利用城镇避难场所资源，确保居民安全避难；为支援灾区的各类人员提供基本生活保障和抢险救灾的活动场所；确保灾后有效抢险救灾和卫生防疫；充分发挥城镇避难场所的社会效益、经济效益和生态效益等有极为重要的价值。不同的城镇依据各自的灾害特征、建筑的防灾状况和人口的总量、组成与分布，有可能提出重点不同的规划原则，但安全原则必须是主线，其他原则都应服从于安全原则。规划设计原则强调安全，是规划设计避难场所的目标、目的和要求决定的。

在城镇避难场所的规划设计以及建设、管理过程中，涉及城镇的灾害特性，建筑抗灾能力、现状与发展，社会经济与资源环境，建设规划与管理体制，避难类型与避难道路等多个方面。因此，避难场所规划设计原则也是多元的。前述的统筹规划设计、平灾结合、确保安全、强化防灾功能、方便避难、可行性和因地制宜等 7 项原则具有普遍适用性。

城镇规划设计的防灾避难场所系统是否符合规划设计基本原则，是评价避难场所系统的一个重要方面。

2.6.1.3　规划设计条件汇集

条件汇集是搜集、调研、整理、分析与规划设计避难场所有关的文献资料、统计数据、调研报告等，为规划设计提供地势、地形与地质状况，灾害历史、现状与发展趋势，江湖河海与城镇水灾淹没、海啸袭击地域，气象气候及其灾害频度、强度、时间分布，城镇生命线系统及其承载能力和对避难的影响，社会发展与经济状况及其与避难场所规划建设的支撑能力，人口数量、密度、增长趋势以及昼夜变化、流动人口及其变化，城镇建筑类型、居民住宅的防灾能力、社区划分与分布，城镇道路（街道、铁路、公路、水路）、公园绿地、学校、广场、空地、大型机动车停车场、商店（超市）及其分布，避难场所资源与利用现状，公安机构、消防机构和医疗机构及其分布，飞机场、港口及其航线，城镇周边地域可利用的避难资源（交通状况、城镇分布、有无远程避难的可能等）与协作协调可能性等。规划设计条件对总体规划设计和个体规划设计有重要参考价值。搜集、汇集规划设计条件是规划设计城镇防灾避难场所的一项重要基础工作。也为整体规划设计特别是避难容量和城镇避难场所系统规划设计提供依据。

汇集规划设计条件的主要途径有两个。其一是城镇相关文献的收集、分析，需要城镇档案馆、图书馆以及规划设计、教育、城镇生命线系统、气象、灾害、社区等管理部门的支持与配合。其二是调查研究，现场考察、社会调查与专题研究等。

汇集过程中，应全面收集、认真分析、去伪存真、去粗取精，为规划设计提供可靠的基础依据。

2.6.1.4　避难容量规划设计

避难容量规划设计是确定一座城镇在不同灾害、不同灾情、不同时段（四季、白天或夜晚）等条件下需要避难的人数。为规划设计城镇避难容量提供依据。

城镇人口总数及其构成可根据最近一次的全国人口普查统计数据，也可以根据现有的户籍登记统计城镇的现有人口数，再考虑规划设计年限范围内的人口增长状况。人口的构成包括常住人口和流动人口，儿童、中青年和老年，避难弱者。有的国家还把不懂当地语言的旅游观光者、乞讨的残疾人和老者、醉汉等纳入避难弱者范围。城镇避难弱者比较集中的地域可规划设计福祉避难场所。

人口的分布应统计白天与夜晚的分布、在江湖河海沿岸、低洼地、山地的分布以及在各个社区、居民区、企事业单位、商场（超市）、娱乐场所以及医院等处的分布。城镇避难人数＝城镇人口总数×灾害避难率。灾害避难率取决于灾害种类、同种灾害的受灾程度以及城镇的抗灾设防水准、抗灾结构与防灾能力等。

估算城镇避难人口中短期、中期和长期避难的人数比例以及重伤员人数，为确定临时避难场所、固定避难场所、中心避难场所、医疗机构的规模提供依据。估算可依据当地历史上灾害避难的记录、对灾区居民的问卷调查或参考其他城镇的相关统计数据。

严重地震灾害的避难率可以依据城镇建筑、生命线系统的破坏程度和高层建筑的电梯停运情况决定。洪涝灾害可按照不同洪水灾害的地域淹没地图以及建筑破坏程度估算。在海啸袭击区内的所有人员（当地居民、企事业单位人员、旅游观光者等）海啸警报发布后或严重近海地震发生后有可能诱发海啸灾害时，均应立即避难。建筑被火灾烧毁、严重破坏和受到火灾威胁的居民全部避难。泥石流、滑坡、山崩以及毒气泄漏等成灾区或受严重威胁区内的居民全部避难。

依据国家标准《城镇防灾避难场所设计规范》和城镇防灾避难场所统筹规划设计原则，避难场所系统应能应对城镇各种灾害。而且，不同灾害、同种灾害不同灾情的避难人数不同。所以，应当以规划期内最严重的灾害或多发的重大灾害为估算城镇避难人数的依据。像我国浙江省东部沿海台风灾害频发而地震灾害发生几率很低的城镇，可以台风灾害为规划设计依据。而严重地震灾害威胁区域，可选择地震灾害。可能受海啸袭击的场所应考虑设置海啸专用避难场所，为避难困难地域内的人群提供紧急避难场所。

一般比较容易准确获取城镇人口数量及其构成，但各种灾害的避难率、在不同类型避难场所的人数分布，由于影响因素较多，且有些因素具有模糊性，估算容易发生误差。进行城镇各种灾害避难实况的调研，并结合本城镇的具体情况估算，是获取数据较准确的一条重要途径。

依据《城市抗震防灾规划标准》（GB 50413—2007），对于地震灾害，城镇无家可归人数可按下式计算：

$$M = R\left(\frac{2}{3}w_1 + w_2 + \frac{7}{10}w_3\right)$$

式中 R——人口总数；

w_1——完全毁坏的建筑比例；

w_2——严重破坏的建筑比例；

w_3——中等破坏的建筑比例。

统计城镇避难容量时，应根据不同的灾害种类和灾情，估算支援灾区的部队、抢险工程技术人员、医疗队和志愿者人数以及所携带设施和安置设施需求的空间，例如，部队的运输车辆，抢险队的抢险设施，医疗队的医疗设备以及开展医疗活动的空间，为规划设计中心避难场所和指挥宿营型避难场所提供依据。

如果有的灾害需要远程避难，还应当估算远程避难人数。并规划设计远程避难道路和远程避难场所。远程避难道路宜选择高速公路，并与城镇主干道相连。远程避难道路沿途规划设置加油站、餐厅、医务室、购物场所以及汽车修理部等，应对远程避难过程中可能发生的各种问题。

一座城镇规划设计的避难容量应能满足重大突发事件发生时居民避难的需求。依据避难场所规划，避难容量应按照规划指标分阶段实施，逐步增加。

2.6.1.5 城镇避难场所系统规划设计

这是规划设计城镇防灾避难场所的核心内容。国家标准《城镇防灾避难场所设计规范》是规划设计的主要依据之一，规划设计应解决的课题是确定应对的灾种与受灾程度，受灾条件下的避难人数，选择、优化城镇避难场所资源，构建城镇防灾避难场所系统。

城镇避难场所系统由各类避难场所组成。例如：紧急避难场所、固定避难场所和中心避难场所；指挥宿营型避难场所、居民避难型避难场所（短期、中期、长期）和二者混合型避难场所；本城镇避难场所、城镇间或城市群间的联合避难场所、远程避难场所等。不同的城镇、不同的灾害、不同的灾情避难场所系统的避难场所类型构成及其构成比例可能有较大的差异。

城镇避难场所系统规划设计流程如图 2-6 所示。

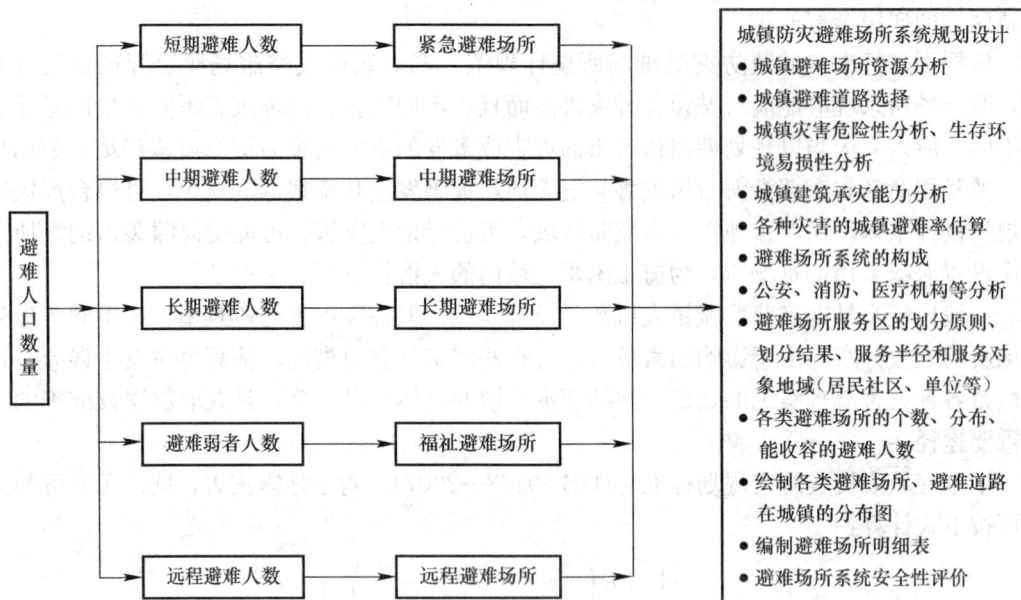

图 2-6　城镇避难场所系统规划设计流程图

避难容量及其在不同类型避难场所的分配比例是规划设计城镇避难场所系统的基本依据。规划设计的避难场所系统，必须确保每位城镇避难人员有其避难之所，每个城镇避难场所确保避难人员安全，有基本生活保障，各类避难场所以及相邻避难场所之间防灾功能互补，构建城镇比较完善的避难防灾结构，强化城镇防灾能力与防灾功能。

（1）城镇避难场所资源分析与选择

城镇避难场所资源是规划设计防灾避难场所系统的资源保障。根据近些年来多次重大自然灾害的避难实践，学校特别是中小学、城镇公园绿地、体育场馆以及学校的操场、城镇广场、空地、停车场尤其是大型机动车停车场、寺庙、政府机构的公共建筑（礼堂、会议室等）都是重要的避难场所资源。规划设计城镇防灾避难场所系统，就是合理利用上述资源的避难空间，为城镇居民支撑起灾时避难的安全保护伞。

从开放与闭合的角度看，避难场所资源有开放式和闭合式两类。公园绿地、空地、露天停车场、体育场、操场、广场等属开放式，灾害发生时在开放空间的临时宿区搭建帐篷、简易房等，供居民避难。闭合式是指既有的建筑空间，例如，体育馆、学校教室、政府机关和企事业单位的礼堂、会议室及其他房间、地下停车场、宾馆酒店的入住房间等。无论是开放式还是闭合式的避难场所，灾后启用时，都必须从平时功能转化为灾时功能。

1923 年日本关东地震时，居民自主首选的避难场所是城市公园，仅上野公园就涌入50 余万人避难。大型城市公园的主要特点是开放空间大，能容纳的避难人数多，有平时利用的具有基础防灾功能的公共设施等。1995 年日本阪神地震、1999 年我国台湾省集集地震时，居民首选小学校和公园绿地避难。学校，特别是小学校数量多，有可供避难的操场和教室，而且生命线设施比较齐全，在当地知名度高、距离居民住宅的距离近、交通通达性好，是居民自主首选的避难场所。1976 年唐山地震后，极震区的建筑几乎全部倒塌或严重破坏，灾后临时搭建的简易房和窝棚遍布市区的各个角落，包括公园、空地，甚至废墟上也搭建了避难窝棚。因此，规划设计城镇防灾避难场所系统时，应充分利用公园绿地、各类学校特别是小学和中学，如果容量不足，再考虑其他避难场所资源。

福祉避难场所宜规划设计在老年公寓、老年活动中心、城镇福利院和敬老院等。远程避难场所一般在城镇以外甚至异地，如果是后者宜与异地的相关部门协商解决。

城镇建筑向其周边扩展、规划新的城区或旧城区改造时，应同时规划设计避难场所系统，并按照避难场所规划和避难规划分批分期建设。

应当指出，在地震废墟上搭建简易房应当考虑是否影响灾后重建。唐山地震后，地震废墟上搭建了大量简易房，占用了大量城市重建的工程用地，这些工程用地上的简易房，只有"搬迁倒面"（在城镇其他地方建成住宅后，住地震废墟上简易房的居民搬入新居，才能拆除简易房，清除压面所占的废墟，腾出重建的工程用地），方能开工重建。

初步选择出城镇避难场所资源后，应当全面进行适用性分析，依据城镇避难场所规划设计的基本原则、指针、要求，进行筛选、组合，优化城镇避难场所系统，强化防灾结构与防灾功能。

（2）城镇避难道路的规划

规划设计的避难道路可分为避难所外的城镇避难道路和避难所内的避难道路。

城镇避难道路是避难场所系统不可分割的组成部分。一般情况下，避难人群通过城镇避难道路到达避难场所避难。规划设计城镇避难道路的基本原则是避难行动安全。避难道路是城镇避难场所系统的子系统和避难行动的必由之路。

城镇避难道路和避难场所内的避难道路形成完整的避难道路网络。城镇避难道路和避难道路分别属于总体规划设计和单体规划设计。避难场所内的避难道路与城镇避难道路在避难场所入口处相互连接，融为一体。

一次重大灾害的避难行动多在数个小时内完成，占用避难道路的时间并不长。因此，避难道路还有灾后运送重伤员、抢险救灾物资、支援灾区的各类人员与设备以及发挥城镇道路网构成部分的功能。规划设计避难道路既要重视避难行动的需求，又应考虑平时和灾时的运输功能。

城镇避难道路由避难主干道、次干道和支路组成。主干道的特点是路面宽、道路长，往往和城镇外的公路或高速路连接，也是连通城镇内外的交通干线和远程避难的通道。次干道路面稍窄，未必与城镇外的公路连通，通常与主干道相连。支路路面较窄，大多连接主干道与避难场所，或连接次干道与避难场所。避难场所既可以与主干道连通，也可以与次干道和支路连通。大型的公园绿地、广场、体育场馆、停车场、政府机关等，一般与主干道或次干道连通。小学校则往往与次干道和支路连通。

还应当指出，有些城镇不仅有城镇道路和公路，还有铁路、水运和空运。在规划城镇防灾避难场所时，应综合考虑多种交通运输途径。空运速度快，可以运送重伤员到其他有飞机场的城镇医治，能快速把非灾区或国际支援的抢险救灾物资特别是急需物资运抵灾区。铁路运输量大，也是运送重伤员和抢险救灾物资的重要交通工具。我国濒临江、湖、河、海的城镇比较多，水运在当地交通运输中起举足轻重的作用。唐山地震后，唐山军用机场成为抗震救灾的指挥中心、重伤员外运和紧急救灾物资的运输中心。铁路在外运重伤员和救灾物资中也起了极为重要的作用。而公路则是震后几天内运送支援灾区各类人员、应急抢险救灾物资最重要的通道。各类交通运输为城镇避难场所系统的避难人员安全避难和重伤员的及时有效治疗提供保障。

必须高度重视避难道路系统的安全设计。特别应当关注交通畅通、通达、防灾、无障碍、消防和交通管制。

① 畅通

避难道路的宽度必须满足避难行动需求，保证灾时避难人员能够在避难道路上畅通行走，不堵塞、不拥挤、不发生践踏事故。在避难行动中，尽可能避免车流、人流混杂或交叉运行，以便减少次生灾害发生。而且，灾时即使个别路段破坏或发生堵塞，也可经其他道路绕行到指定的避难场所。城镇建设方格网式道路（如北京市与西安的旧城区）、环状放射式道路（如成都市城区，见图 2-7 左）、八卦图式（如新疆特克斯县县城，见图 2-7 右），有助于提高城镇道路的冗余度和畅通性。

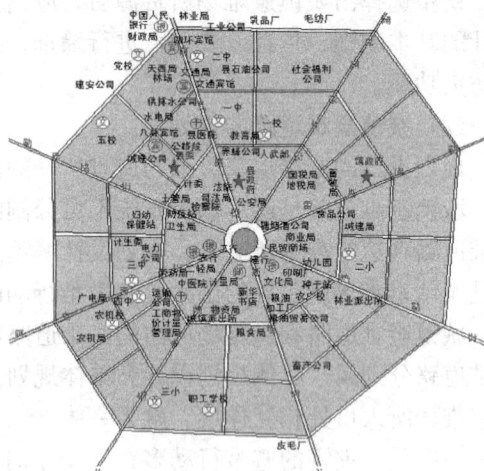

图 2-7　环状放射式（左）与八卦图式（右）城镇街道分布图示例

② 通达

避难场所应有 2 条以上方向不同于城镇其他避难场所连接的安全通道。避难场所内部的道路应连通各避难场地、避难建筑和主要设施。避难场所外围形态应有利于避难人员顺畅出入。城镇避难道路系统形成道路网路，灾害发生时，凡避难场所服务范围内的居民住宅区、企事业单位等均有避难道路与避难场所连通。规划设计的避难场所出入口和周边形态应方便避难人员就近避难和与周边道路的连通性。城镇避难道路的通达性是节省避难行动所需时间和减少次生灾害的重要途径，也是避难场所发生次生灾害后，避难人员快速撤离避难场所的重要保障。而且，城镇避难道路的通达性，还给各类避难场所灾后紧急运送救灾物资（饮用水、食品、衣物等）创造良好条件。城镇避难道路的通达性不仅构成避难场所之间畅通的交通网络，还与城镇外的交通网络相通，有效地强化城镇交通的防灾结构与防灾功能。

③ 防灾

灾时，在避难道路上，可能发生各种次生灾害。例如：避难道路或其两侧的可燃物可能发生火灾；建筑落物、山体崩落、广告牌翻倒也可能造成人员伤亡；可能被洪水淹没或冲毁、地面隆起、陷落以及桥梁塌落；因泥石流、滑坡或交通事故堵塞交通等。防止避难道路发生次生灾害，是规划设计城镇避难道路必须高度重视的问题。因此，应认真考察分析避难道路两侧的火源以及可能发生泥石流、滑坡的路段，高层建筑、桥梁及其抗灾能力，城镇道路建成年代、质量以及防灾加固翻修的必要性。避难场所内的避难道路不仅满足避难行动的宽度要求，还应当力求平直。建设新城区和老城区改造时，应规划建设符合安全要求的避难道路。为了减少避难行动过程中发生次生灾害，部分路段可实时交通管制，对可能发生次生灾害的路段采取预防或改造措施。

④ 无障碍

城镇避难道路系统和避难场所的避难道路都应设无障碍通道和无障碍出入口，方便残疾人、盲人等避难弱者行走。无障碍道路应无陡坡，无台阶，无拦路杆，残疾人的轮椅能够通行。盲人较多的避难场所或福祉避难场所宜设盲人通道。

⑤ 交通管制

灾时，道路容易堵塞也容易发生交通事故，在人流混杂或交叉、消防车辆通行的路段和其他重要路段宜由交通管理部门实施交通管制。交通管制的主要任务是居民避难行动期间指挥、疏导避难人群安全通行，灾时控制进入灾区的车辆，指挥、疏导交通，防止交通堵塞，保障支援灾区的各类人员、抢险救灾物资顺畅运抵灾区。

⑥ 消防

严重地震灾害容易发生次生火灾，如果发生在清晨、中午或晚上居民做饭时间，往往同时多处起火，消防车辆将往返于火场和消防水源之间的消防通道上。我国海城地震、唐山地震发生多起火灾。消防通道对灾时消防起重要作用，但居民避难行动期间，尽可能避免避难道路与消防通道混用，必须混用时，应实施交通管制，确保避难人员人身安全和消防车安全通过。规划灾时城镇消防系统应分析城镇各类火源，评估各类灾害特别是严重地震灾害可能引发的多处次生火灾和所需的消防道路，确保能够应对城镇多处发生的火灾。为提高城镇的消防能力，可与邻近的城镇或城市群建立消防联动机制，并确定所需的消防通道。

(3) 城镇灾害危险性与生存环境易损性分析

① 灾害危险性分析

分析城镇在规划期内可能遭遇的灾害种类。通过对城镇灾害历史、现状和未来发展趋势等，预测本地未来可能发生的自然灾害和事故灾难，并遴选出规划期内能够应对的主要灾害及其灾情，估算避难总人数，规划设计城镇防灾避难场所系统。

分析灾害的危险性和防御强度。对地震、洪水、台风等灾害进行危险性分析，结合当地的社会和经济状况，合理确定避难场所应对的灾害强度，例如：地震烈度、最大水位、最大风速和最大降雨量，作为生存环境易损性分析的依据。

分析次生灾害危险性。确定火灾、有害化学物质泄漏等次生灾害源及其影响范围。确定避难人数、所需避难场所的规模与分布。

② 生存环境易损性分析

采用合理的分析方法，估算地震、台风及洪水等灾害作用下房屋建筑的破坏程度，可分为基本完好、轻微破坏、中等破坏、严重破坏和毁坏5个等级；估算发生上述灾害时，城镇生命线系统的破坏程度以及路上、水上与空中交通运输系统的破坏程度。

(4) 城镇建筑承灾能力分析

同种灾害且灾害强度相近，发生在不同的国家或地区，受灾程度不同甚至相差甚大。

以 7.0 级、7.1 级地震灾害为例。1949 年美国奥林匹亚市 7.1 级死亡 8 人，1989 年旧金山海湾地区 7.1 级死亡 67 人。1923 年 7.0 级日本关东地震死亡 14 万人，2003 年 7.0 级日本本州近海地震没有人员死亡，2005 年日本南部沿海 7.0 级地震死亡 1 人。2010 年新西兰克赖斯特彻奇市 7.1 级地震人员零死亡。2010 年我国 7.1 级玉树地震，死亡 2 700 人。

有些国家或地区由于住宅建筑的抗灾强度高，没有或少有人员伤亡。凡住宅建筑没有抗灾设防或设防水平过低的国家和城镇，地震灾害等重大灾害都会造成住宅建筑的大量倒塌和惨重的人员伤亡。

城镇建筑承灾能力强弱，是影响城镇避难场所规划的重要因素。以地震为例，如果城镇建筑承灾能力很强，即使是严重地震建筑不倒塌，因震人员"零伤亡"，灾后无需救助，即"零救助"，就没有必要规划建设地震灾害避难场所。而若城镇建筑没有抗震设防或设防能力较低，承灾能力很弱，灾时大量建筑倒塌，有可能产生较多无家可归者和有家难归者，必须规划建设规模较大的防灾避难场所系统。日本有的城市部分地区的建筑能够抗最大的地震灾害，无需规划建设地震避难场所。我国唐山地震、巴基斯坦南亚地震、海地地震等严重地震灾害，之所以造成大量人员伤亡，主要原因是城镇建筑没有抗震设防或设防水准过低，因震大量建筑倒塌。

（5）各种灾害的城镇避难率分析

所谓城镇避难率是一种灾害发生时城镇避难的人口数占人口总数的百分比，即城镇避难率＝城镇避难人口数/城镇总人口数。其与灾害的种类、灾情、城镇建筑抗灾设防与建筑质量、生命线系统的抗灾能力、次生灾害发生频次与蔓延程度等密切相关。

城镇居民住宅的倒塌、烧失、严重破坏、被水淹没和严重污染以及受到重大灾害威胁的程度越高，城镇避难率也越大。

城镇避难率是估算城镇避难人口的基础数据。

城镇避难率是规划设计的估算值，与灾时的实际避难率可能相近，也可能相差甚远。像 1976 年唐山地震极震区的居民住宅几乎全部倒塌和严重破坏，几乎是家家避难、人人避难。而 2010 年智利地震引发海啸，日本沿海一些地域的实际避难人数远少于海啸警报发出后的劝告避难人数，个别地域的实际避难人数只占劝告避难人数的百分之几。

日本阪神地震避难高峰时，神户市的避难场所数与避难率如表 2-19 所示。东滩区和滩区避难率比较高的主要原因是房屋倒塌比较多，产生较多的无家可归者。而中央区的避难率比较高是由于火灾比较严重。垂水区、北区和西区灾情较轻，避难率很低。同一次地震，同一座城市的不同行政区内，避难率相差悬殊，显示出避难率具有很强的地域性、影响因素的多样性。用一座城镇的平均避难率不能准确反映各个辖区的避难率，在表 2-11 中，9 个区平均避难率是 0.154％，而避难率在各区分布值的范围是 0.003％～0.434％，最高值是最低值的 140 多倍。

日本阪神地震神户市的避难场所数与避难率　　　　　　　　　　　　　表 2-19

	东滩区	滩区	中央区	兵库区	长冈区	须磨区	垂水区	北区	西区	合计（平均）
避难场所数	120	74	84	96	78	67	39	25	16	559
避难人数	65 859	34 158	38 405	25 605	46 405	20 414	3 097	2 063	630	236 636
避难率（％）	0.434	0.275	0.339	0.214	0.347	0.107	0.013	0.009	0.003	(0.154)

建筑倒塌、烧失和严重破坏的地区，海啸袭击的地区和楼层，洪水淹没的地区和楼层，泥石流、滑坡、山崩以及核辐射威胁地区，住宅丧失居住功能和生活条件，人身受到严重威胁，居民应全部避难（到避难场所、去亲友家、自家车内避难等），即避难率可达100%。东日本地震时，岩手县釜石市14所中小学的3 000多名学生的避难率接近100%。

（6）防灾避难场所系统的构成分析

规划设计避难场所系统应以城镇避难场所资源为依据，突出避难过程的安全性，并综合考虑规划设计避难场所的原则性、城镇结构的防灾性、建设避难场所的经济性、实效性与城镇发展的适应性等，力求系统的构成合理、安全、实用。

城镇的避难场所资源主要有不同类型的公园绿地、学校（操场、教室、绿地等）、广场、空地、体育馆、大型停车场、地下防空避难所、企事业单位的会议室和楼道走廊以及高层建筑的避难间（层）等。

城镇的大型公园一般都有较大面积的开放空间（草地、广场、体育场馆等），较好的交通通达性，宽阔的水面（湖、河等）和多种设施（办公室、厕所、商店、餐饮处等）。一般根据其规模规划为中心防灾公园、固定防灾公园和紧急防灾公园。选择1个或少数几个大型城市公园用作中心避难场所。居民区的小花园、小公园可用作紧急避难场所。我国一些城市的示范性避难场所大多是城市公园。例如：我国最早建设的一批避难场所——北京市元大都城垣遗址公园、天津市长虹公园、太原市迎泽公园等。而且，许多城市最先规划建设的也多为城市公园。例如：北京市的曙光防灾教育公园、海淀公园、朝阳公园等；西安市的环城公园、长乐公园、兴庆宫公园、风庆公园等。可以充分利用公园绿地的开放空间规划设计宿住区、宿营区和各种防灾设施，公园的常用设施直接或经改造转换为防灾设施。

城镇的小学校数量比较多，分布在各个居民区，距离居民住宅比较近，在周边居民中的知名度高，且校内有操场、教室等避难空间，城市生命线系统比较完善，是居民就近避难的主要场所。但小学校一般规模不大，避难空间有限，灾后要适时复课，通常规划设计为紧急避难场所，若规划为固定避难场所，复课时避难人员应迁入其他避难场所。

大型体育场馆场面积大，地势平坦，可容纳成千上万人避难。特别是大型体育馆，像汶川地震时用作避难场所的绵阳市九洲体育馆，不仅避难人员的容量大，而且为封闭式建筑，防风、防雨、防暑、防寒性能好，城镇生命线系统也比较齐全，适于选作固定避难场所。汶川地震后，绵阳市九洲体育馆先后收容4万余人避难，还在馆外的空地、草坪搭建了帐篷群，为避难人员服务。

综合分析城镇的防灾避难场所资源，合理构建城镇防灾避难场所系统。我国一些城市避难场所规划中近期规划的防灾避难场所资源如表2-20所示。显然，规划利用的避难场所资源主要包括城市公园、绿地、广场、学校操场、体育场（馆）、空地、机动车停车场等。有的城市在防灾避难场所长期规划中避难场所资源明显增加，例如：青岛市将形成以学校、体育场（馆）为主，广场、公园绿地为辅的避难场所系统。

城市避难场所中近期规划的主要避难场所资源 表 2-20

城 市	防灾避难场所资源
上海市	公园、绿地、广场、学校操场、体育馆、露天大型机动车停车场、小区大型地下机动车停车场
郑州市	公园、绿地、广场、学校操场、体育场（馆）、露天大型机动车停车场停车场
西安市	公园、广场、体育场、学校操场
青岛市	广场、公园
南昌市	空地、绿地、机动车停车场、公园、广场、学校操场、体育场（馆）、展览馆、人防工程
潍坊市	城市广场、绿地、社区广场、学校操场
漳州市	公园、广场、绿地、体育场（馆）、各类学校、幼儿园和职业技术学校的操场

（7）公安、消防、医疗机构分析

灾害发生时，公安、消防和医疗机构在居民安全避难、医治伤员特别是重伤员、扑灭火灾等方面起极其重要的作用。他们在城镇的数量、分布与规模，人力资源、技术资源和设施资源的多少与技术水平高低对灾时社会治安、防灾与伤员医治能力有重要影响。因此，是城镇防灾避难场所规划设计不容忽视的内容。所有的避难场所和避难道路都应纳入公安、消防和医疗机构的服务区。这为避难行动和避难生活的安全提供组织、人力、技术和设备保障。

（8）避难场所服务区的划分原则、划分结果、服务半径和服务对象地域

规划设计的各个避难场所应当是指定避难场所，即指定其服务区内的居民到其中避难，或者说灾时居民的避难场所是灾前指定的，某服务区内的居民已经确定了避难路线与目的地，灾时应当引导居民按照指定避难场所有序避难。如果大量居民无序避难（不按指定的避难场所避难），不仅容易引发次生灾害，还会造成指定避难场所资源、防灾设施资源的闲置与浪费。按照规划设计的避难场所划分服务区或者按照居民社区及其人口数量等选择避难场所。无论采用哪种划分方式，每个指定避难场所都应当能够容纳其服务区内的居民安全避难，使每个避难人员都有安全避难之所。这是避难服务区划分的基本要求。

指定避难场所的避难服务区，宜以城镇街道办事处、居民委员会、居民小区和企事业单位为单元划界。这样的划分方法，避难人员有归属感、亲近感、集体荣誉感，也便于避难的组织引导。但应当考虑山、河、铁路和高速道路、桥梁等的分割给避难行动带来的安全隐患和不便。

企事业单位内有面积较大的开放空间或可用作避难场所的既有建筑，可在其内设置避难场所，供本单位职工和附近居民避难。

如果一个避难场所或与之相邻的多个避难场所的避难服务区内避难弱者较多，应考虑设置福祉避难场所或避难间，专门服务避难弱者。

按照国家标准《城镇防灾避难场所设计规范》规定的技术指标确定服务半径。在确定一个避难场所的避难服务半径时，应考虑其周边的人口数量与分布、相近避难场所的规模与避难容量等多个因素，必要时相邻避难场所间在标准的技术指标范围内作适当调整，尽可能缩短避难人员避难行动路程的总距离，减少避难时间，降低避难行动的危险性。

应通过防灾教育演习，让避难服务区内的居民熟知各自的指定避难场所，熟悉避难道路、避难场所内的避难设施，掌握安全避难的基本要领。

（9）各类避难场所的个数、分布、容纳的避难人数等

通常与避难场所分布图一同给出。可以划分为中心避难场所、固定避难场所、紧急避难场所。每类的内容包括序号、避难场所名称、面积、收容人数、服务地域、电话号码、有无机动车停车场以及备注等。

（10）安全性评价

包括城镇防灾避难场所系统的安全评价和各个避难场所的安全评价。

一座城镇防灾避难场所系统的安全评价重点解决整个系统的避难场所、避难道路以及防灾设施的安全组合与优化，突出各组成部分的安全影响和安全实效，支援灾区人员的安置与安全保障，重伤员的救治与安全运送，城镇救灾物资的储备与应急供给，分析系统中可能存在的安全隐患及其有效的消除措施，强调系统的安全协调与优化。

避难场所的安全评价是避难场所系统的局部评价，从安全的角度审视选址，防灾设施的布局、防灾功能与完善程度，次生灾害及其应急应对措施，生活必需品的储备与应急供应，出入口与周边的形态，与周边避难场所的衔接与协作等。即地质安全评价、环境安全评价、防灾设施安全评价、避难行动与避难生活安全评价、次生灾害威胁性评价等。

（11）绘制各类避难场所、避难道路在城镇的分布图

防灾避难场所在城镇的分布图是各个避难场所在城镇分布的图形集合。通常图形集合包括各个避难场所、避难道路，并以表格的方式给出各个避难场所的类型、名称、具体地点、联系电话等。一览防灾避难场所在城镇的分布图，可以明了避难场所的数量、类型及其分布，相互间道路的联通状况以及公安、消防、医院在城镇的分布及其与避难场所的关联性等。

避难场所在城镇的分布与多种因素有关。

① 城镇人口及其分布

避难场所在城镇的分布与城镇人口及其分布密切相关，人口稠密地域避难场所数量多或避难场所规模大。有的城镇一些区域的人口多，避难场所资源少，避难场所的服务半径可能偏大。走读的学校、办公机关等白天人员多，夜间人员极少，这些地域昼夜的避难场所需求未必相同。

② 规划时域

我国城镇防灾避难场所规划分为近期、中期和远期，规划时域约 20 年，即在 20 年左右的时间内，城镇避难场所的建设进展与完善程度。近期是规划获批后的最近几年，中期是初期任务完成后数年间（几年到 10 年）应建成的避难场所，远期是规划完成后城镇防灾避难场所的建设成果。因此，近期规划的避难场所数量少，种类未必齐全，在城镇的分布往往具有不完善性甚至不合理性。中期是在近期基础上的发展与完善，数量与种类都有所增加，在城镇的分布渐趋合理。在远期规划时域内，各城镇应建成数量与规模满足居民避难需求，避难场所类型齐全，防灾功能趋于完善，在城镇分布合理的城镇防灾避难场所系统。城镇防灾避难场所近期、中期与远期规划与城镇防灾功能与完善程度的关系如图 2-8 所示。随着近期、中期和远期规划的完成，城镇避难场所的数量与规模不断增加，远期规划任务完成后，城镇避难场所系统应能满足居民避难的需求。避难场所系统的防灾功能、城镇防灾机构合理程度以及突发事件的应急响应能力逐步强化，而避难人员的避难"困难度"则明显降低。

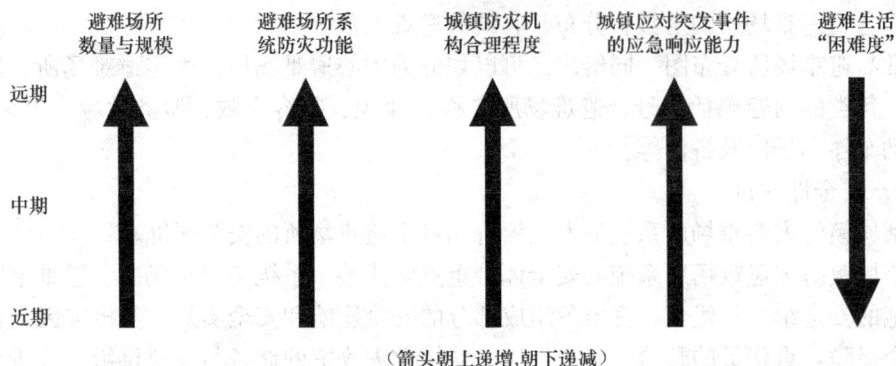

避难场所
数量与规模

避难场所系
统防灾功能

城镇防灾机
构合理程度

城镇应对突发事件
的应急响应能力

避难生活
"困难度"

远期

中期

近期

（箭头朝上递增,朝下递减）

图 2-8　近期、中期与远期规划与城镇防灾功能与完善程度的关系图

③ 避难场所资源

选择、确定城镇防灾避难场所资源时，在确保安全的前提下，避难场所应距居民住宅比较近。小学校数量多，分布在各个居民区内或其附近，宜选作防灾避难场所。特别是地震多发国日本，小学校一般设有体育馆，且学校建筑有抗震设防，是优先考虑的避难场所资源。图 2-9 是日本某市区的避难所分布图。

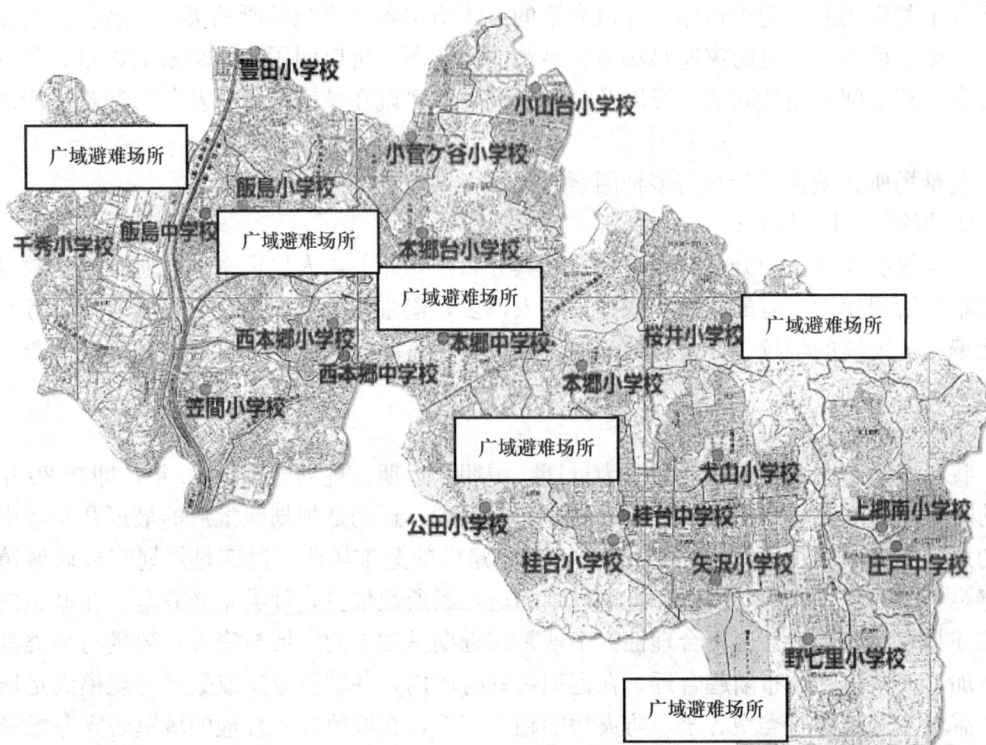

图 2-9　学校数量较多城市的避难场所示例图

据 2009 年日本文部省的统计，在日本公共设施避难场所中，学校占 60.9％。统计数据见表 2-21 所示。近 90％的小学校、高中等被指定为防灾避难场所。特别是市町村学校数量多，被指定为防灾避难场所的也多。

日本被指定为防灾避难场所的学校数量 表 2-21

学校类型		学校数量 A（所）	指定为防灾避难场所的数量 B（所）	B/A 百分数（%）
市町村立学校		29 995	27 997	93.3
都道府立学校	高中	3 385	2 286	67.5
	特别支援学校	805	230	28.6
（合计）		34 185	30 513	89.3

我国小学校一般没有体育馆，教室等建筑没有抗震设防或抗震设防水平较低，不适用于重大地震灾害的避难场所。像汶川地震，许多中小学校建筑倒塌，师生人员伤亡惨重。我国小学校、中等学校一般设操场，跑道长度 200～400m，可用作棚宿区。

北京市海淀区东北旺中心小学避难场所是我国第一个小学避难场所（图 2-10）。避难宿住区选择在该校操场，并在其附近设置了部分防灾设施和地震科普园。

北京市海淀区东北望中心小学避难场所

小学地震监测站

避难棚宿区（操场）

应急医务室

救灾物资储备仓库和消防器材

地震科普园

图 2-10 北京市海淀区东北旺中心小学避难场所（一）

避难线路图   避难场所办公室

图 2-10 北京市海淀区东北旺中心小学避难场所（二）

我国一些城市规划的近期防灾避难场所少有小学校。例如：某市规划的近期建设的 20 个避难场所中，只有 1 所小学校——经纬小学校，另有 8 个城市公园、7 个体育场馆（含 2 所大学的体育馆）、1 所大学、2 处广场、1 处游乐场（图 2-11）。而且，各个避难场所之间有避难道路（主道、辅道或支道）连通。

图 2-11 我国某市近期规划建设的 20 个避难场所分布图

④ 避让次生灾害

这是确保城镇防灾避难场所安全的重要原则之一。避让地震活断层、岩溶或采矿塌陷区、低洼地、泥石流和山体滑坡威胁区、海啸和大潮袭击区等。例如：日本某市的东北侧是海啸袭击区（阴影部分），其内没有规划建设城镇避难场所（图 2-12）。如有必要，可在海啸袭击区内规划建设海啸专用避难场所（平台、高岗、高层建筑的上部楼层或楼顶）。

图 2-12 日本某市避难场所规划图

2011 年东日本地震发生前，日本宫城、岩手和福岛三县共有海啸专用避难场所 59 个。有些起了避难作用。宫城县气仙沼市 2 500 余人在海啸专用避难场所避难，幸免于难。海啸专用避难场多选用抗海啸冲击能力强的高层建筑的较高楼层或楼顶（图 2-13）。

此避难所50余人避难无一伤亡

多人在此楼屋顶避躲避海啸幸免于难

在楼顶避难的居民

图 2-13 海啸专用避难场所

次生灾害是主灾的伴生灾害。严重地震灾害往往伴随余震、海啸、泥石流以及滑坡、山崩等。但有的灾害，其次生灾害造成的人员伤亡和经济损失，远高于主灾。例如：2011年东日本地震伴生海啸，次生灾害死亡的人数大约是地震死亡人数的9倍。对于这样的灾害，减少次生灾害的损失尤为重要。次生灾害未必是人员伤亡和经济损失小的灾害，应当设法预防、减少次生灾害的发生。

⑤ 方便避难

一座城镇的远期避难场所规划建设完成后，各个避难场所应合理分布于市区。如果城镇人口在城镇的分布密度变化不大，避难场所在市区的分布应当比较均匀；分布密度的变化较大，则密度高的地域避难场所数量多或规模大，相反，则数量少或规模小。方便避难的一个重要标志是避难起点（住宅、工作和学习场所等）距离避难场所比较近，避难场所的入口和周边形态方便居民避难，设无障碍通道，避难道路上安装避难场所导向标识等。

日本西东京市广域避难场所和紧急避难场所分布如图 2-14 所示。此外，该市区还有42 个固定避难场所（图 2-14 中的大部分紧急避难场所可用作固定避难场所）和 28 个福祉避难场所（主要是保育园、福祉机构等）。

（12）编制避难场所明细表

一个城镇的避难场所少则几个、几十个，多则几百个。应按所在的区、镇、街道列出明细表。从表 2-22 中可以看出，城镇的避难场所总个数，中心避难场所、固定避难场所、紧急避难场所的个数，各个避难场所的具体位置，每个责任区的服务地域以及能够收容的人数以及电话号码等。图 2-14 中避难场所的明细表见表 2-22。

图 2-14 日本西东京市避难场所分布图

西东京市避难场所明细表　　　　　　　　　　　　　　　　　　　　表 2-22

<table>
<tr><td colspan="3" align="center">（1）广域避难场所（A～F）</td></tr>
<tr><td>序　号</td><td>名　称</td><td>地　址</td></tr>
<tr><td>A</td><td>东京大学大学院农学生命科学研究科附属生态调和农学机构</td><td>绿町一丁目1番1号</td></tr>
<tr><td>B</td><td>东京大学大学院农学生命科学研究科附属演习林田无试验地</td><td>绿町一丁目1番8号</td></tr>
<tr><td>C</td><td>西东京休憩森林公园</td><td>绿町三丁目2番</td></tr>
<tr><td>D</td><td>都立小金井公园</td><td>向台町六丁目4番</td></tr>
<tr><td>E</td><td>文理台公园</td><td>东町一丁目4番</td></tr>
<tr><td>F</td><td>千太山公园地</td><td>东伏见一丁目4番</td></tr>
</table>

<table>
<tr><td colspan="6" align="center">（2）紧急避难场所（44个）</td></tr>
<tr><td>序　号</td><td>名　称</td><td>地　址</td><td>序　号</td><td>名　称</td><td>地　址</td></tr>
<tr><td>1</td><td>田无小学校</td><td>田无町四丁目5番21号</td><td>41</td><td>云雀岗居民区棒球场</td><td>云雀岗三丁目1番</td></tr>
<tr><td>2</td><td>南町调节池</td><td>南町一丁目</td><td>42</td><td>荣小学校</td><td>荣町二丁目10番9号</td></tr>
<tr><td>3</td><td>柳泽小学校</td><td>南町二丁目12番37号</td><td>43</td><td>青岚中学校</td><td>北町二丁目13番17号</td></tr>
<tr><td>4</td><td>田无第一中学</td><td>南町六丁目9番37号</td><td>44</td><td>保谷第一小学</td><td>下保谷一丁目4番4号</td></tr>
<tr><td>5～40</td><td>略</td><td></td><td></td><td></td><td></td></tr>
</table>

<table>
<tr><td align="center">（3）固定避难场所（42个）、（4）福祉避难场所（28个）（略）</td></tr>
</table>

2.6.1.6　总体设计的强制性条文

在国家标准《城镇防灾避难场所设计规范》中，规定了防灾避难场所系统规划的强制性条文。

（1）责任区设计

应核定避难场所责任区范围和避难人口规模；评价分析出入口与城镇应急疏散道路、场所内给水管网与城镇应急供水管网的衔接关系，进行相应连接防灾设计；应估算避难场所的避难容量，综合考虑重要应急功能配置的用地要求，对预定灾害水准和超过预定灾害水准时不同应急阶段的满足情况作出评估；避难容量应不小于疏散避难规模，并作为计算各种设施的容量、个数、用地面积及进行避难场所管理的依据；行动困难、需要卧床的伤病人员比例灾前疏散应不低于区域总人口2‰，灾时或灾后疏散应不低于2%。

上述强制性条文，规定了规划设计的各个避难场所责任区必须满足的基本要求。主要内容包括服务范围、规模、生命线系统、应对灾害的能力、防灾设施及其用地等。并规定了避难弱者人数的估算依据，为规划设计福祉避难场所或避难场所的避难弱者专用避难间提供依据。

总体设计是指设计城镇防灾避难场所系统，灾害发生后，其容量必须确保每位避难人员都能有指定的避难场所安全避难。容量过小，城镇避难防灾功能过低，不能满足城镇居民安全避难的需求；容量过大，虽能满足城镇居民安全避难的需求，但避难防灾设防冗余过高，造成不必要的资源浪费，并需较大的经济投资。

（2）布局

应明确出入口及到重要应急功能区的连接道路和其他连接基础设施的应急保障要求和建设要求；应急指挥区、应急物资储备区、应急医疗区、专业救灾队伍驻扎区、应急停机坪、救灾设备和车辆停放区、特定人员专门宿住区应划分为单独的避难单元。

（3）应急交通

中心避难场所至少设 4 个不同方向的主要进出口，固定避难场所和紧急避难场所至少设 2 个不同方向的主要进出口。避难场所的主要出入口应与城镇应急通道相衔接，衔接道路和桥梁应满足相应城镇应急通道的应急功能保障级别。避难场所内部道路应连通各避难单元、避难建筑和主要设施。

这些强制性条文强调了不同类型避难场所的出入口数量，避难场所内道路与出入口以及避难单元、避难建筑和主要设施的衔接性。严格按照规范设计出入口和避难场所内道路是确保避难行动和避难生活安全的基本保障之一。避难场所内道路的通达性、安全性、无障碍性和抗灾性（特别是道路桥梁）是发挥避难场所防灾功能的重要条件。

（4）消防与疏散

避难场所应根据防火要求设置应急消防水源，配置消防设施，并符合下列规定：中心避难场所或大于 3 个避难单元的固定避难场所应按照不少于 2 次火灾，每次灭火用水量不低于 10L/s，火灾持续时间不少于 1h 配置；各避难单元应根据避难规模当大于 3.2 万人时，应按照不少于 2 次火灾，每次灭火用水量不低于 10L/s，火灾持续时间不少于 1h 配置；其他情况可按照不少于 1 次火灾，每次灭火用水量不低于 10L/s，火灾持续时间不少于 1h 配置。避难场所的最大防火疏散距离不宜大于 40m；当有消防设施时，不宜大于 50m。对于婴幼儿、高龄老人、残疾人和行动困难、需要卧床的伤者和病人等特定避难人员的避难区域，宜分别不大于 20m 和 25m。

防止避难场所发生次生火灾以及一旦发生火灾应采取的消防措施是保障避难场所安全的重要举措。避难场所必须设置消防设施和应急消防水源，规定了中心避难场所、大于 3 个避难单元和避难规模大于 3.2 万人时，避难场所应当应对的火灾次数以及每次的消防用水量，避难场所的最大防火疏散距离。必须牢记 1923 年日本关东地震后大火连烧 3 天的惨痛教训，城镇必须设置有应对多处严重火灾的消防设施以及相应的消防水源。

2.6.1.7 总体设计的技术指标

（1）责任区设计

避难场所的避难人口规模，应依据责任区范围内建设工程防灾减灾能力的破坏评估结果，结合人口分布特点进行核算，并应符合下列规定：固定避难场所应按所在责任区进行核算，不宜低于常住人口的 20%，并应满足：抗灾能力低的建（构）筑物面积比例超过 60% 的区域，不应低于常住人口的 45%；抗灾能力低的建（构）筑物面积比例超过 40% 的区域，不应低于常住人口的 35%，抗灾能力低的建（构）筑物面积比例超过 20% 的区域，不应低于常住人口的 25%；紧急疏散人口规模应包括城镇常住人口和流动人口。人流集中的公共场所周边区域紧急疏散人口规模不应小于年度日最大流量的 80%。行动困难、需要卧床的伤病人员比例灾前疏散应不低于区域总人口 2‰，灾时或灾后疏散应不低于 2%。

（2）布局

避难场所场地可依据自然地形坡度，采用平坡、台阶或混合式；当自然地形坡度小于 8% 时，可采用平坡式；当自然地形坡度大于 8% 时，宜采用台阶式，台阶高度宜为 1.5~3.0m，台阶之间应设挡土墙或护坡。

建筑物的倒塌或破坏影响范围宜通过计算分析确定。建筑倒塌或破坏影响距离简化计算表如表 2-23 所示。

建筑倒塌或破坏影响距离简化计算表　　　　　　表 2-23

项　目	数据与要求					
建筑高度（m）	<24	24～54	54～100	100～160	160～250	≥250
建筑类型、布置方式与宽度系数 K						根据情况确定，不低于前列要求
可能倒塌建筑　平行红线布置	2/3	1/2～2/3	1/2	2/5～1/2	3/10～2/5	
垂直红线布置	1/2	3/10～1/2	1/4～3/10	1/5～1/4	3/20～1/5	
不倒塌建筑	按防止坠落物安全距离确定					

注：当建筑物高度位于表中区间时，可采用插值计算；影响距离取建筑物高度与宽度系数的乘积简化计算。

（3）应急交通

中心避难场所至少设 4 个不同方向的主要进出口，固定避难场所和紧急避难场所至少设 2 个不同方向的主要进出口。

避难场地出入口总宽度应符合表 2-24 的规定。

避难场地出入口总宽度下限（m/万人）　　　　　　表 2-24

避难期	紧急	临时	短期	中期	长期
宽度	10.0	10.0	10.0	8.3	6.7

避难场所可按主干道、次干道、支道和人行道分级设置。道路路面宜采用柔性路面。各类避难道路的避难规模以及道路宽度应符合表 2-25 的规定。主干道、次干道可采用柔性路面。

避难场所内道路、避难规模与宽度　　　　　　表 2-25

道路类别	避难规模（人数）	道路宽度（m）
主干道	≥8 000	9.0～12.0
	<8 000	7.0～9.0
次干道	≥8 000	6.0～7.0
	<8 000	5.0～6.0
支道	-	4.0～5.0
人行道	-	2.0～2.5

（4）消防与疏散

避难场所的最大防火疏散距离不宜大于 40m；当有消防设施时，不宜大于 50m。对于婴幼儿、高龄老人、残疾人和行动困难、需要卧床伤者和病人等特定人员的避难区域，宜分别不大于 20m 和 25m。

避难场所内宜设置环形消防通道，并应符合下列规定：避难场所内应急功能区可供消防车通行的道路间距不宜大于 160m；供消防车取水的天然水源和消防水池应设置消防车道。避难场所内可供消防车通行的尽端式道路的长度不宜大于 120m，并应设不小于 12m×12m 的回车场地；消防车道的净宽度和净空高度均不应小于 4.0m。供消防车停留的空地，其坡度不宜大于 3%；消防车道与建筑之间不应设置妨碍消防车作业的障碍物。

避难场地的宿住单元内的防火疏散通道宽度，不应低于表 2-26 的规定。

宿住单元防火疏散通道每 100 人所需最小疏散宽度（m）　　表 2-26

项　目	指　标		
宿住单元人数	3 000～5 000	5 001～10 000	10 001～20 000
平坡地面和走道	0.43	0.37	0.32
楼梯、阶梯地面和走道	0.50	0.43	0.37

2.6.2　单体规划设计

2.6.2.1　防灾功能划分

（1）宿住区划分

城镇防灾避难场所设有满足避难安全需求的各种防灾设施，赋予必备的各种防灾功能。各种防灾设施以宿住区的设施为核心，配置其他防灾设施。因此，在避难场所的防灾功能划分中，首先划定宿住区及其规模，依据收容的避难人数多少，设计各种防灾设施与容量。像南宁市南湖防灾公园，配置 7 个棚宿区，其中 1 号棚宿区具有福祉避难场所性质，为避难弱者提供避难服务（图 2-15），并在各个棚宿区内设置其他防灾设施。

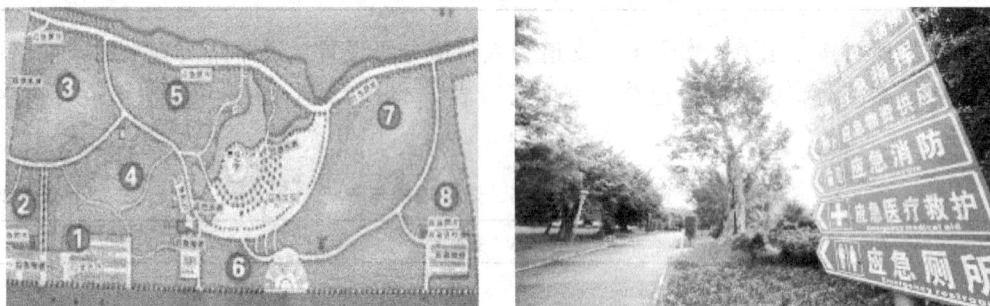

图 2-15　南宁市南湖防灾公园棚宿区分布图与防灾设施标识

棚宿区的基本特征是具有居住安全性，即避难人员的棚宿区在主灾过后不发生次生灾害，场地及其周边没有次生灾害源和严重污染源，场地面积较大、地势较高且比较平坦，有符合规定的进出道路，能配置各种防灾设施，避难人员的基本生活有保障。

学校操场等面积较小的避难场所，只设一个棚宿区。而大型城市公园等面积较大的避难场所则可在其内规划数个棚宿区。

（2）避难地域划分

以海啸避难场所为例。可把可能受到海啸袭击的地域划分为避难可能（可以到城镇防灾避难场所避难）地域和避难困难（来不及到城镇防灾避难场所避难）地域。如图 2-16所示。在可能受到海啸袭击的地域内，有 4 个海啸专用避难场所，供避难困难地域内的人员避难，每个专用避难场所的服务半径约为 200m，箭头的指向表示避难的方向，箭头上有×表示不能逆向避难。即左侧的城镇避难场所只供避难可能地域内的人员避难，而避难困难地域内的人员只能依据指示的方向在海啸专用避难场所避难。防灾功能的这种划分方法有助于确保在较短的时间内，各地域内的避难人员安全避难。避难场所的服务地域指定性与避难行动的方向性是避难场所的重要特性。

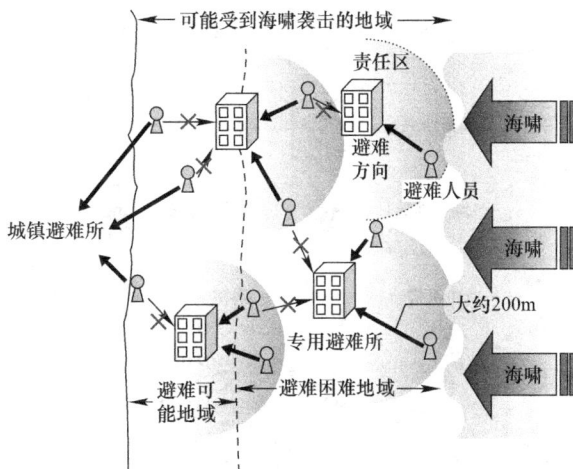

图 2-16 可能受到海啸袭击的地域避难场所功能区划图

避难场所的类型不同，避难区域的划分也有所不同。紧急防灾避难场所只设避难道路、居民临时休息区和临时厕所、临时供水点。固定避难场所则有避难道路、棚宿区、各类防灾设施设置区。中心避难场所可划分为救灾指挥机构工作人员的办公区与宿住区，支援灾区部队等的宿营地（含必需的活动场所），医院或医疗中心，直升机停机坪，救灾物资储备仓库以及其他防灾设施设置区。避难型或混合型避难场所的避难区域宜以宿住区、宿营区为核心，中心防灾避难场所则应适当提高救灾指挥机构办公区、宿住区在避难区域中的地位。

（3）防灾设施布局

防灾设施为棚宿区的避难人员提供防灾安全保障，是规划设计防灾避难场所的重要内容之一。在一个或相邻的几个棚宿区周边，按照规划设计要求，设置各类防灾设施，并在防灾设施布局图上用相应的标识标出（图 2-17）。

在国家标准《城镇防灾避难场所设计规范》附录 D 中，规定了 21 种区域位置指示，警告标志，场所功能演示标志，场所引导性标识，场所设施标志等类别。

图 2-18 是防灾设施标识的示例图。

2.6.2.2 宿住区、宿营区设计

（1）居民避难宿住区规划设计

宿住区应设在外部干扰少、适于睡眠和休息的区域，形成一个完善的、相对独立的环境。综合考虑灾害环境、气候、地形地貌、防灾设施以及责任区内人员特点合理布局。应设置宿住用房和各类防灾设施，并采取消防措施，保证宿住区的防火安全。

避难宿住区按人口和宿住面积规模可分为组、组团、片区、单元四级。每个宿住组内配置相应数量的灭火器，并符合现行国家标准《建筑灭火器配置设计规范》GB 50140—2005；每个宿住单元配备消火栓、消防水泵等消防设施；公用卫生间、诊疗所、垃圾收集点与宿住房应留有必要的卫生防护距离，并宜设置在下风位。

避难场所及其方向 ┃ 应急厕所 ┃ 指挥机构 ┃ 照明设施 ┃ 医疗机构

饮水处 ┃ 棚宿区 ┃ 储备仓库或救灾物资收发处 ┃ 直升飞机坪

水井 ┃ 消防器材 ┃ 通信设施 ┃ 出口 ┃ 入口

避难方向 ┃ 垃圾堆放处 ┃ 食品供应处 ┃ 宿营地 ┃ 停车场

公安派出所 ┃ 消防机构 ┃ 浴室 ┃ 防火树林带

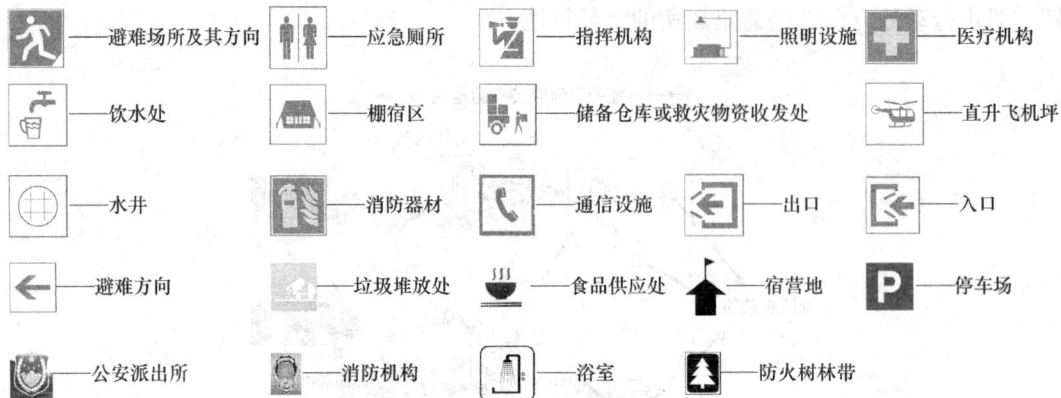

公园防灾区划示例图（1）

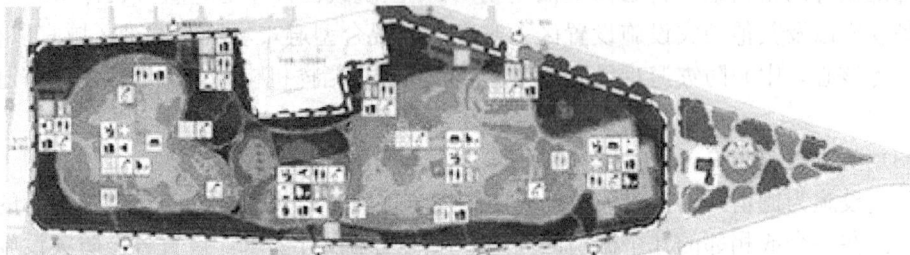

公园防灾区划示例图（2）

图 2-17　防灾公园防灾区划示例图

北京市玉蜓文化广场

北京市元大都城垣遗址公园

图 2-18　防灾设施标识示例图

避难宿住区设置帐篷时，各级标准控制规模，应符合表 2-27 的规定。

帐篷宿住区不同分级控制规模的设计指标 表 2-27

分级控制规模	宿住组	宿住组团	宿住片区	宿住单元
人口（人）	~300	~1 750	~6 600	12 500~16 000
宿住面积（m）	~300	~1 800	~7 200	15 000~18 000
间距要求（m）	1.5~2.0	3.5~4.0	8.0~12.0	16.0~20.0
占地面积（m）	~400	~3 600	~12 000	~25 000

防火分区的最大宿住面积应根据帐篷等材料的耐火性能确定，但不应大于 1 200m²。占地面积不应大于 6 000m²，边长不应大于 60m。宿住区有充足的消防水源和消防设施时，防火分区的最大宿住面积可取表 2-27 指标的 1.2 倍。宿住人员主要是避难弱者时，防火分区的最大宿住面积不应大于 900m²。

帐篷宿住区帐篷之间的最小距离满足表 2-28 的指标要求。

帐篷间距最小距离 表 2-28

帐篷构件间的关系	门对门	门对墙	墙对墙
最小距离（m）	2.5	2.0	0.9

帐篷组的间距不应小于帐篷高度的 0.8 倍，帐篷组团的间距不应小于两侧帐篷高度 0.8 倍之和。帐篷片区之间尽可能利用道路等分割，其间距应满足防火间距要求，防火间距不应小于 8m。帐篷单元之间宜利用道路等形式进行分割，其设置应满足消防车通行要求。帐篷宜分排或分列排列，紧密排列的最大长度不宜超过 60m。

宿住单元应根据避难人口规模及应急功能要求配置配套设施，并应满足下述要求：每个宿住组团应设置集中供水点、公用卫生间、垃圾收集点各 1 个，并宜设开水间。

每个宿住片区应设置供水车停车区及配水点。1 个医疗所，建筑面积不应小于 40m²。1 个物资分发点，建筑面积不应小于 50m²。避难人员的每个公共活动场所，建筑面积不应小于 200m²。1 个管理服务点，建筑面积不应小于 40m²。

宿住区的配套设施应符合下述规定：平时设置的公共卫生间宜设前室，并宜考虑无障碍设施；公共卫生间蹲位应按不低于避难人数的 1% 设置，当开放时间大于 30d 时，应按不低于避难人数的 2% 设置，且男女比例按 1：1 确定。厕所蹲位，女厕按男厕 2 倍设置，且男厕蹲位不应少于 2 个，女厕蹲位不应少于 4 个；水冲小便器数量与男大便器同，若采用小便槽，按每 0.5m 长相当于一个小便器计算；医务所宜分为 2 间，隔墙设门连通，每间设 1 个洗手盆，其中一间设消毒池。

（2）救灾专业队伍宿营地

避难救援指挥中心处应设救灾专业队宿营地，固定避难场所可根据需要设救灾专业队宿营地。救灾专业队宿营地应满足居民避难宿住区的设计指标。

专业救灾队伍场地应设在适于车辆出入的区域，并在场所出入口和城市应急保障道路之间有可靠的连接道路。救灾专业队宿营地用地宜符合表 2-29 的规定，并不小于 3 000m²。

救灾专业队宿营地面积标准　表 2-29

项　目		单　位	指　标
宿营人员		m²/人	3.0
车	小型	m²/台	30～40
辆	轻型	m²/台	40～50
车	中型	m²/台	50～80
型	大型	m²/台	80～120

救灾专业队宿营地应满足以下技术指标及要求：每处宿营地配设集中供水点 1 个，公共卫生间 1 个，垃圾收集点 1 个；每处宿营地作为一个防火单元，配备消防设施。公共卫生间应设男女厕所和淋浴间。男厕蹲位不少于 2 个、女厕蹲位不少于 4 个；男淋浴间淋浴器不少于 10 个；女淋浴间淋浴器不少于 4 个。每个集中供水点设洗涤槽，配 15 个水嘴。

每处场地应单独进行防火单元划分，并配备消防设施。专业救灾队伍场地应按Ⅱ级应急保障级别预留供电、供水设施接口。

（3）医疗救护场地

中心避难场所宜设应急医疗区，并结合救援情况设置野战医院或其他急救医院。其他避难场所应根据需要设置医疗救护场所。

应急医疗救护场地除应符合救灾专业队伍宿营地的设计指标外，尚应符合下述规定：医疗救护工作场地应满足救护车辆出入和停放要求；每处医疗救护场地应单独配设供水点、公共卫生间和垃圾收集点；应急医疗区应设开水间。

应急医疗救护场地的配套设施技术指标及要求应符合下述规定：单设医护人员卫生间和淋浴设施；伤员卫生间内设男女厕所和淋浴间。厕所蹲位应按不低于伤员人数的 4% 设置，并满足男厕蹲位不应少于 1 个，女厕蹲位不应少于 2 个。

应急医疗救护场地应按Ⅱ级应急保障级别预留供电、供水设施接口。

医疗救护场地应结合传染病疫情控制预案，根据当地传染病历史，对可能发生的传染病疫情安排专门应急医疗区。医疗设施用地规模的设计指标如表 2-30 所示。

医疗设施用地规模　表 2-30

设施类型	医疗救援中心	应急医院
有效面积（m²）	2 500～3 300	1 700～2 000
床位（个）	150～250	50～100
人数（含伤员）	390～530	210～280

（4）志愿者宿营地设计

参照居民避难宿住区规划设计。

（5）体育馆等既有建筑室内设计

既有建筑的室内空间是重要的避难场所资源。其内部宿住空间的布局形式多种多样。2011 年 3 月东日本地震部分宿住空间的布局形式如表 2-31 所示。

东日本地震既有建筑避难所部分宿住空间的布局形式　表 2-31

既有建筑类型	布局形式		功　能
体育馆	设隔断		有助于保护隐私，减少相互干扰
体育馆	设蚊帐		夏季防蚊虫叮咬
体育馆	道路分隔的格式分布	通铺式	内部通达性好
体育馆	内设简易厕所		方便避难弱者如厕
室内停车场	两分式通铺		利用狭长空间

续表

既有建筑类型	布局形式	功　能
体育馆	无序型	临时休息，人均有效避难面积大
福祉避难所	留出轮椅的位置	老年人或残疾人乘坐或放置轮椅
阅览室	三分通铺式	两条通道把避难空间分为3个长条状避难区

既有建筑内部的避难空间分布大致分为如图 2-19（图中粗黑的直线示意道路，空白处为通铺）所示的两分（中间 1 条道路把避难空间一分为二）通铺型、三分（中间 2 条道路把避难空间一分为三，通常中间部位的避难空间宽度稍大）通铺型、多分（避难空间比较宽，可以四分、五分等）通铺型，无序型（紧急避难所，避难人员席地随意而坐或站立；固定避难所的人均有效避难面积大，宿住人员任选避难空间入住，有绕行道路）。

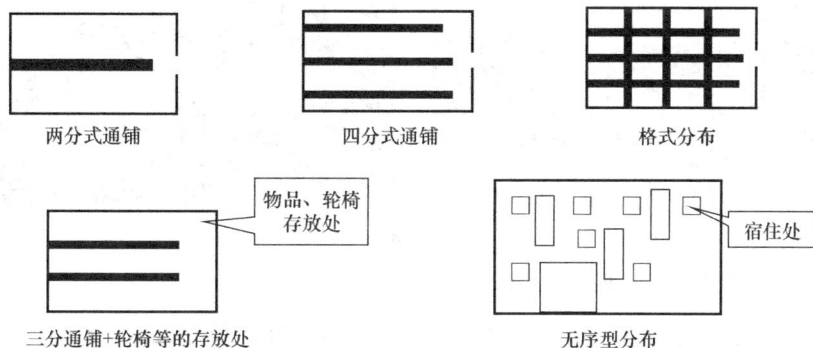

图 2-19　既有建筑室内避难空间分布示意图

东日本地震既有建筑内部的避难空间分布示例见图 2-20。

设隔断

通铺格式分布　　　　　　　　　　　两分式

图 2-20　东日本地震既有建筑内部的避难空间分布示例图（一）

无序式

图 2-20 东日本地震既有建筑内部的避难空间分布示例图（二）

此外还有多种布局形式。像汶川地震绵阳九州体育馆圆形走廊是环状二分式，其内为格式或无序分布（图 2-21 左上）；厂房通铺式宿营（图 2-21 右上）；利用桌椅临时避难（图 2-21 左下）以及在自家小轿车内避难（图 2-21 右下，按停车场的车位停泊）。

绵阳九州体育馆圆形走廊两分式

厂房内通铺式宿营

利用桌椅临时避难

在自家车内避难

图 2-21 避难空间分布图

在自主避难和避难场所人均有效避难面积较大的情况下，容易形成无序型，较多的避难人员撤离避难所后，也会出现无序型分布。有组织的有序避难，常采用两分式、三分式、多分式和格式分布。避难人员按家庭、亲友无序型分布，占地面积大，室内没有贯通性的道路，有碍室内突发事件的应急管理和日常管理等。因此，作为固定避难场所，如果是无序型，宜更改为有序型（多分、格式等），确保室内有畅通的人行道路。

2.6.2.3　避难建筑设计

（1）一般规定

避难建筑应根据避难人数设置医务室、集中供水处、食品供应处、更衣间、垃圾收集处、管理服务站等设施。

避难建筑选址应符合当地城镇规划和避难场所布局要求，其场地应符合下列规定：避难建筑场地内存在发震断裂影响时，其避开主断裂的距离不应小于500m；避难建筑场地存在可液化土层时，应进行液化判别；存在液化土层的地基，应采取处理措施，并符合下列规定：对设计基本地震加速度<0.10g 的地区，应按 7 度（0.10g）要求进行液化判别并采取处理措施；7 度（0.10g）、7 度（0.15g）、8 度（0.20g）、8 度（0.30g）地区应分别按照 7 度（0.15g）、8 度（0.20g）、8 度（0.30g）、9 度进行液化判别和处理；9 度地区应采取全部消除液化沉陷处理措施；不应将未经处理的液化土层作为天然地基持力层；所采取的地基液化沉陷处理措施应使处理后的地基液化指数不大于 5。

避难建筑不应受其他建筑倒塌或破坏的影响。

除防洪避难建筑、海啸避难建筑外，避难建筑宜为单层建筑。多层避难建筑中应急宿住功能区应设在地上 1～3 层。

避难建筑的应急医疗、应急物资储备等设施配置在建筑外时，相互之间的连接通道的应急保障级别不应低于 Ⅱ 级。

避难建筑总平面布置应合理布局、功能分区明确、节约用地、交通顺畅。当与其他非避难建筑共建在同一基地内时，应满足避难建筑的应急功能和环境要求，分区明确，宜设置单独出入口。

避难建筑设计应符合《建筑设计防火规范》GB 50016—2006 中关于人员密集场所的有关规定。

避难建筑应满足无障碍设计要求，有障碍人数按避难总人数的 0.5% 计算。

（2）建筑设计

避难建筑的安全疏散出口数量和总宽度应根据避难人员负荷确定，并符合下列规定：安全疏散出入口的有效宽度不宜小于 1.40m，且不应小于 1.10m，安全出口门不应设置门槛；安全疏散出口不应少于 2 个，当按照建筑规范要求只有 1 个出入口时，应设置紧急逃生口；出入门的开关方向应向疏散方向开启，并易于从内部打开。

室外台阶踏步宽度不宜小于 0.3m，踏步高度不宜大于 0.15m，且不宜小于 0.10m；台阶高度超过 0.70m 并侧面临空时，应设有防护设施。室内楼梯踏步宽度不应小于 0.27m，踏步高度不应大于 0.165m，踏步应防滑。

室外坡道坡度不宜大于 1∶10，无障碍坡道坡度不应大于 1∶12。室内地面应具备防水、防潮、防虫等功能。房间避难人数超过 50 人时，宜采取分区宿住。区内每人睡眠所需宽度不宜小于 0.6m，通道宽度不宜小于 1.2m，区间通道宽度不宜小于 1.8m。避难建筑防火设计时，宜考虑灾后消防供水和消防设施的破坏，根据避难规模，按照《建筑防火设计规范》GB 50016—2006 进行设计。

避难建筑耐火等级不宜低于二级，其防火设计应符合下述要求：避难房间疏散门、安全出口、疏散楼梯的各自总宽度按每 100 人的净宽度不应低于：地上一、二层为 0.65m，地上三层 0.75m，地上四层及以上 1.0m，地下一层 0.75m；多层避难建筑不少于 2 部疏散楼梯。

避难建筑的配套用房应满足下述要求：管理室宜设置在主要出入口处，其使用面积不应小于 8m²；公共活动室（空间）宜每层设置，100 人以下，人均使用面积为 0.20m²；101 人以上，人均使用面积为 0.10m²。公共活动室（空间）的最小使用面积不宜小于 30m²。宜在每层设置开水设施，可设置单独的开水间，也可在盥洗室内设置电热开水器；宜在底层设置集中垃圾收集间；宜在每层设置厕所、盥洗室和卫生清洁间；宜设集中洗浴设施，每个浴位服务人数不应超过 150 人；应设置应急医疗服务设施，应急医疗所建筑面积不宜小于人均 0.1m²，且用房面积不宜小于 40m²；医务所分为两间，隔墙设门连通，每间设 1 个洗手盆，其中一间设消毒池；宜分层设置应急管理和应急物资分发用房，用房建筑面积不宜小于人均 0.1m²，且用房面积不宜小于 40m²。

避难建筑内按避难人数的 0.5% 设公共卫生间，当开放时间大于 30d 时，应按不低于本款规定的 2 倍设置，并满足下列规定：男女比例按 1∶1 确定。厕所蹲位女厕按男厕 2 倍设置，且男厕蹲位不应少于 2 个，女厕蹲位不应少于 4 个；水冲小便器数量与男大便器同，若采用小便槽，按每 0.5m 长相当于 1 个小便器计。

（3）结构设计

地震避难建筑的抗震设计应符合下列规定：水平地震影响系数应采用表 2-32 规定的指标；若采用时程分析法计算，地震加速度时程的最大值应取表 2-33 规定的指标。表中括号内的数值分别用于设计基本地震加速度为 0.15g 和 0.30g 的地区。

不同抗震设防烈度需采取的水平地震影响系数最大值 表 2-32

地震影响	本地区抗震设防烈度					
	≤6 度	7 度（0.10g）	7 度（0.15g）	8 度（0.20g）	8 度（0.30g）	9 度
多遇地震	0.08	0.16	0.24	0.32	0.41	0.50
设防地震*	0.28	0.50	0.72	0.90	1.20	1.40
罕遇地震	0.56	0.56	0.90	1.20	1.40	1.40

*进行抗震性能化设计时，相当于设防地震的地震影响系数最大值应按此行选取。

不同抗震设防烈度的不同地震影响和地震加速度（cm/s²）值的对应关系 表 2-33

地震影响	本地区抗震设防烈度			
	≤6	7	8	9
截面验算	35	70（110）	140（180）	220
变形验算	250	400（510）	620（620）	620

罕遇地震作用下的变形计算应采用弹塑性时程分析法；多遇地震作用下的弹性层间位移角限值和罕遇地震作用下的弹塑性层间位移角限值应符合《建筑抗震设计规范》GB50011 的规定；结构平面布置和竖向布置不宜出现现行《建筑抗震设计规范》列举的不

规则类型；用于维持避难基本生活的附属设施、设备应进行抗震验算。按照高于本地区抗震设防烈度 1 度的要求加强其抗震措施；但抗震设防烈度为 9 度时应按比 9 度更高的要求采取抗震措施。

位于蓄滞洪区的安全楼类型的避难场所，其近水面安全层楼屋盖板底面设计高度可根据波峰在静水面以上的高度、风增水高度和建筑淹没水深确定，并符合下列规定：近水面安全层楼屋盖板底面设计高度可根据波峰在静水面以上的高度、风增水高度和建筑淹没水深、安全超高等因素按式 $h \geqslant d_f + d_s + h_{max} + h_{sg}$ 计算，式中 d_f——安全楼设计水位（m）；d_s——风增水高度（m），当其值小于零时，取其值等于零；h_{max}——波峰在静水面以上的高度（m）；h_{sg}——安全超高（m）。安全超高不应低于 0.5m；安全楼设计水位、风增减水高度、波峰在静水面以上的高度可按《蓄滞洪区建筑工程技术规范》GB 50181—93 确定；安全楼设计水位以下的建筑层应采用耐水材料。

蓄滞洪区的安全楼设计应符合《蓄滞洪区建筑工程技术规范》GB 50181—93 的规定，其荷载组合确定尚应考虑洪水荷载与其他荷载的组合，其组合应符合下列原则：对实际有可能作用在安全楼上的各种荷载，应按最不利情况的荷载组合；对安全楼不同结构构件的计算和整体计算，应按各自的最不利荷载情况分别进行组合。避难建筑位于地面以下部分，应按照室外水位位于避难建筑工程出入口标高平面处，考虑水浮力和压力荷载验算。

避难场所的抗风设计应符合下述要求：避难建筑工程基本风压应按不低于 100 年一遇的风压计算，且不得小于 0.35kN/m²。防风避难场所的所有洞口均应考虑一旦破坏不损伤整体结构体系的安全。洞口维护构件应考虑室内正压力效应验算。应对除风灾以外的其他突发灾害的避难场所建筑工程基本风压应按不低于 50 年一遇的风压采用，且不得小于 0.35kN/m²。

（4）建筑设备与环境

避难建筑宜采用自然采光和通风，应具备防风、防雨、防晒和防寒等适合宿住的条件。避难建筑通风设计应满足下述要求：室内新风量不应小于 25 ［m³/(p·h)］；严寒地区应设置通风换气设施；机械通风换气设施应配置紧急备用电力系统避难建筑应设置通风口，通风口面积最小标准，应按照表 2-34 规定的数值。

通风口最小面积标准　　表 2-34

设计避难人数	通风口面积（m²/设计避难人数）
≤50	0.005 2
>50	0.007 7

避难建筑应设给水排水系统和消防水池。供暖地区的避难建筑宜采用集中供暖系统。避难建筑用电负荷标准应按使用需要和应急保障要求确定，并不宜小于 1.5kW。避难建筑应采用安全型电源插座。

2.6.2.4　防灾设施规划设计

（1）电气

一般规定：适合于供电电压在 10kV 及以下的避难场所电气设计；电气设计除应满足灾时用电的需求外，还应满足平时用电的需求；电力设备应选用防潮性能好的定型产品；避难场所内安装的变压器、断路器、电容器等高、低压电气设备，应采用无油设备。避难场所的电源电力负荷，应分别按灾时和平时用电负荷的重要性、供电连续性及中断电源后可能造成的损失或影响程度，分为一级负荷、二级负荷和三级负荷，并符合下列规定：平时电力负荷分级，应符合国家现行有关标准的规定；灾时电力负荷分级应符合表 2-35 的规定。

灾时常用设备电力负荷分级 表 2-35

类 别	设备名称	负荷等级
应急医疗卫生	基本通信设备、应急通信设备	一级
	柴油电站配套的附属设备	
	主要医疗救护房间内的设备和照明	
	重要的风机、水泵	二级
	辅助医疗救护房间内的设备和照明	
	医疗必须用的空调、电热设备	
	正常照明	
	不属于一级和二级负荷的其他负荷	三级
应急指挥及抢险救援专业队	基本通信设备、应急通信设备	一级
	柴油电站配套的附属设备	
	应急照明	
	重要的风机、水泵	二级
	完成抢险救援任务必需的用电设备	
	正常照明	
	不属于一级和二级负荷的其他负荷	三级
避难宿住办公服务	基本通信设备、音响警报接受设备、应急通信设备	一级
	柴油电站配套的附属设备	
	应急照明	
	重要的风机、水泵	二级
	正常照明	
	不属于一级和二级负荷的其他负荷	三级

供电系统设计应符合下列规定：灾时三级负荷，引接电力系统电源。当条件许可时，灾时避难场所宜利用下列电源：设置在场所附近建筑的自备电源；设置在场所内的拖车电站、汽车电站等。

每个避难单元应设置电源配电柜（箱）；通信、防灾报警、照明、动力等应分别设置独立回路；各电力系统电源和应急发电机组应分列运行；不同等级的电力负荷应各有独立回路；单相用电设备应均匀地分配在三相回路中。

避难场所配电设计应符合下列规定：每个避难单元应引接电力系统电源和内部电源。电源回路均应设置进线总开关和内、外电源的转换开关；每个避难单元的电源配电柜（箱）宜设在靠近负荷中心和便于操作维护处；一级、二级和大容量的三级负荷宜采用放射式配电，低压配电级数不宜超过三级；避难场所内的各种电气设备采用集中控制或自动控制时，必须设置就地控制装置、就地解除集中控制和自动控制的装置；避难建筑宜设置火灾自动报警装置。

避难场所的灾时照明宜采用正常照明和应急照明，并应符合下列规定：照明光源宜采用各种高效节能荧光灯、金属卤素灯、LED 灯和白炽灯。并应满足照明场所的照度、显色度和防眩光等要求；应急照明应符合下列要求：疏散照明应由疏散指示标识照明和疏散通道照明组成。疏散通道照明的地面最低照度值不低于 51x；安全照明的照度值不低于正常照明照度值的 5%；备用照明的照度值不低于正常照明照度值的 10%；避难场所灾时通用房间和灾时医疗救护工程照明的照度标准值，可按表 2-36 和表 2-37 的数值确定。

灾时通用房间照明的照度标准值 表 2-36

类 别	参考平面及其高度	lx	UGR	Ra
办公室、总机室、广播室等	0.75m 水平面	200	19	80
值班室、电站控制室、配电室等	同上	150	22	80
出入口	地面（下同）	100	—	60
柴油发电机房、机修间		100	25	60
专业救灾队伍宿住室		100	22	80
空调室、水泵间		75	—	60
盥洗室、厕所		75	—	60
避难人员住宿室、通道		75	22	80
车库、物资间		50	28	60

注：lx：照度标准值；UGR：统一眩光值；Ra：显色指数。

灾时医疗救护工程照明的照度标准值 表 2-37

类 别	参考平面及其高度	lx	UGR	Ra
病房	地面	500	19	90
诊查室、检验科、配方室、治疗室、医务办公室、急救室	0.75m 水平面（下同）	300	19	80
候诊室、放射科诊断室、理疗室、分类厅		200	22	80
重症监护室		200	19	80

避难场所应设置与所在地应急避难救援指挥中心相互联络的直线或专线电话，配置应急通信设备，并应符合下列规定：避难场所内可设置电话总机，并在各处设置电话分机和音响接收设备；避难场所内每个避难单元内的通信设备电源最小容量应符合表 2-38 规定的数值。

避难场所中通信设备的最小电源容量 表 2-38

序 号	类 别	电源容量（kW）
1	医疗救援中心、急救医院	5
2	抢险救援队	5
3	宿住	3
4	管理	3

避难场所内应设广播系统。避难用房、避难辅助用房和避难场地应根据使用需要，分别设置广播支路和扬声器，并应符合下列规定：室内广播线路敷设宜暗装；广播室内应设广播线路接线箱，接线箱宜暗装，并预留与广播扩音设备控制盘连接线的穿线暗管；广播扩音设备的电源侧，应设电源切断装置。

（2）给水、排水

一般规定：避难场所宜采用城镇市政给水管网和应急储水或取水设施共同供水。自备水源的取水构筑物宜用管井；避难场所应急供水系统与城镇市政给水管网的接口不宜少于 2 个，且两接口的距离不小于 100m；避难场所的污废水宜采用自流排出。电源无保证的避难场所，应可使用机械排水设施；避难场所内应设基本生活污水集水池；给水排水管材应满足《建筑给水排水设计规范》GB 50015—2003 的要求。

避难场所应按照避难居民基本生活用水和救灾用水保障需要，按照预定设防水准安排应急保障水源、水处理设施、输水管线和应急保障管线。考虑城镇的实际情况，应急供水定额按表 2-39 的指标确定，并符合下列规定：应急储水装置的储水规模不应低于表 2-40 规定的各类人员饮用水量和应急医疗用水量之和，并保证不低于表 2-40 规定的供水时间；应急供水管线系统供水规模的确定应按不低于表 2-40 规定的各类人员饮用水量和基本生活用水量之和，满足消防用水需要，并保证不低于表 2-41 规定的供水时间。

应急给水期间的人均需水量 表 2-39

应急阶段	避难期	需水量 [L/(人·d)]	水的用途	给水方法
紧急救灾期	紧急或临时	3～6	维持饮用、医疗	自储、应急
应急修复期	短期	10～20	维持饮用、清洗、医疗	应急
	中期	20～30	维持饮用、清洗、浴用、医疗	由已修复管道供给
应急恢复期	长期	>30	维持基本生活较低用水量以及关键节点用水	由已修复管道供给

灾时人员基本生活饮用水量标准 表 2-40

类 别		用水量 [L/(人·d)]	
		饮用水	基本生活用水
应急医疗	伤病员	4～6	60～80
	工作人员	3～6	30～40
抢险救援队		4～6	9～15
婴幼儿、高龄老人、残疾人及行动困难、需要卧床伤者和病人等特定人员		4～6	9～15
其他避难人员		3～6	4～9

注：需供应开水的避难场所，开水供水量标准为 1～2L/(人·d)，其水量已记入在饮用水量中。设置水冲厕所的医疗救护工程，水冲厕所的用水量已计入在伤病员和工作人员的基本生活用水量中。

避难场所需紧急供水时间 表 2-41

水源情况	类 别		
	医疗救护	抢险救援	避难人员
有可靠饮用水（d）		3	
内水源基本生活用水（d）	10	7	7
无可靠饮用水（d）		10	
内水源基本生活用水（d）	10	10	7

基本生活饮用水的水质，不应低于现行国家标准《生活饮用水标准》GB 5749—2006 中三级水准的要求。

应急贮水装置可采用应急水池、应急贮水罐等方式。应急贮水装置可配合场所内应急水井使用。饮用水的应急贮水装置宜单独设置。若与基本生活用水一同储备，应有饮用水不被挪用的措施。

基本生活用水和饮用水的供给，可采用气压给水装置、变频给水设备或高位水池（箱）等方式。灾时电源无保证的避难场所，应有保证灾时供水的措施。

基本生活污水集水池的有效容积应大于避难场所开放 3d 产生的全部污水量的 1.25 倍，平时若需储备容积使用时，其容积应有在临灾时排空的措施。

平灾共用的供水设施，应满足下列规定：设置在避难场所内，供平时使用的生活水池

（箱）、消防水池（箱）可兼作灾时贮水池（箱），但应具备在 1d 内完成系统转换及充水的措施；避难场所内的贮水池（箱）及增压设备，平时不使用时，除水泵和增压罐平时可不安装外，构筑物及管线均应构筑和安装到位；还应有可靠的技术措施，保证能在 1d 内完成安装和调试；平时不使用的淋浴器和加热设备可暂不安装，但应预留管道接口和固定设备的预埋件。

（3）标识

一般规定：适用于应急避难场所及避难道路标识的设置；应急避难场所标识的设置原则、标识的构造、反光与照明、标识的颜色及标识中汉字、阿拉伯数字、拉丁字大（小）写字母、标识牌的制作、设置高度等应遵循《道路交通标志和标线》GB 5768—2009 中的规定。

应急避难标识的设置应根据人员的避难路线，在确定标识种类的基础上，通过标识实现安全逃生。

城镇应建立完整的、明显的、适于辨认和宜于引导的避难场所标识系统，并符合下述要求：在城市道路交叉口处设区域位置标识牌，指明各类设施的位置和方向；在不宜避难人员进入或接近的区域或建筑安全距离附近，应设相应的警示标识牌。

避难场所应规划设置标识系统，绘制责任区域的分布图和内部区划图，并符合下述要求：场所入口处显著位置设置场所功能演示标识牌，标明避难场所内部各类设施位置和行走路线，说明避难场所使用规则及注意事项，绘制责任区域的分布图、内部功能区划图和周边居民避难路线图；各类设施入口处设场所设施标识牌；宿住区入口处应设置说明区内分区编号及位置的标识牌；规模较大场所内道路交叉口或路边宜设置一定数量的引导性标识牌，便于引导内部交通。

避难场所防灾标识应按照国家标准《城镇防灾避难场所设计规范》附录 D 样式制作。各类标识设施宜经久耐用，图案、文字和色彩简洁、牢固、醒目，并便于夜间辨认。

（4）救灾物资储备仓库或救灾生活物资存放分发处

灾后，特别是严重地震灾害后，城镇生命线系统完全恢复需要较长的时间。像日本阪神地震供水系统、供电系统和城市煤气系统完全恢复分别为 90d、7d 和 84d。救灾物资的储备对于灾后紧急救援和灾后恢复具有重要的意义。城镇酌情设救灾物资储备总库、各区分库、避难场所设小型储备库。救灾物流如图 2-22 所示。

灾时，城镇避难场所的救灾物资主要来源于各级救灾物资储备仓库、签订灾时供应救灾物资合同的超市和厂家等、从非灾区调入和灾区内部调拨。

各级救灾物资储备仓库的救灾物资灾前已经储备并专门用于救灾，可由城镇救灾指挥机构直接分发，无需与其他单位协商，也没有组织调拨的过程，是应急救灾最有效、最快捷的途径。因此，城镇各级救灾物资储备仓库具有其他储备方式不可替代的作用。

无论是储备的还是调拨的救灾物资均应经各级仓库办理收发手续后发放给避难人员。

依据规划灾害的种类、灾情、避难人数和灾时的需求储备救灾物资，各储备场所储备物资的种类、数量、时限、管理体制由城镇统筹安排。此外，居民应储备灾时随身携带的急需物品。

救灾物资仓库储备的物品有灾时的生活用品、消防用品、抢险救灾物资、医药医疗用品等。

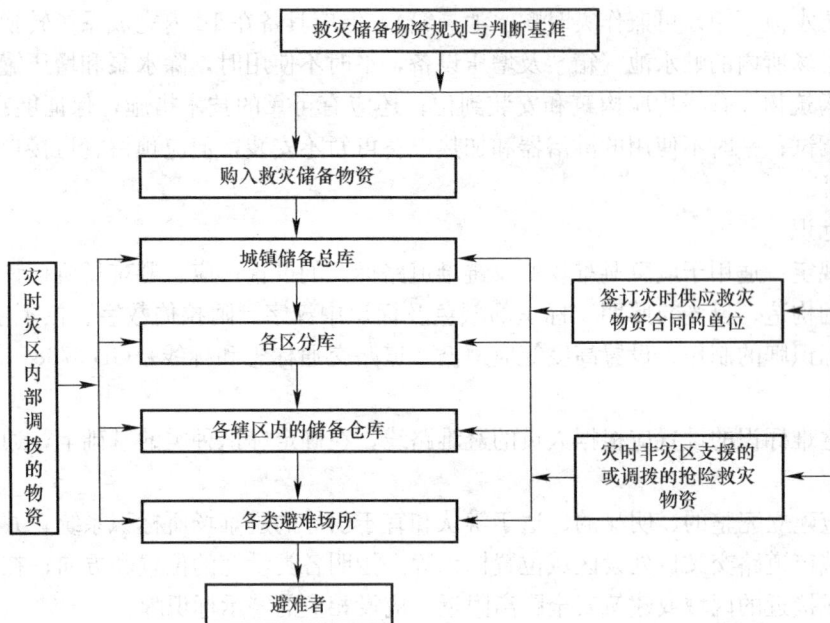

图 2-22　救灾物资物流图

　　生活用品包括饮用水、粮食和食品、炊具（大铁锅等）、餐具（碗、盘子等）、水壶、雨鞋、衣物、毛毯、床与床垫、帐篷、涮洗与洗浴用品（毛巾、肥皂等）、卫生纸和生理用品、纸尿布（老年人、幼儿用）、水桶、净水器、袖珍式收音机、照明用手电筒和电池、防水苫布、塑料袋和麻袋、成套照明灯具、组装式应急厕所构件等。

　　消防用品主要是灭火器材。

　　抢险、扒救用品有不同型号的发电机及其燃料、担架、照明设施、广播设施、情报设施、千斤顶、安全帽、手套、手推车（独轮、双轮）、常用工具（锹、镐、钳子等）、铁丝、绳子、梯子、移动式水泵、撬棍、机动切割器、链锯、钢丝绳、拉链起重器、卷扬机等。

　　医药医疗用品包括应急药箱（多人用、几人用）、三角巾等。

　　现场储备或设置的防灾设施有贮水槽、水井、照明灯（宜利用太阳能）、永久性厕所、避难道路、标识等。

　　家庭可以储备避难物品便携袋或根据家庭需求自行储备。饮用水、食品储备 3 天用量。

　　在生活用品中应考虑避难弱者的生活与生理需求。

　　城镇应制定储备救灾物品的购入规划与购入物品的判断基准。判断基准以国家标准为主要依据，例如：饮用水和食品等的保质期、包装与商标，纤维纺织品的纤维种类、各类纤维的比例，电池的使用年限、规格、使用持续时间等。确保储备的救灾物品满足质量要求，灾时具有正常功能。对于有保质期的物品应注意在保质期内更换新的产品。杜绝伪劣产品、虚假产品进入救灾储备仓库。

　　各避难场所可储备适量的救灾物品。例如：指定为避难场所的小学校设小型救灾储备仓库，储备避难初期的应急救灾物品。且小型储备仓库前留出适量的空地，用作救灾物品收放分发处。

（5）直升机使用区

直升机使用区应根据需要起降的直升机型号、数量等要求按照《民用直升机场飞行场地技术标准》MH5013、《军用永备直升机机场场道工程建设标准》GJB 3502—199899、《建筑结构荷载规范》GB 5009—2001 设计。如果场地条件有限，可同址设置起降坪和停机坪。

直升机使用区应设置应急直升机起降坪（最终进近和起飞区），起降坪应设在空旷、平坦、无妨碍直升机降落物的地带，并符合下列规定：起降坪的大小应能包含一个直径不小于直升机全尺寸 D 的 1.5 倍的圆，当采用矩形起降坪时，长度不应小于直升机机长 L 的 1.5 倍，宽度不应小于旋翼直径 RD 的 1.5 倍。起降坪应有明显标志，标志可为黄色或白色；标识应标出额定起降直升机荷载，主要起落方向，起落区、安全区等。直升机起降坪荷载应根据直升机总重按局部荷载考虑，同时其等效均布荷载不低于 $5.0 \mathrm{kN/m^2}$。

局部荷载应按直升机实际最大起飞重量确定，当没有机型技术资料时，一般可依据轻、中、重 3 种类型的不同要求，按表 2-42 的规定选用局部荷载标准值及作用面积。

直升机起降坪荷载   表 2-42

直升机机型	轻　型	中　型	重　型
最大起飞重量（kN）	20	40	60
局部荷载标准值（kN）	20	40	60
作用面积	0.20m×0.20m	0.25m×0.25m	0.30m×0.30m
传至楼板和梁的动力系数	具有液压轮胎起落架的直升机可取 1.4		

注：荷载的组合值系数应取 0.7，频遇值系数应取 0.6，准永久值系数应取 0。

设计中尚应考虑由人员、雪、货物、加油与消防设备等产生的附加荷载。

起降坪中的接地和离地区域必须包含一个直径能容纳直升机起落架外距 C1.5 倍的圆，接地和离地区域应有不小于 0.5% 的坡度，以防止表面积水，但任何方向的坡度不得超过 2%。

起降坪任何方向上的总坡度不得超过 3%。任何部分的局部坡度供 1 级直升机使用时不得超过 5%，供 2、3 级直升机使用时不得超过 7%。

供 1 级直升机使用时，起降坪应具有承受 1 级直升机中断起飞的承载强度。

直升机最终进近和起飞区周围应设安全区，并符合下列规定：安全区应从最终进近和起飞区的四周至少延伸 3m 或 0.25D 的距离（两者中取较大值）；除因功能要求必须设置于该区内的易折物体外，在安全区内不得有固定的物体。在直升机运行期间，安全区内不得有移动的物体；因功能要求而必须设置于安全区内的易折物体。当位于最终进近和起飞区边缘时，其高度不得超过 25cm；处于其他位置时，不得超过以最终进近和起飞区边缘25cm 高度为底线、向外升坡为 5% 的平面；安全区的表面不得超过从最终进近和起飞区边缘向外 4% 的升坡；与最终进近和起飞区相接的安全区表面，应与最终进近和起飞区表面齐平，并能承受预计使用该机场的直升机而不致造成直升机结构损坏；当安全区设置不能满足上述款项时，应设置导流屏、半埋式指挥塔台和独立泄油槽与泡沫消防喷洒系统和融雪管道等措施。

直升机使用区周围宜设置安全护栏，安全护栏的高度应满足国家标准《城镇防灾避难场所设计规范》的限高要求。

直升机使用区宜设置夜间照明装置，并设置着陆区界限灯、障碍灯，灯之间的间距不应大于 3m。圆形起降坪周边灯不应少于 8 个，矩形起降坪每边不得少于 5 个。导航灯应设置在起降坪的两个方向上，每个方向不应少于 5 个，间距为 0.4～0.6m。泛光灯设在起降坪与导航灯相反的方向上，对于进出空域中的障碍物，应设置指示灯。

直升机使用区应设置消防栓及消防灭火设备。

起降坪的出口不应少于 2 个，且每个出口的宽度不宜小于 1.5m。

停机坪应满足起降坪的要求，并符合下列规定：直升机机位任何方向上的坡度不超过 2%；直升机机位的尺寸应能包含一个直径不小于 D 的圆；任一机位上的直升机与物体或另一机位上的任何飞机之间的最小净距不得小于直升机全宽度 W 的 0.5 倍。在提供可同时悬停操作的地方，直升机机位之间的间距（机位中心线到中心线，机位中心线到物体或边）不应小于 4m。

直升机使用区周边的障碍物和建筑工程限高应满足直升机安全起降的要求。

2.7　避难人数的估算

避难人数是城镇防灾规划、避难场所规划和避难规划的基础指标，对规划城镇避难生活必需品储备数量，避难场所的总有效避难面积、避难场所个数和防灾设施容量，避难道路、避难场所入口宽度和安全措施，避难场所管理人员与服务人员数量，灾区需求救援的能力，医疗卫生、消防、公安等部门的防灾服务规模，过渡安置房数量等起重要作用。

由于突发事件的多样性、复杂性和不确定性，不同城镇可能发生的灾害种类、设置的公共设施、建筑的抗灾能力以及防灾教育的普及程度不同。不同的突发事件，不同灾情的同种突发事件，避难人数不同甚至相距甚远。估算避难人数应当考虑多种因素，例如：城镇自身的灾害种类，各种灾害的严重程度，人口及其在城镇的分布，城镇交通及其通达性，借鉴历史上重大灾害的实际统计数据以及利用无家可归者的推算方法等。

（1）地震灾害避难人数的估算

影响地震灾害避难人数多少的主要因素是居民住宅倒塌、严重破坏和烧失，因生命线系统破坏引发的住宅断水和电梯停运等。近几十年来，我国经历了多次重大地震灾害，上述地震灾害避难人数的统计数据对估算我国地震避难人数有参考价值。

日本府县市町普遍制定了地域防灾规划、避难场所规划，指定了防灾避难场所，通过对关东地震、阪神地震等多次严重地震灾害的考查与研究，积累了估算避难人数的经验。

① 地震灾害避难人数的估算流程

地震灾害避难人数的估算流程如图 2-23 所示。

该流程以夜间人口数量为估算基准。且分别估算灾后 1 天、4 天和 1 个月的避难人数。

日本阪神地震避难人数的统计结果表明，建筑物倒塌、严重破坏和烧失时，倒塌、烧失的避难率 100%，严重破坏 50.3%（据神户市内烈度Ⅶ度及其以上地区居民的问卷调查）。

断水的避难率：45.4%（据对东京都居民的问卷调查）。

电梯停运的避难率：10.7%（据 2006 年对东京都居民的问卷调查。电梯停运的避难者以 6 层楼以上的居民为估算对象，据 2005 年日本国情调查其占日本人口总数的 5.05%。）

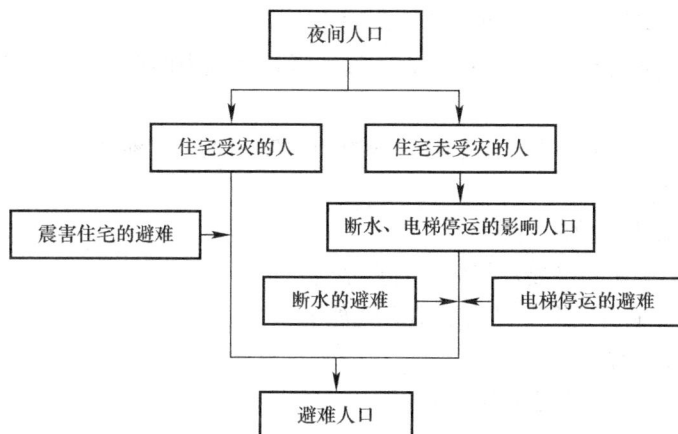

图 2-23 地震灾害避难人数的估算流程

② 估算式

避难人数＝因建筑物倒塌、严重破坏和烧失的避难人数＋因断水的避难人数＋因电梯停运的避难人数

建筑物倒塌、严重破坏和烧失的避难人数＝建筑物倒塌、严重破坏和烧失的人口×建筑物倒塌、严重破坏和烧失的避难率＋建筑严重破坏的人口×建筑严重破坏的避难率

断水的避难人数＝断水人口×断水避难率（式中，断水人口＝住宅未受害的人口×断水率）。

电梯停运的避难人数＝（住宅未受害的人口－断水的避难人数）×6 层以上楼层居住的人口比率×电梯停运率×电梯停运避难率

我国《建筑地震破坏等级划分标准》（1990）建抗字第 377 号把破坏等级划分为 5 种：倒塌——多数承重构件倒塌，需拆除。严重破坏——多数承重构件严重破坏或部分倒塌。应采取排险措施，需大修、局部拆除。中等破坏——多数承重构件有轻微裂缝且部分明显裂缝；个别非承重构件严重破坏。需一般修理，采取安全措施后可适当使用。轻微损坏——个别承重构件轻微裂缝，个别非承重构件明显破坏，附属构件有不同程度的破坏。不需修理或需稍加修理，仍可继续使用。基本完好——承重构件完好，个别非承重构件轻微损坏，附属构件有不同程度的破坏。一般不需修理即可继续使用。

日本把建筑物震害等级划分为 5 等："倒坏"——建筑物整体倒塌、翻倒或者楼层崩毁；"大破"——建筑物骨架大部分损伤，或者发生严重倾斜，有倒坏的危险；"中破"——建筑物骨架损伤，发生了倾斜，或者有残留层的变形，倒坏的可能性小；"小破"——建筑物骨架稍有损伤；"轻微"——建筑物整体无震害，外装材料等有若干损伤。

从建筑物破坏的角度看，倒塌、"倒坏"和严重破坏、"大破"的居民应当全部避难，中等破坏和"中破"的居民可以考虑避难，而轻微破坏、"小破"和基本完好、"轻微"的居民可以不避难。但严重地震灾害发生后，尚无救灾管理机构组织居民避难的条件下，是否避难，去指定避难场所或其他场所避难，是居民的自主行为，无论住宅是什么震害形态，居民都可以自主选择避难。

③ 归家困难的人数估算

日本阪神地震的估算方法如下：

滞留地点距自家住宅 10km 以内的全部回家。

滞留地点距自家住宅 10～20km 时，因滞留者运动能力的差异，每增加 1km 回家的人数减少 10%。

滞留地点距自家住宅 20km 以上时，均视为回家困难者。滞留地点应把回家困难者纳入当地的避难人数。

④ 流动人口避难人数的估算

依据平时城镇流动人口数及其居住特点估算。

⑤ 日本东京都地震灾害避难人数估算式如下：

建筑物遭受破坏时：

建筑物全坏、烧失时的避难率＝100%；

建筑物半坏时的避难率＝50.3%。

建筑物没有受害时：

生命线系统停止供应时避难率＝45.4%；

电梯停止运行时 10.7%。

地震灾害发生后的避难者人数＝住宅全坏、烧失的人口＋0.503×住宅半坏的人口；

在避难所避难的避难者人数＝0.65×总避难人数；

不在避难所避难的避难者人数＝0.35×总避难人数；

灾后 1d 的避难者人数＝住宅全坏、烧失的人口＋0.503×住宅半坏的人口＋1d 后（市町村最大的）生命线避难率×1d 后（市町村最大的）生命线障碍率×没有受灾的人口＋0.107×其他人口×电梯停止率；

其他人口＝（没有受灾的人口－因生命线障碍避难的人口）×居住在 6 层以上住宅的人口比例

在避难所避难的避难者人数＝0.65×总避难人数；

不在避难所避难的避难者人数＝0.35×总避难人数。

灾后 4 天的避难者人数＝住宅全坏、烧失的人口＋0.503×住宅半坏的人口＋4d 后（市町村最大的）生命线避难率×4d 后（市町村最大的）生命线障碍率×没有受灾的人口＋0.107×其他人口×电梯停止率；

在避难所避难的避难者人数＝0.65×总避难人数；

不在避难所避难的避难者人数＝0.35×总避难人数。

1 个月后的避难者人数＝住宅全坏、烧失的人口＋0.503×住宅半坏的人口＋1 个月后（市町村最大的）生命线避难率×1 个月后（市町村最大的）生命线障碍率×没有受灾的人口＋0.107×其他人口×电梯停止率；

在避难所避难的避难者人数＝0.65×总避难人数；

不在避难所避难的避难者人数＝0.35×总避难人数。

（2）洪涝灾害避难人数的估算

估算洪涝灾害避难人数的依据一般采用城镇洪涝灾害地图。在该地图上，依据城镇历史上的洪水灾害文献、城镇的现状和灾害程度的设定，标出洪水的淹没情报（洪水淹没区以及淹没深度等）和避难情报（洪水淹没区内外的避难场所、避难道路以及危险路段等），以图文的形式告诫居民，洪水灾害发生时如何离开洪水淹没区去非淹没区的避难场所安全避难。

绘制几十年一遇、百年一遇的城镇洪涝灾害地图，作为各自灾情条件下估算避难人数的依据。而且，在地图上绘制出可能的河流决口处、发生泥石流和山体滑坡处、宜被冲毁的桥梁和避难道路等，为选定避难场所、避难道路提供依据。

以居委会、企事业单位、商业场所、娱乐场所和旅游场所等为基本单元，并考虑人口及其分布、河流、铁路、山体等地形和设施因素，把城镇划分为若干个避难区域，统计各基本单元的人口总数（含流动人口），依据城镇的具体状况、历史上的灾情记录等确定避难率，计算出个避难区域的避难人数。

被洪水淹没或受到洪水灾害威胁的避难场所不能选作洪水灾害避难场所。

泄洪前泄洪区内的居民、受决口威胁地域内的居民、房屋进水不能继续生活的居民、因洪水或暴雨房屋倒塌或有倒塌危险的居民、泥石流和滑坡等严重次生灾害威胁区内的居民等，应全部疏散到避难场所避难。

高层建筑内未被洪水淹没楼层内的居民可参照地震灾害停水、电梯停运的避难率估算避难人数，但高层建筑有倒塌危险或严重破坏时建筑内的居民应全部避难。

城镇的地形地貌影响洪涝灾害的避难人数。像唐山市的地形既有山地（大城山公园、凤凰山公园、弯道山公园等）、平地（大钊公园、机场路公园等），又有湿地（南湖公园），另有陡河、青龙河等构成的环城水系。严重洪涝灾害的淹没区主要分布在湿地和环城水系一带，是组织避难的重点地区。而山地、平地的避难场所，为避难的居民提供了安全的。

唐山市不同海拔高度洪水淹没图如图 2-24 所示。图中浅色地域是洪水淹没区，黑色是避难安全区。淹没区以海平面为计算基准。各点的实际水深应是淹没区的水面高度减去该点的海拔高度。从该图可以看出，5m 淹没区面积很小，对唐山市中心区几乎没有影响；10m 淹没区淹没唐山市中心区南部的部分地域（主要位于南湖公园）；15m 淹没区在 10m 淹没区的基础上向北东方向推移，约覆盖唐山市中心区面积的 1/4；20m 淹没区覆盖近半个唐山市中心区；25m 淹没区则淹没 60% 左右的唐山市中心区；洪水水位达到海拔 30m 时，淹没近 90% 的唐山市中心区，只有几处地势较高的区域未被淹，形成了孤岛。

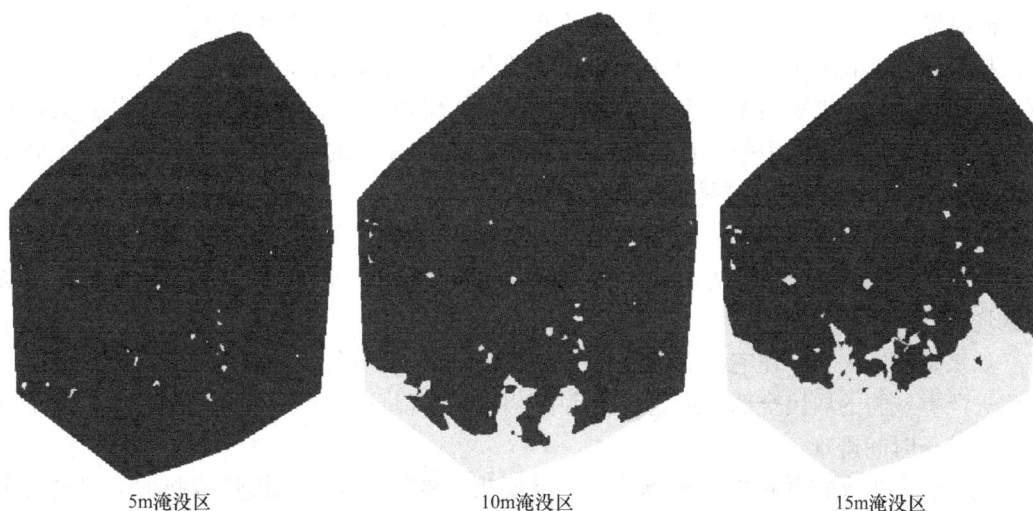

| 5m淹没区 | 10m淹没区 | 15m淹没区 |

图 2-24 唐山市中心区洪水淹没图（一）

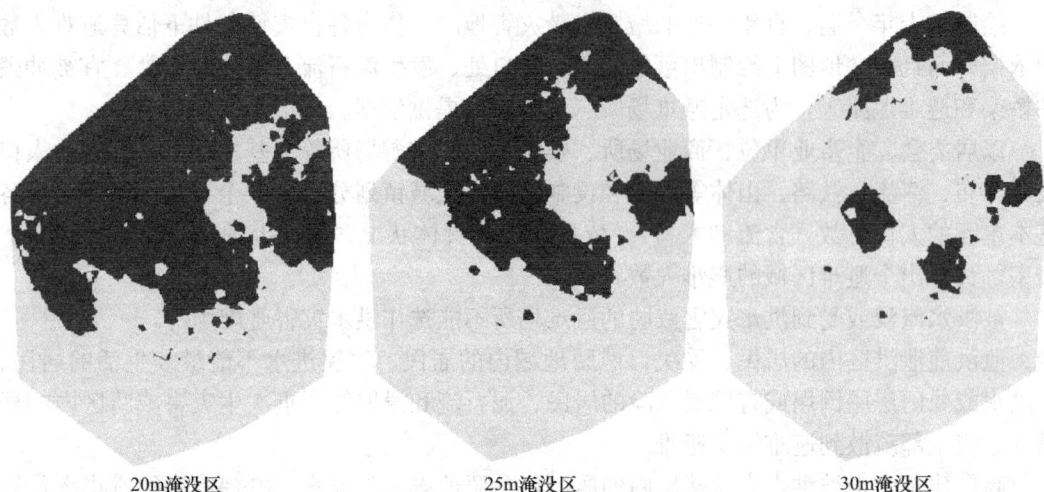

20m淹没区　　　　　　　　25m淹没区　　　　　　　　30m淹没区

图 2-24　唐山市中心区洪水淹没图（二）

1949 年唐山市中心区发生 50 年一遇的洪水，这是 60 多年来最严重依次洪涝灾害。这次洪水，陡河 15km 河堤满溢。沿河工厂大多被洪水淹没，唐山钢厂院内水深 1m 多，唐山发电厂两次进水被迫停止发电。路南区复兴路和解放路以东大部分地区被洪水淹没 2～3m。其灾害程度大致相当于图 2-24 的 15m 淹没区～20m 淹没区范围内。唐山市中心区发生 50 年一遇的洪水，南部地区甚至东北部陡河两岸，有可能被大水淹没。应对这样的洪水灾害，这些地域内不能设水灾避难场所，有几十万人到安全地区的防灾避难场所避难。极言之，如果发生图 2-24 的 30m 淹没区的洪涝灾害，唐山市中心区能够提供安全避难的避难场所寥寥无几，需安排百万人远程避难。

（3）火灾避难人数的估算

按照有关安全规定严格管理、控制火源且消防能力比较强的城镇，火灾通常是局部性灾害。但有些地震灾害往往伴生严重火灾，例如：1923 年日本关东地震，东京市火灾与地震同时发生，市内 15 个辖区起火，起火点（含当时的郡）共 178 处，其中 83 处被消防活动扑灭，95 处酿成火灾。火灾发生处，火借风势、风助火威，形成巨大的火流向周围延烧。而且，从火灾现场飞散出大量烟尘和火星，仅市区就有 100 多处被飞散的火星点燃。大火从地震当天的中午一直燃烧到震后第三天的下午 6 时。火灾在市区延烧的变化如图 2-25 所示（图中黑色区域是火灾烧毁区）。

对该图的统计表明，火灾最严重的是日本桥区，烧毁了所有建筑物，其次是浅草区烧毁 98.2%（烧毁房屋占房屋总数的百分比），本所区烧毁 93.5%，京桥区烧毁 88.7%，深川区烧毁 87.1%。

如果是住宅火灾，住宅全部烧毁、严重烧毁不能继续居住、部分烧毁暂时不能居住和有明火严重威胁的居民全部避难疏散，其中，住宅全部烧毁、严重烧毁不能继续居住的居民需要较长时间避难。

化工厂发生火灾并可能发生爆炸时，受明火、毒气、烟雾和爆炸威胁的居民全部避难，如果住宅没有发生火灾，火灾扑灭后，避难的居民可返回住宅。

大型商场、娱乐场所、旅游场所等发生火灾，抢救、疏散受火灾威胁的人员，通常无

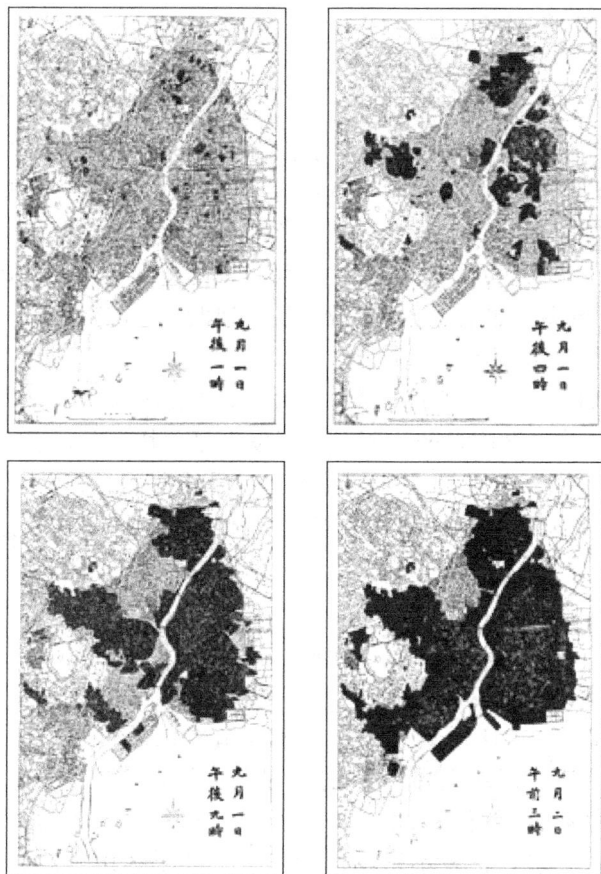

图 2-25 关东大地震东京市火灾延烧的时间变化图

需组织避难或只有少数人避难。

（4）其他灾害避难人数的估算

① 海啸

海啸避难场所有两类，一类是海啸水墙威胁区内的海啸专用避难场所（水墙袭击不到的高台、平台、高层建筑），另一类是海啸威胁区之外的城镇避难场所。因此，估算海啸灾害避难人数也应划分为两部分。原则是海啸水墙威胁区之内的人员全部避难。到城镇避难场所避难困难的人群组织到海啸专用避难场所避难，其他人到附近的城镇避难场所避难。

② 泥石流、滑坡

如果城镇有山地、丘陵或坡地，发生地震、暴雨等灾害时可能发生泥石流、滑坡灾害及其流经的地域，以及该地域周边可能受到灾害牵连或可能发生次生灾害的所有居民全部避难。如果是灾后避难，威胁区域附近的居民是否避难视灾害现场实况及其发展决定。泥石流、滑坡是局域性灾害，避难人群可以到附近的城镇避难所避难。

2010 年 8 月 7 日，甘肃省舟曲县发生严重泥石流，截止到当年 9 月 3 日，死亡 1 478 人，失踪 287 人。灾后在距离舟曲县城 4.5km 的城关镇沙川坝征用 100 多亩土地，搭建过冬棉帐篷 1 000 顶，截至 9 月 3 日，共有 143 户 470 名受灾群众入住避难。并以投亲靠友等避难方式安置 22 197 人避难。

③ 毒气泄漏

毒气泄漏有两种情况。一是发生在化工厂，二是源于运送化学物品的罐车泄漏。前者的发生地点、危害程度、危害范围以及风向等因素的影响比较容易界定，但罐车何时泄漏、在什么地点泄漏、泄漏量大小等难以确定。有化工厂的城镇，如果可能发生毒气泄漏，应依据毒气的储量、中间产品毒气量或最终产品的毒气量以及风力、风向及其变化等确定毒气危害的地域范围，该地域范围内的居民应全部避难。毒气泄漏的避难场所不宜安排在毒气泄漏点的下风头。如果是易燃易爆的毒气泄漏，还应考虑毒气燃烧爆炸对避难人数的影响和避难场所距泄漏地点的远近。

1984 年 12 月 3 日凌晨，印度中央邦的博帕尔市的美国联合碳化物属下的联合碳化物（印度）有限公司设于贫民区附近的一所农药厂发生氰化物泄漏，引发了严重的后果。大灾难造成了 2.5 万人直接致死，55 万人间接致死，另外有 20 多万人永久残废的人间惨剧。现在当地居民的患癌率及儿童夭折率，仍然远比其他印度城市高。这是毒气泄漏及其事故后未组织附近居民避难酿成的惨重灾祸。

④ 火山喷发

火山喷发产生快速流淌的岩浆流、碎屑流，喷发大量有毒有害气体和烟尘，严重威胁附近居民的人身安全。2010 年印尼默拉皮火山喷发，万余人被疏散到山下村庄和帐篷内避难（图 2-26），死亡 100 余人。凡火山岩浆流、碎屑流流经地域和烟尘严重降落区的居民，都应当组织避难。特别是覆盖厚层冰雪的火山，因伴随火山喷发，大量冰雪融化，岩浆流、碎屑流、水流、泥石流从火山口奔腾而下，灾害威胁地域更大，需要避难的人数更多，甚至不得不远程避难。如果火山是旅游区，应考虑游客避难的人数。

图 2-26　2010 年印尼默拉皮火山喷发避难的人群

⑤ 台风

台风往往是风灾、水灾、风暴潮等灾害的复合灾害。风灾、水灾的地域比较大，风暴潮主要发生在滨海地域。避难人数的估算包括 3 个方面，按洪涝灾害的估算方法估算水灾的避难人数，按风灾引发房屋破坏数、生命线瘫痪状况估算风灾避难人数，按滨海地区的地形、建筑抗灾能力、台风灾害大小等估算风暴潮的避难人数。我国东南沿海的部分省份经历过多次严重台风灾害的浩劫，应总结历次灾害的避难人数，为规划设计防台风避难场所提供依据。

⑥ 暴雪

暴雪灾害压毁房屋、封堵道路、覆盖地面。我国新疆、内蒙古、东北有可能发生暴雪雪灾。暴雪的避难场所除了一般避难场所的防灾设施外，必须确保避难场所开放后供暖设施能够立即启用，而且备有燃料和动力。物资储备仓库宜建在避难场所内，且备足被褥、毛毯、御寒衣服、饮用水和食品。避难场所宜设直升机停机坪，配有扫雪机械，以便紧急运送救灾物资和医务人员等，并把重伤员转运到其他城镇治疗。暴雪避难可采用避难所避难和在家中避难相结合的方式，凡房屋破坏、取暖设施和供排水系统瘫痪的家庭，安置到避难场所避难。如果暴雪发生在牧区，还应考虑人、畜远程避难，规划远程避难场所。

⑦ 地下空间灾害

地下空间主要是地下商场、地下隧道、地铁、地下车库等。地下空间常遇的灾害有水灾、火灾以及地震等。一般，不在地下空间设置避难场所，灾害发生后，应把全部人员快速疏散到地面，需要避难的安置在附近的城镇避难场所。设计地下空间建筑时，楼梯的宽度设计应达到灾时避难疏散的要求。

⑧ 车站、码头、机场

车站、码头、飞机场是乘客的集散地、中转场所。较大交通枢纽每天的乘客吞吐量几万、数十万。一旦发生地震等重大灾害，灾后的交通恢复需要时日，滞留在车站、码头、飞机场的人群中，归家困难者应安置到附近的避难场所避难。这些归家困难者中常有流动人口。在规划设计车站、码头、飞机场附近的防灾避难场所时，应计入上述流动人口。车站、码头、飞机场的流动人口数＝滞留的人口总数－可归家的人口数（当地居民）。依据车站、码头、飞机场的统计数据，可估算出流动人口的日平均值和高峰值。目前，我国许多城镇设流动人口信息平台，可以掌握流动人口的总量、变动情况与其来源等。

2.8 城镇避难规划

为实现城镇避难场所规划设计的技术要求和技术指标，科学管理、合理使用城镇避难场所，城镇应制定城镇避难规划。城镇避难规划是城镇避难场所发展规划的完善、延伸、具体化，对指导避难过程和避难场所管理起重要作用。

2.8.1 基本内容

（1）避难所的选定

依据相关的法规和技术标准、城镇避难场所资源、城镇人口及其分布、突发事件的种类等，在学校（特别是小学校）、城镇公园绿地、公共建筑以及空地等处选择满足城镇居民避难需求的防灾避难场所。

（2）避难宣传教育

设置避难标识和导向牌、张贴广告、散发传单、实施防灾训练、绘制防灾地图等，通过多种途径启示地域居民熟知地域内的避难场所。

（3）编制避难劝告、避难指示与避难情报传递指南

为了城镇居民安全、迅速、顺畅地避难，编写避难劝告、避难指示和避难情报传递指南之类的小册子。

（4）避难准备情报、劝告、指示（解除）的标准

城镇灾害管理部门应当制定避难准备报告、避难劝告、避难指示（解除）的标准，灾时按照标准的技术指标，迅速、有效地应急对应灾害。

① 避难劝告、避难指示的标准

城镇发生严重突发事件且认定必须保护居民安全时，城镇灾害管理部门对辖区内的居民发布避难劝告，催促居民避难。若灾害来势凶猛，危险可能即将发生，居民避难迟缓或受阻时，发布避难指示，强制性地令居民撤离危险地域。由于灾害避难弱者行动不便，避难行动需要更长的时间，所以在避难劝告之前，发布避难准备情报，在卫生保健、福祉部门的协助下，灾害避难弱者提前准备避难。

避难准备情报、避难劝告和避难指示（解除）应注意的事项：收集灾害的准确情报，适时发布避难劝告、避难指示，并快速传递给避难居民；避难引导人员应根据灾害种类，把居民引导到相应灾害的避难场所；对避难弱者和流动人口提供帮助；为了快速引导避难和灾后救援，可成立街道或楼道居民公助防灾小组；设避难场所和避难道路安全检查员；制定避难劝告、避难指示的报告制度。确定解除避难准备情报、避难劝告和避难指示与传递的方法，发布解除避难劝告、避难指示的公告，并向有关单位报告。

② 气象预报发布的避难情报标准

避难准备（避难弱者灾时避难）：可能发生重大灾害时，对一般居民发布避难劝告之前，安排危险地域的灾害避难弱者提前到安全的避难场所避难。其他居民准备应急避难物品，作避难的准备。

（5）避难场所设置防灾设施

设置避难场地（开放空间）和避难建筑（封闭空间），并配置如下防灾设施：通往避难场所的道路，贮水槽、水井和广播设备，储备水、食品和其他生活用品，配备通信设施等，为便于避难弱者避难提倡防灾设施无障碍化。

（6）配置避难引导设施

为了灾时有效引导居民避难，配备引导避难的设施：收集灾害情报并能适时、有效传递灾害情报的防灾无线电设施，救护车辆、救急车辆以及照明设施等。

（7）编制避难引导规划

学校、幼儿园、医院、社会福祉设施、商店、游戏场所、旅馆饭店等应制定避难规划。规划中制定符合地域实际情况的有关避难场所、避难道路、避难引导信息的传递方法。确保避难场所满足集体避难，保健卫生和食品供应的方法以及附近居民、企事业单位的协作体制。避难弱者的避难引导方法。

（8）避难时居民、地域和企业应承担的任务

① 要求居民承担的任务

为了自身及其保护者的安全，居民平时至少应当承担以下任务：通过城镇防灾地图等了解地域内发生重大灾害潜在危险的可能性；预先确认灾时的避难场所和安全的避难道路；预先约定家庭成员之间或企业职员之间灾时的联络方法；事前准备无线电收音机等收集灾害情报的工具、手段；正确理解避难情报（避难准备、避难劝告、避难指示）的含义；知晓避难场所的规章制度等。

② 要求城镇承担的任务

在城镇居民协力合作的基础上，通过平时组织防灾活动，确保避难安全。灾前必须确认城镇内的危险场所、避难场所和避难道路；预先掌握避难时应援助的人员，构建城镇居民协力避难引导的关系；组织防灾训练演习，邀请城镇居民参与避难场所的管理工作。

③ 企业承担的任务

作为城镇社会的一员，协力完成城镇的避难对策；支援避难弱者灾时避难，根据需要，为避难场所提供防灾设施。

2.8.2　火灾避难规划

避难场所是城镇居民度过避难生活必不可少的避难设施。作为城镇突发事件管理部门，选择避难场所是避难准备的首要任务。

（1）避难场所选择的原则

地震灾害发生后，由于道路中断、生命线系统瘫痪等，火灾的消防活动可能受阻，在城镇建筑密集区可能发生火灾并快速蔓延，烧毁大量房屋，导致众多人无家可归，必须有效组织避难。

选择适宜的避难场所，必须依据城镇突发事件的综合调查结果和城镇街区的状况，综合比较判断。

避难场所宜选择在面积比较大的公园绿地、广场、其他公用空地和避难建筑等，能够免受火灾火焰产生的辐射热对避难场所的威胁，确保避难者安全。

避难场所距离木制房屋密集街区 300m 以上。

不发生山崩、海啸、浸水等的安全地带，且附近没有储存大量危险品的仓库和生产工厂。

与安全到达避难场所的避难道路连接。

每位避难者的有效避难面积宜大于 $2m^2$，且配备的避难地区内能够收容所有避难的居民。

避难区划以企事业单位、居委会、街道、村为单元，尽可能避免居民避难时横跨干道、河流、铁路等。

（2）固定避难场所的配置

为了有效引导避难和在避难场所迅速实施救援、救护活动，应当致力于固定避难场所的环境建设，主要内容如下：

在广域避难场所及其周边道路上设置指向标识，并使平时相关地域的居民家喻户晓。

确保水源并配置必要的器材（泵、净水器、消毒和过滤设备等），以便避难场所能够及时供水。

配置医疗救护、食品供应、情报联络等应急活动必需的设备。

（3）避难道路的规划设计原则

避难道路是居民去避难场所安全避难的经由之路，应按国家标准《城镇防灾避难场所设计规范》规定的原则选择、确定。例如：道路两旁没有易燃建筑和保存危险品的设施，避难道路单线直行，不与消防通道等交叉，避难道路必须不受海啸和洪水灾害的威胁等。

（4）交通管制

为了确保避难道路安全、畅通，必要时指定的避难道路和广域避难场所中的道路实施交通管制。

（5）避难广告

为了居民避难行动安全、畅通，平时利用各种机会开展避难广告宣传，并在避难场所设置标识牌，让居民熟知避难场所的名称、所在位置、去避难场所的避难道路，并且知晓其他避难事项。

普及避难的基础知识，开展避难演习训练，组织居民交流避难的心得体会。

（6）城镇的避难规划

城镇以及重要防灾设施的管理者预先编制避难规划，以便发生灾害时安全、快速地组织避难。编制城镇避难规划应注意以下事项：避难劝告和避难指示的标准和传递方法；避难场所的名称、所在地等；去避难场所的道路和引导方法；避难场所内受灾者的救援、救护措施：给水、供食，负伤者的应急救护，领取生活必需品，其他必要的措施；维持避难场所的秩序；灾害广告等。

（7）重要防灾设施管理者的注意事项

学校、医院、工厂以及其他防灾重要设施管理者应预先编制避难规划，相关的人员熟知规划的内容，与相关的行政机关协作认真实施避难训练，确保避难安全、顺畅。编制避难规划注意以下事项：学校的师生集体避难时，在考虑各自地域特性等的基础上，确定避难的场所、道路、引导方法以及避难劝告、避难指示的传递方法等。医院的患者集体转移到其他医疗机构或安全场所避难时，应当掌握收容设施的情况，确定转移措施，确定保健卫生的方法。

2.8.3 海啸避难规划

可能发生海啸灾害的城镇，应当预先编制切合实际的避难规划，确保灾时居民安全，相关地域的居民平时熟知海啸避难的注意事项，通过避难演习训练，发现避难规划存在的问题，不断修订完善。编制海啸避难规划时，应重视吸收居民的意见和建议，以提高居民的避难意识，确保规划的实效性。而且，在避难规划中，应明确给出避难地域及其避难场所、避难道路和其他有关的必要事项。

（1）选定避难场所和避难道路

选择避难场所时，应依据避难地域内的实际情况采取灵活措施，充分考虑预想的海啸前锋到达的时间和高度等，选择避难场所的基本原则是"（距离）近"而"（地势）高"。"近"，避难者可以在较短的时间内从海啸袭击的地域到达避难场所，躲避海啸灾害威胁；"高"，是海啸避难困难地域内"水墙"冲击不到的场所，例如：高台、坝顶、海啸专用避难场所（瞭望塔平台、高层建筑的中上部楼层等）。由于海啸避难场所具有"近"与"高"的特点，为海啸袭击地域的人群避难提供多种机会。

选择海啸避难场所和避难道路应注意以下事项：必须确保避难场所安全，依据历史上的地震海啸记录和海啸浸水预测调查报告，预测海啸到达的时间和海啸浪高；根据避难者和地域特性等设定能够避难的界限距离，最长不超过500m；为了消除避难困难地域，指定、设置海啸专用避难所，并征得其管理者、所有者的同意。避难道路必须确保安全，设计避难道路时，应充分进行现场考察，掌握避难道路的安全环境与提高安全性的具体措施，不能只凭想象在城镇地图上画画了事；道路尽可能宽（特别是旅游者多的地域），且备有迂回道路；尽量不选择沿海、沿河的道路；避难道路通往避难场所的方向尽可能与海啸前进的方向相同。

强烈地震发生或地震虽弱但长时间缓慢摇晃时，船舶立即在港外（水深且水面宽阔）躲避；虽然没有震感，但发布海啸警报时，应立即港外躲避；不能港外躲避的小型船，时间允许的情况下，置于地势高的地方，并牢固固定。

（2）避难演习训练

为了提高居民的避难意识和海啸发生时能够安全、顺畅地避难，每年定期不定期地举行海啸避难训练演习。训练演习时，除当地居民外，还应有渔民、港湾工作人员和旅游者、钓鱼者、游泳者等流动人口参加。训练演习中，注意避难弱者和旅游者等的引导训练。

（3）营造避难的环境

为了迅速有效地组织避难行动，城镇在编制避难规划的基础上，创造良好的避难环境。例如：配备行政无线情报设施，确保灾害能够快速把避难命令等传递给居民；设置避难照明设备、光电式避难引导标识，以便夜间指引居民安全避难。

（4）交通管制

避难规划中明确规定，海啸袭击危险性高的路段和避难道路，灾害发生时交通部门实施交通管制，管制的道路和管制的内容灾前人所共知。而且，与附近地域的交通管理部门紧密协作，力求交通管制具有整合性、广域性，确保灾区交通和避难道路安全、畅通。

（5）平时的防灾宣传教育

利用各种媒体，实施防灾训练演习，编制发放宣传资料，设置海啸避难标识等多种手段，平时开展海啸避难的宣传教育，使居民熟知下列内容：熟知避难场所、避难道路和避难方法；掌握海啸及其预防措施的基础知识。

平时的准备。准备海啸发生时携带的物品——无线电收音机、手电筒、应急食品、饮用水以及贵重物品等；确认避难场所和避难道路；研究海啸到来时的紧急应对方法；积极参加海啸防灾训练演习。

（6）居民的预防措施

地域内的居民平时就应当熟知附近的避难场所、避难道路以及避难方法、与家人联络的手段等，以便能够随时快速、安全避难。

制定海啸避难规划的流程如图 2-27 所示。

依据海啸灾害的历史记录和海啸灾害模拟实验，绘制海啸浸水预测图。海啸浸水范围内的所有人员均应避难。规划设计海啸浸水区域之外的城镇防灾避难场所、海啸浸水区域之内避难困难地域的海啸专用避难场所以及避难道路。编制海啸避难规划，绘制海啸灾害图。

按照海啸避难规划组织防灾演习，并依据演习中发现的问题修订避难规划。

海啸灾害的历史记录 → 发生地震海啸灾害

掌握历史上的海啸灾害 → 掌握可能发生的海啸灾害

判断海啸浸水地域 → 研究历史文献 → 海啸模拟（利用既有的研究成果）

设定海啸浸水地域

海啸模拟（如有必要），至少验证海啸到达的预定时间

设定海啸浸水地域

海啸警报发布时,海啸避难对策等的研究。设定海啸浪高2m、海啸浸水地域海拔2m的空间,编制海啸避难规划

绘制海啸浸水预测图（预定最大浸水地域等）

⇨ 是
⬛➤ 否

海啸袭击后，沿岸居民有生命财产损失 → 对钓鱼、观光、游泳、渔民、港湾作业人员的对策研究

设定避难地域

居民参与

确定避难困难地域

海啸到达的时间 | 设定避难目标地 | 设定避难道路 | 设定可能避难的距离

确定避难困难地域

从预想的海啸到达时间,判断向山上、高台避难（居民根据所在地域的实际情况判断,按照地域的避难规划自行判断决定）

安全的避难场所

海啸专用避难所等（避难建筑等）的规划设计

安全的避难场所

避难道路的规划设计

① 初动体制
② 海啸情报等的收集与传递
③ 发布避难劝告、避难指示
④ 防潮闸门等的关闭措施
⑤ 避难弱者的避难对策
⑥ 海啸对策的教育与启发
⑦ 避难演习

编制避难规划书,绘制灾害图

通过防灾演习等验证、修改、实施

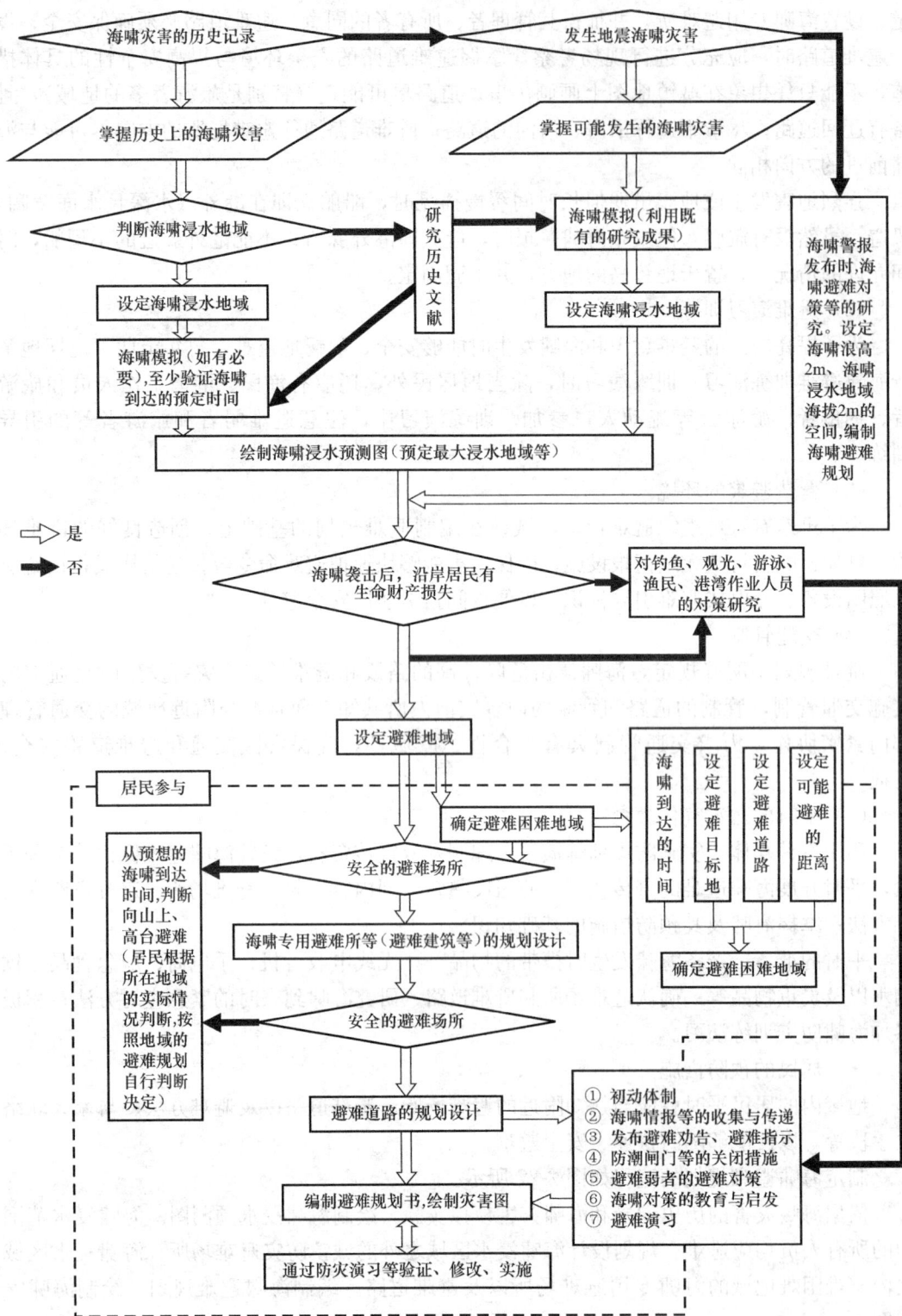

图 2-27　海啸避难规划流程

2.9　避难场所管理

　　平时管理与灾时管理是城镇防灾避难场所相互衔接的两个重要管理阶段。平时管理为灾时顺畅启用避难场所奠定管理与技术基础；灾时管理是平时管理的延续并可检验平时管理的效果。

　　下面以严重地震灾害为例，分析避难场所的日常管理与灾时管理。

2.9.1　平时管理

　　平时由避难场所所属单位或个人管理，或者与城镇防灾管理部门联合管理。管理经费由城镇财政部门拨款。管理目标是确保持续满足避难场所规划设计的防灾功能要求，突发事件一旦发生，即可启用防灾设施，为避难人员提供安全的避难服务。管理内容包括城镇灾害管理部门制定管理规章制度，定期或不定期检查与管理者汇报制度；防灾设施的养护与维修，确保设施完好，功能完善，不被挪用，避难道路畅通无阻。每年管理者写出管理报告，城镇灾害管理部门检查验收，发现问题及时解决。避难场所防灾设施完好与防灾功能的持续性是管理的核心内容。管理的时域从避难场所建成或避难场所关闭后移交管理者管理到避难场所启用或再次启用转入灾时管理。

2.9.2　灾时管理

　　灾时避难场所启用后即进入灾时管理。

2.9.2.1　管理的阶段性

　　城镇建筑破坏程度大的严重地震灾害，城镇居民避难时间长，避难场所管理存在明显的阶段性。

　　避难生活可划分为初期、过渡期、稳定期和撤销期四个阶段。根据多次重大灾害后避难生活的实践，不同避难生活阶段的避难人员精神状态和避难生活状况不同，管理内容与管理任务也有差异。

　　（1）初期（约灾害发生到灾后 3d）

　　避难场所开启或避难人员破门而入后。避难人员可能去指定避难场所避难，也可能去非指定避难场所（不是灾前指定的避难人员所在避难服务区的避难场所或寻亲靠友，也可能离开灾区等）避难。大灾突临，有的避难人员家庭受灾严重或者与亲人失去联系甚至有家人伤亡、精神受到刺激、情绪急躁不安，特别是避难弱者需要照顾、安慰。避难人员中有伤员甚至重伤员，需要医治和关照。许多避难人员最初步入避难生活，不习惯、不适应，特别是多人共居同一避难空间，相互干扰大，有可能因影响睡眠、隐私等发生纠纷。饮用水、食品和生活必需品短缺，有些避难人员之间有可能因此产生纠纷，个别避难人员还有可能有哄抢食物等过激行为，避难初期也是违法行为多发期。由于灾后可能或已经发生余震、火灾等次生灾害，有的避难人员惶恐不安，对避难生活忧虑重重。灾后，避难人员急于和灾区内外的家庭成员、亲友以及相关人员传递安危信息。避难初期，棚宿区可能有从平时功能向灾时功能转化的过程，即搭建帐篷、窝棚，设置床、垫，分发生活用品等。有些避难者可能到避难场所报到，领取救灾物资但并不在避难场所留宿。

支援灾区的部队、工程抢险技术人员、医疗队和志愿者陆续到达灾区，需安置宿营地，分工抢险救灾的地域等。

避难初期是避难生活不稳定时期，为强化管理，灾前应制定避难场所大门钥匙和防灾设施的管理体制与管理方法，避难场所管理人员、医务人员（包括心理医生）灾后快速到岗履行职责，按照规章制度开启防灾设施。灾害发生后，应有序地把避难人员引导到避难棚宿区，并快速组织实施从平时功能向灾时功能转化，使避难人员在较短的时间内获得避难宿住之所，并根据救灾物资的储备、调拨状况与需求，初步限量供给应急的饮用水、食品和衣物；开启各个防灾设施，初步形成基本的避难生活条件。在食品供应紧张的条件下，可设公共食堂，为避难人员制作熟食，也可发放盒饭或利用飞机空投食品。

为适应避难初期避难所的有效管理，规划设计避难场所系统时，必须特别关注防灾设施及其平灾功能的转换。任何一种防灾设施都是依据灾时需求规划设计的，其中任何一种功能若灾时不能启动，都给避难生活带来不良影响。不难想象，如果避难场所内储备与避难需求数量相当的帐篷、床和垫、饮食物品等，灾后可较快地实施避难棚宿区从平时功能向灾时功能转换，对解决避难宿住场所、稳定避难人员情绪起重要作用。规划设计与管理避难场所时，还应考虑避难人员的灾时精神状态和伤病人员、避难弱者，必须依据需求设置医务室、医院或医疗救治中心等医疗机构为避难人员服务，医务人员应包括心理医生和卫生防疫人员。应制定相关的规章制度，确保各类防灾设施均正常运作，具有持续性防灾功能。

（2）过渡期（约灾后 3～10d）

过渡期是从避难生活不稳定到避难生活比较稳定的过渡时期。此间，居民初步掌握了灾情、自家的住宅破坏程度或安全生活条件、亲友的安危与收容其避难的可能等，一些居民避难与不避难的判断与决定可能发生变化，而且严重地震灾害等参加扒救被埋压人员的工作已经过了黄金时间或基本结束，致使避难场所的避难人员有进有出，流动性较大。由于城镇储备救灾物资的发放，国内外支援的救灾物资陆续进入灾区，并由抗灾救灾机构组织调拨，公助的避难生活必需品逐步稳定。各个避难场所公助的生活必需品未必完全相同或对避难弱者依据需要有所照顾，有些避难者有不公平、不平等的感觉。避难场所内或其附近的商店开始营业，有些避难家庭或个人开始独自开灶，自行制作饭菜。城镇生命线系统不断恢复，避难场所的饮用水、生活用水、洗浴用水逐步得到解决，水冲厕所陆续恢复正常使用。避难生活与家庭生活差异性比较大，又因灾害对精神上的刺激，避难场所的环境恶化，身体抗病能力降低等，容易患病，一些避难者尤其老年人、孕妇等长时间在狭窄的空间生活，不舒展的姿势、心理压力等都容易诱发"经济舱综合征"症状。该时域也是多种传染病易发、蔓延的时期，应重视卫生防疫工作。编制本避难场所避难人员的明细表。

灾后快速恢复城镇生命线系统，是提高避难生活质量的重要措施。许多防灾设施的防灾功能都和城镇生命线系统密切相关。道路修复了，城镇的运输动脉畅通了；电力恢复了，动力电源、照明等无需自备的发电机发电了；给排水系统恢复了，饮用水、生活用水、消火栓用水有保障了。煤气具有易燃易爆的特点，大灾之后城镇煤气系统的恢复需要更长的时间。

（3）稳定期（约灾后 10d 以后）

随着避难生活的时间推移，职员正常上班、学校复课、工厂恢复生产、商业复市，城镇社会经济生活逐步恢复，避难基本生活条件日臻稳定，避难场所的生活功能更强。学校等避难场所的避难人员转移到其他避难场所。由于避难生活较长，应考虑隐私问题，在人均有效避难面积较大的多人共居避难空间搭建隔间等。着手筹建过渡安置房。稳定期的后半期，灾区的自立能力明显提高，支援灾区的各类人员逐步撤离。城镇的煤气系统恢复。

（4）撤销期（大约灾后 90d）

有些因城镇生命线系统瘫痪避难的人员返回住宅。城镇过渡安置房陆续完工，较多的避难人员迁入，一些避难场所避难人员大幅度减少。在这种情况下，可将几个避难场所的避难人员合并到一个避难场所，部分避难场所关闭，管理人员相应地减少。在救灾物资、过渡安置房等的分配上，不在避难场所避难的人员有可能感到吃亏、不公平；在避难场所避难的人员耐心等待尽快分配到过渡安置房或其他住所。避难人员和志愿者人数大幅度减少，避难场所进一步合并、撤销，部分避难人员对频繁转换避难场所产生反感。虽然城镇避难场所数、避难人员和避难服务人员不断减少，但不能放松对尚存的避难场所的管理，特别是医疗、食品卫生、温度环境、洗浴等管理。应当强调指出，避难场所内避难人员大幅度减少后，有的老年人可能患孤独症，应加以关照。

采取有效措施，解决滞留在避难场所内少量避难人员的住处，着手撤销城镇避难场所。凡撤销的避难场所，都应从灾时功能转换为平时功能，并检修、完善防灾设施，以备再用。

2.9.2.2 管理组织

避难场所的管理应当有组织的进行。每个固定避难场所、中心避难场所应成立管理委员会。管理委员会由居民委员会、指定避难场所的平时管理人员、附近居民代表构成。受当地政府和当地救灾指挥部门领导。管理委员会设正副主任，下设救灾物资收发、管理与分配组，避难人员管理组，防灾设施管理组，保健卫生组，治安保卫组，志愿者管理组，办公室，各组设组长。避难场所管理委员会负责本服务区域内紧急避难场所避难人员的避难引导与安置，所辖避难场所的管理与外联事宜。指定避难场所的大门钥匙由主任和门卫管理。救灾物资收发、管理与分配组负责本避难场所储备的或灾后调入的救灾物资的管理与分配，并设立临时食堂，分发熟食等。避难人员管理组负责避难人员名录的编制，解答避难人员的咨询，收集意见与建议，调查避难人员的健康状况，分发信件、邮件，避难人员宿住、迁出登记，人员死亡与善后处理、宿住避难空间管理等。防灾设施管理组负责防灾设施的开启、维修、管理，消防设施、器材的管理、防灾设施空间的管理。保健卫生组负责避难场所内厕所、浴室、垃圾收集点、宠物的卫生管理以及生活用水的管理，伤病员的医疗护理活动。治安保卫组负责避难场所的保卫工作，安全教育、安全检查与制定安全措施，调节避难人员的纠纷，防范违法犯罪活动等。志愿者管理组负责接受志愿者，组织志愿者参加救灾活动，安置宿营与生活。办公室负责避难人员的灾情调查，接待来访者，文件收发，避难情报收集与传递，编制避难场所规章制度和避难生活要事记，召开会议，避难场所总电源、电话机、电视机、广播设施管理，辖区内紧急避难场所的管理等。

主任负责全面工作，协作协调各小组的工作，上情下达、下情反馈，及相关避难场所的联络、联系。

避难场所管理组织应在灾前设置，并在灾时依据其成员到岗情况进行适当调整。而且，管理小组平时应有例会制度，研究平时与灾时避难场所的管理工作。

2.9.2.3 避难空间管理

避难场所的避难空间包括宿住空间和公有空间。作为避难场所而言，宿住空间集中在棚宿区或用作宿住场所的体育馆、学校教室等封闭空间。避难道路、利用各防灾设施的地域空间等是公用空间。

支援灾区各类人员的宿住空间原则上自行管理。固定避难场所的宿住空间由避难人员管理组管理，防灾设施空间由防灾设施管理组管理等。

宿住空间的管理集中在固定避难场所。主要职责是搭建帐篷区（村），并分配给避难人员宿住；在封闭避难空间划分各户或各个避难人员的宿住位置和面积大小。划分宿住区域内的人行道路；对封闭式的避难场所，一个家庭尽可能安置同一居室，且不被人行道路隔开。若是帐篷，一户或数户合居一顶帐篷。有条件的宿住空间可考虑用硬纸板搭设隔间，以保护隐私，减少相互干扰。多人共居的封闭空间应注意通风、采暖，形成更好一些的温度条件，预防流行性感冒等传染病的发生与蔓延。避难弱者与看护者宜安置在同一居室，距离厕所较近且有无障碍通道连通。发现传染病人应及时治疗，若有必要可采取隔离措施。如果避难场所内的避难人员大幅度减少需要合并、迁居，应预先做好迁居准备，按照迁居方案有序进行，防止发生抢占、多占避难空间的现象。学校安排复课时，在学校避难所避难的人员，应当理解、支持学校的复课安排，协助学校早日复课。避难场所宿住区内不得带入宠物，必要时在非宿住区设宠物收养处，由宠物主人自行管理。

宿住区内挖掘排水沟。按消防要求安置防火器材，并坚持日常管理。学校复课后，有条件的避难场所可设学生自习室。

公用空间包括电话间、饮水处、医务室或医院、洗浴室、理发室、涮洗室、厕所、避难道路、临时食堂、会议室、停车场、垃圾点、救灾物资分发处等。制定各公用场所的管理规章制度，确定管理者与负责人，明确使用的要求与相关的制度等。

2.9.2.4 撤销、合并与关闭

突发事件发生，随避难人数的增加，开启多个避难场所，使人人有避难之所或宿住之所。但避难生活开始后，避难人数一直处于流动状态，从较少到避难高峰，再逐步减少。当一个避难场所内的避难人数大幅度减少，避难宿住空间和公用空间余量很大时，有这种情况的两个或几个邻近的避难场所可考虑合并，并撤销其中一个或几个避难场所。

当在城镇避难场所避难的人数和避难场所数量已经很少时，可关闭所有避难场所。结束整个城镇避难场所系统的避难功能，恢复平时功能，检修防灾设施。

汶川地震绵阳市九洲体育馆避难场所收容4万余人避难，是收容避难人员较多的避难场所。其大致过程如图 2-28 所示。

绵阳市九州体育馆

九州体育馆避难场所

避难人群

救灾物资

供应熟食

便民服务

图 2-28 绵阳市九洲体育馆避难场所掠影（一）

撤离　　　　　　　　　　　　　　　　　　　消毒

图 2-28　绵阳市九洲体育馆避难场所掠影（二）

2.9.2.5　恢复平时功能

　　城镇防灾避难场所存在灾害发生需求避难时平时功能向灾时功能转化，避难场所关闭后又从灾时功能转化为平时功能，如图 2-29 所示。

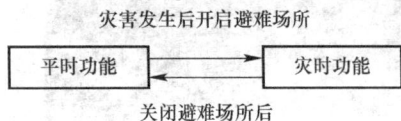

图 2-29　平灾功能转换图

　　实现平灾功能转换是确保避难场所功能连续性、适应性和阶段性的基本保障。珍惜和合理利用每一寸土地是我国土地资源利用的基本国策。城镇不应有专事灾害避难而无平时功能的避难场所。

　　平时功能与灾时功能是指定避难场所多种功能的融合与阶段划分。所谓功能融合是指平时功能与灾时功能共存于经过设计建设的指定避难场所。平时，以平时功能为主并兼容灾时功能，或者说平时功能显在，灾时功能潜在；灾时，则安全、有序、快捷地开启防灾设施形成各种灾时功能，平时功能可能潜在也可能显在。

2.10　突发事件应对阶段划分与规划设计

2.10.1　阶段划分

　　城镇突发事件的发生、灾后应急响应、恢复与重建是一个过程。大致的过程是平时→临灾时期→灾时→应急响应时期→恢复期→重建期→灾后的平时。应对阶段详细划分如图 2-30 所示。

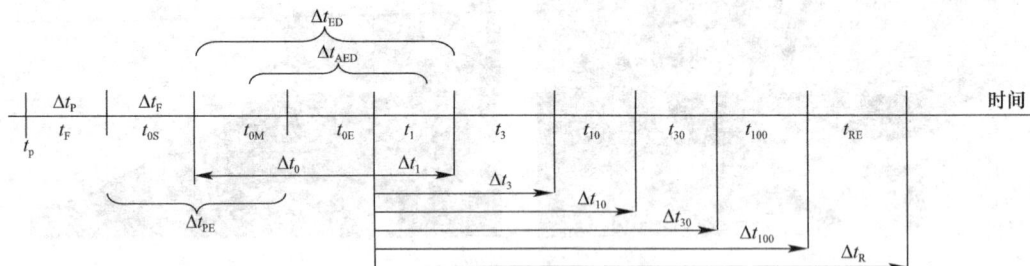

图 2-30　突发灾害应对阶段划分示意图

180

（1）平时 Δt_P

城镇既无突发事件发生又无突发事件预警的时期。在这个阶段城镇应当积极制定各种防灾规划，编制预防突发事件与灾后应急响应预案与规章制度。就防灾避难而言，制定城镇防灾避难场所发展规划（短期、中期与远期），规划设计城镇防灾避难场所系统，按规划的时序建设城镇各个防灾避难场所，数量与能够收容的避难人数不断增加，防灾功能逐步完善，城镇避难防灾结构日臻强化，在未来数年内建设成收容避难人数满足避难需求，防灾功能能够确保避难人员人身安全，突发事件发生后有基本生活保障，各类城镇资源损失较少的防灾避难场所系统。平时城镇处于正常发展状态，构筑各种防灾场所与防灾设施，储备灾时必需的各类救灾物资，都比灾时容易得多。应当未雨绸缪，利用平时做好防灾避难的准备工作，灾时组织指导避难才能有序、有方，避难行动与避难生活才能确保安全。防灾的准备工作越充分、越科学，防灾避难越有成效，突发事件造成的损失也越少。

（2）临灾时期 Δt_F

城镇突发事件开始预警至灾害发生前的时期。这是积极应对即将发生的突发事件的关键性时期。有些灾害可以预测预报，在灾害到来之前，采取紧急应对措施。1960 年和 2010 年两次智利地震都引发了海啸，并经太平洋到达日本东部沿海，耗时 20h 多，震后及时发出海啸警报，日本东海岸的居民有可能提前采取避难措施，躲避海啸袭击。1975 年我国成功地准确短期预报了 7.3 级的海城地震，预报发布后，积极组织居民避难疏散，转移重要设施和物资。震灾只造成 2 000 多人死亡，经济损失人民币 8 亿多元。如果没有预报或预报后不采取抗灾措施，推测将有 10 余万人伤亡，经济损失可达 50 亿元人民币。2004 年年底印度尼西亚地震伴生海啸由于海啸预警系统瘫痪或没有海啸预警系统，海啸袭击地域的居民和游人没有预先躲避海啸，死亡 20 余万人。如果有灾害预报系统，且准确发出灾害预报，城镇有关部门必须依据灾害发生的时间、受灾程度与灾害地域分布，发布避难劝告或避难指示，组织居民及时到指定的避难场所避难；城镇居民应当听从当地政府的指挥，配合做好灾前的准备工作。特别应当强调指出，发生严重近海地震且有可能受到海啸袭击的地区，即使尚未发出海啸预报，也应自主地到海啸专用避难场所或其他避难场所避难，2011 年东日本地震发生后二三十分钟才发生海啸，有逃出海啸袭击区安全避难的时间，2004 年印尼地震伴生海啸，震后几分钟近震源的海岸就发生了海啸，紧急到附近的海啸专用避难场所避难也有逃生的可能。在可能受到海啸袭击的地域建设海啸专用避难场所，对保护当地居民和游人的人身安全有重要意义。日本已在东部沿海建设了一些海啸专用避难场所，美国海滨城市坎农比奇市也拟建海啸专用避难场所，如图 2-31 所示。显然，准确预测预报特别是短期预报，对保护城镇居民的人身安全，减少经济损失起着重要作用。

（3）灾时 Δt_0

从主灾发生到其影响结束的时期。严重突发事件往往是复合灾害，例如：台（飓）风与暴雨，地震与火灾，近海地震与海啸，暴雨与泥石流等。有些复合灾害的主灾与次生灾害相

图 2-31　美国拟建的海啸避难场所

伴而生，难以划分主次，像北美洲墨西哥湾发生的风灾、雨灾共存的灾害，称之为飓风，灾害形成后往往风飘雨暴，灾害消失时一般风停雨消。规划的城镇防灾避难场所必须能够应对风灾和水灾，或者组织远程避难。发生在城镇的严重地震灾害主震时间很短，多以秒或分计，但危害严重，经常造成人员伤亡与重大灾害的经济损失。因此，应对地震灾害的城镇防灾避难场所数量多、规模大，灾后恢复与重建的时间长。海啸波在海洋的传播过程中能量衰减甚少且不发生灾害，但到达海岸后因行进受阻能形成数米到几十米的水墙，快速冲上滨海地域，淹没、冲毁建筑与设施，造成惨重损失，如图 1-15 所示的东日本地震石釜市从海啸袭击到海啸平息大约 50min，为了海啸袭击区内的居民和游人能够及时避难，应在避难困难地域设海啸专用避难场所。海啸是海啸波传播产生的灾害，有可能危害数个沿海地域，像 2004 年印度尼西亚地震伴生海啸，袭击了菲律宾、泰国、斯里兰卡等多个国家的沿海地域，同一次地震引发的海啸在不同的国家有不同的灾时。

（4）灾后

灾后是自城镇突发事件发生到恢复重建结束的时期。和临灾时期、灾时比较，这是一个较长的时期。以 1976 年唐山地震为例，灾后时期大约为 10 年，到 1986 年重建基本结束，居民基本迁入正式住宅。经历了紧急应对、避难、建设简易城市、恢复与重建等阶段。防灾避难场所与这些阶段有极为密切的关系。紧急应对的核心任务是救护受灾人群，救护越及时，人员伤亡越少。严重地震灾害后一般会有居民埋压在建筑废墟中，必须及时扒救，通常所说震灾"黄金 24 小时"，即在较短的时间内从废墟中扒救出的人员生存率高。据统计，1980 年意大利地震、1983 年土耳其地震、1985 年墨西哥地震、"黄金 24 小时"扒救出的人员救活率分别为 90％以上、80％～90％和 70％，之后随时间推移，逐步减少，一周以后少有救活者。1976 年唐山地震，扒救时间与救活率的关系是 30min 之内 99.1％，"黄金 24 小时" 81.0％，第二天、第三天 35％左右，第四天 19.0％，第五天 7.4％。扒救的主要方式是自救与互救，唐山地震后被埋压在地震废墟中的人员约 63 万，其中约有 48 万是扒救出的。因此，严重地震灾害后，有扒救能力的人员应首先参加扒救，然后才考虑避难。避难有两种情况，一种是城镇建设了防灾避难场所，并有充分的救灾物资储备，可劝告、指示无家可归者和有家难归者到指定避难场所避难，避难过程是有组织的、有序的、安全的；另一种是城镇没有建设防灾避难场所，也没有救灾物资储备或储备不足，灾后居民自主避难，往往是无组织的、混乱的，存在安全隐患。唐山地震时，灾前唐山市没有规划建设防灾避难场所，极震区的居民就地取材在地震废墟上搭建了窝棚，随后人民政府有组织地建设避难简易房，居民入住抗震、防风雨、保暖、能生火做饭的避难场所。居民的基本生活有了保障，开始建设简易城市，工厂简易开工，政府机关简易办公、医院简易门诊、商店简易营业，学校简易开学，城市生命线系统开始恢复。在全国军民的鼎力支援下，英雄的唐山人民开始重建新唐山。随着住宅建设的进展，居民陆续搬入正式住宅。唐山市除了几处地震遗址外，地震灾害的痕迹逐步减少，直至消失，一座比震前更美好的城市屹立在冀东大地，渤海之滨。唐山地震灾区从平时到灾时，从灾时到灾后，再到新的平时。城市防灾避难场所对这个过程的实现起了重要作用，居民基本生活以及人身安全有保障，为 20 余万支援唐山的部队、医疗队和工程技术人员提供宿营地。

在图 2-29 中，与避难及其组织指挥相关的应对阶段是安全保护期 Δt_{SG}，即灾害发生时保障避难人员安全的时期。其又划分为灾前有效避难期 Δt_{PE}（灾前紧急避难的安全时期）、紧

急反应处置期 Δt_{ED}（预警预报信息发布后或未有预警预报突发灾害发生后，启动应急预案，对要害系统和重大灾害危险源进行紧急防护处置等的阶段）、紧急自动处置期 Δt_{AED}（要害系统、重大灾害危险源等所采取的自动处置措施反应时间，以防止或减轻损失，防止或减轻应急功能受到严重影响，防止或减轻重大灾害次生灾害，应急功能启动或恢复）、灾后紧急反应处置期 Δt_1（灾后启动应急预案，启动应急救灾和避难等，严重地震为震后 4～10h 内）。

在图 2-9 中，还有紧急救灾期 Δt_3（3d，严重地震灾害，下同）、应急评估处置期 Δt_{10}（7～10d）、应急恢复期 Δt_{30}（30d）、应急安置期 Δt_{100}（90d）、恢复重建期 Δt_R（震后 90d 之后）。

2.10.2 阶段划分示例

每次严重突发事件灾前、灾时、灾后的阶段划分具有大致相同的规律性。

（1）唐山地震唐山火车站灾前、灾后的变化如图 2-32 所示。

1907年   1972年

灾前

建筑倒塌（1976年7月）   简易火车站（1976年9月）

灾时   灾后

原址新建候车站（1983年）   新址火车站（1994年）

灾后

图 2-32 唐山地震前后的唐山火车站（一）

改造后的新址候车站（2012年）

图 2-32　唐山地震前后的唐山火车站（二）

图 2-31 表明，严重地震灾害灾前、灾时、灾后建筑物发生明显变化。灾前，建筑物具有正常的平时功能；灾时，有些建筑灾时倒塌，丧失使用功能；灾后，建筑从简易到正式，逐步恢复重建，构建新的更完善的平时功能。在这个过程中，一般伴随着人力资源、物力资源的损失，无家可归者和有家难归者在防灾避难场所避难，得到国内外的支援，并投入大量的人力、物力，采用最新的科学技术恢复重建，创建新水准的平时功能。

（2）2011 年 10 月 23 日土耳其 7.2 级地震当天可以划分为几个紧急应对阶段，见图 2-33 所示。灾时大量房屋倒塌，灾后紧急扒救埋压在地震废墟中的灾民，应急救治重伤员，及时调拨救灾物资，组织灾民露天避难。

震时房倒屋塌

震后扒救地震废墟下的人员

图 2-33　2011 年土耳其 7.2 级地震当天的紧急应对措施（一）

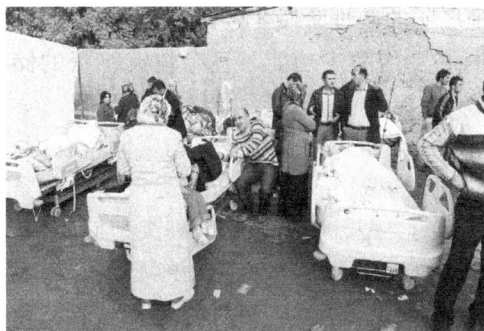

救治伤员　　　　　　　　　　　调拨救灾物资

露天避难

图 2-33　2011 年土耳其 7.2 级地震当天的紧急应对措施（二）

土耳其是地震多发国，但尚未规划建设城镇防灾避难场所，无家可归人员只能露天避难。但能应急扒救埋压在废墟中的灾民，救护重伤员，紧急调拨救灾物资，组织露天避难（避难人员主要是儿童和老年人）。并一度拒绝国际援助，称国家有能力救灾。

2.10.3　阶段划分的意义

根据事物发展的客观规律，按时序或其他特征把事物发展划分为若干个阶段，对于揭示事物发展的本质与延续性、相关性有一定的参考价值。

突发事件应对阶段的划分以阶段性为特征，划分为灾前、灾时与灾后，各时段还能更详细地划分。城镇防灾避难场所的规划、设计、建设与划分的各个阶段都有密切关联。

规划、设计与建设城镇防灾避难场所应当是灾前行为，未雨绸缪、防患未然。严重突发事件必然产生无家可归人员和有家难归人员，特别是严重地震灾害的避难人员往往几万、几十万、上百万甚至更多，必然存在在避难场所的避难阶段。经规划设计建成的防灾避难场所，设置各种防灾设施，启用后产生灾时必需的防灾功能，且有救灾物资的储备，能够确保避难人员的基本生活。

设计建设城镇防灾避难场所的核心内容是宿住（宿营）场所与救灾物资储备仓库，为灾后衣、食、住、医创造基本条件。从避难的时间长短划分，城镇防灾避难场所有紧急、短期、中期与长期4种，为规划设计防灾避难场所的类型、防灾设施的种类与储备救灾物资的品种等提供依据。从避难路途长远的角度看，有近程避难（在本城镇就近避难）与远程避难（宿住不在本城镇，而是在距本城镇较远的其他地域），规划设计时，宿住场所、避难道路的确定与救灾物资的储备方式不同。

避难可能发生在严重突发事件发生前，准确的地震短期预报或台风、海啸等预报、警报发布后，劝告、指示避难；也可能发生在严重突发事件发生后，严重地震灾害发生后，居民的紧急避难等。上述避难行为虽然发生在灾前、灾后两个阶段，但规划设计的核心内容相同。

避难阶段往往与其他相邻或相近的阶段交叉进行。以图2-32为例，在土耳其地震发生的当天，扒救、避难、救灾物资调拨、抢救重伤员等同时分别进行。由于许多居民踊跃参加救灾活动，不能避难。因此，防灾避难场所不是在地震当天出现避难高峰，而是地震后几天。规划设计城镇防灾避难场所收容避难人数的规模，应以避难高峰时的人数为准，满足居民避难的需求。

相比之下，2011年东日本地震前，灾区建设了防灾避难场所，灾后较快宿住到体育馆等避难场所，但一些避难场所较长时间内缺少饮用水、食品、御寒物品等，基本生活得不到保障。2011年内发生的这两次严重地震，土耳其没有规划建设防灾避难场所，灾民不得不露天避难；日本规划建设了防灾避难场所，灾后部分避难场所生活用品紧缺。这表明，规划建设城镇防灾避难场所必须紧密围绕规划建设的核心内容，即避难宿住场所与基本生活用品，避难人员方能安全避难。

建成城镇防灾避难场所系统对其他各应对阶段有重要影响。以严重地震灾害为例，灾后随即开启防灾避难场所，保障避难人员安全入住和入住后的基本生活，为开展其他救灾工作创造基础条件。震后，避难人员不仅过避难生活，还要参加各项救灾工作，参加灾区的恢复与重建。像唐山地震极震区的简易房，居民在其中居住了几年甚至长达10年。民以食为天、以居为安、生活无扰、吃住无忧、安居乐业，为避难环境下，灾区人民和支援灾区的军民积极投身恢复与重建创造了基本生活条件。

2.11　综合防灾理念与避难场所规划设计

随着城市化的快速发展，城市在国家的政治、社会、经济、教育、科学研究等各个领域的作用与功能越来越重要。城市已经呈现出建筑物集中、人口集中、财富集中、生产集中、教育科技集中、生命线系统集中和各种灾害集中的发展态势。这些"集中"相互作用、互相影响，共生存、同发展，致使城市社会经济系统的影响因素及其相互作用错综复杂。尤其是各种灾害对城市的破坏作用日益严重，制约城市发展进程，阻碍城市可持续发展。一场严重的地震灾害造成人员伤亡、建筑物倒塌、生命线系统和环境系统破坏，产生惨重的经济损失，不亚于一场规模较大的局部战争；干扰市民的正常生活、引发市民精神创伤与心理创伤；居民从正常的城市生活骤然间跌入灾害的深渊，不得不到避难场所避难，欲再次恢复到正常的城市生活，需要数年的时间，并有较大的抗灾救灾资源投入。像东日本地震福岛核电站泄漏，将在较长时间内威胁遭受核污染地域居民的人身安全。

我国目前的灾害管理体制存在明显的脆弱性，难以安全、有效地应对各种重大灾害的袭击。应当实施城市灾害综合管理，利用行政、法律、经济、技术、教育等多种手段，依据城市总体规划、城市综合防灾规划和城市避难场所发展规划的要求，实施城市抗灾救灾机构的整合、抗灾救灾各个环节的整合、抗灾救灾区域的整合、抗灾救灾资源的整合、避难场所的整合（统筹规划建设避难场所系统），灾害综合管理与城市可持续发展的整合，制定城市灾害管理目标，科学管理城市灾害。

2.11.1 城市灾害管理的脆弱性

依据世界卫生组织的定义，所谓灾害，是指造成广泛的人员、物资和环境损失的一种严重的社会机能破坏，其严重程度超出了所受影响的社会使用自身资源应对的限度。这一定义涵盖了自然灾害、环境灾害和人为灾害。联合国国际减灾战略秘书处定义了自然灾害，认为其是自然危害对具有一定程度脆弱性的社会经济系统所造成的影响与后果。这种脆弱性妨碍了社会能够用适当的方式应对这一影响。

上述定义比较完整地解释了灾害与自然灾害的基本特征和产生城市灾害的一个非常重要的侧面——城市社会经济系统具有一定程度的脆弱性。研究抗灾救灾的城市社会经济系统脆弱性及其预防、消除、减轻对策，对于城市抗灾救灾有重要实用价值。一个国家、地区或城市的社会经济系统的发展状况对城市避难场所的规划建设产生重大影响，决定是否有社会经济实力规划设计建设避难场所系统，防灾设施是否有较高的防灾抗灾能力，救灾物资是否满足灾时的救灾需求等。有些经济发达国家不仅建筑物的抗灾强度高，而且避难场所系统完备，避难场所的防灾设施齐全，有较强的避难能力。有些发展中国家的建筑物防灾能力低，有些尚未规划建设城镇防灾避难场所，抵御灾害能力与避难能力都比较弱。当然，有的经济发达国家应对重大灾害也存在重要的薄弱环节，例如：1995年日本阪神地震救灾迟缓，2011年东日本地震数万人死于地震次生灾害海啸且一些避难场所救灾物资贫乏，在较长时间内一部分避难场所的避难人员解决不了温饱。

从城市灾害管理的角度看，城市社会经济系统的脆弱性主要表现在以下几个方面：

（1）城市灾害管理机构的分散性、无主导性

目前，我国城市灾害管理基本上是不同的行政管理部门分别管理各个灾种。地震管理部门管理地震灾害，水利部门管理洪涝灾害与旱灾，环境保护部门管理环境污染灾害，林业部门管理森林防火等。50多年来，采用这种管理模式，虽然取得了显著进展，但也明显地暴露出分散性的城市灾害管理体制，不能适应城市灾害"三发"（连发、并发、多发）现象日益严重的发展趋势，也有悖于抗灾救灾各个环节有机衔接的基本规律。城市一旦出现"三发"的重大灾害，难以形成城市灾害管理的权威主导机构，有可能出现城市灾害管理的分析失误、预测失误、适应失误、多重失误以及异常失误，使灾害管理链的各个环节

（防灾、减灾、备灾、紧急响应、避难与救援、灾后恢复与重建）严重脱节。城市灾害管理机构的分散性、无主导性，难以提升城市灾害管理的社会效益、经济效益和减灾效益，也是应对各种灾害城市社会经济系统呈现脆弱性的重要表现。可以设想，如果城镇避难场所系统由各个灾害的管理部门分散性地、无主导性地规划设计，违背统筹规划原则，必出现多头重复规划建设的局面，不仅造成避难资源与经费的浪费，突发事件一旦发生很可能出现灾害管理、避难劝告与避难指示、避难行动与避难生活的混乱，严重危害救灾、避难、恢复与重建。

（2）没有形成广域城市灾害管理的理念

在城市灾害分散管理体制的制约下，各个灾种的管理，城市灾害管理链各个环节的组织实施，抗灾救灾资源的储备与使用，防灾避难场所系统规划、设计与建设等，着眼点只囿于本部门、本市辖区范围内，忽略了其他部门、周边城市对本市抗灾救灾可能提供的支持与贡献。特别是随着城市化蓬勃发展，许多国家出现了不同规模的城市群。在城市群界定区内，城市密度高，各个组成城市间距离近，并存在各种社会经济联系与交流，有紧密相连的城市生命线系统特别是交通系统、通信系统和供电系统。城市群中的各个组成城市，有明显的抗灾救灾互补性。但分散性的城市灾害管理体制没有充分利用这种互补性强化城市抗灾救灾综合能力，处于只能利用本城市抗灾救灾资源管理城市灾害的脆弱状态。基于广域城市管理的理念，规划城市防灾避难场所系统时，可以考虑与相邻地区、周边城市共建部分避难场所（包括远程避难场所），扩充避难场所资源，增加避难场所的总有效避难面积和收容能力。提倡规划建设大城镇防灾避难场所系统、大防灾公园系统以及大远程避难场所系统有重要的实用价值。例如：规划设计城市避难场所系统时，不仅仅涵盖中心城区，还应包括其他区（县、镇），统一规划设计、分批建设、统筹管理、储备的救灾物资统一调度，灾时中心城区与其他区（县、镇）相互支援、统一指挥，强化城市总体防灾结构与功能。

（3）抗灾救灾资源储备与配置、分配不合理

所谓抗灾救灾资源是在抗灾救灾活动中，可以被开发利用，通过人类劳动能够创造财富或资产，可以减少城市灾害损失的各种经济资源的集合。抗灾救灾资源包括具有抗灾救灾功能的人力资源、物资资源、技术资源、信息资源与城市生命线资源等。城镇避难场所系统也是重要的抗灾救灾资源。储备和配置抗灾救灾资源是城市灾害管理的重要任务。在分散性城市灾害管理体制下，城市抗灾救灾资源按照不同的行政管理部门或不同的灾种分别储备和配置。其结果或者重复储备严重，或者配置极不合理。以城市灾害管理的通信系统而言，如果按照不同灾种分别设置，一座城市要设置功能、设施雷同的多个系统。多头建设、多头管理、多头使用、多头指挥，各家自成系统，有悖信息共享原则，造成信息资源的严重浪费与信息共享功能弱化。而且，各个灾种的抗灾救灾资源在没有主导性抗灾救灾机构合理指挥的情况下，难以实时统一调动、合理配置，处于难以形成合力的弱化状态，不能发挥抗灾救灾资源的整合效益。

城镇防灾避难场所的信息管理系统应当与城镇防灾管理信息系统、新闻媒体特别是电视台、电台、报纸的信息管理系统、因特网等连接，为灾时避难人员掌握灾情信息、避难信息、救助信息、安否信息等提供信息依据与途径。

重大灾害后，有时出现救灾物资分配不合理的现象。东日本地震时，交通不畅地域

的避难场所得不到救灾物资；2011 年 7.2 级土耳其地震发生后的最初几天，调拨给农村的救灾物资不能满足农村避难人员的需求，发生农民拦阻救援车辆，抢夺救灾物资的现象。

（4）城市灾害管理的各个环节严重脱节

城市灾害管理的重要环节包括防灾、减灾、备灾、紧急响应、避难与救援、灾后恢复与重建。在各灾种分散管理的体制下，这些环节的管理分属于城市的地震、水利、民政、公安、消防、城建、卫生、规划与建设、交通、气象、通信等行政管理部门，而且，有的环节涉及多个管理部门。抗灾救灾各个环节之间的有机衔接，各管理部门的协作协调特别是横向跨部门的协作协调，抗灾救灾资源的整合、调拨与配置等，都有较大的难度。重大灾害发生后，有可能造成救援行动迟缓、组织不利、居民无组织的自主避难；城市生命线系统恢复时间过长，居民基本生活没有保障；住宅建成速度缓慢，居民难以结束避难生活；瘟病蔓延或次生火灾肆虐，次生灾害得不到及时控制；灾时社会秩序混乱，抢匪横行，犯罪案件居高不下等，都和城市灾害管理的各个环节严重脱节相关。

还应当指出，由于城市灾害管理的分散性，难免发生行政管理部门间的推诿现象，导致某些环节或某些功能缺位，使城市灾害管理处于人为弱化状态。

在上述脆弱性中，城市灾害管理机构的分散性与无主导性是关键性因素。建立功能齐全、职责到位、科学管理的城市灾害综合管理机构，实现多种管理目标的整合，是城市灾害管理的重要发展方向。城市统筹规划建设、设计避难场所系统在克服避难场所系统管理的分散性、无主导性，在广域范围内规划建设避难场所系统以及防灾避难场所系统在城市的合理配置，防止避难场所系统管理各个环节脱节等都起重要作用。

2.11.2　城市灾害管理的综合性

综合防灾具有灾害管理的综合性、整合性和融合性。应当把城市视为完整的生命体系统，综合防灾则具有生命体的多样性；应当综合、整合、融合防灾情报理论、防灾城市建设理论、防灾环境理论和防灾行动理论，形成综合防灾学的理论框架，指导综合防灾实践。

依据综合防灾的基础理论与实践，我国城市灾害管理应开展以下几项工作。

（1）建立城市灾害综合管理机构

20 世纪 70 年代以来，许多国家相继成立了灾害综合管理机构。美国的联邦紧急事务管理局，日本的中央防灾会议，俄罗斯的紧急事务部，瑞典的紧急救援服务局和危机管理局，澳大利亚的联邦紧急事务管理局，孟加拉国的灾害管理和救济部等相继问世。尽管这些国家的灾害综合管理机构名称各异，功能也未必完全相同，但都力求通过组织与功能的整合、重组，实现各级政府灾害管理的联系与整合；整合政府各部门与各级政府的灾害管理计划与行动，扩大各级政府抗灾减灾资源的综合利用；强调灾害管理的长期性、持续性、有效性；既管理自然灾害，也管理人为灾害；既管理防灾、减灾、备灾，也管理包括组织指导避难在内的应急响应与救援、恢复与重建，实施抗灾救灾各个环节的全过程管理。我国应当汲取国外灾害综合管理的经验教训，整合国家各部委的抗灾救灾机构及其功能，结合我国国情建立常设的国家灾害综合管理机构，各省、直辖市、自治区以及所属的市、县设立相应的机构，形成纵向的各级领导机构，综合管理各种灾害。只有建立国家灾害综合管理机构系统，才能有效地实现灾害管理机构的整合，城市灾害管理各个环节的整合，城市灾害管理地域的整合，避难场所系统的整合与城市抗灾救灾物资储备、调拨与利用的整合，城市灾害综合管理与城市可持续发展的整合。各级城市灾害综合管理机构形成政府统一领导、部门分工协作、社会共同参与的灾害综合管理体系，负责灾害管理机构的建立、健全，城市抗灾救灾对策的综合调整，城市综合防灾规划、避难场所发展规划以及灾害应急预案的制定与实施，灾害情报的收集、加工、传递，灾害的监测、预警与预报，抗灾救灾教育与训练的组织实施，城市抗灾救灾设施与建筑的规划建设与管理；指导、支援消防与救急，处理防火、易燃易爆危险品的相关事务，管理、使用防灾直升机，处理危机管理与保护市民等业务。

我国城市灾害综合管理已经得到有关政府领导部门和灾害管理、灾害研究人员的重视。为了推动我国国际减灾 10 周年活动，1991 年成立了三部委（国家科委、国家计委和国家经贸委）自然灾害综合研究组，对我国各类重大自然灾害的灾情与规律进行了深入综合调研，为国家防灾提出了综合性策略与对策。这预示着，我国将在灾害管理体制上进行重大改革。对城市避难场所系统而言，在城市灾害综合管理机构的领导下，宜建立分支领导机构，负责避难场所系统的规划建设与管理，充分发挥其平时和灾时的各种功能。

（2）城市灾害管理各个环节的整合

城市抗灾救灾是有时序的。灾前的主要环节是防灾、备灾、减灾；灾后的主要环节则是包括避难在内的应急响应与救援、灾后恢复与重建。而且，每一个环节都贯穿着灾害综合管理的理念，优化抗灾救灾资源，减少灾害造成的人员伤亡、经济损失与居民的精神创伤，缩短受灾时间，提高避难生活质量，市民尽快走上正常的城市生活，确保城市可持续发展。整合灾前、灾后的各个环节，在抗灾救灾资源配置上，合理地从灾后向灾前转移，建设抗灾防灾能力强的城市，减少灾害造成的城市损失，从而减轻灾后应急响应与救援、灾后恢复与重建的任务。灾前的各个环节，关键在于防灾，防灾是备灾、减灾的前提与基础。灾后的各个环节一环扣一环，环环相连，实时、有效的紧急响应与救援是减轻灾害的重要因素，也是进入灾后恢复环节的必备条件，而有效地恢复则为重建打下坚实基础。实现城市避难场所系统规划、设计、建设与管理的整合，避难场所系统管理与城市灾害管理的整合，是提高城市避难场所防灾功能的重要措施。

（3）城市灾害管理地域的整合

包括三种地域的整合。其一是重灾区的整合，重灾区是灾前防灾、备灾、减灾以及灾后紧急响应与救援、恢复与重建的重点地区；其二是重灾区与轻灾区的整合，在灾害管理的对策与抗灾救灾资源配置上，坚持灾情轻、重有别的原则，抗灾救灾的重点在重灾区，同时兼顾轻灾区，不同的灾情有不同的抗灾救灾对应；其三是有城市群的地域，通过各组成城市灾前签订的共同抗灾救灾协议，充分发挥组成城市可能的支持与贡献，快速把受灾市民安全疏散到指定的各个避难场所并开启所有防灾设施，快速提供抗灾救灾资源，确保避难人员的基本生活需求，快速恢复生命线系统等。

（4）城市抗灾救灾物资的整合

抗灾救灾资源是完成灾害综合管理各个环节的资源保障。在城市灾害综合管理机构的统一调度、指挥下，实现政府各部门分管的抗灾救灾资源的整合，受灾区域内抗灾救灾资源与域外支援、调拨抗灾救灾资源的整合，国内抗灾救灾资源与国际援助的抗灾救灾资源整合，形成抗灾救灾资源的综合实力。还应当指出，科学地整合、配置抗灾救灾人力资源、信息资源、技术资源和物资资源对于提高抗灾救灾资源的实时性、有效性以及取得抗灾救灾的社会效益、减灾效益有重要意义。在抗灾救灾资源整合与配置上，应当贯彻"预防为主，防、抗、避、救相结合"的原则。而且，实现"防、抗、避、救"的整合，把灾害影响控制在最小限度。城市救灾物资的整合包括合理的种类与数量的整合，与各个防灾避难场所需求的整合，本城市的救灾资源与国内外支援灾区的救灾物资的整合。

依据地震灾害的衰减理论，地震灾情以震中为圆心向四周地域逐步衰减。地震波在震中附近释放的能量最大，灾情最重，然后地震波向周围地域传递，释放出的能量越来越小，破坏程度越来越轻，直到没有破坏现象发生（即到了非灾区的分界线）。1976年唐山地震人员死亡率等值线与建筑倒塌率等值线的分布如图2-34所示。从图中可以看出，唐山大地震时，震中位于唐山市路南区，灾情最严重，与唐山市比邻的几个县（丰南、丰润、滦南）灾情较重，而与这几个县比邻的各县灾情则逐步减轻，到了遵化县和迁安县的北部地域震亡率和房屋建筑倒塌率近零或为零，即这些地方虽然有震感，但没有震害或震害轻微。研究表明，1902年新疆阿图什地震、1920宁夏海原地震、1923年四川炉霍-道孚地震、1933年四川叠溪地震、1937年山东菏泽地震、1948年四川理塘地震、1952年西藏当雄地震、1954年甘肃山丹地震、1966年河北邢台地震、1970年云南通海地震、1973年四川炉霍地震、1974年云南永善地震、1976年云南龙陵地震等也有相似的规律。虽然并非严格按照同心圆层层递减，但近震中灾情重，远离震中灾情轻，房屋倒塌率和人员死亡率高的地域灾情重，是多次严重地震灾害显露出的基本规律。这些规律对严重地震灾害后配置救灾资源、抢险救灾人力资源、医疗与卫生防疫人员有重要参考价值。

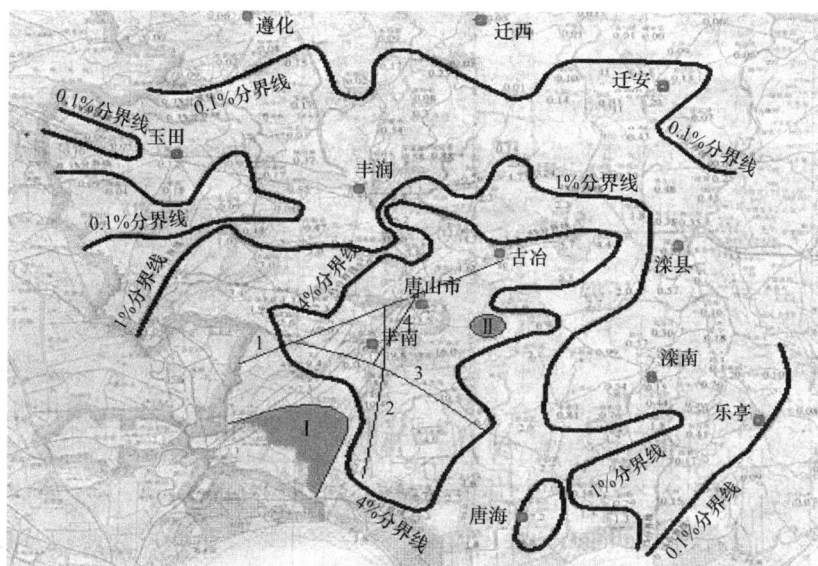

人员死亡率等值线

图2-34 唐山地震人员死亡率等值线与建筑物倒塌率等值线分布图（一）

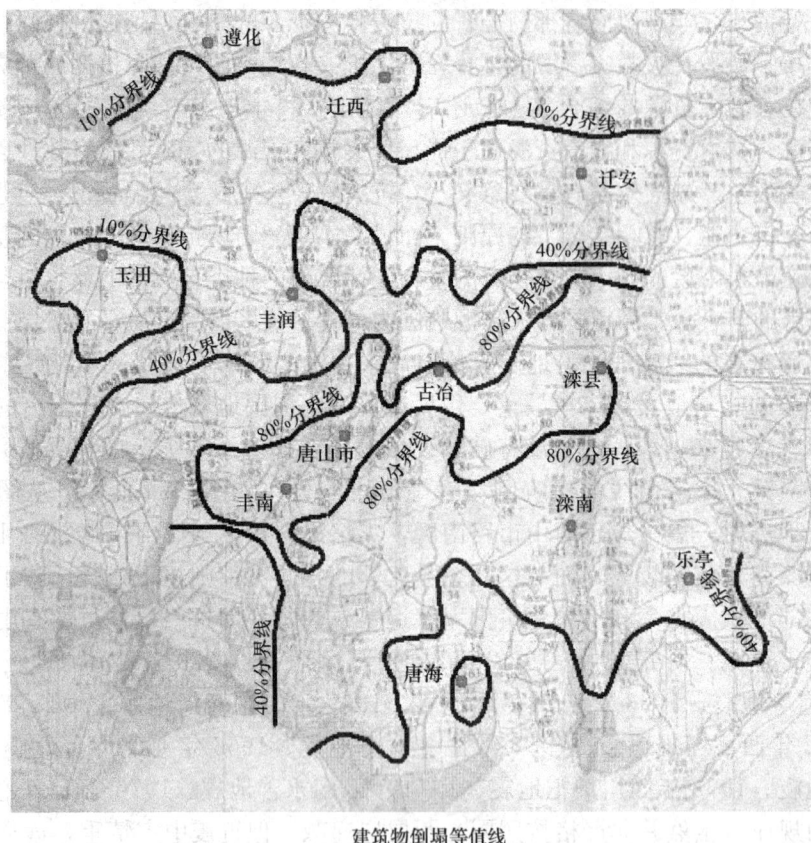

建筑物倒塌等值线

图 2-34　唐山地震人员死亡率等值线与建筑物倒塌率等值线分布图（二）

（5）灾害综合管理与城市可持续发展的整合

必须从城市可持续发展的高度审视城市灾害综合管理。城市灾害综合管理从组织上、资源上、策略上、方法上形成抗灾救灾的合力，减少灾害对城市发展的负面影响。城市重大灾害发生后，城市 GDP 不同程度地降低。城市灾害综合管理的资源投入越少，综合防灾能力越弱，造成的城市灾害损失以及对城市可持续发展的负面影响越大。城市 GDP 越高，越要重视城市灾害综合管理，完善城市结构，提高综合防灾能力，为城市居民支撑起保障生命财产的安全保护伞。提高城市抗灾设防标准，科学利用城市场地，提高居民抗灾救灾意识，优化城市产业结构，建设综合防灾的城市，以人为本的城市，有创新力和经济蓬勃发展的城市。城市灾害综合管理确保城市无灾、少灾、减灾，化大灾为小灾，使城市可持续发展不受或少受重大灾害的冲击；城市经济可持续发展确保灾害综合管理具有强劲的组织力、号召力与抗灾救灾的综合实力，不断提升灾害综合管理的现代化水平和监测、预警与预报能力，为城市灾害综合管理创造科学、准确、有效、富有抗灾救灾实力的条件与环境。实施城市灾害综合管理，彻底改变城市原有的分散、分离、分割的灾害管理格局，建立综合、整合、融合的灾害管理体制，不仅仅可以提高城市抗灾救灾的组织、资源、地域的合力，也符合各种灾害以及抗灾救灾各个环节不宜分散、分离、分割的客观规律。实施城市灾害综合管理，可以有效地提高城市抗御各种灾害的能力与效果。

我国在《中国 21 世纪议程》中明确提出："要建立与社会、经济发展相适应的自然灾害综合防治体系，综合运用工程技术与法律、行政、经济、管理、教育等手段，提高减灾能力，为社会安定与经济可持续发展提供更可靠的安全保障。"

我国是自然灾害特别是地震、洪涝灾害多发国，人为灾害也时有发生，加强灾害综合管理，提高抗灾救灾综合实力，对于确保国家稳步持续发展有极为重要的意义。我国宜建立全国性的灾害综合管理常设机构，并在其统一领导下，实施城市抗灾救灾机构的整合、抗灾救灾各个环节的整合、抗灾救灾区域的整合、抗灾救灾资源的整合、灾害综合管理与城市可持续发展的整合，把灾害管理水平提升到一个新的高度。

依据城市综合防灾理念规划、设计、建设防灾避难场所系统，可以把城市的避难场所资源及其管理与城市的灾害管理整合，有助于强化避难场所的防灾结构与防灾功能，更充分地开发利用城市社会经济系统，完善、优化避难场所系统。

第三章 防灾公园规划设计

防灾公园是城镇防灾避难场所的重要组成部分，是许多城镇规划设计防灾避难场所重要的或首选的类型。而且，规划设计中，其内设置各种防灾设施，赋予避难必需的防灾功能，完善避难环境和避难条件，确保安全避难。

3.1 城市公园与防灾公园

从城市防灾公园规划设计的角度看，城市公园与防灾公园有不可分割的关联性。城市公园是规划设计防灾公园的首选场所，即城市公园赋予必需的各种防灾功能后，可以改造成防灾公园，城市公园的开放空间是赋予防灾功能的基础条件。防灾公园平时就是城市公园，其防灾设施或者与城市公园共用或者处于"隐性"状态，一旦突发事件发生，即可启用防灾设施，形成防灾公园必备的防灾功能，转换成防灾公园。但未赋予防灾功能的城市公园或只安置了防灾设施标识的城市公园不是防灾公园。城市公园与防灾公园功能上的包容性以及"平灾结合"的可能性，是二者同址共存的重要基石。既是城市公园，又是防灾公园，这是今后城市园林规划建设的发展方向，也是强化城市防灾结构的重要措施。

3.1.1 城市公园

3.1.1.1 城市公园的存在效益与利用效益

我国自行修建的第一个城市公园是无锡市的公花园（图3-1），已有100多年的历史。

图 3-1 无锡公花园

经过百年特别是近20年的规划建设，我国已经建成城市公园4 000余个，为规划建设防灾公园奠定了坚实基础。城市公园是不容忽视的城镇防灾避难场所资源。

城市特别是大中型城市有多种类型的公园。城市公园是城市的重要公共设施，平时供居民和游人游憩、观赏、运动、健身，开展文化活动。有些城市公园旅游资源颇具特色，城市旅游文化内涵丰富。有些城市公园还是重要的儿童乐园，丰富孩子们的假日生活。城市公园为居民亲近自然，日常生活融于自然，近距离接触自然，创造良好条件。

一座城市的公园数量越多、规模越大，在市区的分布越合理，产生的环境效益越大。城市公园还对城市结构、城市景观、城市生态平衡以及城市小气候的形成与完善，推动长寿社会和循环型社会的发展起不容忽视的作用。这是城市公园能够产生利用效益的基础功能。

通常，城市公园至少有 4 种功能，即创建人与自然和谐相处的城市环境；形成形式多样、四季变化的城市诱人景观；满足居民休闲、健身与文化活动的需要；提供避难场所，即通过规划、设计、建设，改造成防灾公园。

城市公园还为露宿人员提供露宿场所。据 2003 年 3 月统计，日本大阪市有露宿人员 6 603 人，其中在公园露宿的 2 061 人。这些露宿人员在露宿处随意搭建帐篷、窝棚，是城市公园管理值得关注的社会问题。

城市公园还具有 6 种存在效果，即城市形态效果——城市功能的区划，城市框架的形成，交通网络的分布，城市防灾结构的强化，城市多种用地的分割与缓冲，城市发展的基本路向等；环境卫生效果——调节城市的小气候、微气候和热岛现象，降低城市噪声，净化大气，防风，防尘等；防灾减灾效果——阻止火灾延烧，用作避难绿道、紧急避难场所或改造成防灾公园等；心理效果——感受城市公园的美景和绿化环境，使用各种游乐设施，心旷神怡，增进健康，灾时居民到熟悉的公园避难有安全感等；经济效果——给附近地域带来经济效益，节省医疗经费等；保护自然环境效果——城市绿化，增进草木的光合作用，蒸腾作用，调节气温气候，鸟类和鱼类等生物栖息地等。

许多国家重视城市公园绿地建设。据 21 世纪初统计，世界上城市人均绿地面积超过 40m^2 的城市有华沙、维也纳、堪培拉（各 70m^2），平壤（58m^2），柏林（50m^2），莫斯科（44m^2），华盛顿（40m^2）；另有巴黎（25m^2）、伦敦（23m^2）。

据 2010 年 3 月我国绿化委员会发布的《2009 年中国国土绿化状况公报》提供的信息，2009 年我国城市人均公园绿地面积 9.71m^2。截至 2005 年年底，我国城市绿化覆盖率为 31.66％。

从创建城市绿色网络或城市绿色系统的角度看，在城市公园、绿地、绿化带、山色与水景等构成要素中，城市公园往往具有主体功能，构成城市绿色网络或城市绿化系统的基本骨架。

规划设计防灾公园宜综合考量城市的多种防灾因素，发挥其综合防灾效益。如果城市公园与城市水系形成综合性的环境景观系统，可以产生城市形态、环境卫生、经济与防灾等多种效果。例如：唐山市环城水系把东湖公园、大城山公园、凤凰山公园、大钊公园、南湖公园、凤凰湖公园等重要城市公园连接在一起（图 3-2），增加了灾时各个公园之间的运输能力，对于避难人员和伤员的运输，公园发生次生灾害后避难人员紧急撤退，救灾物资的传递等都有一定的意义。城市公园融入城市交通网，城市群之间的联合避难与救援，远程避难系统的建立，构建包括防灾公园在内的城镇避难场所系统等，都能有效地提高城市的抗灾结构和避难场所的综合防灾能力。因此，规划设计防灾公园，不只是考虑城市公园与防灾公园自身，还必须融入城市灾害综合管理理念，强化整个城镇的防灾结构，全方位地提高防灾效果。

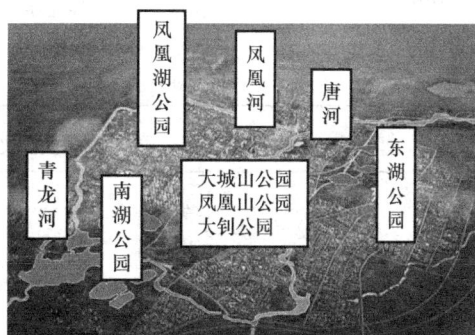

图 3-2　唐山的环城水系与城市主要公园

3.1.1.2 城市公园的基础防灾功能

（1）从灾后避难实践看城市公园的基础防灾功能

唐山地震时，唐山市极震区的建筑物基本倒塌或严重破坏。市区数以万计的居民在开放空间面积比较大的大城山公园、人民公园（现大钊公园）和凤凰山公园内搭建窝棚、简易房，为避难生活提供生活空间。

唐山地震的震害还波及北京和天津等城市。有文献记载，当时北京市的 15 个城市公园拥入 20 万居民避难，其中天坛公园、中山公园、陶然亭公园有 17.4 万人避难。由于这些公园不是防灾公园，没有完善的防灾设施和防灾功能，给首都的社会治安管理、避难人员基本生活的安排、公园环境与卫生的维护、交通疏导等带来诸多困难，避难人员的生命财产也存在严重安全隐患。

据对 1999 年台湾省集集地震灾区台北县、南投县的统计，灾后，10 万余人在 78 个防灾避难所避难。其中公园的避难面积占总避难面积的 19.7%，在公园避难的人数占总避难人数的 22.4%，居各类防灾避难场所的第二位。

1995 年日本阪神地震后，神户等城市开设了包括城市公园在内的 1 100 多个防灾避难场所，避难总人数 30 多万。地震当天在城市公园避难的人数占避难总人数的 10% 左右。地震次日，神户市的 389 个公园中有 54 个搭起帐篷，87 个公园有人在自家汽车内避难。阪神地震后考察了城市公园植被的防灾状况，结果如表 3-1 所示。

阪神地震城市公园植被防灾实况考察结果 表 3-1

防灾效果	防灾状况
防火	对地震次生火灾有遮蔽、阻止延烧作用，火灾终止形成燃烧终止线（表 3-2）
防止建筑散落	建筑物倒塌、倾斜时，邻近建筑物的较粗树木对其有支撑作用，建筑虽坏，但不倒落，不散落，无建筑落物堵塞邻近的避难道路和应急交通线路
减少建筑落物伤人	墙和屋顶上的攀援植物，能够减少瓦、墙皮等落下引发的伤人灾害
路行树的阻挡作用	干道两侧有路行树时，后者对建筑物倒塌形成的废墟有阻挡作用，有助于灾后干道畅通
界标作用	灾时建筑倒塌，废墟遍地，面目全非，看不出户与户、单位与单位之间的界标，而若其间栽种树木，则能起界标作用
灾时作支撑物	可以作临时帐篷的支柱，紧急照明或广播器材的线杆
心理效果	园内树木挺拔，避难人员有安全感，鲜花绿草赏心悦目，有安慰与振奋感

阪神地震次生火灾的燃烧终止线 表 3-2

火灾地区	烧失面积（m²）	燃烧终止线百分比（%）					
		道路	防火建筑物	非防火建筑物	开放空间		
					空地	绿地	小计
西代市场周围*	34 407	73.2	8.6	4.2	10.8	3.2	14.0
水笠西公园周围*	106 241	62.6	10.7	7.5	17.3	1.9	19.2
高桥医院周围**	38 850	72.9	14.5	2.6	10.0	0	10.0
神户百货商场周围**	35 100	55.7	27.7	6.7	8.3	1.6	9.9
新长田车站南**	39 570	87.0	13.0	0	0	0	0
菅原变电站周围**	74 043	65.2	22.0	2.1	10.6	0	10.6
会下山南**	53 346	51.0	19.8	17.1	11.7	1.1	12.8
平均值	54 508	66.8	16.6	5.7	9.8	1.1	10.9

*-须磨区，长田区；**-长田区。

从表 3-2 可知，包括绿地在内的开放空间燃烧终止线占 10.9%，绿地占 1.1%。道路防止火灾延烧的作用最好，高达 66.8%。1923 年日本关东地震开放空间的燃烧终止线约占 1/3，远高于阪神地震，推测是阪神地震着火处集中在建筑密集区，绿地和空地都少的缘故。

日本关东地震后，东京市发生严重次生火灾，近半个城市被大火烧毁。大约 6 万避难人员在避难行动中葬身火海，其中一个被服厂烧死 4 万多人。而在城市公园避难的居民则大多逃避了严重火灾的威胁。震后，东京市近 130 万人避难，在公园避难的约占一半，其中在上野公园避难的近 50 万，芝公园约 5 万，神川清住公园、荻寺公园等大小公园和部分皇家园林也有人避难。东京市的上野公园知名度高，开放空间大，交通通达性好，地震发生后 50 万人蜂拥而至（图 3-3），存在诸多安全隐患。从图中可以看出，避难人群十分拥挤，极易发生践踏事故；许多避难者车载肩扛大量衣物，一旦发生火灾必火烧连营，难以扑救，关东地震死亡约 14 万人，其中一半死于火灾，与此不无关系；由于居民自主盲目避难，有的人避难路途七、八千米，在灾时的拥挤状况下，需要走几个小时，避难路途或避难行动的时间越长，发生次生灾害的可能性越大。在这次地震中，上野公园等多个公园没有发生火灾，但浅草古原公园则有人员死亡（图 3-4）。

图 3-3　避难人员蜂拥而至

图 3-4　浅草古原公园灾后惨状

（2）城市公园的主要基础防灾功能

城市公园的主要基础防灾功能是其具有开放空间、可以营造防火树林带以及能够开发城市公园设施的基础防灾功能。其中有些基础防灾功能是其他城镇避难场所不具备的或难以形成的。

① 开放空间

城市公园虽然不是防灾公园，但也有一定程度的基础防灾功能。1923 年日本关东地震至 2008 年我国四川汶川地震的 80 多年间，发生了多次严重地震灾害。在这些地震灾害中，城市公园为避难人员提供临时休息、露宿的场所，并能阻止火灾延烧等。但这些防灾功能是基础性的，不完善的，没有防灾避难场所必备的各种防灾功能。

通常，大中型城市公园的开放空间比较大，灾时可以用作居民避难的棚宿区或支援灾区部队、工程技术人员、医务人员和志愿者的宿营地。

所谓城市公园的开放空间是指公园内的空地、草坪、广场、体育场、道路以及水面等（图 3-5）。为避难人员等提供休息、宿营、宿住等生活空间，也是设置各类防灾设施的场所。城市公园的开放空间，能够容纳较多的避难人员。城市公园开放空间的规模大小是决定其防灾功能以及对城市防灾结构贡献力的重要因素。

绿地

广场

停车场

体育场

图 3-5 城市公园的开放空间示例图

开放空间较大的城市公园有可能规划建设成中心防灾公园，开放空间较小的小花园、绿地等可规划建设为紧急避难场所，开放空间的面积位于二者之间的则有可能规划建成固定防灾避难场所。也就是说，城市公园的规模也是决定基础防灾功能大小的一个重要因素。一个城市拥有不同规模的各类城市公园，为构建合理的防灾公园系统奠定了基础。

绿地、广场、停车场和体育场是城市公园的主要开放空间，是选作棚宿区、宿营地的重要场所。有些城市公园虽然开放空间较大，但若主要是水面，或者山高坡陡，道路崎岖狭窄，或者有动物园等，不宜选作防灾公园。因此，防灾公园的避难开放空间是有选择性的，应当具有宜居性，不是任何的开放空间都可以用作棚宿区或宿营地。有满足避难需求的开放空间是城市公园改造成防灾公园的基本依据，不是每一个城市公园都具备防灾公园的避难功能品格。而且，防灾公园只是城镇防灾避难场所的一个组成部分，城市公园是否能够用作防灾避难场所，还要和邻近的其他场所进行比较研究、合理选用、择优入围。

我国部分省、直辖市、自治区首府规划的防灾公园面积如表 3-3 所示。在这些规划、建设的防灾公园中，有的水面面积较大，如石家庄市水上公园、太原市迎泽公园、长沙市烈士公园、合肥市天鹅湖公园、武汉市中山公园等。有的是大型公园，像济南市泉城公园（植物园）、长沙市烈士公园等。也有小型的公园绿地，昆明市宝海公园、上海市大连绿地、兰州市小西湖公园、南昌市孺子亭公园的面积都小于 4ha。但这些公园都有一定规模的开放空间用作棚宿区，大型公园还可辟为中心防灾公园。但只有这些开放空间，并不能为避难人员提供宿住或宿营条件，还必须搭建帐篷、简易房或过渡安置房。即在城市的救灾物资储备仓库中，储备避难需求的帐篷、搭建简易房的材料和过渡安置房预制件等。因此，只有开放空间并不完善，但为创建避难宿住空间奠定了基础。城市公园的开放空间是解决宿住避难空间的重要基础条件，但不具备防灾的完善条件。

我国一些省、直辖市、自治区首府规划建设的部分防灾公园面积　　　　表 3-3

城市	公园名称	面积（ha）	城市	公园名称	面积（ha）	城市	公园名称	面积（ha）
北京	元大都城垣遗址	38	天津	长虹	32	石家庄	水上	27
南宁	南湖	36	昆明	宝海	1.7	重庆	花卉园	16
上海	大连绿地	2.7	呼和浩特	满都海	18	兰州	小西湖	3.5
成都	塔子山	26.8	广州	晓港	16.7	沈阳	中山	18.9
太原	迎泽	66.7	银川	中山	32	西安	长乐	19.5
南京	南湖	11.3	长沙	烈士	118	合肥	天鹅湖	66
哈尔滨	平房	13.3	长春	长春	74	武汉	中山	32.8
贵阳	河滨	17	济南	泉城	46.7	福州	温泉	10
郑州	人民	30.1	南昌	孺子亭	4.3			

考察城市公园的开放空间，选定居民避难棚宿区或支援灾区的部队、医务人员、工程技术人员和志愿者的宿营地，是规划设计防灾公园的重要内容。

② 防火树林带

通常，城市公园都有面积较大的绿地，其中不乏各类树木。所谓防火树林带，是城市公园或棚宿区、宿营地周边栽植的具有一定宽度和高度的树林带，目的是其外部发生火灾时保护园内的避难人员不受火焰的熏烤，不发生次生火灾。

防火树林带是日本规划设计防灾公园时提出的一项重要的防灾要求。图 3-6 是日本两个防灾公园规划设计的防火树林带。

城市公园周边往往与居民住宅、企事业单位、商业街、文化活动场所等隔街相望。灾后若有避难人员入住公园，上述场所发生火灾，可能威胁避难人员的安全。而防火树林带则可以遮挡火焰的辐射热，阻挡火星飘入避难区域引发次生火灾。防火树林带附近设有往树林带上喷洒水雾的装置，火灾发生后及时向树林带的树冠、树干喷洒水雾，提高其耐火性能，确保树林带不被烈火烤干、烤着，起防火作用。

防火树林带是规划、设计、建设城镇防灾公园不容忽视的课题。

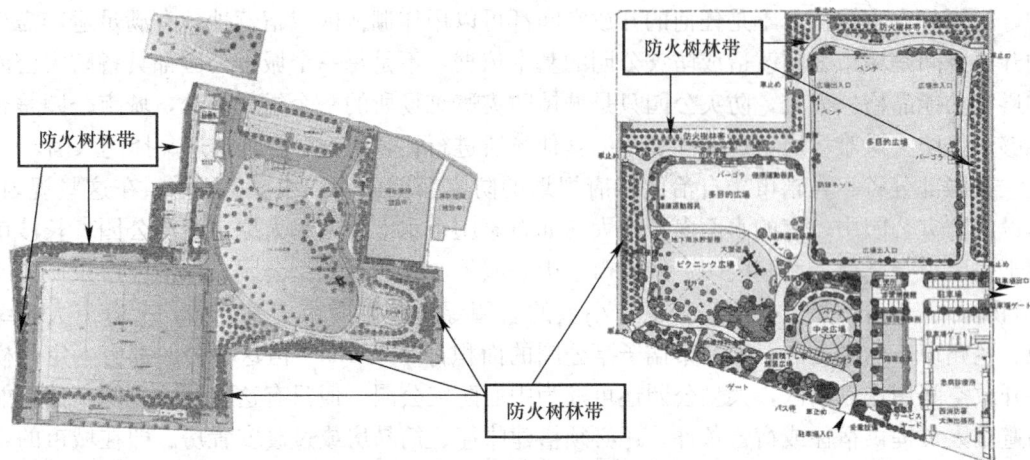

图 3-6　日本防灾公园防火树林带示意图

③ 开发城市公园设施的基础防灾功能

城市公园特别是大中型公园设有诸多设施，图 3-7 所示为其中的一部分。

湖

棚架式走廊（紫藤花棚）

厕所

图 3-7　城市公园的常见设施（一）

办公室、商店、餐厅

亭　　　　　　　　　　　　　　　　　　　水井

走廊　　　　　　　　　　　土台　　　　　　　　　铁质长椅

图 3-7　城市公园的常见设施（二）

城市公园多有水景，湖光山色、小桥流水、喷泉瀑布，令人流连忘返。而灾时，水有极其重要的防灾功能。可以用作消防用水、生活用水，经净化消毒还可用作饮用水。许多城市公园设有棚架式走廊。平时，其上绿藤绕梁，紫花映日，景观独绝；绿荫下游人驻步，休憩其间，心旷神怡。灾时，棚架式走廊可根据需要赋予多种防灾功能。例如：其上遮苫布，临时收容重伤员，供居民避难，作炊事间、收发救灾物资的场所或诊所等。

厕所是每个城市公园必备的公用设施。大多数城市公园的厕所是水冲式，与给水排水系统连接。如果避难人数与平时的游园人数大体相当，厕所的数量无需增加，直接用于避难场所。若避难人员多于或远多于平时的游园人数，则在原有厕所的基础上增多坑位和粪便收容设施的容量。

大中型城市公园一般设办公室，并有商店、超市等。这些建筑设施可以改造成防灾公园办公室、炊事间、临时诊所以及救灾物资储备、接收与分发处等。

亭子是城市公园的重要景观。面积较大的亭子可规划设计为防灾公园办公室，面积较小的作临时诊所等。亭子一般设置在城市公园的显要位置，山地公园则多置于山间或山峰，可作海啸、暴雨等灾害的观测点。

此外，灾时，水井为避难人员提供生活用水、饮用水，土台上设置贮水槽，走廊与棚架式走廊的功能大体相似,铁质长椅的椅腿用作炉灶等。

城市公园的其他设施也具有基础防灾功能。例如:休闲设施,游戏设施,运动设施,教育设施,便民设施,集会场所等。

3.1.1.3 城市公园与防灾公园的共有功能

城市公园是城市防灾公园的首选公园资源。利用既建城市公园改造成防灾公园是目前我国规划设计防灾公园的基本出发点。即,在城市公园的基础上规划设计防灾设施,给城市公园赋予各种必备的防灾功能,并实施平灾结合等基本原则,平时具有城市公园的功能,灾时启用各种防灾设施,发挥防灾功能。在这种情况下,城市公园与防灾公园融为一个整体,防灾公园即为赋予防灾功能的城市公园。因此,规划设计防灾公园必须研究城市公园的规模、设施、开放空间、水流、绿地以及入口和周边的形态,为把城市公园改造成防灾公园奠定基础。

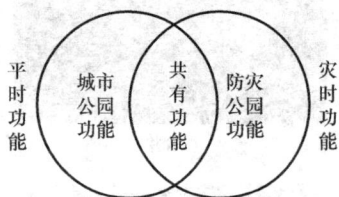

就功能而论,城市公园与防灾公园有共有功能,也有互异功能(图3-8)。

共有功能包括开放空间平时用作广场、绿地、体育场和空地等,灾时转换为棚宿区,供居民避难或用作支援灾区人员的宿营地。厕所、供水装置、办公室、道路等平时、灾时都能应用。

图 3-8 城市公园与防灾公园功能图

平时功能包括城市公园功能与其中的共有功能,灾时功能则包括防灾公园功能与其中的共有功能。共有功能属城市公园与防灾公园共有,是平时和灾时的两栖功能,即前述的基础防灾功能。而且,平时功能与灾时功能存在相互转换过程,灾害发生时,平时功能向灾时功能转化,避难任务完成后,又从灾时功能转换成平时功能。灾时功能 ⇄ 平时功能的相互转换是城市公园功能与防灾公园功能的一个重要特性,也是防灾公园规划设计的一个重要环节。

我国《国家园林城市标准》中规定了绿化建设、园林建设、城市公园绿地布局、园林公园设计与绿地生物量考核等。但未含防灾功能,如果标准中明确提出防灾功能,对城市规划建设防灾公园必有重要指导作用。因为城市公园的部分功能具有可延伸性或者说与防灾公园在功能上有可融合性。例如:在平时功能的基础上,增设必需的防灾设施,赋予比较完善的防灾功能,重大灾害发生后,即可转换为防灾避难场所。通常说的一般城市公园,即为具有平时功能的公园;而其增加了必备防灾设施后则为防灾公园。平时功能与灾时功能的有机结合使城市公园的功能更完善。

还应当指出,各类防灾设施是防灾公园具有防灾功能的基础与保障。不是城市公园设置若干个防灾设施标识,就成了防灾功能。必须具有灾时能够随即开启并满足防灾要求的各种设施及其内容物(救灾物资储备仓库储备的物资等)。

虽然城市公园与防灾公园具有共有功能,但已如前述,对城市公园而言是基础防灾功能,必须进行防灾改造或有防灾物资储备方能形成防灾功能。而防灾公园的共有功能是有防灾设施储备且灾时能够转换为防灾功能。强调共有功能是说明城市公园与防灾公园功能上的相互关联性,基础防灾功能转换成防灾功能的可能性,从理性与实践两个方面论证城市公园可以改造成防灾公园的可行性、可能性、经济性及其二者功能上的互容性。

由上述可知，在发生重大地震灾害时，城市公园可以提供避难空间，并防止火焰延烧至公园内部，保护避难人员不受火灾威胁。但城市公园的防灾功能具有明显的局限性，主要凸现在没有规划建设各种防灾设施，防灾功能不完善，存在较大的安全隐患。

由城市公园改造成防灾公园是一个过程，在充分考虑城市公园基础防灾功能的基础上，逐步赋予各种防灾功能。例如：日本大阪府久宝寺绿地，规划面积48ha，被指定为"后方支援活动据点"和"广域避难场所"。改造工程始于1998年，十几年来先后完成了公园避难入口的扩宽与改造，栽植了防火树林带，配备了应急电源，修建了多处应急厕所，打了水井，设置了贮水槽，修建了水的净化装置和输水泵，并对避难道路的桥梁进行抗震补强等。

城市公园改造成防灾公园是对城市公园防灾功能局限性的补充与完善，使之具备灾后避难人员避难必需的生活功能、医疗功能、安全功能、情报功能、排泄功能等，确保避难人员安全避难。因此，应当明确地说，由于城市公园防灾功能的局限性，它不具备防灾公园的比较完善的防灾品格。城市公园转换为防灾公园的根本条件是设置完善的防灾设施，具有灾时必备的各种防灾功能。城市公园可以改造成防灾公园，平时是城市公园，灾时转换为防灾公园。通过规划、设计、建设防灾设施，赋予完善的防灾功能，可以实现从城市公园向防灾公园的转化。

由于城市公园防灾功能的局限性，防灾公园都规划设计必备的防灾功能。我国和日本部分防灾公园规划设计的防灾功能如表3-4所示。

部分防灾公园规划设计的防灾功能	表 3-4
防灾公园	规划设计的防灾功能
1. 北京市元大都城垣遗址公园	避难指挥中心，避难场所，应急给水，应急供电，应急厕所，救援物资储备，卫生防疫，直升机坪，应急消防，棚宿，应急监控
2. 日本市川市大洲防灾公园	地震灾害的恢复重建据点，救援物资的转运基地，广域避难场所（收容来自周边地区的避难者，市区发生严重火灾时保护避难者的生命安全），紧急避难场所（地域居民的集结场所），消防救护活动的据点等
3. 日本兵库县三木综合防灾公园	全县的广域防灾据点，救援物资（物资器材、食品等）的聚集、分类、临时保管处，救援人员的活动据点（集合、住宿等），救灾物资的储备据点
4. 日本新潟县防灾公园	活动据点（应急阶段作救援据点，消防队、部队和警察等的活动场所；恢复阶段作炊事及配送据点；重建阶段处理垃圾、停放修路的重型施工机械），紧急避难场所，管理据点（设置当地灾害对策本部，救援者宿营、饮食场所）
5. 日本千叶市综合体育公园	广域避难场所，救援恢复活动据点，救灾物资储备，应急厕所，救护医疗空间

3.1.2 防灾公园

防灾公园是城镇防灾避难场所的一种重要类型，具有开放空间面积大，防灾功能完善，交通通达性和避难生活环境好，能够利用城市公园基础防灾功能等特点，是其附近居民首选的自主避难场所。而且，规划城镇避难场所时，常选择防灾公园作为首个避难场所，对规划建设城镇避难场所系统起示范作用。北京、天津、昆明、太原等城市规划建设的第一个避难场所都是防灾公园。而且许多城镇规划的避难场所大多也是防灾公园。彩页一给出了我国一些省、直辖市、自治区规划的部分防灾公园。

3.1.2.1 防灾公园

所谓防灾公园，是重大灾害发生时，为了保障城镇居民的人身安全，强化大城市防灾结构，经过规划、设计、建设的防灾功能比较完善的避难场所，多由城市公园改造而成。依据规模，防灾公园可以用作各类防灾避难场所，而且各类防灾公园还能自成系统，是城镇防灾避难场所系统的重要组成部分。防灾公园与城市公园的根本区别在于前者灾时能够启用灾前配置的防灾设施，在较短的时间内形成灾时必需的各种防灾功能，为避难人员提供基本的生活条件与环境，确保人身安全。重大灾害发生时，防灾公园的防灾功能形成与完善整个过程，在这个过程中，实现平时功能向灾时功能转化。例如：开放空间转换为棚宿区和支援灾区的部队、医疗队、工程技术人员和志愿者的宿营地，转换为医院、医疗站等医疗机构用地；开启其他防灾设施，形成各种防灾功能，为避难人员提供各种基本生活条件。

作为城镇的重要防灾避难场所，强调"以人为本"和强化城市防灾结构。1995 年日本阪神地震、1999 年我国台湾省集集地震居民的避难实践表明，在各类学校、公园绿地、机关、广场、体育场（馆）、停车场、寺庙、市场等各类防灾避难场所中，城市公园提供的避难面积和收容的避难人数都名列前茅。

各种防灾设施是灾前针对服务区内居民的防灾需求设置的，灾时启用即形成各种防灾功能，有应对重大灾害的对策与措施，灾后防灾减灾的有序性、时间性、实效性、适用性比较强。而一般的城市公园不能满足安全避难的要求，有些防灾功能只能灾后补充、完善，在已经发生重大灾害的情况下，防灾功能的补充、完善或者不可能，或者难度大，或者需要较长时间，给避难带来诸多安全隐患。完善防灾设施和防灾功能是规划建设城市防灾公园的基本出发点。2011 年东日本地震震后 1 个多月，有些避难场所特别是交通恢复迟缓地区的避难场所，避难人员每天只能吃 2 餐，每餐 2 个凉饭团，连一口热汤都喝不上。反映出灾后补充、完善防灾功能难度很大。

防灾公园由开放空间（广场、附设的运动场馆或休闲场所、停车场等）、绿地（草坪、树木等）以及其他防灾设施等基本要素构成。城市公园改造成防灾公园时，在充分利用既有防灾设施的基础上，必须补充必备的其他防灾功能；规划建设新的防灾公园，必须完善防灾设施，能够提供各种防灾功能。

规模大小是划分防灾公园类型的重要依据之一。规模大的防灾公园有可能提供较大面积的开放空间，用作居民避难的棚宿区或支援灾区的部队、医疗队、抢险救灾工程技术人员和志愿者的宿营地；设置数量更多、容量更大的防灾设施，满足避难人员或其他人员生活、活动和防灾减灾工作的需求；能够铺设较宽的避难道路，为避难行动安全创造良好条件。防灾公园的规模安全是评价避难场所安全的重要内容。

3.1.2.2 防灾公园的兴起与发展

城市公园有基础防灾功能，这种认识来源于居民的避难实践以及城市公园显在的防灾效果（阻止火焰延烧等）。而且，随着灾时避难以及避难场所规划设计的经验不断积累，避难重要性的认识与安全意识的日益提高，感性认识逐步向理性认识升华，到 20 世纪 90 年代初，日本率先提出了防灾公园的概念。

1947 年日本颁布了《灾害救助法》，其中第二十三条规定了包括"提供收容设施"等救助内容。1956 年日本政府制定了《城市公园法》，开始用法律的手段管理公园。1973 年在《城市绿地保全法》中把城市公园列入"防灾系统"，进一步明确了城市公园的防灾功能。1986 年制定的"紧急建设防灾绿地规划"，把城市公园确定为具有"避难场所功能"的场所。1972 年以后，日本实施了 6 个《建设城市公园规划》，力图强化城市的防灾结构，扩大城市公园的绿地面积，使之成为灾害发生后保护市民生命安全的避难场所。

1993 年日本在《城市公园法实施令》中，把城市公园确定为"紧急救灾对策必需的设施"，并且首次把灾时用作避难场所和避难通道的城市公园称作防灾公园。

近些年来，特别是 1995 年阪神地震后，日本的许多城市规划建设了防灾公园。例如：兵库县三木综合防灾公园，大阪府久宝寺绿地，名古屋市稻永公园和稻永东公园，神户市川井公园、石屋川公园、矶上公园和海滨公园，市川市大洲公园等。

2003 年我国建成了第一个防灾公园——北京市元大都城垣遗址公园。目前，北京市规划了多处防灾公园，如表 3-5 所示。从公园的规模看，朝阳公园、元大都城垣遗址公园可以用作中心防灾公园，其他则可以规划设计为固定防灾公园和紧急防灾公园。

北京市防灾公园一览　　　　　　　　　　　　　　　　　　表 3-5

名　称	面积（ha）	避难人数（万）	名　称	面积（ha）	避难人数（万）
地坛公园外园	5.4	2.7	皇城根遗址公园	9.0	4.5
西便门绿地	4.7	1.3	明城墙遗址公园	15.5	6.0
玉蜓公园	3.7	1.5	南中轴路绿地	3.7	1.5
长椿苑公园	1.4	0.6	翠芳园绿地	0.7	0.5
丰宜公园	3.3	1.5	万寿公园	3.3	1.5
先农坛神仓外绿地	0.6	0.3	南中轴	10.4	4.7
元大都城垣遗址公园	67.0	19.0	太阳宫公园	37.0	11.0
安贞涌溪公园	1.4	0.6	朝阳公园北部区	120.0	11.5
将台坝河绿地	16.0	6.4	海淀公园	40.0	2.0
马甸公园	8.6	4.3	曙光防灾公园	27.0	13.5
阳光星期八公园	5.2	2.6	长春健身园	10.0	5.0
东升文体公园	8.0	4.0	温泉公园	4.0	2.0
国际雕塑园	40.0	11.0	滨河世纪广场	35.0	10.0
黑山公园	3.0	1.2	亢山公园	4.1	1.8
永安公园	6.9	2.8			

目前，我国许多城市规划建设的示范性避难场所大多是防灾公园。

四川汶川地震后，成都市总结城市避难疏散的经验教训，开始规划防灾避难场所，把浣花公园、望江楼公园、塔子山公园、东湖公园、人民公园、文化公园、百花潭公园、青少年科技园、新华公园、温江公园、怡湖公园等纳入了首批防灾避险绿地系统。可谓"亡羊补牢，未为迟也"。

此外，天津、广州、昆明、太原、青岛、泉州等多个城市也规划了防灾公园。我国台湾省台北等城市也规划建设了多个防灾公园。研究认为，香港特别行政区的香港公园等可规划设计为防灾公园。我国已经形成包括防灾公园在内的防灾避难场所的规划建设态势，将有更多的城市特别是大中型城市规划建设防灾公园。

我国防灾公园的发展趋势是从首都向各省、直辖市、自治区的首府扩展，从特大城市、大城市向中小城市乃至县、乡发展，从单一类型的避难场所（防灾公园）向多种类型（学校、体育场馆、广场、空地等）并举发展。

3.1.2.3 防灾公园类型与系统

按照规模大小，把防灾公园划分为大型（中心）防灾公园、中型（固定）防灾公园和小型防灾公园（紧急避难场所）和绿道（表 3-6）。

防灾公园的类型 表 3-6

类 型	规 模	作 用
大型防灾公园 （城市大型公园）	面积＞50ha	城市中心防灾避难场所，内设防灾指挥机构、支援灾区部队等的宿营地、大型停车场、救灾物资储备仓库、直升机坪、医疗救治中心、防灾避难场所及其防灾设施等
中型防灾公园	面积＞10ha左右	固定防灾避难场所，主要设棚宿区及其他防灾设施，供避难服务区内的居民避难
小型防灾公园	面积＞1ha	固定防灾避难场所或紧急防灾避难场所
	面积＞500m²	紧急防灾避难场所。避难人员临时避难，一般不设棚宿区，防灾设施只有应急厕所、照明设施、供水设施等
绿地（道）	宽＞10m	紧急防灾避难场所或通往其他类型防灾避难场所的避难道路

依据防灾公园收容的服务对象，还可以划分为避难型防灾公园，用作固定避难场所、紧急避难场所；宿营型防灾公园，园内设抗灾减灾指挥机构、支援灾区的部队、医疗队、工程抢险技术人员以及志愿者的宿营地；混合型防灾公园，其中既设避难场所，又设抗灾减灾指挥机构和宿营地。也可以划分为中心防灾公园、骨干防灾公园、固定防灾公园和紧急防灾公园。

各类防灾公园可以形成防灾系统，其示例图如图 3-9 所示。

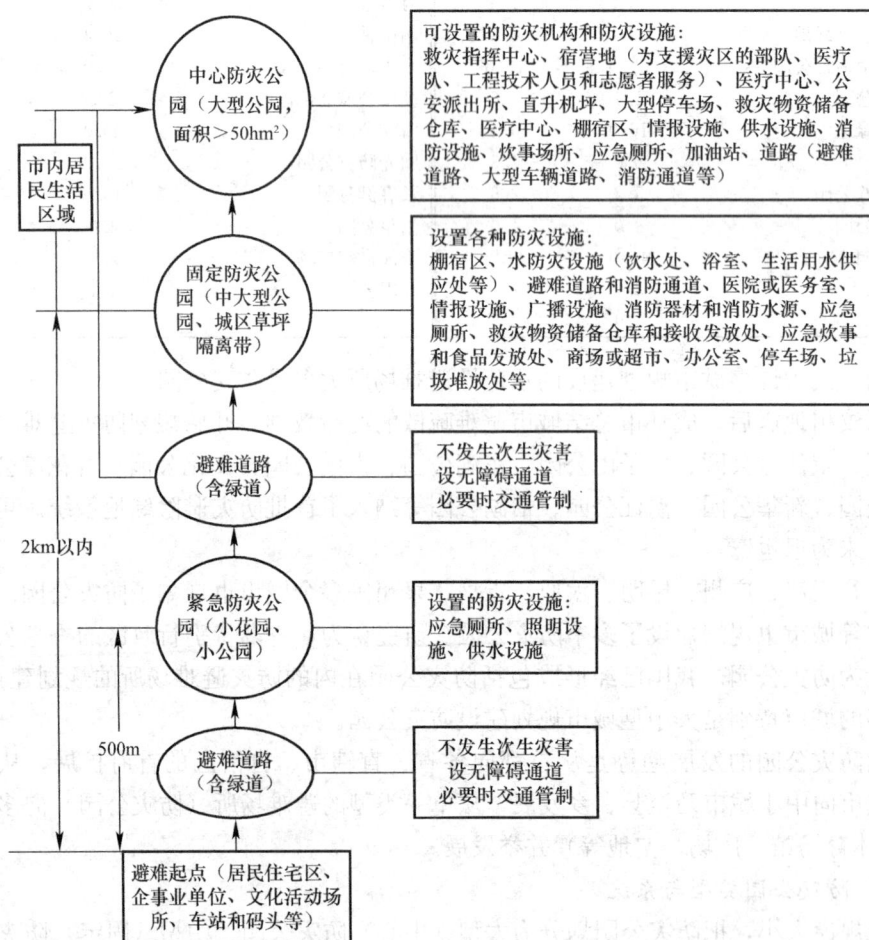

图 3-9 防灾公园系统示意图

各类防灾公园在灾后不同的避难时序发挥不同的作用。发生重大灾害后，市民或职员从住宅或工作场所紧急到邻近的小花园或紧急防灾避难场所避难。随后，集体或以家庭、企事业单位为单元，通过避难道路转移到大型或中型防灾公园。

防灾公园系统具有以下特点：

（1）充分发挥各类防灾公园的防灾功能。突出了中心防灾公园规模大、功能全的特点，具有灾后城市防灾指挥机构、部队等支援灾区人员的集聚地、医疗中心以及避难场所等重要防灾功能，能够发挥其他类型防灾公园不可替代的功能。固定防灾公园供其服务区域内的居民避难，可设棚宿区，其他防灾设施相当完备，适于居民较长时间避难，灾时避难人员的基本生活有保障。紧急防灾公园只供居民短时间休息，是去固定防灾公园或其他避难场所的转送站，防灾设施只有应急照明、应急厕所和应急供水，一般不设棚宿区。各种规模的防灾公园之间以避难道路（包括带状绿地——绿道）连通。这样的防灾系统符合震后居民避难行动、避难生活与抢险救灾的时序性、安全性、急迫性，有利于有组织的、有序的组织避难，安排避难生活和集中性的救援。

（2）分级设置防灾公园，按需布置防灾设施、设备与物资。居民住宅区附近的小花园、小公园以及小片绿地用作避难人员的紧急防灾避难场所，只设少量防灾设施。中型防灾公园则设棚宿区、消防设施、广播通信设施、贮水槽等灾后救援的设施与物资，为较长时间避难提供基本生活条件和安全保障。大型防灾公园，应满足防灾指挥、抢险救灾活动、医疗救助等的需要，不仅设置一般城镇避难场所的防灾设施，还要增设更完善的通信设施以及直升机坪、机动车大型停车场、医院或医疗中心、救灾物资储备仓库等。

（3）符合避难的基本规律。重大灾害发生时，居民一般在住宅附近的绿地或空地集合，家人团聚或居民聚齐后，经由预先确定的避难道路，到指定固定防灾避难场所避难。依序由邻近的紧急防灾公园向固定防灾公园的转移过程符合避难行动的基本规律，有较高的科学性与可行性。中心防灾公园如果设计为混合型防灾公园，避难人员从避难起点经避难道路（含绿道）到达紧急避难场所，再转移的中心防灾公园。避难道路设避难场所指向标识、无障碍通道，平时防灾演习与防灾教育时，通过避难实践，熟悉避难道路的走向与安全注意事项。紧急防灾公园的避难服务半径 500m 左右，步行 10～20min；固定防灾公园的服务半径 2 000m，步行时间 30min 左右。中心防灾公园设在居民生活圈，避难半径可参照固定防灾公园设定。

（4）满足避难行动与避难生活的安全要求。防灾公园防灾系统的居民避难行动过程是从数量多的紧急防灾避难场所向数量少的固定防灾避难场所转移，避难圈和避难道路是预先确定的，居民又进行过防灾教育与演习，可以稳定避难居民灾后的恐慌心理与不安全感。公园防灾系统的居民避难行动过程又是从防灾功能低的防灾避难场所向防灾功能高的防灾避难场所转移，可以确保居民转移到固定防灾避难场所后有基本生活条件。防灾公园经过安全评价，有可靠的安全保障。

防灾公园的防灾系统只是就防灾公园系统本身而论，从综合防灾的视野看，有局限性。若形成包括防灾公园在内的所有避难场所的城市防灾避难场所系统，必有更大的综合防灾功能。

3.1.2.4 平灾功能的转换

平时是城市公园，灾时是防灾公园。灾时，从城市公园的平时功能转换为灾时的防灾功能；避难场所关闭时又从灾时功能转换为平时功能，这是规划设计防灾公园必须考虑的问题。

平灾转换的示意图见图 3-10。

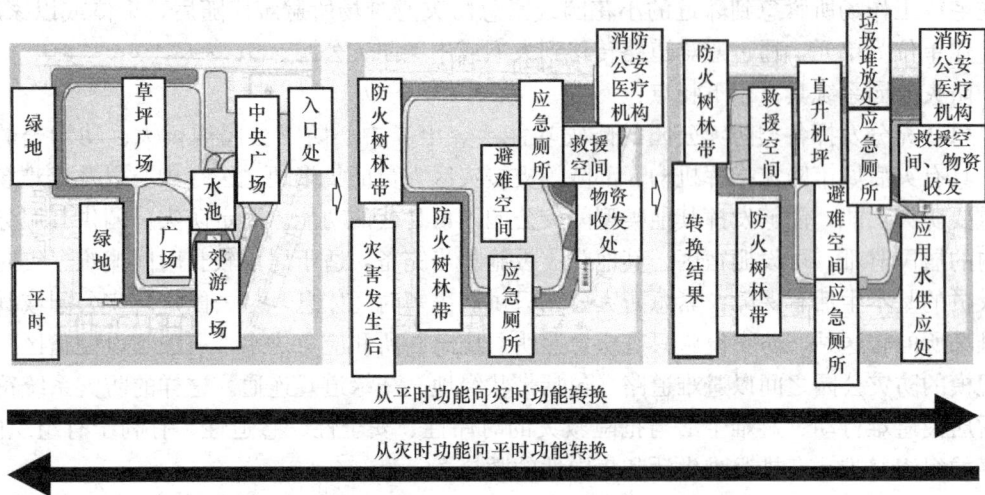

图 3-10 平灾转换示意图

图 3-10 中的左图给出了城市公园的主要设施，并由这些设施完成其平时功能；中间图是规划设计的防灾设施、防灾空间及其实现的防灾功能；右图则是依据避难生活的需求和防灾减灾的需要对防灾设施、防灾空间进行了部分调整，从而完成了平灾功能的转换。还应当指出，图中只给出了基本的防灾设施与防灾功能，示意性地说明平灾转换的过程与结果。灾时，消防、公安、医疗机构对防灾、社会治安、救治伤病员有重要贡献，后 2 个图都标明了上述机构。一个规模比较大的防灾公园，收容的避难人数较多，有必要设置救援场所，以便救治、转运重伤员，运送各种救灾物资等。

北京市海淀区海淀公园的规划设计中，给出了我国防灾公园经典性的平灾转换规划设计图（图 3-11）。

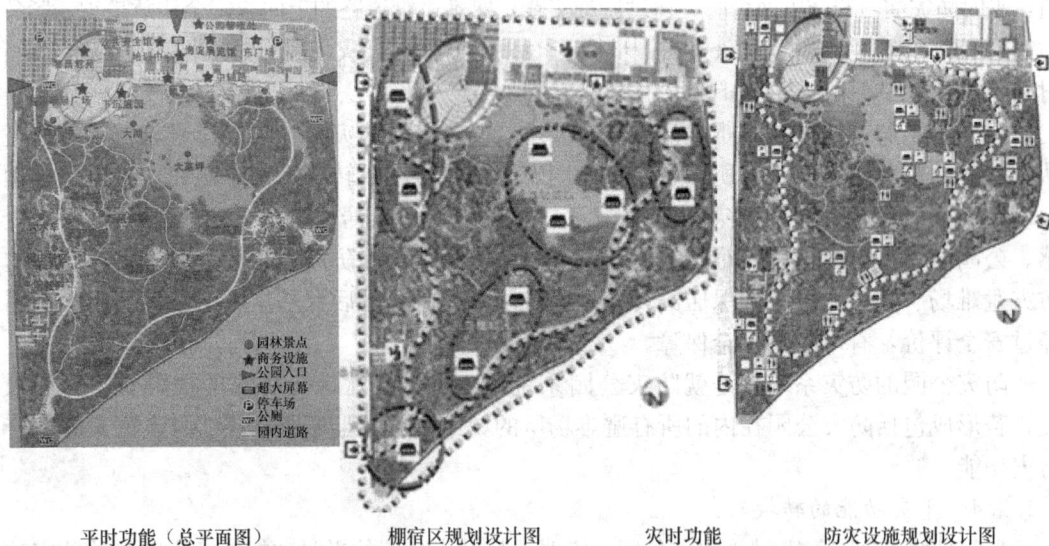

平时功能（总平面图）　　棚宿区规划设计图　　灾时功能　　防灾设施规划设计图

图 3-11 北京市海淀公园平灾转换图

海淀公园位于北京市海淀区的中南部，占地 40ha。规划建设的海淀公园服务于海淀区中南部地区。园内规划建设的避难所面积约 21ha，按每位避难人员平均避难面积 2m² 计算，能够容纳 10 万多人避难。

公园的北、东、西有 5 个进出口，园外 4 条街道与附近的社区连接。园内的水面、广场和绿地面积比较大，有一条较宽的环园道路，此外周边还有海淀展览馆、海淀会馆和海淀广播台。具备改造成防灾公园的基本条件。

重大灾害发生后，附近居民按照指示进入公园，并启用防灾设施。公园规划了 5 个棚宿区搭建帐篷，供居民避难。第一棚宿区，位于公园西北角，面积 4ha，可搭建帐篷 3 333 顶，容纳 2 万人避难。第二棚宿区，位于公园中部大草坪，面积 7.75ha，可搭建 6 458 顶帐篷，容纳 3.8 万人避难。第三棚宿区，位于公园东北角，面积 3.5ha，可搭建 2 916 顶帐篷，容纳 1.7 万人避难。第四棚宿区，位于公园中部大草坪南部，面积 3.25ha，可搭建帐篷 2 708 顶，容纳 1.6 万人避难。第五棚宿区，位于公园西南角，面积 2.5ha，可搭建帐篷 2 083 顶，容纳 1.2 万人避难。即五个棚宿区共搭建帐篷 17 498 顶，收容 10 万余人避难。

平灾转换是一个十分重要的理念。这种转换是城市公园与防灾公园的分水岭。逆转换是从防灾公园转换成城市公园，这标志着避难场所的关闭。

3.2 防灾公园的规划设计

3.2.1 规划设计原则

防灾公园的规划原则与城镇避难场所的规划设计既有相同之处，又有其自身的特点。20 世纪 90 年代中期，日本学者提出选择、评估包括防灾公园在内的城市防灾避难场所应坚持四项原则：区位性原则、接近性原则、有效性原则和功能性原则。20 世纪末，我国研究人员基于我国国情，提出就近避难，安全性、公平性与自愿性，"平灾结合"，家喻户晓，避难与救灾时序，步行，多用途原则以及动态性、灵活性等多项原则。

目前，我国已有 140 多个大中城市规划了城市防灾避难场所，其中大多是防灾公园。随着城市防灾公园规划建设的快速发展，规划原则的导向功能和导向效益越来越大。近几年，笔者在防灾公园规划设计中发现，以往提出的规划原则虽然对规划建设防灾公园起了不容忽视的指导作用，但尚有局限性，视野需要扩展，理念需要更新，认识需要深化。

3.2.1.1 统筹规划

防灾公园的统筹规划有丰富的内涵。既包括基于城市综合防灾理念统筹规划防灾设施，确保防灾功能能够应对各种重大灾害；又包括城市形成防灾系统，各类防灾避难场所发挥综合防灾功能，防灾公园也自成系统，以便产生更大的防灾效果；还包括城市群（例如：环渤海城市群、长江三角洲城市群、珠江三角洲城市群等）各相邻城市之间的防灾避难场所与防灾公园的统筹规划，重大灾害发生后，城市群的城市之间实施远程避难或避难支援。

防灾公园只是城市防灾避难场所的一部分，学校、广场和其他一些公共建筑等也是城市防灾避难场所的重要组成部分。或者说，防灾公园在城市防灾避难场所的整体结构中，只起其自身的防灾功能，不可能完全代替其他防灾避难场所的防灾功能。规划城市防灾避难场所时，除防灾公园之外，必须同时考虑其他类型的防灾避难场所，力求形成多类型避难场所组成的城镇防灾避难场所系统，系统中的各类防灾避难场所相辅相成、相得益彰，强化了城市防灾结构，提高了城镇防灾避难场所的综合防灾能力。

防灾公园的规划、设计、建设具有时序性和扩展性。分批分期进行是时序性的重要体现，在城镇现行避难场所规划的时间范围内，建成那些防灾公园或其他避难场所，先建哪些，后建哪些，都应有明确的规定。在一个较长的时域内，经过多次规划设计，逐步建成城镇防灾避难场所系统。扩展性主要表现在城镇避难场所规划一个接着一个，城镇避难场所的数量不断增多，防灾设施与防灾功能日趋完善；一个避难场所的建设也需要经历一个过程，防灾设施由少到多，防灾功能由弱到强，实现数量与强度的扩展与完善。

3.2.1.2 "平灾结合"

规划、设计、建设防灾公园必须坚持"平灾结合"原则，即把平时功能与灾时功能有机地融为一个整体。平时是一般城市公园，满足一般城市公园的规划设计要求，美化城市环境，保持城市生态平衡，供居民游憩休闲、强身健体，开展各种文化活动。

防灾公园的防灾功能是在城市公园基础防灾功能的基础上，通过完善、增设防灾设施而产生的新的防灾功能。防灾设施的防灾功能平时可能处于隐性状态，重大灾害发生后适时启用才能发挥防灾公园的防灾功能。在城市发展的历史长河中，防灾公园的平时功能是长期的，并随城市建设的发展而逐步完善；而防灾功能是短暂的，只显露在城市重大灾害发生后的较短时间内，避难功能结束后，即恢复为平时功能。

从平时功能到灾时功能或从灾时功能到平时功能都有一个转化过程。从平时功能转化成灾时功能需要有防灾设施的启用过程，例如：在棚宿区搭建帐篷，运输、分发饮用水、食品和衣物，设临时食堂，开设医疗站（室）、应急厕所等。从灾时功能转化为平时功能有防灾设施的停运过程，例如：帐篷、简易房的拆除与清虚，救援部队、医疗队、抢险工程队和志愿者的撤离，应急厕所的停用和清污等。

平灾转换是防灾公园规划设计的重要内容。城市公园设施与防灾公园的防灾设施的融合与转换，防灾设施的启用与管理，棚宿区灾时的清理与住宿设施的搭建，支援灾区的部队、工程技术人员、医务人员和志愿者宿住防灾公园，医疗中心的建立与停车场的扩展等，都属平灾转换范畴。规划、设计、建设、管理防灾公园过程中以及避难人群必须珍惜公园的一草一木，确保避难功能结束后，公园的平时功能如故。也就是说，不能因为发挥防灾功能而严重损坏、破坏平时功能。

3.2.1.3 确保安全

规划设计的防灾公园必须确保避难人员的人身安全。

（1）防火隔离带

与防灾公园比邻的四周地域如果有火灾隐患，与火灾隐患临近的棚宿区应规划设计防火隔离带。防火隔离带的配置示意图 3-12。

防灾公园四周没有火灾隐患，园内适合作棚宿区的开放空间都可以规划设计为棚宿区，供作避难场所或宿营地。一边或多边有火灾隐患，防灾公园与之对应的地段应留出防

周边无防灾隐患的防灾公园面积=A_0=ab（长与宽）	一边有火灾隐患的防灾公园面积=A_0-ζb（ζ——防火隔离带宽度）	两边有火灾隐患的防灾公园面积=A_0-$2\zeta b$

三边有火灾隐患的防灾公园面积=A_0-ζ（$2b$+a-2ζ）=A_0-ζ（a+2（b-ζ））	四边有火灾隐患的防灾公园面积=A_0-2ζ（a+b）+$4\zeta^2$

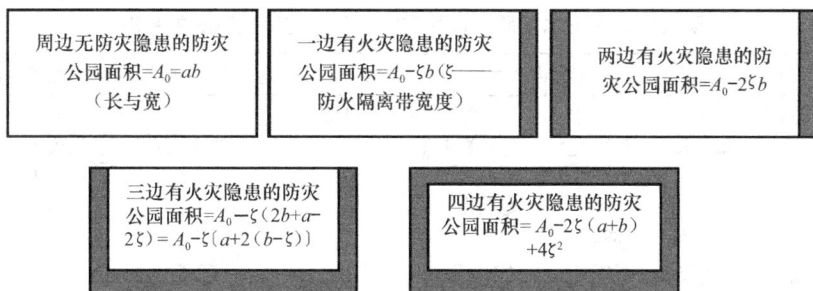

图 3-12　防灾公园周边有火灾隐患的防火隔离带配置示意图

火隔离带。通常防火隔离带设在公园内的四周，园内的避难面积将相应减少。防火隔离带应符合相关标准法规的要求。

如果防灾公园四周的道路或空地的宽度符合防火隔离带的要求，即宽度大于防火隔离带的宽度，可不设防火隔离带。

（2）防火树林带

植被是公园的重要组成部分。在公园内侧四周或棚宿区、宿营地的四周栽植树林带，既符合公园的绿化要求，又提高防灾公园的防灾功能，可谓一举两得。防火树林带具有防火隔离带的防火功能，二者无需重设。

为了强化防火性能，防火树林带设置洒水装置，外部发生火灾时，向树冠、树干喷洒水雾，提高对火灾的屏蔽能力。防灾公园、防火树林带与洒水装置的相关示意图如图 3-13 所示。设防火树林带的防灾公园附近发生火灾对园内避难人群的主要威胁是强烈的辐射热灼烤、火星和火焰飘入棚宿区引发次生火灾、强大的火势引发防火树林带着火。防火树林带能够遮蔽辐射热，在一定的高度上阻挡火星火焰。洒水

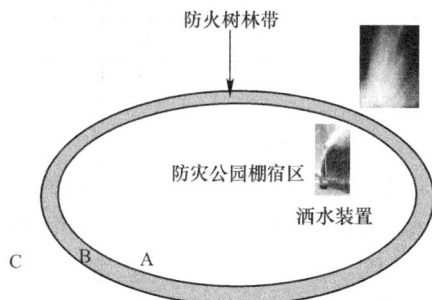

图 3-13　防火树林带与洒水装置的相关示意图

装置喷洒水雾，可降低树林带温度，吸收辐射热，防止树的枝叶灼烤燃烧。

分析图 3-13 可知，防灾公园棚宿区、防火树林带和防灾公园周边的建筑、道路、空地等构成 A、B、C 3 个区域。A 是避难生活区，B 是防火树林带区，C 是火灾隐患区。防火树林带区居于中间部位，分隔避难生活区和火灾隐患区，以防火树林带为屏障，阻挡火灾隐患区的火焰热辐射伤害棚宿区避难的人群。与防火树林带为界限划分为 A、B、C 3个区，凸现出防火树林带的防灾功能。

选择火焰遮蔽率高的树种和适宜的栽植模式，可以有效地提高防火屏蔽效果。防火树林带树木间距、排列方式、列数与遮蔽率的关系如表 3-7 所示。树木的间距越小、列数越多，对火焰的遮蔽率越大，如果间距、列数相同，错列的遮蔽率高于正列。树木间距半个树身或一个树身，错列的排列方式，列数超过 3，树木的遮蔽率可达 90% 以上。呈带状的树木对火焰的遮蔽效果好，防火性能好。

树的种类也是影响火焰遮蔽率的重要因素。"横柯上蔽，在日犹昏"，树冠大、枝繁叶

防火树林带树木间距、排列方式、列数与遮蔽率的关系表 表 3-7

树木间距	排列方式	列数与遮蔽率（括号内的数据）			树木间距	排列方式	列数与遮蔽率（括号内的数据）		
		一列	二列	三列			一列	二列	三列
0	正列	○○○	○○○ ○○○	○○○ ○○○ ○○○	半个树身	正列	○○○	○○○ ○○○	○○○ ○○○ ○○○
		（73.5%）	（89.2%）	（94.5%）			（48.7%）	（67.6%）	（78.4%）
	错列		○○○ ○○○	○○○ ○○○ ○○○		错列		○○○ ○○	○○○ ○○○ ○○
			（94.5%）	（94.6%）				（86.5%）	（95.6%）
一个树身	正列	○ ○ ○ ○ ○ ○ ○ ○ ○				错列		○ ○ ○ ○ ○ ○ ○ ○	○ ○ ○ ○ ○ ○ ○ ○ ○
		（24.3%）	（40.6%）	（48.7%）				（56.8%）	（91.9%）

茂的树种对火焰的遮蔽率高。部分树种有绿叶时的遮蔽率和树叶含水率见表 3-8。银杏、松树等的遮蔽率比较高。但应考虑树木的含油率，含油率高的树木，容易因灼烤而燃烧。应选择含水率高、含油率低的树木栽植防火树林带。

部分树木的遮蔽率（%）和含水率（%） 表 3-8

树木名称	遮蔽率	含水率	树木名称	遮蔽率	含水率	树木名称	遮蔽率	含水率
银杏	99.99	75.2	樟树	99.59	57.9	土松	98.94	60.3
茶梅	97.95	63.4	赤松	97.45	58.2	杨梅	97.42	62.2
金桂	97.1	51.2	花柏	96.79	61.6	紫杉	96.06	—
雪松	95.91	61.0	细叶冬青	95.86	62.2	黑松	94.54	—
光叶榉树	94.36	54.0	夹竹桃	93.82	58.0	垂柳	93.24	—
木槿	93.11	70.2	水杉	92.10	67.0	法国梧桐	91.36	63.7
青栲	90.12	52.6						

（3）入口形态与周边形态的安全设计

通常，防灾公园的入口是避难行动的必由之地，是避难行动安全设计的重要部位，应合理设计。设计的安全要点包括：宽度适宜，确保避难人员入园高峰时间内不拥堵，不发生践踏事故；不设台阶，至少有 1 条无障碍通道，方便轮椅进入；灾时，设避难人员专用入口，避免人车共流，提高避难行动的安全性；入口的门设计成灾时可拆式，有利于避难人员灾时畅通无阻；入口设施耐火性能良好，外部存在火灾隐患时，可设洒水装置，若灾后发生火灾，喷洒水雾，保护避难人员安全；入口尽可能靠近避难人员所在地，方便就近避难。周边不设高墙和铁栅栏，便于避难人员出入。

（4）建立城市防灾公园系统

不同规模、不同类型的防灾公园发挥不同的安全作用，并且形成有机的防灾体系。每一个防灾避难场所都具有防灾公园那样的防灾功能，避难人员生活在防灾公园、防灾避难场所或行走在避难道路上都有防灾安全感，而且处处安全、时时安全。防灾公园系统的主要防灾特点以及强化城市防灾结构等的基本功能参见 3.1.2.3 节。

（5）防范次生火灾

火灾是对防灾公园威胁最大的次生灾害。规划设计防灾公园时，应评价防灾公园有无防火树林带或防火隔离带及其防灾效果；有无消防设施、消防通道以及消防水源及其满足消防要求的程度；有无考虑避难场所发生严重次生灾害后撤退道路以及撤退的去处等。棚宿区、宿营区和救灾物资储备仓库设消防器材，确保消防通道畅通，有消防水源。

（6）防灾公园的自然环境、地质环境、气象条件应符合规划防灾避难场所的技术指标要求。

山地型防灾公园的山麓地域应设泥石流、滑坡危险区带，并不在山上设置避难场所；洪涝灾害避难场所应避开湿地型防灾公园和园内的洪水淹没地域；园内避难道路上的桥梁，应当有较强的抗灾强度，特别是抗震性能。

3.2.1.4 充分利用开放空间

基于不同的研究对象、研究内容和研究范围，国内外学者给开放空间下了多种定义。但关于防灾公园的开放空间尚无准确的描述。从规划设计防灾公园的角度看，开放空间是指平时具有生态功能、游憩休闲功能、观赏旅游功能、运动健身功能，重大灾害发生后能够较快形成防灾功能的草坪、广场、体育场、园路与空地。即，开放空间具有以下功能：设置棚宿区，为避难人员和支援灾区人员提供栖身之所；用作避难道路、救援物资运输道路和消防通道；设置各类防灾设施的空间。开放空间是规划建设防灾公园的基础与前提。

防灾公园的开放空间大小，决定了其规模以及防灾功能的强弱。规划建设防灾公园必须力求扩大并充分利用防灾公园的开放空间，合理布局各种防灾设施。可以把比邻的相互连通的草坪、空地、广场、体育场等开放空间组合成较大的开放空间，强化防灾功能。像唐山市的大城山公园与凤凰山公园、凤凰山公园与大钊公园之间的距离都不足 1km，大钊公园和唐山抗震纪念碑广场比邻，可以考虑建成大型避难场所或中心避难场所。大城山公园若迁出野生动物园，或大钊公园与唐山抗震纪念碑广场组合，都有可能规划设计为中心防灾公园。

调研城市公园的开放空间的种类、规模与他们之间的相关性，是规划设计防灾公园的重要课题，也是确定防灾公园规模与防灾功能强弱的重要依据。

把城市公园规划设计成防灾公园应综合考虑多种因素，开放空间只是其中的一种因素。有野生动物园的公园、属国家文物重点保护单位的公园、稀有植物园等，无论开放空间多大，都不宜规划设计为防灾公园。有的城市公园开放空间虽然大，但用作棚宿区的开放空间很小，也不宜规划为固定防灾公园。

充分利用防灾公园开放空间主要涉及两个方面的内容。其一是在开放空间内合理布局棚宿区、宿营地和其他防灾设施，提高避难安全性，充分发挥多种防灾设施的综合防灾功能；其二是为避难人员提供更宽松的有效避难面积，降低避难人员的避难生活空间"困难度"。

3.2.1.5 强化防灾功能

防灾功能是防灾公园的特质与生命，防灾公园与一般城市公园的基本区别就在于防灾功能的完善程度与启用的适时性。

（1）利用城市公园的基础防灾设施及其防灾转化，并增设防灾设施，使防灾公园形成灾时必备的、能够快速启用的防灾功能。规划设计防灾公园的程序包括三条主线，其一是规划设计一般城市公园的平时功能，其二是把一般城市公园设施的基础防灾功能转换成防灾功能，其三是规划设计防灾公园的防灾功能。三者的有机共构思维，是强化防灾功能的基础。应当特别关注公园的开放空间,以便提供面积较大的棚宿(宿营)区,容纳较多的人员宿住或有较大的人均有效避难面积;设置满足避难需求的防灾设施,尽可能降低灾时避难人员的基本生活、伤病救治以及情报交流的"困难度"。防灾公园的防灾功能越完善,这种"困难度"越低,避难生活质量也越高。

(2)包括防灾公园在内的城市防灾避难场所必须满足重大灾害的避难需求。防灾公园系统必须完成该系统的防灾功能。避难面积符合设计规范,储备必需的应急救灾物品与抢险救灾器材,设置灾时能够快速启用的各类防灾设施以及安全的避难道路。避难道路设无障碍通道,为残疾人安全避难创造必备的条件。

(3)防灾公园宜在其周边栽植防火树林带或留有防火隔离带。

(4)防灾公园与周边的街道居民区组合,强化了防灾公园的防灾功能,如图3-14所示。防灾公园的入口比邻街道居民区,方便居民就近避难。灾害发生后,附近的公安、医疗和消防机构为防灾公园的避难人员提供安全、救护和消防服务。救灾物资储备仓库设置在比邻防灾公园的居民区,为其内的商店、超市储备救灾物资提供可能。规划设计防灾公园充分利用其周边可以利用的防灾资源,对于提高防灾公园的防灾功能有不容忽视的作用。城镇防灾避难场所的主要服务对象是其周边的受灾居民,防灾公园与周边居民区的组合,缩短避难路程,提高避难行动安全性。

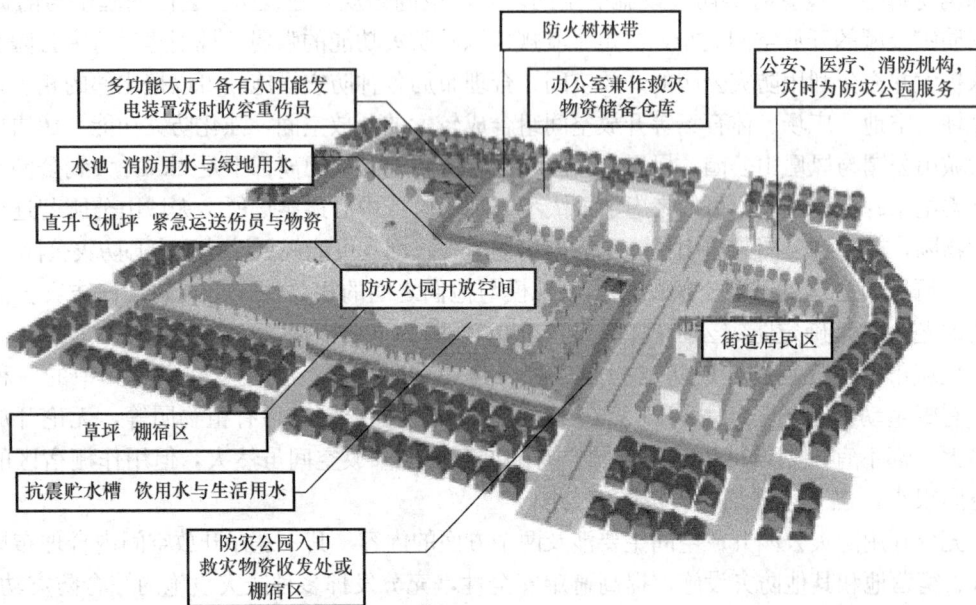

图3-14 防灾公园与周边居民区组合

(5)建设以防灾大棚为中心的防灾公园,如图3-15所示。这类防灾公园的突出特点是园内建的防灾大棚是具有全天候避难服务的多功能空间,宜于用作防灾避难场所。由于灾前建成防灾大棚,灾时可直接用于居民避难,只需整理内部即可使用,无需搭建帐篷和简易房。而且,其周边设有各种防灾设施,可与防灾大棚同时启用。

3.2.1.6 方便避难

(1)就近避难是避难行动安全的重要保障。避难行动的时间越短,即从出发点到避难

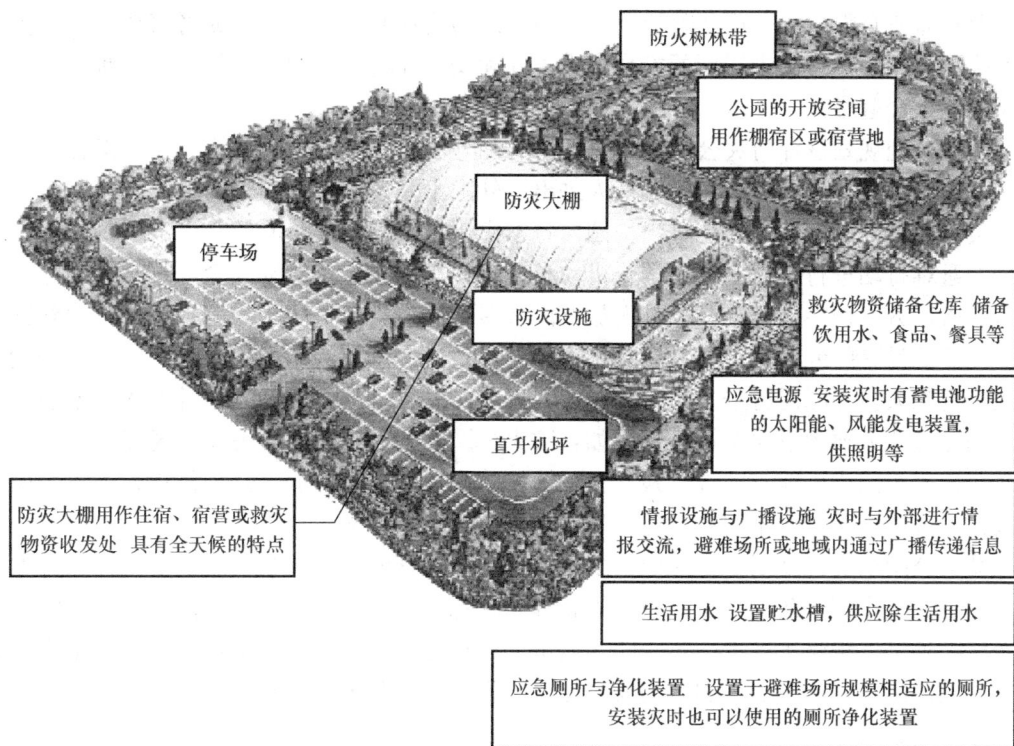

图 3-15 有防灾大棚的防灾公园

场所的路途越近，途中发生危险的可能性越小。日本关东地震时，东京市没有规划建设避难场所，灾害发生后约 130 万居民自主避难，避难路向混乱，有的相互交叉、有的折返、有的盲目奔走等，且有些人避难路途较长（图 3-16），是避难过程中被大火烧死六七万人的一个重要原因。

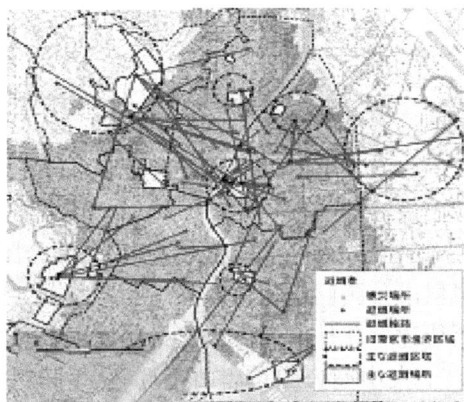

图 3-16 日本关东地震避难路向图

图 3-17 日本大洲防灾公园的一个出入口

严重地震发生后的极短时间内，海啸危害区的人群（包括旅游者）应当迅速到最近的城市防灾避难场所、专用海啸避难场所（高层建筑物的较高层间、构筑物平台和高地等）。稍有迟疑或避难行动时程稍长，有可能带来惨重的后果。

但并非所有重大灾害都要就近避难。当附近的防灾避难场所已经或者将要受到重大灾害的威胁，不再具备避难场所的安全避难条件和安全环境，应到距离较远的避难场所避难甚至实施远程避难。

（2）合理规划设计防灾公园出入口形态和和外围形态。入口不宜设台阶、车挡，至少有一个入口为无障碍通道，方便残疾人进出。外围不宜设围墙、栅栏，重大灾害发生后避难人员可以从外围的各个部位进出公园。日本市川市大洲防灾公园的一个出入口如图 3-17 所示。避难行动进行中，出入口禁止机动车通行，有助于避难行动安全。有一个通道可以通行轮椅，方便残疾人避难。避难人员可以从多个通道进入，防止入园拥堵或发生践踏事故。入口处没有门或其他可燃物，防止入口处发生火灾。有的防灾公园的入口设施采用可拆式，避难人员无障碍行进。防灾公园与附近的居民住宅区组合规划设计，入口形态与周边形态尽可能方便附近居民避难，例如：防灾公园主要入口比邻居民住宅区等。

（3）避难园路不能有陡坡，残疾人轮椅无障碍通行。避难弱者是规划设计防灾公园必须关注的人群，安排避难弱者就近避难有更重要的安全意义。

防灾公园的上述规划设计原则扩展了防灾公园规划的研究视野，融入了"以人为本"、安全第一、城市综合防灾、统筹规划等新理念，总结了近些年来防灾公园规划设计实践中的经验与教训，深化了城市防灾公园与城市公园在防灾差异性上的本质认识，有助于提高防灾公园的防灾性能和居民避难的安全性，对规划设计防灾公园有重要参考价值。

3.2.2　规划设计要点

规划设计要点是城市防灾公园规划建设中必须重点研究的课题，这些要点对科学构思防灾公园系统的整体框架和各个防灾公园防灾设施的细部结构，提升规划成果的档次和水平，强化城市综合防灾能力，改善避难行动、避难生活的质量，降低居民避难"困难度"等有不容忽视的作用。

规划设计要点是在规划设计原则的基础上，应当关注的主要规划设计问题。其中包括城市防灾公园资源的考察，防灾公园的服务类型，防灾设施与防灾功能，防灾公园与其他防灾避难场所的关联性等。

3.2.2.1　城市防灾公园资源的考察

每一个城市都有各类公园——大型城市公园、中型城市公园和小型城市公园。图 3-18 是唐山市中心区和开平区的景观风貌规划图（2002—2020 年），图中景观风貌有已经建成的、正在建设中的和待建的。

就唐山市的城市公园而论，规模大于 100ha 的有南湖公园、东湖公园、东北部公园、西北部公园、大城山公园。其中，大城山公园和凤凰山公园已经完成改建工程，南湖公园正在建设中且许多景观已经投入使用，另 3 个公园待建。此外，地震文化景观中心处有大钊公园，现代文化景观中心处有凤凰湖公园等。以上大中型公园是唐山市近 30 年间规划建设的重要城市公园。在一些居民小区还建成了许多小花园、小公园，像百货大楼附近的静园等。唐山市的城市公园中，有一些可以规划设计为防灾公园。目前，大城山公园、南湖公园可规划设计为大型防灾公园，凤凰山公园、大钊公园（含地震纪念碑广场）、凤凰湖公园等可以规划设计为固定防灾公园。居民区内的小花园、小公园可以规划设计为紧急防灾公园或与周边的避难场地合并在一起规划设计为固定防灾公园。

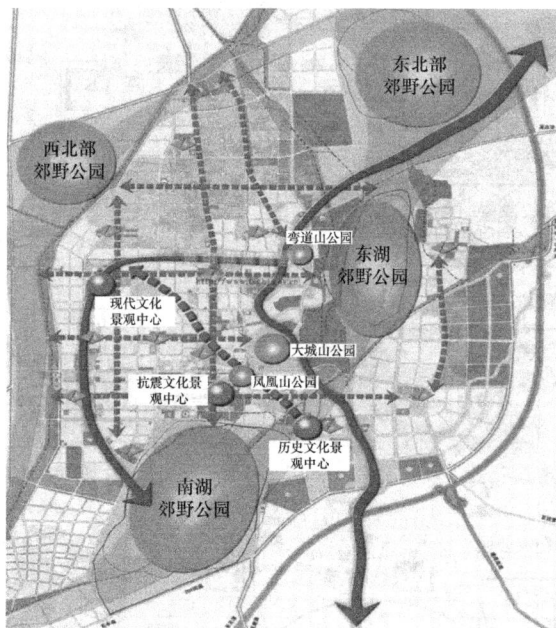

图 3-18 唐山市中心区与开平区的景观风貌图

城市公园未必都是防灾公园资源,必须充分考虑它与周边其他避难场地的防灾优势等。例如:大城山公园现有野生动物园,有虎、狮、熊等大型动物,不宜规划设计为防灾公园;又如,弯道山公园坡陡、谷深、道路狭窄,开放空间较少,不宜规划设计为固定防灾公园。

一个城市的防灾公园资源随时间而变化,以唐山市为例,到 2020 年各景观风貌工程完成后,东湖公园、东北部公园和西北部公园有可能纳入城市防灾公园资源。因此,防灾公园的建设宜分阶段进行。

考察的目的是从既建或待建的城市公园中筛选防灾公园资源,为规划、设计、建设城市防灾公园奠定基础。考察的主要内容是城市公园的数量、规模、在市区的分布、各城市公园的基础防灾功能,其周边的居民住宅区、单位、人口数量与分布,城市公园附近的其他类型避难场所及其规模、基础防灾设施等。为筛选城镇防灾公园,确定服务类型等提供依据。

3.2.2.2 服务类型

防灾公园的服务类型包括两个方面。其一是服务规模型,分为 3 种类型,即为较多人、较长时间服务的中心防灾公园,为居民较长时间避难的固定防灾公园,为居民较短时间避难的紧急防灾公园。其二是服务对象类型,也有 3 个类型,即供附近居民避难用的居民避难型,用于支援灾区的部队、医疗队、工程技术人员和志愿者宿营地的宿营型和二者混合型。

(1)服务规模型

服务规模型是以防灾公园的面积大小规划设计防灾公园的服务类型,图 3-19 是中心防灾公园、固定防灾公园和紧急防灾公园的规划设计示意图。

中心防灾公园的面积大于 50ha,有多个广场可以用作棚宿区,为附近居民提供避难服务,也可以设置城市救灾指挥中心以及支援灾区部队、医疗队、工程技术人员、志愿者宿营(图 3-19)。同时有多种防灾设施供居民避难或部队等宿营使用。固定防灾公园面积10ha 左右,草坪、广场和体育场用作居民避难的棚宿区,并备有各种避难防灾设施。紧

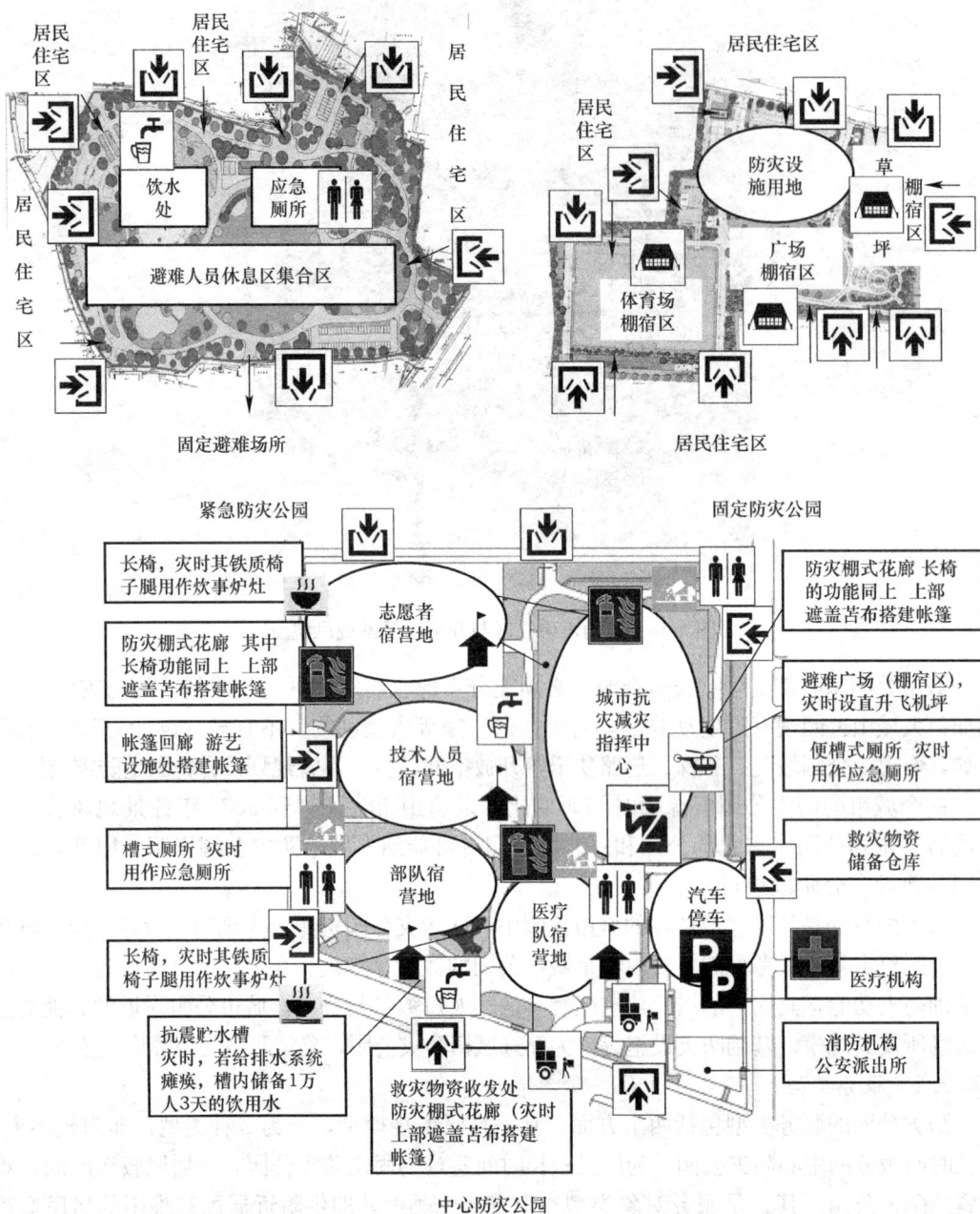

图 3-19 服务规模型防灾公园的规划示例图

急防灾公园的面积小于1ha，供附近居民临时避难，内设应急厕所、照明和饮水处，居民集合后去固定避难场所避难。

　　服务规模型的基本特点是以公园的规模（开放空间）为依据，赋予防灾公园不同程度的防灾功能。防灾公园的规模越大，在满足人均有效避难面积的基础上，能够收容的避难人员和其他人员越多。而且，有可能设置更多的防灾设施，灾时形成更完善的防灾功能。防灾公园的规模是其防灾避难功能大小的一个重要标志。对防灾公园的避难安全性、时序性、功能性以及提供防灾功能的时间长短都有重要影响。但由于规模不同的各类防灾公园都有不容忽视的防灾功能，因此都应纳入规划设计的范畴。而且，从一个城市防灾公园的数量上看，规模大的防灾公园数量较少，而规模较小的则相对较多。防灾公园的规模无论大小都是城市防灾公园系统的组成部分。因此，如何正确处理防灾公园的规模与数量、规模与功能、规模与系统的关系是规划设计城市防灾公园应当重视的问题。

（2）服务对象型

所谓服务对象是指城市避难的居民，支援灾区的部队、医疗队、工程技术人员和志愿者以及救灾指挥中心等。同一个大中型防灾公园因服务的对象不同可以有多种规划设计方案，满足不同对象的需求。从这个意义上讲，城镇避难场所的功能绝不只局限于为城市居民避难服务，在重大灾害的紧急情况下，支援灾区的部队、医疗队、工程技术人员和志愿者不可避免地涌入灾区，是灾区防灾减灾的重要人力资源、技术资源、物力资源，对灾区救援、恢复重建起极为重要的作用，必须确保有安全的生活、活动和工作场所。这些人员远少于城镇居民的人数，不会影响城镇防灾避难场所的整体规划设计。

图 3-19 是中大型防灾公园。该公园的西北部是草坪广场，西南部是水池和空地，其东部依次是棒球场、足球场和田径场。南部与北部之间有道路横贯东西，公园四周有树林带和环园道路，外围是民居区。该公园的主要特点是开放空间大，地势平坦，有排水设施，开放空间之间以林荫道相隔，排水性、空间联通性和交通通达性好；西南部有湖面，湖水净化后可以作饮用水或生活用水，东北部的水坑用作消防水源；四周的树木绿化带灾时用作防灾树林带，并附设洒水装置，周边地域发生火灾后喷洒树冠、树干，提高防火性能；园内的既有建筑，规划为公园办公室、救灾指挥机构、医疗机构、救灾物资储备仓库和救灾物资分发处；草坪广场、3 个体育运动场规划设计为棚宿区、支援灾区部队等的宿营地和直升机坪；空地规划为汽车停车场、垃圾堆放处等；考虑避难过程避难人员的交通安全，横贯东西的园路为大型车辆（救灾物资运输车、消防车道）通道，避难人流从公园四周的多个入口进出。这些表明，该公园可以规划为避难型园、宿营型和混合型防灾公园。

① 避难型

公园周边地域都是居民住宅区，如图 3-20 上图所示。避难型防灾公园的主要功能是供附近的居民避难。除规划设计各类防灾设施外，设 5 个避难区，东西 2 个草坪和 3 个体育运动场各设 1 个，分区接收避难责任区内的居民避难。由于设多个避难区，设置的抗震贮水槽、紧急厕所比较多。3 个体育运动场都有灯光、广播设施。公园东北角设医疗站（所），负责避难人员伤病的医治与卫生防疫。

规划设计的基本思路是公园四周都是居民住宅区，灾时需要避难的人较多，居民住宅区附近没有大中型的其他避难场所，园内防灾设施比较完备，能够满足较多避难人员的避难安全需求。居民住宅区附近的避难场所资源提供的有效避难面积满足避难场所设计规范，确保附近居民就近安全避难，是规划设计居民避难型防灾公园的重要依据。

② 宿营型

宿营型防灾公园（图 3-20 中图）的主要功能是严重地震灾害发生后设置救灾指挥中心，为支援灾区的部队、医疗队、抢险工程技术人员或志愿者提供宿营地和活动场所。其内部一般不安排附近居民避难。这类防灾公园开放空间大，有可能搭建较多的帐篷供宿营，并提供生活、办公和活动场所。由于这类防灾公园内灾时新设的各个单位工作性质、辖属关系、责任分工等差异较大，常相互协作，又各自独立运营。

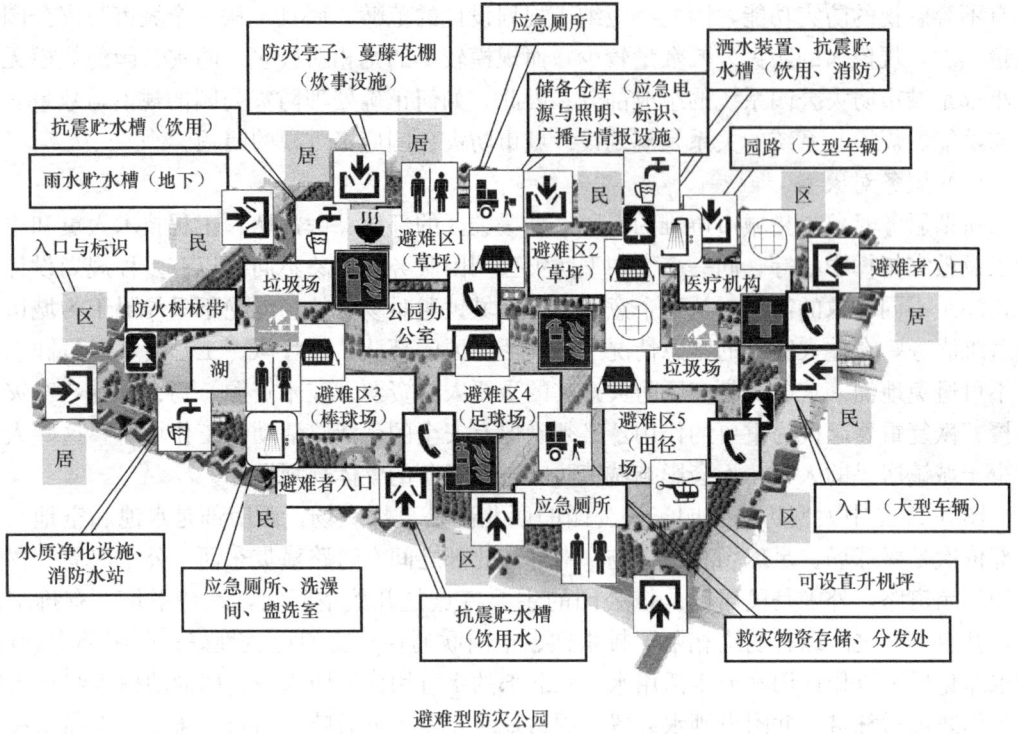

避难型防灾公园

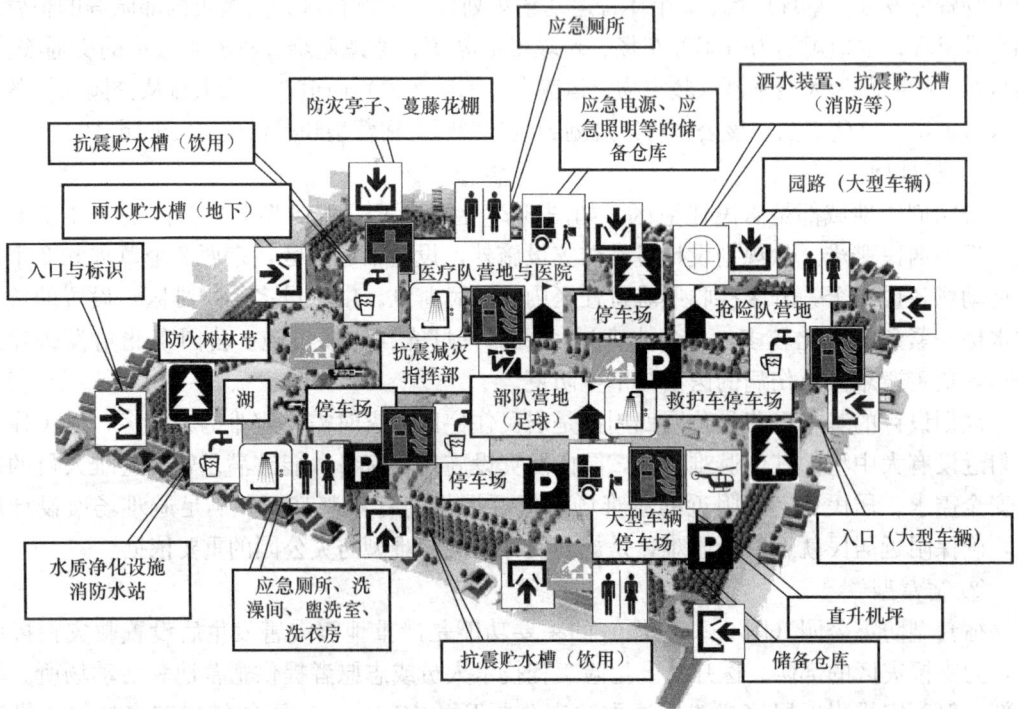

宿营型防灾公园

图 3-20 服务对象型防灾公园示意图（一）

图 3-20 服务对象型防灾公园示意图（二）

唐山地震、汶川地震以及玉树地震时极震区的建筑严重破坏，没有倒塌的建筑也受到余震的严重威胁，灾后必须设置城市抗灾指挥中心，急需大量救灾人员进入灾区救援，有必要规划设计宿营型防灾公园或其他宿营型避难场所。

宿营型防灾公园主要安置城镇救灾指挥中心以及各个单位支援灾区的人员，有助于指挥机关与各单位之间的沟通与协调，提高城市防灾减灾的组织协调能力，更有效地发挥救灾的人力资源、技术资源、救灾物资资源的综合防灾减灾功能。

在公园附近没有居民住宅区或居民住宅区的居民较少又能在其他避难场所安置避难时，可规划设计为宿营型防灾公园。这类公园不仅要求规模大，有大面积的成片开放空间，还必须有良好的交通、通信、停车、直升机运输等条件。

③ 混合型

混合型防灾公园是避难型防灾公园和宿营型防灾公园的防灾功能组合。其中有供居民避难的避难场所，有救灾指挥机构或宿营地。图 3-20 下图是避难场所、救灾指挥机构、医疗队营地与医院混合的防灾公园。

一个混合型防灾公园中，居民避难场所与支援灾区部队、医疗队等宿营地的占地面积比例可以大体相当，也可能相差悬殊，取决于灾后其服务区内避难人口的多少与灾害需求救援的程度。如果灾后无需救援人员支援，只需避难型防灾公园足矣；而若灾情极为严重，像唐山地震那样城区建筑基本倒塌或严重破坏，很可能出现避难型防灾公园、宿营型防灾公园和混合型防灾公园共存的景象。

3.2.2.3 防灾功能与防灾设施

防灾公园是设计建设了各种防灾设施，且重大灾害发生后能够快速启用，在较短时间内就能形成必备防灾功能的城市公园。可以说，所有的防灾公园都是城市公园，只是防灾公园灾前规划建设了防灾设施，灾时能够产生满足避难需求的防灾功能。

　　防灾公园和城市公园都有防灾功能，但完善程度不同，甚至相差悬殊，而且赋予的时间不同。中心防灾公园一般规划建设各级救灾指挥中心的办公场所，支援灾区的救援部队、医疗队、抢险工程人员和志愿者的宿营地、活动场所和汽车停车场，医疗救护中心，直升机坪，救援物资储备仓库，各种道路，发电、照明、消防、广播和情报设施，炊事、洗澡、应急厕所等生活必备设施等。固定防灾公园则主要规划建设供居民避难居住的棚宿区，各种道路，发电、照明、消防、广播和情报设施，救灾物资储备与分发场所，炊事、洗澡、应急厕所等生活必备设施等。紧急防灾公园只规划建设避难道路，避难人群的集合场所，照明设施、供水处与应急厕所。绿道只作避难道路，设照明设施即可。各类防灾避难场所都应当重视入口形态和周边形态的设计建设。

　　城镇防灾公园系统中，数量最多的是避难型防灾公园，收容避难人员较多，是防灾公园防灾设施与防灾功能研究的重要课题。图 3-21 是避难型防灾公园必备的各种防灾设施，以形成确保避难生活安全的各种防灾功能。

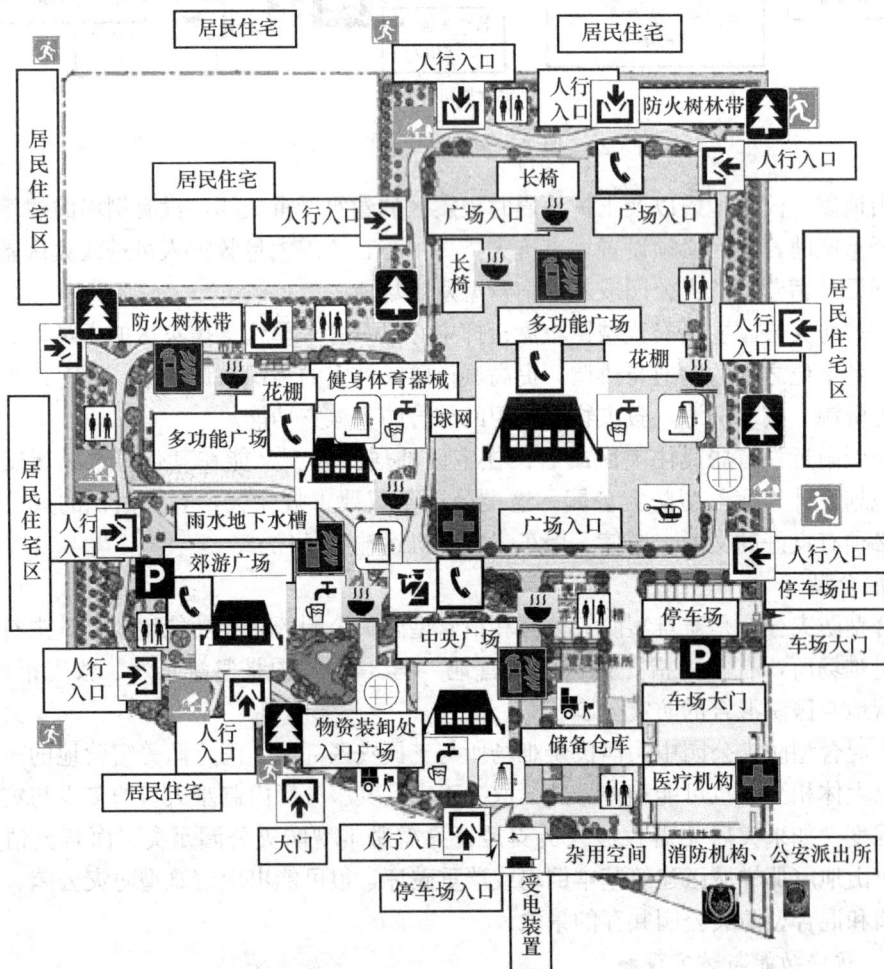

图 3-21　避难型防灾公园防灾功能的规划设计

防灾设施及其防灾功能如表 3-9 所示。

防灾设施及其防灾功能一览 表 3-9

(1) 应急电力设施、照明设施、广播设施与监控设施

设施名称	防灾功能与说明
受变电设施	平时、灾时为公园送电、变电
自备发电机	灾时电力系统瘫痪，启动发电。包括常用的柴油发电机、平灾兼用发电设施、应急用发电设备、燃料电池、紧急太阳能发电设备，水井水泵发电机
供电监视控制系统	安装紧急电源的紧急给水设施
紧急照明设施	太阳能、风能混合式发电照明灯，太阳能电池式照明灯，发电机一体型投光机
紧急广播设施	广播系统、手提式扬声器
监控设施	安装在避难道路人流密度高的路段，为引导避难提供现场依据

(2) 棚宿设施和水设施

设施名称	防灾功能与说明
棚宿设施	避难场所和宿营地的棚宿设施主要有窝棚、简易房、帐篷、过渡安置房，是居民避难生活和救援活动的重要场所。改善避难生活的"困难度"，提高避难生活质量，确保救援人员的基本生活条件 汶川地震后，全国各省、市、自治区支援建造的灾区过渡安置房是目前世界上避难棚宿设施中经过规划设计的组装式的房屋，在各类避难所中宜居性较高 在防灾公园内，棚宿区选择在地势高、平坦，排水性能和交通通达性好，其周边设必备的生活设施
水设施	为避难居民和灾区救援人员提供饮用水、生活用水（含炊事用水）以及消防用水、防火树林带洒水设施用水： •抗震贮水槽。是防灾公园储备饮用水和生活用水的重要设施。可与城市自来水管网系统连接，排水侧安装紧急关闭阀门，严重地震灾害发生时自动关闭，槽内贮满水。槽体可用不锈钢、钢筋混凝土等。亦可在地下设雨水贮水槽 •水质净化设施。在灾害发生初期严重缺水的情况下，通过过滤、吸附、化学处理等设施净化公园内的湖水、河水以及地下雨水贮水槽的雨水等。净化后的饮用水必须达到饮用水的卫生标准 •消防用水。在消防车能够进出的公园湖、河、坑边设消防用水站 •防火树林带洒水装置。这是一种水的喷雾设施，公园周边发生严重火灾后，向树林带喷洒水，防止、延迟火焰及其辐射对园内避难人员的威胁 •水井。可设手动、电动取水方式。若用电动，宜储备备用电机和电源 •饮水处、洗涮室（含洗衣物）、浴室

(3) 救灾物资储备仓库

储备物资品种	防灾功能与说明
生活用品	饮用水、食品、衣物、炊（餐）具、卫生清洁用品
办公用品	计算器、笔、纸、胶带、胶水、笔记本电脑等
棚宿用品	帐篷、床、垫子、苇席、被褥、毛毯等
紧急设施	发电机及其能源、电源插座与插头、广播设施、抢险救灾设施等
医疗用品	紧急医药与医疗设备、防疫药品与设备、担架等
消防用品	灭火器与灭火工具
其他用品	手推车、自行车、手电筒及电池、锹镐、铁钉、绳子、宽胶带、手提式紧急厕所等

（4）标识设施

设施名称	防灾功能与说明（各类标识设施宜安装太阳能电池，供夜间照明）
防灾设施标识	置于各防灾设施所在场地，标明设施名称，如棚宿区、饮水处、紧急厕所等
入口标识	置于防灾公园入口，标明防灾公园名称、避难人员入口或车辆入口
指向标识	置于避难服务区的街头和园内，指引去防灾公园的道路或逃生的方向
避难引导标识	指引去棚宿区的方向
	宜采用发光标识，无论白天、黑夜，其上的图形、文字都应十分醒目

（5）紧急厕所与情报设施

设施名称	防灾功能与说明
紧急厕所	排泄功能是灾后防灾公园的重要功能。严重地震灾害往往造成城市给水排水系统瘫痪，水冲厕所无水冲洗。开发受灾条件下适用的厕所，是防灾设施实用研究的重要课题。紧急厕所有多种类型： ○ 带盖暗孔式厕所。灾时打开孔盖，围上布幕即可使用。暗孔底部与排水管道或贮水坑、槽连通。主要特点是：可以根据实际需要设便坑数量和坑的容量，灾时能够集中性的大量使用；修建费和维修管理费低等 ○ 手提式马桶。大便置于一次性塑料袋，便后施以固化消臭剂，作为一般垃圾处理。轻便，可移动，适合于避难弱者 ○ 车载移动厕所 ○ 粪便处理与抽取、运送设施
情报设施	○ 公园设施管理系统。设施与人流监控系统、防灾对策导航系统、街头紧急通报系统等 ○ 情报布告系统。大型情报布告牌、车载情报布告板等 ○ 音（像）响系统。电视、收音机、公园广播系统、手提话筒、声音感应引导系统等 ○ 通用情报系统。电话、手机、电脑（特别是笔记本电脑）等。每次重大灾害发生后，总会有大量避难人员排队打电话，传递平安情报

（6）道路与直升机坪

设施名称	防灾功能与说明
园内道路	包括避难道路、消防通道、救援物资运输道路和救护车道路。用于灾时避难行动，救援、消防和运送伤病员。避难道路与车辆运输道路宜分开设置，为残疾人设无障碍避难道路。园内的避难道路连通避难入口与棚宿区
园外道路	与避难入口和车辆入口连通，紧急避难防灾公园至少有2个入口与园外道路连通，大型防灾公园与园外连通的道路不少于4条。园外道路宜与其他防灾避难场所连通
直升机坪	用于紧急运输重伤员和紧急救灾物资。具有直升机起落的空间环境和相应的设施，夜间有照明。一般设置在中心防灾公园、骨干防灾公园和较大型的固定防灾公园
机动车停车场	救灾指挥中心、支援灾区部队和医疗队营地、市级的救灾物资储备库与救灾物资分发场所，设大型机动车停车场。固定避难场所酌情设机动车停车场和自行车停车场。紧急避难场所不设停车场

（7）入口形态与周边形态

设施名称	防灾功能与说明
入口	设入口标识，方便避难人员和车辆进出，有残疾人轮椅通道。如果公园设门，宜采用可拆式，避难开启时拆除。入口宽度满足避难需求，入口个数不少于2个，大型不少于4个，一个入口发生火灾等，避难人员可从其他入口逃生
周边	栽植防火树林带并附设洒水装置。为便于避难人员进出公园，周边不宜设高墙和铁制围栏

此外，还必须规划设计防火树林带或防火隔离带。防火树林带主要栽植在城镇园林或棚宿区、宿营区的四周，形成防火保护圈。在一定的火灾环境下，防火性和难燃性主要取

决于树木的含水率和含油率；影响遮蔽率大小的主要因素是树种和季节。枝叶含水率高的长绿树和叶肉厚的树木防火性高，宜选作防火树林带的树种。防火树林带必须形成一定的规模才能充分发挥防火功能。也就是说，防火树林带必须有足够的长度、宽度和高度，并且采用合理的栽植方式，提高树林带的遮蔽效果。园林四周存在地震次生火灾威胁时，其四周宜栽植防火树林带，树木高度 6～10m。

防灾公园的防灾设施应能确保避难行动与避难生活安全，能够紧急应对避难人员的宿住与基本生活，紧急抢险救灾、救援物资、医疗用品的需求，确保有能力提供支援灾区的部队、抢险工程技术人员、医疗队和志愿者的宿营与活动场所等。

日本是地震、海啸、台风等灾害的多发国，也是避难场所规划建设比较普及的国家，在城镇避难场所防灾设施规划、设计、建设与管理诸多方面积累了可供借鉴的经验。在防灾公园规划、设计、建设了多种防灾设施（表 3-10），并研究了各自的防灾功能。

此外，城市公园的休闲设施（休息室、长凳、室外桌、室外炉、炊事场所等）、游艺设施（各种游戏设施、嬉水池等）、运动设施（操场以及附设的建筑物等）、教育设施（各设施的建筑物和室外空间）、便民设施（停车场、各设施的建筑物、时钟、饮水处、洗手间等）、管理设施（仓库、车库、材料放置场、垃圾处理场、给水与排水设施、电气设施等）以及集会场所等也可能有基础防灾功能。

防灾公园的防灾设施及其防灾功能示例 表 3-10

(1) 周边形态、植被、水设施、应急厕所、情报设施

防灾设施	防灾功能
○ 公园道路、广场等入口形态（布置形态）	作为去公园避难或参加各种活动的入口，布置形态应当方便避难人员和紧急车辆等出入（宽度、形状、台阶、障碍物和道路构造等）
外围形态（布置形态）	布置形态应当方便紧急避难时能够从入口以外的地方进入公园，而且设法提高从公园四周去防灾公园的道路安全性
广场	为了确保市区发生火灾后防灾公园内的安全性，可设置避难广场
公园道路	作为避难和开展各种活动的道路，设置与避难人员和紧急车辆通行相对应的公园道路
直升机停机坪	用作消防救援、医疗救护、应急物资和救援物资运输、恢复用物资材料运输和情报收集等
○ 植被（防火树林带）	防止、延迟市区发生的火灾，确保避难广场等安全性。根据需要，可以利用洒水装置提高防火功能
○ 水的相关设施 抗震贮水槽	贮存饮用水、防火和消防用水、生活用水、洒水装置洒水等各种用途的用水。可以采用多用途贮水槽，例如：与便槽兼用或平时贮存雨水等
紧急用水井	用作生活用水等。根据条件，可以安装灭菌装置提供饮用水。用泵抽取时，必须储备、设置灾时电源
水设施（水池、水流等）	贮存相当数量的防火和消防用水、生活用水、洒水装置洒水等。安装水质净化装置，灾时提供生活用水或饮用水
洒水装置	防火树林带、避难广场和避难入口处安装洒水装置，提高防火性能。确保洒水的水源和灾时电源
○ 紧急用厕所	灾时必备各种类型的厕所。平时用的水冲厕所，与贮水槽、污水管兼用型，地下埋设型（平时设置，灾时启用），使用水洗式时必须确保水源。还可以采用手提马桶、预制件组装式、遮布与便盆组合式以及移动式等多种类型的厕所

（2）情报设施、能源设施、储备仓库和管理机构

防灾设施	防灾功能
○ 情报设施	
应急用广播设施	灾时公园内的广播系统。利用平时的系统。需要配备灾时用电源
应急用通信设施	设置卫星通信、其他无线通信或电话线路等，必须配备灾时用电源
标识和情报提供设施	灾时诱导避难的各种标识。其中包括利用、操作设施必需的说明牌板
	无论哪一种标识都应设置夜间停电时的显示方法和灾时用电源
○ 能源和照明设施	
应急用电源设备	主要是灾害发生后为公园内提供照明以及动力、弱电设备电源等的"自备发电设施"（含燃料），利用太阳能、风能等的"自然能发电设施"
应急用照明设施	灾时为公园内和周边部位提供紧急照明，避难引导与相关设施的照明。确保灾时的电源
○ 储备仓库	保管的物品包括：灭火和救助用的物资材料、电源和照明设施（消防用）、医疗救护用物资材料、电源，抗震贮水槽的相关物资材料，灭菌装置和过滤器，灾时紧急用厕所的物资材料，炊事用物资材料，应急的生活物资材料（帐篷等），灾时用电源装置，灾时用照明，应急用通信设备机器，防疫、环卫物资材料，水质检验、检查和消毒用物资材料和设备等防灾用的物资材料与机器设备等。储备饮用水，医疗用品，衣物与毛巾，卫生用品，防寒和防水用品等
	储备仓库可以与防灾公园管理机构等其他建筑物并设，或采用地下式。必须是抗震、耐火结构，而且，依据储备物品的种类安装排风、空调设施。保管的物资材料和机械设备以及储备物品
○ 管理机构	灾时作为公园和设施运用、管理、开展各项活动的据点。由于具有情报的相关功能，可以更有效地利用。还可以考虑并设储备仓库和医疗救护空间，配备综合性的设施。灾时必须有管理人员管理。用作灾时据点设施时，必须有灾时用电源。必须是抗震、耐火结构

3.2.2.4　城市公园的基础防灾功能与防灾功能的规划设计

防灾功能是规划设计防灾公园的核心内容。防灾功能规划设计图直接反映整体的防灾设施与防灾功能、防灾设施的分布区划及其相互联系。城市公园的基础防灾功能在一定程度上影响防灾公园的防灾功能设计。

（1）大型公园

图3-20是利用大型城市公园的基础防灾功能规划设计防灾公园防灾功能的示意图。

利用既有城镇公园规划设计防灾公园时，应当充分考虑城镇公园已有的基础防灾功能。城市公园的基础防灾功能越强，例如：开放空间大，既有基础防灾功能的各类设施比较齐全，经过适度的防灾改造可以形成防灾公园的防灾功能。防灾公园的这种规划设计理念有助于全面、有效地利用城镇公园的基础防灾功能，节省防灾公园的建设经费，强化防灾公园防灾功能规划设计的基础。

图3-22所示是大型体育公园，主要特点是各类球场多，设高尔夫球场、棒球场、篮球场、网球场和体育馆，开放空间大；四周有5个出入口与环园道路连通，环园路与市区有很高的交通通达性；大部分地域地势平坦，适于用作棚宿区；西北角有水池1个；5个停车场分布在公园四周的入口附近，南面的1个停车场存车容量大；全园共5个公共厕所；有2处建筑物——体育馆和公园办公室；公园的北、东、西3个方向有环园树林带等。

高尔夫球场的面积最大，适于选作支援灾区部队的宿营地。部队有必备的后勤保障，可依据实际需要在规划地域内安置部队生活、活动的各种设施。高尔夫球场周围有4个停车场，北部的2个和西部的1个可供部队宿营使用。通常，支援灾区部队的官兵人数较多，需求的开放空间面积较大，还应考虑部队的车辆、器械以及军事活动等需求的空间。

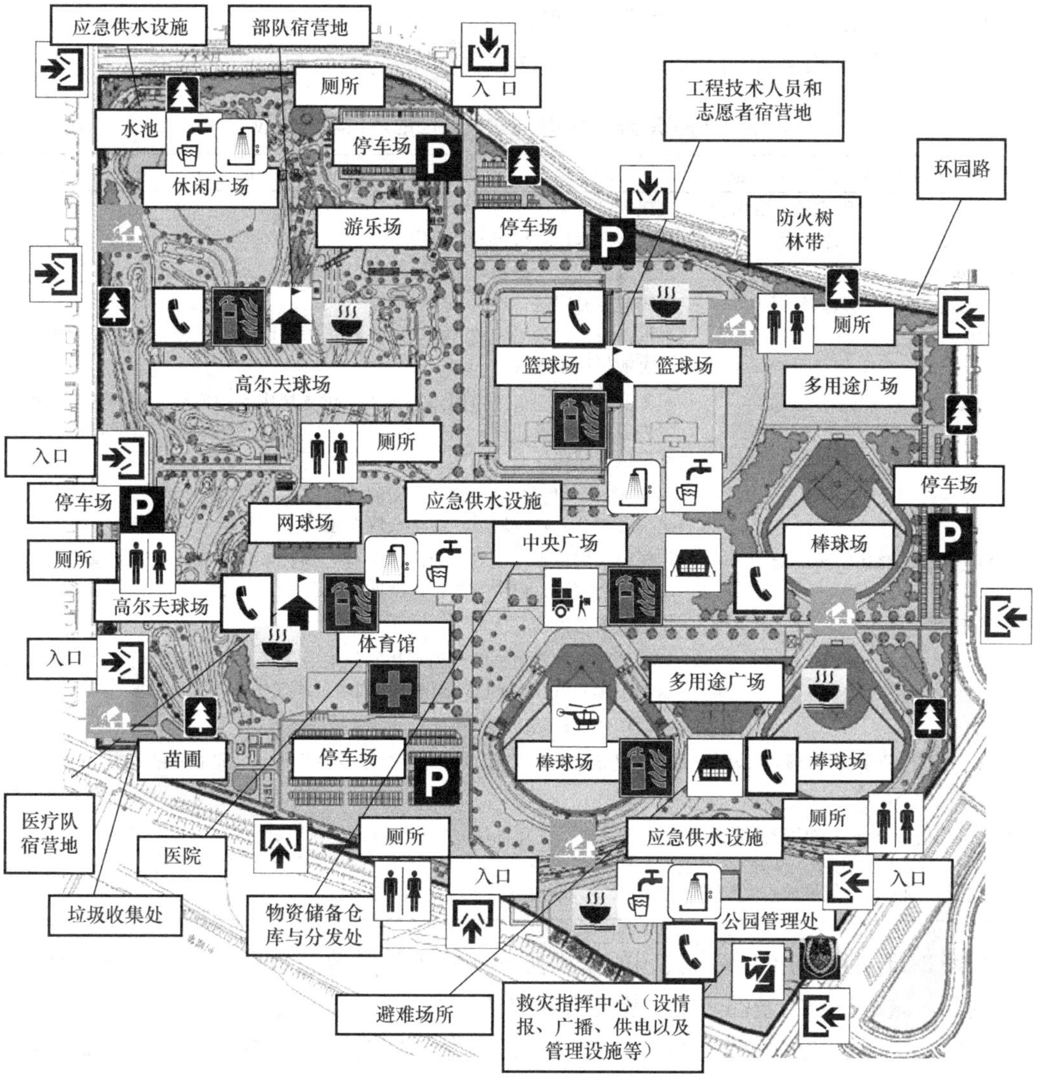

图 3-22 大型公园防灾功能规划设计示意图

需要配置规模较大的汽车停车场、通信设施空间以及炊事空间等。考虑部队活动的特殊性，可按要求提供必需的开放空间，具体的场地功能划分部队自行安排。

医疗队宿营地选定在草坪广场。东侧的体育馆可用作医疗队医院，南侧的大型停车场和东部的直升机坪具有运输、转运伤病员的功能。一般在医疗队宿营地附近设医院，主要为重伤员提供医疗服务。因此，应当选择在交通通达性好的开放空间，如果医疗队所设的医院是医疗中心或重伤员去外省、直辖市、自治区的中转站，宜设直升机停机坪，运送重伤员，医疗急需的器械、药品等。而且，宜设机动车停车场，通往医院的道路平坦无障碍，以便顺畅地接送伤病员。

东南部的 3 个棒球场和南部的 1 个多功能广场用作居民避难场所。依据棒球场和多功能广场划分为 4 个避难单元，各避难单元由园路连通。周边设多个电话亭、饮水处、浴室、厕所、入口，还有防火树林带和消防器材。救灾物资储备仓库与分发处仅靠避难场所。灾后避难人员集体就餐，条件成熟后可分餐。

图 3-21 所示城市公园的基础防灾功能与规划设计的防灾公园的防灾功能见表 3-11。

城市公园的基础防灾功能与防灾公园的防灾功能比较 表 3-11

城市公园的基础防灾功能与设施	规划设计的防灾公园防灾功能与设施
高尔夫球场（北）休闲广场　游乐场	支援灾区部队宿营地　帐篷
高尔夫球场（南）网球场　体育馆	支援灾区医疗队宿营地　帐篷
篮球场（2 个）	抢险工程技术人员和志愿者宿营地　帐篷
多功能广场（2 个）棒球场（5 个）	居民避难棚宿区　连成一片　帐篷
公共厕所（5 个）	根据避难与宿营的人数适量增加个数　扩大坑位　增设移动式应急厕所尽可能保持水冲式
停车场（5 个）	东部的 1 个供棚宿区使用，其余 4 个供支援灾区的部队、医疗队、工程技术人员和志愿者使用。救灾指挥中心处另辟 1 个停车场，且与各宿营地、棚宿区以园路连通
入口（6 个）	仍作入口，但灾时进出防灾公园的人员较多，入口增加到 12 个。每个入口至少有 1 个无障碍通道，便于残疾人通行
公园以及各体育场周边的树木	用作防火树林带，配置多个洒水装置，周边发生火灾，威胁宿营地与棚宿区时，向树冠、树干喷水雾，降低园内人员受火灾热辐射的危害
公园管理处	城市救灾指挥中心
水池	用作消防水源、植被灌溉用水和部分生活用水、冲洗厕所用水（设应急水泵与电源），设水净化装置用作饮用水、涮洗用水、浴室用水
体育馆	灾时用作医疗队附属医院

（以上是图 3-20 所示的大型防灾公园与由其改造成的防灾公园的共同功能，即基于城市公园的基础防灾功能改造成防灾公园的防灾功能）

不依赖城市公园基础防灾功能的防灾公园防灾设施：直升机坪（1 个）、救灾救援物资储备仓库与分发处（1 个）、消防器材（5 处）、饮水处（4 处）、浴室（4 个）、电话亭（5 处，不包括公园办公室原有的 1 处）、公安派出所（设在救灾指挥中心）、垃圾堆放点（5 处）、集体食堂和临时食品供应点（5 处）

从表 3-11 可以看出，城市公园的基础防灾功能为将其改造成防灾公园的防灾功能奠定了基础，城市公园的基础防灾功能在大多数情况下并不是防灾公园的防灾功能，必须经过适当的改造、强化、完善、延伸。例如：各体育场只能提供开放空间，欲达到宿住条件，还必须搭建帐篷或其他防灾建筑；城镇公园的厕所，只能满足平时游人的需求，为满足灾时更多的人使用，应在原来的基础上增加坑位或厕所数量；入口不仅需要增加个数，也要进行防灾改造，每个入口至少有 1 个无障碍通道，改造成可拆式，设预防火灾的洒水装置；体育馆只提供封闭性的空间，灾时其内部必须设置防灾设施等。因此，城镇公园的基础防灾功能并不是或不完全是防灾公园的防灾功能，城市公园只有按照城镇避难场所设计规范进行防灾改造，形成完善的、有效的防灾功能系统，才能转换为防灾公园。

（2）中型公园

图 3-23 是中型城市公园，充分利用其基础防灾功能规划设计为固定防灾公园，供附近居民避难。其规划设计的防灾功能主要包括：

① 避难功能及其附属功能。草坪广场的面积较大，地势平坦、开阔，规划设计为棚宿区，搭建帐篷接纳服务区内的避难人员。与外周连接的西、南两侧的植被规划设计成防火树林带。南部的中间部位设抗震贮水槽，为避难人员供应饮用水和生活用水；西北部的水池提供消防用水或灌溉植被、厕所的冲洗用水等。北部的多功能大厅设太阳能发电设

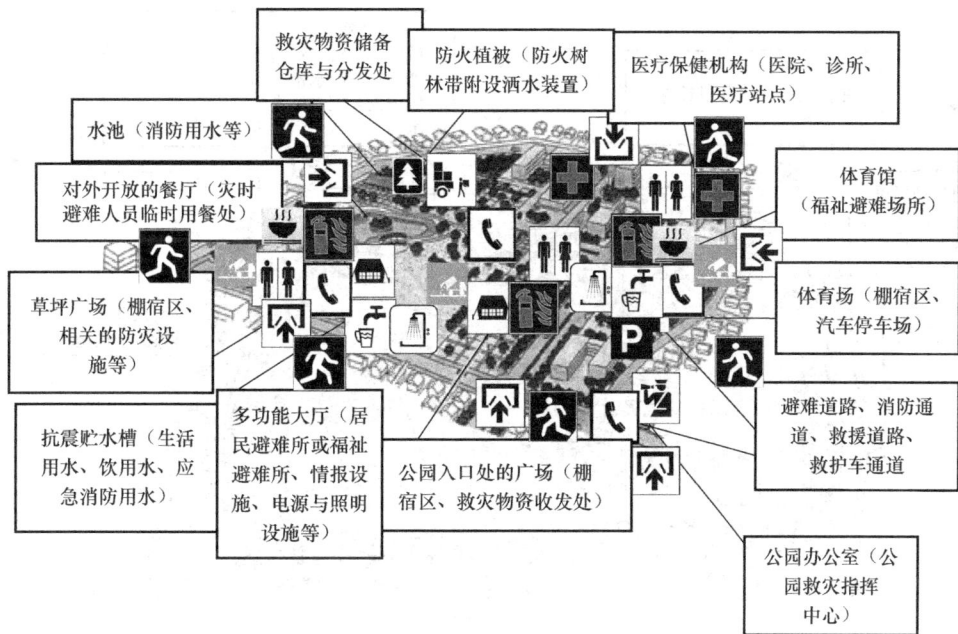

图 3-23 中型公园防灾功能规划设计示意图

施，并备有情报设施（电话、笔记本电脑、电视等）、广播设施等。公园南部的入口处广场亦可用作棚宿区或救援物资的存放、发放处。东南角设应急厕所，东北角设临时厨房、餐厅和浴室，为避难人员提供食宿和其他生活服务。

② 医疗功能。公园东北角原有的医疗保健机构，灾时用作医院、诊所或医疗站。为伤员和避难人员提供医疗服务，并负责防疫卫生工作。救护车通道与公园周边的道路和公园内的棚宿区连接。

③ 交通功能。利用公园内原有道路，规划设计避难道路、消防和救援物资通道、救护车通道。

④ 防火树林带。公园四周的树木灾时用作防火树林带，并设置洒水装置。

⑤ 救灾物资储备仓库和管理办公室。在公园西北角设救灾物资储备仓库、分发处和公园管理办公室。重大灾害发生后，能够确保及时提供基本生活必需的救灾物资。

⑥ 标识功能。在防灾公园避难服务区内的路口、公园门口和防灾公园内部设各防灾设施导向牌，为避难人员避难行动提供导向。

⑦ 消防功能。在棚宿区内 3 处设置消防器材。消防通道贯穿园区。水池用作消防水源。

规划设计的防灾功能合理地充分利用原有城市公园的基础设施和开放空间，力求在投资比较少的条件下，规划设计出满足灾时居民避难需求的多种防灾设施和防灾功能。

（3）小型公园

图 3-24 是一个公园原有设施与防灾功能规划设计图。该公园占地 2ha，属小型公园，可用作紧急避难场所。但由于其北部比邻大约 8ha 的避难场所，合计近 10ha，也可用作固定避难场所。在公园出口处设停车场或利用北部的大型停车场。草坪广场和网球场设排水设施。公园周围是居民住宅区。

中心广场
·主广场（设休息用长椅）
·纪念碑

管理办公室
·厕所、防灾物资储备仓库
·地下抗震贮水槽
·屋顶太阳能电源设备
·水井（平时生活用水，灾时饮用水）

多用途运动场设网球场、足球场（有夜间照明设施）

花坛

网球场（有夜间照明设施）

游乐场
设游乐设施和饮水器

草坪广场（面积大，平坦，四周排水性能好）

环园路

公园原有设施图

与周边公共设施合作

避难者活动场所

炊事场地

·救灾物资储备仓库
·应急饮用水井（设应急发电机）
·抗震贮水槽
·太阳能电源设施

灾时车辆入口

避难广场区（可设过渡安置房）

可用作避难场所

防灾设施区域（设应急厕所）

防火树林带

防灾公园设施图

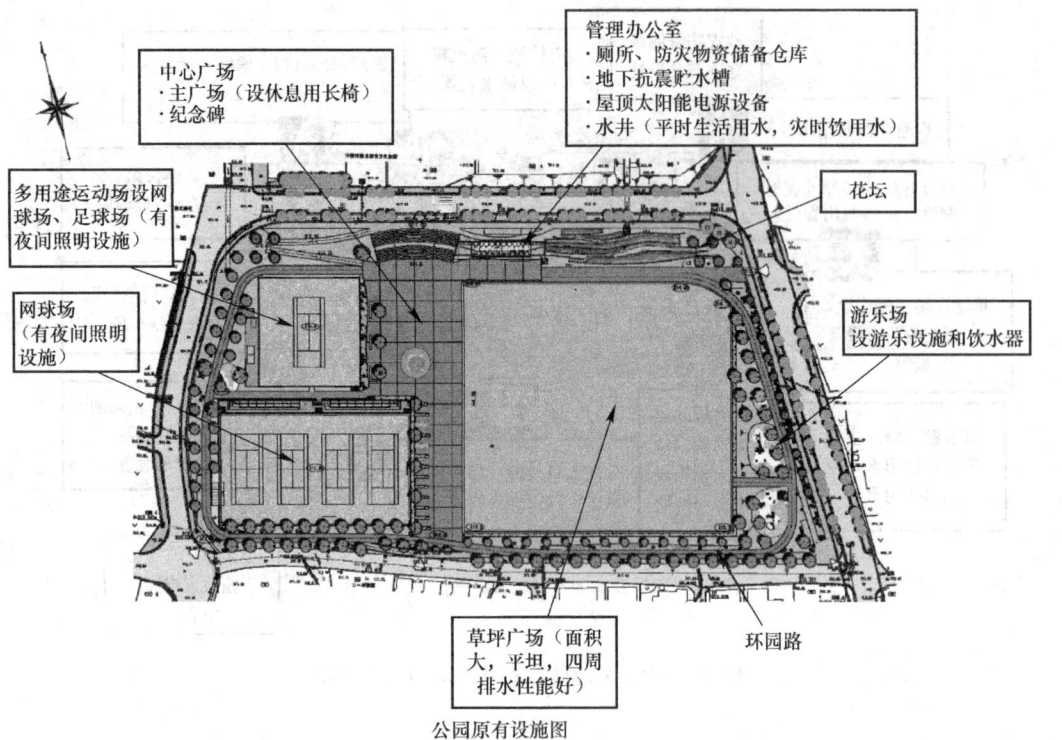

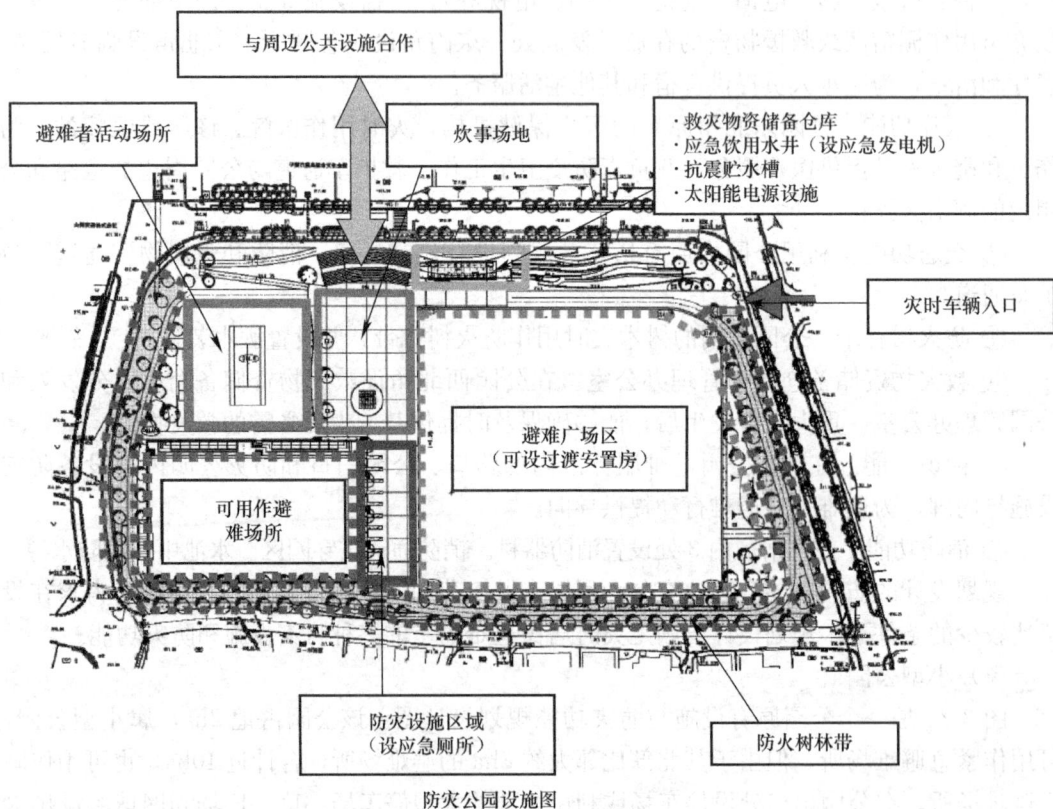

图 3-24 小型公园原有设施与防灾功能规划设计图

3.2.2.5 安全设计

（1）必要性

避难是临灾预报发布后或灾害发生时把居民从危险性高的住所或活动场所紧急撤离并安置到预定的更安全的场所。避震的主要目的是严格控制灾害风险，减少、消除居民的危险性，提高安全性。避难行动是受灾人群从不安全场所向更安全场所的转移过程。因此，应当进行防灾公园安全设计，以满足避难过程的安全要求。

影响防灾公园安全性的因素比较多。为此，必须充分研究安全保障体系、环境、规模、防灾设施与措施、防火性能与消防能力、避难人员基本生活保障、医疗与防疫条件、灾后救援活动功能以及避难行动安全等。

（2）环境安全设计

① 地质环境安全设计。对于地震灾害，在充分考察研究地震地质背景（区域内地层浅部与深部的地质结构特征、地震构造带特征，地震序列的地质条件与破裂面），大地震的重复性与危险区发生大地震的可能性（历史上大地震和古地震的重复时间间隔等），地壳变形与强震重复时间预测等的基础上，合理利用城镇土地，科学规划建设防灾公园。使之避开地震活断层、岩溶塌陷区、矿山采空区和场地容易发生严重液化的地区以及地震次生灾害源，远离地震滑坡或山崩危害区，特别注意避开未来可能是地震震中的地带。这是防灾公园规划设计中必须高度重视的安全问题。研究表明，近断层地域灾情最重，见图3-25～图3-27所示。

图 3-25　日本阪神地震重灾区分布在近断层

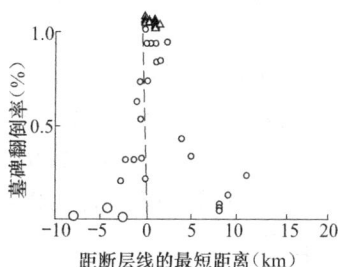

图 3-26　地震灾区墓碑翻倒率近断层最高

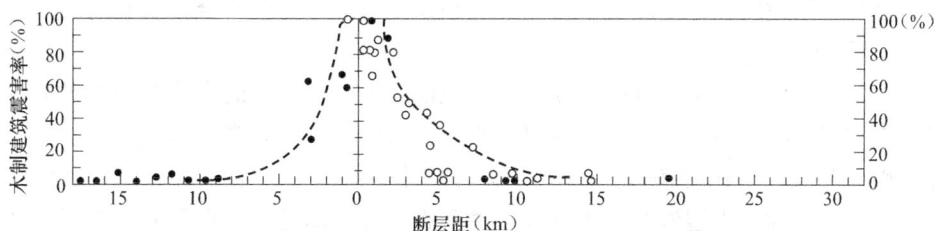

图 3-27　日本浓尾地震木制房屋近断层破坏率最高

在断层地震灾害场中，灾害的分布存在重要的基本规律：地震震中基本位于发震断层，震害主要分布在活断层及其两侧并形成带状分布，受活断层影响的地域在活断层两侧各20km的范围内，震害程度从活断层破裂面向两侧逐步衰减，直至断层地震效应消失。由此可得出极为重要的结论，在活断层及其两侧存在断层地震效应，研究近断层建筑抗震减灾对策，对减轻地震灾害，减少人员伤亡与经济损失有极为重要的意义。研究表明，日本阪神地震、浓尾地震等都具有近断层地震效应，而且，近断层是影响地震灾害灾情分布的重要因素。因此，防灾公园及其他避难场所必须避开地震近断层。像唐山市的防灾公园应避开唐山断裂带和陡河断裂带的近断层。防灾公园距离断层中心的最小避让距离如表3-12所示。

最小避让距离 表 3-12

地震烈度	建筑抗震设防类型			
	甲	乙	丙	丁
8	专门研究	300（m）	200（m）	—
9	专门研究	500（m）	300（m）	—

② 自然环境安全设计。对防灾公园及其周边的大气圈、水圈、生物圈和岩石圈进行安全评价，发现危险性的自然环境，或者改造消除，或者避让。像唐山市有大城山、凤凰山、弯道山等山地公园，大钊公园、凤凰湖公园等平地公园以及南湖湿地公园。唐山市在分析防灾公园资源，规划设计防灾公园时，应对洪水灾害，不宜选择在湿地公园和陡河两岸的带状公园；应对地震灾害，优先选择平地公园，如果规划设计在山地公园，必须考虑避开山体滑坡和泥石流等次生灾害的威胁区域。通常，防灾公园设在地势较高，场地平坦、开阔的地带，不会被地震次生水灾（决堤）和洪水淹没，不受海啸袭击；北方应避开风口，冬季有防寒措施，南方应避开烂泥地、低洼地以及沟渠和水塘较多的地带；周边宜有树林带，园中有水池、水流等。

③ 人工环境安全设计。应评价防灾公园及其周边的建筑群、城镇生命线设施、医疗设施、消防设施、公安机构以及人造树林带、绿地和其他景观等对防灾公园安全性的影响。防灾公园必须远离易燃易爆品生产工厂与仓库、高压输电线路；有较好的交通环境和较高的城市生命线供应保证能力以及必需的配套设施；有防火隔离带、消防设施与消防通道，且符合安全避难的要求；有突发次生灾害的应急撤退路线和伤病人员及时治疗与转移的能力；有确保避难人员基本生活条件的储备与运输能力；交通工具可以顺畅地进出公园。

防灾公园应当建设在地质环境、自然环境和人工环境都符合安全要求的地域。

（3）规模安全设计

防灾公园的规模是安全设计的重要内容。规模决定防灾公园的类型与避难的安全性高低。应评价防灾公园的面积、服务半径以及避难人员的人均有效避难面积。

总面积50ha以上的中心防灾公园，内设救灾指挥机构、中心医疗机构、救灾部队的营地、直升机停机坪、大型汽车停车场和居民避难区等。即使公园四周发生严重火灾，位于园内避难区的避难人群也应安全无恙。

固定防灾公园供避难人员较长时间避难。研究表明，若总面积25ha，公园两边发生严重火灾，避难人员受到火灾威胁时，向无火灾的两边转移，避难人群有安全保障；若总面积10ha，公园一边发生严重火灾，避难人员有安全保障。

总面积0.1ha以下的紧急防灾公园主要用作避难人员紧急避难或避难道路，各个家庭或单位的避难人员在紧急防灾公园集合后，向固定防灾公园或其他紧急避难所转移。和固定防灾公园、中心防灾公园比较，紧急防灾公园的安全性低，不适宜作固定防灾公园。

公园的规模也是影响避难人员人均有效避难面积的重要因素。根据国内外的地震避难实践，在固定避难场所避难的人员人均有效避难面积所应大于 $2m^2$，最少不能低于 $1m^2$。人均有效避难面积适宜，不仅给避难人员提供更大的活动空间和良好的卫生防疫条件，也便于安全疏散和管理，特别是防灾公园突发次生灾害避难人群需要紧急撤离时有更高的安全性。

公园的规模决定公园的服务半径大小。紧急防灾公园的服务半径 500m 左右，步行大约 10min 之内可以到达；固定防灾公园 2 000m 左右，步行大约 0.5h 之内可以到达。半径越大，避难人员到达防灾公园的时间越长，避难途中的危险性越大。

通过规模控制防灾公园的危险性时，应当把中心防灾公园、固定防灾公园和紧急防灾公园设计成一个完整的防灾系统，充分发挥各类公园的综合防灾功能，是安全避难的重要保证，也是防灾公园安全设计必须考虑的重要问题。

（4）防灾设施安全设计

防灾设施是灾时防灾公园快速形成防灾功能的基础与保障，也是确保避难人员安全避难最重要的条件之一。应规划设计的防灾设施主要有棚宿区与宿营地、情报设施（广播设施、情报设备和标识）、水设施（抗灾贮水槽、灾时用水井、浴室、饮水处、洒水设备以及水池、水流等）、能源与照明设施（各种备用电源与太阳能照明设备）、消防设施（消防车、消防通道以及消防水源等）、防灾树林等植被、应急厕所、道路（避难道路、救援道路、消防通道等）、救灾物资储备仓库及其储备的物品、运输设施（包括直升机停机坪、停车场）以及炊事与用餐场所等。

必须全面考虑各种防灾设施的完善性、每种防灾设施的安全性，充分发挥多种安全防灾设施的综合防灾减灾效益。并充分开发城市公园设施（景观设施、休闲设施、运动场所、教育设施、管理设施、餐饮设施、停车场等）的基础防灾功能，扩大、完善城市公园与防灾公园的公共功能。

（5）道路安全设计

灾害发生后，避难人群通过避难道路到达防灾公园或其他防灾避难场所，防灾公园内部也必须有满足避难需求的各类道路。而且，灾害发生后，避难道路可能受到多种危险因素的威胁，例如：道路两侧建筑物、山体等落物伤人或堵塞道路，次生灾害，交通事故，践踏事故等。因此，必须进行道路安全设计，保证避难道路安全、畅通。

防灾公园的道路分为两种。一种是从居民住宅到紧急防灾公园再到固定防灾公园的避难道路；另一种是固定防灾公园或中心防灾公园内部的避难道路、消防通道、救援车辆道路。各类道路应符合避难场所标准规范的要求。按照城市消防要求规划建设消防通道。绘制各防灾公园以及各个避难场所之间的避难道路图。避难道路两侧的建筑物倒塌后，其废墟不应覆盖避难道路，避难道路两边应有防火措施。

城市街道应成相互贯通的网络状，即使部分街道堵塞，也可以通过迂回道路或冗余道路到达目的地，不影响居民避难、消防和抢险救援工作的展开。避难道路与救灾通道在居民避难行动中不宜混用，并避开易燃建筑物和可能发生的火源。

避难道路的安全隐患主要是道路两侧建筑物的坠落物、地震次生灾害（特别是火灾、地质灾害、水灾、海啸等）、人流拥堵、交通事故等。对避难道路提出安全要求应综合考虑上述各种因素。

避难道路宜进行地震地质环境、自然环境和人工环境安全评价。通过安全评价找出避难道路的薄弱环节，提出相应的安全措施，尽可能消除灾害隐患。避难道路距两侧的建筑物宜有一定的距离，建筑物倒塌产生的废墟不应阻断避难道路，建筑物的落物对避难人群没有安全威胁。

合理规划避难道路的宽度、人流密度，防止道路过窄、人流密度过高堵塞交通。灾害发生后，对避难道路实施交通管制，避免人流、车流混杂，减少交通事故。

有可能发生地震次生火灾的路段，两侧建筑物应具有耐火性能，并设消防通道、消火栓，必要时避难道路两侧设防火隔离带、防火树林带。避难人群不得携带大量易燃物品，禁止吸烟，燃火必须注意安全。

中小城市公园的出入口不少于 4 个，大城市公园特别是特大城市公园不少于 8 个，使城区的街道与城外的公路形成四通八达的道路系统。目前有的城市出入的路口较少，一旦发生严重地震灾害，交通有可能处于完全瘫痪或严重瘫痪状态，对避难和抗震救灾产生恶劣影响。

固定避震场所应有多个进出口，方便来自各方向的人员出入，人员进出口与车辆进出口尽可能分开，尽可能减少人车混杂的状况。特别在灾后避难人流比较混乱的情况下，人流与车流分开，对于确保人流安全有重要作用。

规划建设避难场所进出口时，宜考虑残疾人、老年人和儿童出入方便。避难场所进出口少设车挡、台阶和围栏，提高无障碍通行度。至少有 1 个进出口可以进出残疾人的轮椅车。

放置在避难通道上的车辆，应有序地排列在避难道路两侧，不影响避难行动。

固定避难场所应设安全撤退道路和远程避难路线，当避难场所遭受严重次生灾害威胁时，组织避难的居民安全转移。

3.2.2.6　防灾公园系统的规划设计

防灾公园系统的规划设计有两个含义。其一是由中心防灾公园、固定防灾公园和紧急防灾公园与避难道路等组成的城市防灾公园系统。其二是城市防灾公园系统融于城市其他避难场所系统构成城市的整体防灾系统。如图 3-28 所示，防灾公园系统是城市防灾避难场所系统的一个组成部分，承担其自身的防灾功能。一般情况下，城市防灾公园系统不可能完全取代城镇避难场所系统。

3.2.2.7　规划设计的避让对策

图 3-29 是灾害风险分析图。如果灾害发生在损失概率高，损失严重的地域，应采取避让对策。对城镇避难场所系统、城市防灾公园系统而言，避难对策有重要的安全效益和经济效益。以唐山市为例（图 3-30），唐山市有 2 条主要的地震断裂带——唐山断裂带（1976 年 7.8 级唐山地震的震源地）和陡河断裂带，而且由于唐山开滦矿多年采煤，南湖一带早已形成塌陷区。因此，唐山市的重要建筑以及规划设计的包括防灾公园在内的城市防灾避难场所应当避开地震断裂带和采煤波及线围起的区域。唐山市的大城山公园、凤凰山公园、大钊公园均无地震断裂带穿过，也不在采煤波及线包围圈之内，规划设计防灾公园无需采取避让对策，但南湖公园的东西两侧有 2 条地震断裂带通过，又是采煤塌陷区，应考虑地震灾害的避让对策。

图 3-28　城市防灾避难场所系统构成图

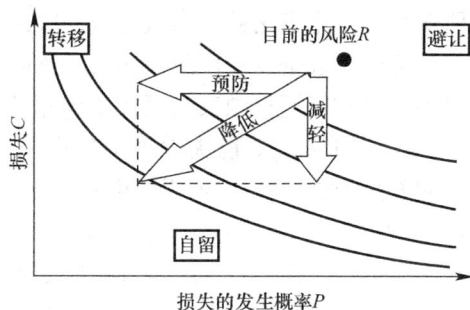

图 3-29　灾害风险分析图

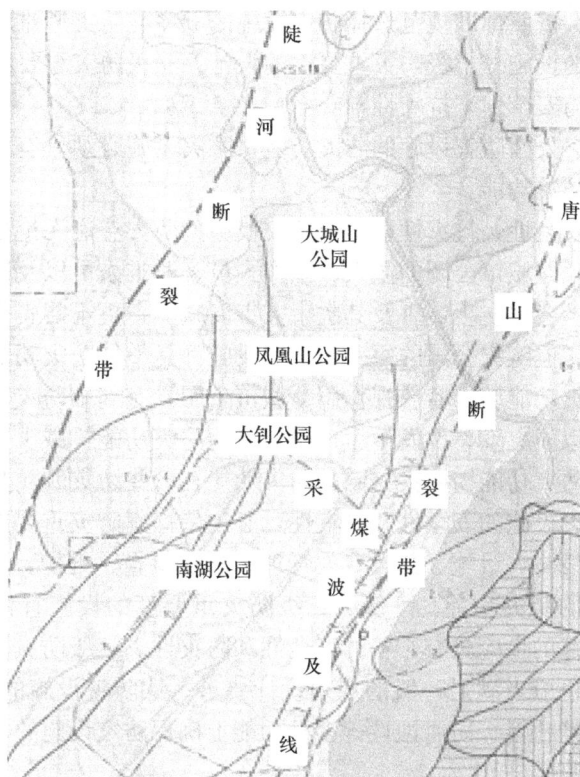

图 3-30　唐山市中心区地震断裂带与采煤波及线

3.2.2.8　防灾设施的防灾重要度及其应用

（1）防灾设施的防灾重要度

防灾公园的多种防灾设施对整体防灾功能的个体贡献程度并不相同，或者说具有不同的防灾重要度。

按照防灾设施损伤及其产生的影响，防灾重要度大致可划分为 3 个档次。

① 一级防灾重要度。防灾设施部分损伤将严重影响其防灾性能，并对防灾公园整体防灾功能产生不良影响，或因灾时损伤，给避难人群带来严重危害的防灾设施。例如：通往防灾公园或其他避难场所的桥梁因地震倒塌，被洪水冲毁，服务区域内的居民难以进入

避难场所避难；避难道路被洪水或海啸冲毁或淹没；抗震贮水槽、应急广播设备、应急通信设备、应急电源设备以及应急照明设备灾时不能启用；用作棚宿区的开放空间遭人为破坏，灾时不能搭建帐篷；救灾物资储备仓库被火烧毁或被洪水淹没等。

②　二级防灾重要度。防灾设施部分损伤，对防灾公园的整体防灾功能影响不大的设施，或灾时发生损伤，产生应用障碍的设施。例如：广场、公园道路、应急厕所、水设施（水池等开阔性水面）、应急用水井、标识类设施以及公园办公室、停车场等。

③　三级防灾重要度。一级、二级防灾重要度以外的防灾设施。例如：垃圾堆放处、公园长椅的底座、棚式花架等。

把防灾公园的防灾设施划分为3个防灾重要度，对于合理规划设计防灾公园的整体防灾功能，提高防灾设施的安全性和抗灾性，节省防灾设施的投资等都有重要意义。规划设计防灾设施的优先度、按照标准规范选择防灾设施的顺序、防灾避难场所投资的分配应当符合一级防灾重要度的设施＞二级防灾重要度的设施＞三级防灾重要度的设施。

（2）防灾重要度与安全性、抗灾性

为了充分发挥防灾公园防灾设施的防灾功能，防灾设施必须具有安全性和抗灾性，而且不妨碍公园的整体防灾功能。

所谓防灾设施的安全性、抗灾性，是指防灾设施的防灾功能无论处于平时的隐性状态还是灾时的显性状态，对城市公园的游人、工作人员、避难人员以及周边环境不存在安全隐患，其防灾功能也不会因发生灾害及其次生灾害而减弱，更不能丧失。尽管防灾设施有防灾重要度大小之分，但防灾公园的每一个防灾设施都是整体防灾功能的组成部分，对发挥防灾公园的整体防灾功能起不容忽视作用。城市公园具有基础防灾功能的设施，必须保持其基础防灾功能，以便突发事件发生后适时转换为防灾功能，减少灾害造成的损失。因此，城市公园的基础防灾功能与防灾公园的防灾功能在一些防灾领域是紧密相关的，不可分割的。为了确保防灾设施的安全性和抗灾性，必须依据其防灾重要度，按照相关的标准规范规划、设计、建设防灾设施。并设专人管理，制定检查、维护、维修、更换制度，保障防灾设施必须具备的防灾功能。一级、二级防灾重要度的设施宜依据产品标准规范选用，没有产品标准规范的也应具有必备的安全性和防灾性。三级防灾重要度的设施，虽然防灾性要求不高，但也应当满足一般的规划设计要求。从防灾设施的结构、材质、质量、耐久性、耐火性、抗老化性、防腐蚀性等多种功能上确保防灾设施的安全性和抗灾性。

（3）防灾重要度与经济性

防灾设施的投资也宜按照防灾重要度分配。投资的优先顺序依次是一级防灾重要度的设施，二级防灾重要度的设施，三级防灾重要度的设施。

提高防灾设施的安全性和抗灾性，通常需要增加经济投入。应恰当把握安全性和抗灾性的尺度。以地震灾害的防灾设施为例，能够抗最大级别的地震灾害，安全性、抗震性最高，但经济投入将明显增加。应按照防灾避难场所标准、规范规划设计防灾设施，求实效，讲实用。这是合理、适用、经济的规划设计思维。

开放空间的防灾重要度较高，是防灾公园的主要棚宿区、宿营地和规划设计为直升机停机坪的重要场所。如果地基需要改良、加固，只限于必需的部位。帐篷等设在草坪等柔性地面上，更容易施工，抗灾效果也许更好。尚未硬化且没有必要硬化的开放空间未必硬化。保持避难开放空间的柔性，避难功能结束后，很容易恢复原貌，更符合平灾转换的基本原则。经济性、可用性和易恢复性的综合研究是防灾设施规划设计的一个重要课题。

正确处理整体与局部的防灾功能也是一种经济的规划设计思想。一个防灾公园或其他避难场所，入园的道路有多座桥梁，应依据防灾重要度优先加固避难道路上的桥梁。安装净化装置净化水池中的水时，只在安装、使用净化装置处固化地面，满足需求即可，没有必要对水池的整体进行改造。一个大型公园只取其中的一部分用作避难场所时，避难场地应集中、紧凑，不宜过度占用开放空间。防灾设施安全性、抗灾性的过度无效冗余，是人为的浪费。

（4）防灾重要度与防灾设施结构

为了提高防灾设施的安全性和抗灾性，防灾重要度高的防灾设施，宜采用防灾性能优良的结构和材质，即防灾设施的结构、材质与其防灾重要度相匹配。像救灾物资储备仓库宜有较高的抗灾能力、耐火性能，储备的物资应采取抗震固定，门窗的结构应确保灾时不变形；管路系统的易损部位（配管与构筑物的结合部位、不同的构筑物之间或强度不同的地基相邻的部位）可选用柔性连接和柔性接头；大型车辆停车场的地面结构应与道路相同；为预防地震灾害，应急照明、应急广播设施、应急情报设施等应采取抗震固定措施，并具有耐火性、耐热性。

3.3　规划设计程序

防灾公园的规划设计包含两个方面的内容。其一是城镇防灾公园系统的规划设计，即所谓的基础规划设计；其二是各个防灾公园的防灾设施规划设计。

基础规划设施是依据相关的法律法规和城镇防灾要求从城市公园中筛选、确认各类防灾公园资源，形成由中心防灾公园、固定防灾公园和紧急防灾公园或固定防灾公园和紧急防灾公园构成的城镇防灾公园系统（图 3-31）。选择哪种类型的防灾公园系统取决于城镇的防灾公园资源、灾情的严重程度和避难、救援的实际需求。

防灾设施规划设计是赋予城镇防灾公园系统各个防灾功能以及为实现这些防灾功能必须设置的防灾设施及其技术指标。

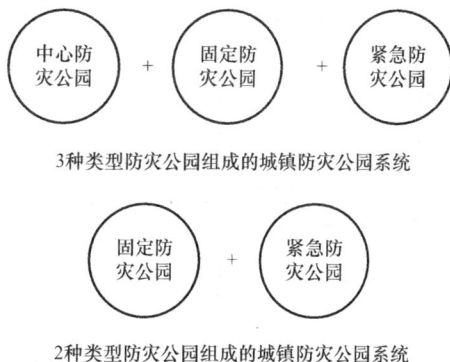

3种类型防灾公园组成的城镇防灾公园系统

2种类型防灾公园组成的城镇防灾公园系统

图 3-31　城镇防灾公园系统类型图

3.3.1　防灾公园的规划设计程序

防灾公园的规划设计程序如图 3-32 所示。

规划设计程序中包含规划设计依据、规划设计基本思路以及规划设计内容与要求。

3.3.1.1　规划设计依据

规划设计依据包括城市公园和防灾避难场所的设计标准规范和法规、城镇总体规划、城镇综合防灾规划、城镇避难场所系统发展规划、城市园林规划等相关的法律法规。规划设计方案（终）应符合规划设计依据的要求，否则应修改规划设计方案（草），有时需经多次修改，直至符合要求。

城市园林规划、城市园林设计规范等法律法规（规划设计防灾公园系统）

规划设计依据

城市综合防灾规划
● 设定灾害种类、程度
● 避难的方法、体制、系统
● 救援的方法、体制、系统
● 目前的避难圈域、避难场地等

防灾公园规划设计程序
● 规划设计的基本原则
● 防灾公园的总体规划
● 各个防灾公园的规划设计

城市总体规划、城市防灾避难场所规划、城市灾害危险性研究报告、城市地震安全评价

基本思路

基本思路
○ 以城市防灾避难场所系统中防灾公园系统应承担的防灾功能与强化系统防灾结构为前提
○ 充分利用城市公园的特质—开放空间、绿地和设施的基础防灾功能
○ 平灾结合 平时是城市公园 灾时转换成防灾公园

规划设计程序内容与要求

○ 规划避难圈域 圈域内的人口

■ 调查 收集、汇总规划条件

○ 城市的基本状况
○ 灾害危险性判断调查

○ 作用、功能与协作
● 抗灾减灾机构
● 避难场所（学校建筑）
● 地域
● 防灾机构（设施）其他设施
● 城市防灾规划等
○ 自主对应与期间
○ 运营管理

■ 防灾功能的研究、设定
● 基本方针
● 防灾功能的设定

○ 选址、场地条件
● 选址（场地的安全性）
● 周边的土地利用
● 入口
● 地形地质、场地状况
● 气象、植被、水环境
● 法律法规等
● 城镇生命线系统
● 公园管理

■ 防灾设施的选定
● 防灾公园设施
● 其他防灾设施

○ 防灾功能
● 避难（紧急避难、较长时间避难）
● 防灾与减灾，避难空间的安全性
● 情报收集与传递
● 开展消防、救援、医疗、救护活动
● 组织避难行动，安排避难生活
● 开展防疫卫生活动
● 开展灾后恢复活动
● 支援各种运输活动

■ 区划、避难道路

■ 防灾公园的管理运营

■ 设施的规划设计

防灾设施相关的法律法规

■ 公园设施等等的设计
● 总体注意事项
● 防灾公园设施
● 其他的公园设施
● 安全设计

● 公园的平时利用
● 避难弱者的对应
● 有效设置
● 时序变化的对应
● 灵活利用设施
● 便于利用与管理
● 设置管理机构
● 抗灾性能

■ 公园设施结构的研究路向

是否符合规划设计依据？

否 修改   是 完成

规划设计方案（草）

规划设计方案（终）

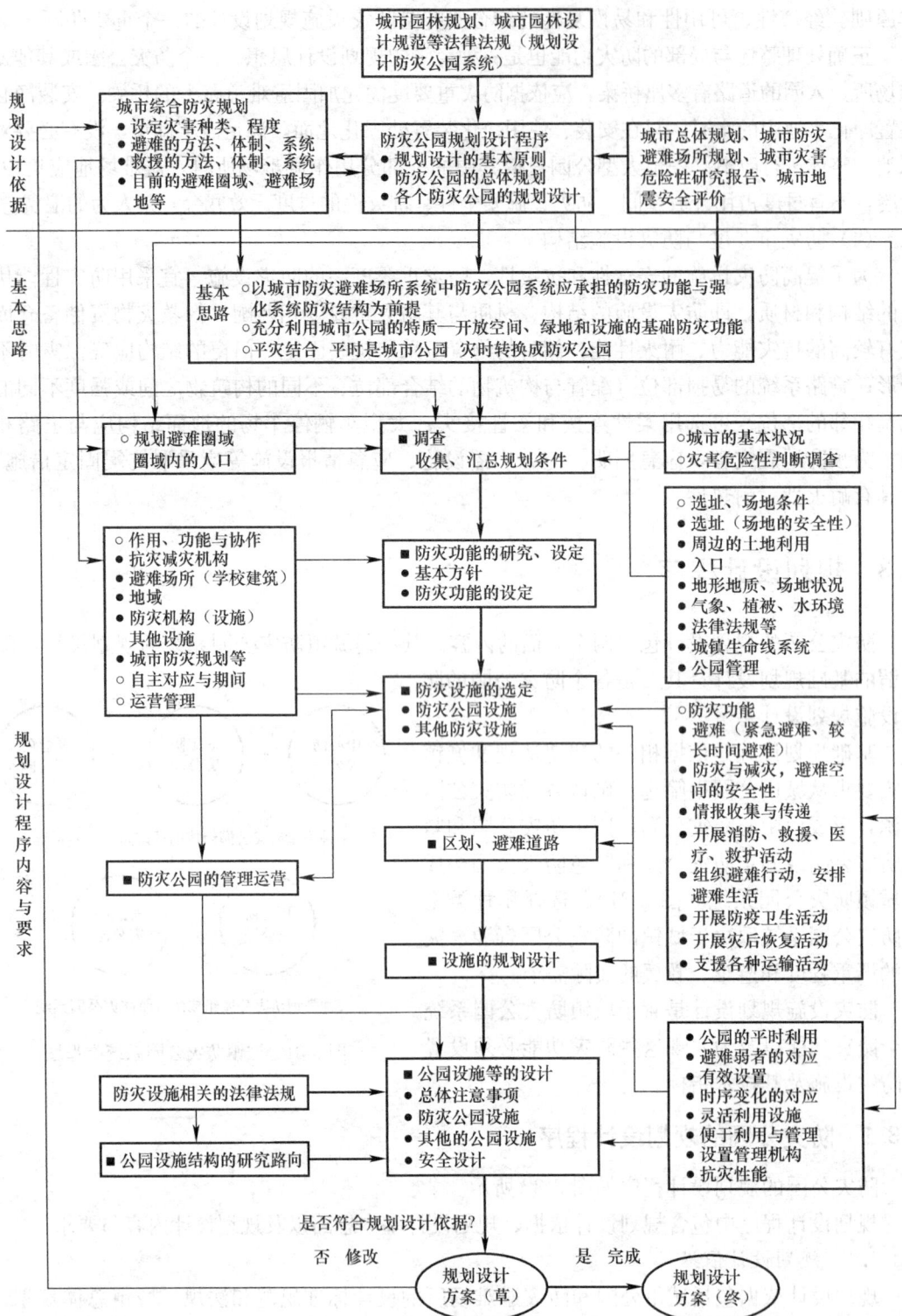

图 3-32 防灾公园的规划设计图

　　符合规划设计依据要求的判据是规划设计方案（终）达到《城镇防灾避难场所设计规范》的各项技术指标，不违背现行的城镇各种规划特别是城镇综合防灾规划、城镇避难场所系统发展规划、城市园林规划等的要求，各防灾公园经过优化组合与安全评价，防灾避难场所系统结构合理，有较强的防灾结构和防灾能力，确保避难行动、避难生活的安全。

　　新建城市或新建城区的规划设计必须执行国家标准的强制性条文。城镇街道狭窄、人口密集、开放空间比较少的老城区，宜进行老城改造，改善防灾结构、提高抗灾能力、充实避难场所资源，逐步达到规划设计标准。

　　城镇防灾避难场所系统的各个防灾避难场所宜比较合理地分布在城镇的各个居民区，且城镇人口密度高的地域应分布更多或较大的防灾避难场所。必须综合考虑各防灾避难场所资源的防灾优势，避难道路的安全性、无障碍性和通达性，棚宿（宿营）区的安全性、宜居性和生活安全保障性，各防灾避难场所之间的互动性、相互支援性等。这些也是评价是否满足规划设计依据的重要内容。

3.3.1.2　基本思路

　　防灾公园规划设计的基本思路主要包括两个方面。其一是以城市防灾避难场所系统中防灾公园系统应承担的防灾功能与强化系统防灾结构为前提；其二是充分利用城市公园的特质——开放空间、绿地和设施的基础防灾功能。

　　城镇防灾避难场所系统由各类避难场所构成，防灾公园只是其中的一个类型，只承担其应当承担的避难任务。规划设计城镇防灾避难场所必须着眼城市公园、广场、体育设施（体育场馆）、空地以及学校等公共设施。充分利用城镇的具有避难功能的各类开放空间和封闭空间。防灾公园是城镇防灾避难场所系统的重要组成部分，在建设城镇防灾避难场所系统的进程中，可以是示范性的首选、首建，但其不可能完全代替其他防灾避难场所资源。换言之，城镇防灾避难场所系统中，必须融入防灾公园和其他防灾避难场所资源。城镇防灾避难场所系统组成示意图如图 3-33 所示。

图 3-33　城镇防灾避难场所系统组成示意图

　　城镇防灾避难场所系统各类避难场所的组成及其比例，避难面积在各类避难场所的分配，避难场所系统在城镇的分布等，取决于城镇防灾避难场所资源构成以及规划过程中的筛选、优化。公园绿地较多的城镇，防灾公园在城镇防灾避难场所中可能发挥更大的防灾功能。但仍只是防灾避难场所的一个组成部分，不可能完全代替其他类型的防灾避难场所。

　　和其他类型的防灾避难场所比较，防灾公园具有改造成防灾避难场所的特质，即具有面积较大的开放空间、绿地和公园设施的基础防灾功能。在防灾避难场所的防灾功能中，首先应当考虑避难人员的生活与活动空间，不满足此项要求的场所不可能规划设计成防灾避难场所。城市公园一般都有草坪、绿地、广场、文化活动场所，有的还有体育场（馆），特别是体育公园一般都设各类球场，为规划设计棚宿（宿营）区提供宽敞的开放空间。

　　城市公园有各种基础设施，有些具备基础防灾功能，或者说与防灾公园有共有功能。灾时直接或者经过改造形成防灾功能。规划设计防灾公园过程中，充分利用城市公园设施的基础防灾功能，是挖掘既有公园设施防灾功能的有效途径，也是节省防灾公园建设经费的重要措施。

以城市公园为基础规划设计防灾公园必须体现平灾结合的原则，平时是城市公园，灾时转换为防灾公园。合理利用城市公园各类设施的基础防灾功能，充实新的防灾设施，完善防灾公园的综合防灾功能。并设计灾时的平灾转换方式、方法。新建城镇或新建城区规划设计防灾公园应坚持3条主线——城市公园规划设计、防灾公园规划设计和城市公园各类设施的基础防灾功能利用与转换设计。规划设计的核心内容是城市公园与防灾公园同址共存、平灾结合、基础防灾功能的利用及其向防灾功能的转换。

3.3.1.3 规划设计内容与要求

规划建设防灾公园应充分考虑公园的防灾功能以及实现这些功能采取的相应措施。规划中体现综合防灾规划思想，把握防灾公园的规划程序、内容与要求。

（1）调查研究

以规划设计的法律法规、基本思路和规划设计要求为依据，调查、收集、研究规划设计的基本条件。从综合防灾的角度看，调查内容主要包括城市及其周边地域的灾害史与自然条件；城镇灾害危险性调查、规划设计防灾公园的基础数据；防灾公园的综合防灾功能；避难圈域及其人口分布；公园设施及其分布；救援、消防通道与避难道路的状况；场地条件（地形、地质、植被、设施与管理条件）以及城市有关部门对避难的要求；防灾公园的避难安全性、宜居性、周边的安全性与防灾环境、园内的生命线系统以及植被、水环境等。并对调查结果进行整理、分析，提出综合分析报告。调查研究的目的是为防灾公园的选址和规划设计提供科学依据。

（2）场地选择

防灾公园选址应注意以下事项：提高城镇避难综合防灾能力，形成防灾公园系统的防灾优势，周边形态方便居民避难，满足附近居民的避难需求。

① 构成城镇避难场所系统，提高综合防灾能力。

规划设计防灾公园的一个重要思路是整体上形成城镇避难场所系统，提高整个系统的防灾能力。防灾公园与其邻近的其他避难场所都承担着各自的防灾功能，各负其责，又相互关联。一个防灾公园能否选作避难场所，应在比较、权衡其附近各个可选避难场所防灾功能的基础上，把个体或整体综合防灾功能高的规划设计成避难场所。换言之，并不是任何一个城市公园或其他公共设施都具有防灾公园或避难场所的品格。选定的防灾公园与其周边的避难场所应有道路相通，形成城镇避难场所系统道路网，为灾后避难人员的避难生活、开展救护、救援、救助、防灾提供交通条件。

灾害发生后，由于居民自主避难，有些避难场所的避难人员可能较多，拥挤或超过收容能力，必要时需要疏散部分避难人员到附近的其他避难场所。已经收容避难人员的避难场所可能发生火灾等次生灾害，也需要实施避难人员的撤离、转移。在这些情况下，相近避难场所之间的协调、合作显得尤为重要。

平时和灾时，公安、消防、医院是重要的防灾机构。特别是灾害发生后，它们对维护社会治安、交通秩序，预防、消除火灾危害，及时医治伤病员特别是重伤员起极为重要的作用。避难场所内或其附近有上述安全机构是提高避难场所及其系统综合防灾能力的重要保障。因此，在城镇避难场所发展规划中，常把公安、消防、医院作为重要防灾设施且醒目地标注在城镇避难场所规划图上。

道路是防灾公园以及其他避难场所的重要组成部分，其宽度、路况、材质、环境是防灾公园选址的重要因素。符合城镇避难场所设计规范的避难道路、消防通道、救灾救援道路可以确保避难人员避难行动安全，支援灾区人员顺畅进入宿营地并快速开展抢险救灾工作，救灾物资能够适时、适量运送到避难场所，保障避难人员的基本生活条件，有效地开展消防活动，及时抢救重伤员以及方便避难弱者安全到达避难场所。城市道路系统是提高防灾公园及其系统综合防灾能力必须认真研究的课题。2011 年东日本地震后，一些地区的交通不畅，导致这些地区的避难场所在较长时间内基本生活物品短缺。

选择防灾公园还应当考虑城市飞机场、火车站与长途汽车、港口等对综合防灾能力的贡献。选定的防灾公园如果比邻或靠近上述交通枢纽，有助于避难场所与城市内外的交往与交流。

② 与设定发生的灾害相对应，选择有效防灾的位置。

防灾公园选址应设定发生的主要灾害——地震、洪涝、海啸、台风等以及可能引发的次生灾害——火灾、海啸、滑坡和泥石流等，并考虑城市的既往灾害史和受灾状况，发生火灾的危险性以及发生火灾危险性高的设施与分布，易燃建筑的延烧危险性（易燃建筑密集区的分布、主导风向），白天或夜间的人口密度与分布等城市实际状况，把防灾公园规划设计在有效发挥防灾功能的位置。距离居民住宅区较近，有适宜规模的开放空间，公园设施比较完备，地质、环境安全，道路通达性和安全性好的城市公园，宜选作避难型的固定防灾公园。

为了充分发挥灾时防灾公园的避难功能，规划设计防灾公园应把握城市的地理特征、气候条件、承灾能力、灾害史与发展趋势，避开容易发生场地灾害和水灾的地区——山地、丘陵地的陡坡，地震活断层，湿地等松软场地以及有受海啸袭击、洪水淹没的危险地域。应对洪涝灾害的防灾公园不能选择在可能发生洪灾的沿河、沿湖带状公园和城镇低洼地，以免被洪水淹没。沿海的防灾公园应在海啸袭击高度线以上，或在其中的避难困难区域规划设计海啸专用避难所。2011 年东日本地震后，宫城县海岸防灾的构想示例如图 3-34 所示。平原地区的沿海设防潮堤，阻挡海啸水墙和大潮波浪，保护道路、田地和住宅。里阿斯海岸线（由于地壳运动和海水水面变化形成的锯齿形海岸线）可设防灾公园，其内设海啸专用避难场所（高层建筑或平台），地势较高处建民居。城市港口附近设海啸避难专用避难场所，供港口附近的工作人员和居民避难。图 3-35 是设在海滨高台上的日本胜浦湾地区的海啸防灾公园。

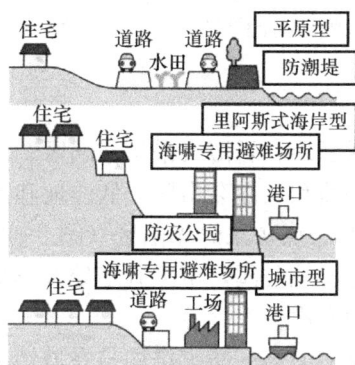

图 3-34 防灾构想示意图

图 3-35 高台海啸防灾公园

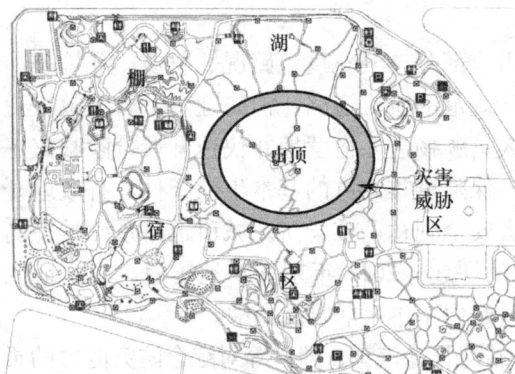

图 3-36　灾害威胁区示意图

山地城镇公园或地势较高的城镇公园，其海拔高度一般在城镇洪水淹没线以上，但可能因洪水引发滑坡、泥石流灾害。因此，选择这样的城镇公园用作地震灾害、洪涝灾害的避难场所时，应采取有效措施消除滑坡、泥石流等次生灾害的威胁，棚宿区以及各防灾设施应避开灾害威胁区，区划山麓四周的危险地域，且不在危险地域设置防灾设施。中部是山地的公园其山麓与滑坡、泥石流次生灾害威胁区如图 3-36 所示。

③ 周边形态方便居民避难。

防火树林带、公园安全管理与方便居民避难及其相互关系是防灾公园选址应当考虑的重要因素。防火树林带的树木种类、密度、栽植的排列方式等应易于人员穿行。不建墙体，不设栅栏，没有难以越过的台阶，周边取开放式。公园管理部门采取有效措施，确保开放条件下园内的安全。依据避难场所设计规范，宜设多个入口，入口处的门、车挡在灾时可拆卸，便于避难人员特别是避难弱者进入。入口与城市街道和居民区连通。

④ 入口配置在灾时容易进出的位置。

为了发挥防灾公园灾时用作避难场地，起救援、恢复活动的据点作用，必须与救援道路和避难道路相连接。因此，入口确保与高速公路、干线道路相连接，容易进出防灾公园。例如：设置在高速公路的出入口、车站、港口附近，与城镇的主要骨干道路、绿道等连通。

⑤ 配置在有助于消除避难困难地域的场所。

所谓避难困难地域包括以下两种情况：其一，避难行动的距离＞2km；其二，现有防灾公园内的有效避难面积不足 $2m^2$/人。

图 3-37（a）是既建防灾公园，满足避难的各项技术指标，不存在避难困难地域。而图 3-37（b），既建防灾公园避难圈域以外的地域服务半径＞2km，属避难困难地域，应为该地域的居民规划设计新的防灾公园或其他避难场所。如果避难困难地域在市区，且与郊区相邻，可在郊区的宜居处规划避难场所。图 3-37（c）的上图服务半径符合避难场所要求，但收容避难圈域内的居民避难，人均有效避难面积＜$2m^2$，属避难困难地域，可在原来规模的基础上扩充避难面积或从避难圈域内调出部分避难人员到附近的其他避难场所避难。

⑥ 避开灾害和次生灾害源

许多城镇都有灾害源和次生灾害源。例如：地震活断层、岩溶或采矿塌陷区、山体滑坡和泥石流威胁区、易燃易爆物品生产工厂和仓库、海啸和大潮袭击区、低洼地和高山风口等。以唐山市为例，有唐山断裂带、陡河断裂带，开滦煤矿采煤塌陷区（图 3-30），大城山、凤凰山山麓有滑坡、落石的威胁区，南湖公园是湿地公园，市区有多处汽车加油站等。规划设计防灾公园的棚宿（宿营）区应避开灾害源和次生灾害源。

综上所述，防灾公园选址的着眼点集中于形成防灾能力高、防灾结构与在城镇分布合理的防灾系统，确保避难行动和避难生活安全，交通通达性好，园内有城镇生命线系统，

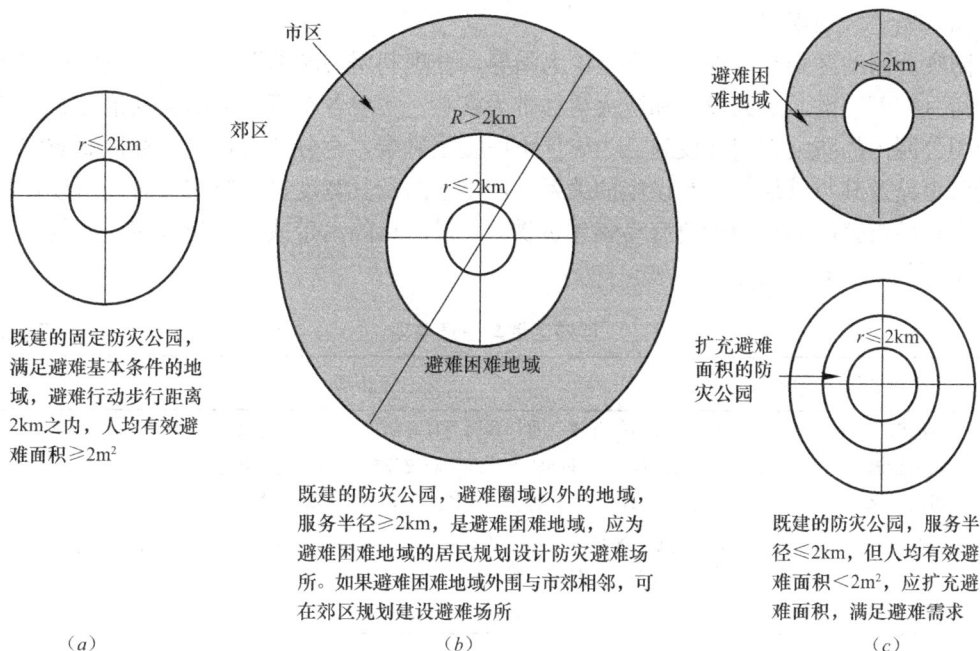

既建的固定防灾公园，满足避难基本条件的地域，避难行动步行距离2km之内，人均有效避难面积≥2m²

(a)

既建的防灾公园，避难圈域以外的地域，服务半径≥2km，是避难困难地域，应为避难困难地域的居民规划设计防灾避难场所。如果避难困难地域外围与市郊相邻，可在郊区规划建设避难场所

(b)

既建的防灾公园，服务半径≤2km，但人均有效避难面积<2m²，应扩充避难面积，满足避难需求

(c)

图 3-37 避难困难地域示意图

宜居且方便避难，没有避难困难地域，园内的植被、水、地质条件以及周边环境适于规划设计防灾避难场所，城乡结合部可利用农村的开放空间规划设计防灾避难场所。核心内容是防灾、安全、有基本生活保障。

（3）避难地域界定与避难人口统计

防灾公园的主要功能是重大灾害发生后供邻近社区的居民避难。为社区防灾服务是建设防灾公园的基本宗旨。防灾公园的规模、内部区划、防灾设施及其防灾能力满足避难需求。规划设计的避难服务半径随防灾公园的种类不同而异。城市最基层的管理机构是居民委员会，防灾公园的避难圈域可以居民委员会为单元划界，同时考虑河流、铁路、高架桥等的分割。紧急防灾公园的避难服务半径 0.5km 左右，固定防灾公园≤2km。

以居民委员会为单元划界，可以从各个居民委员会的人口数求出避难地域的总人口数。否则，按照实际划入的地域计算人口数。依据不同的灾害强度和建筑的抗灾性能，计算建筑物毁坏率或不能入住率，推算无家可归者和需要在避难场所避难的人数。

避难疏散的居民合理地分配在各个指定的防灾避难场所。防灾公园的人均有效避难面积>2m²，最少不小于 1m²。

（4）确定防灾功能与防灾设施

防灾设施是防灾功能的基础与保障。在充分发挥主要防灾设施的防灾功能基础上，开发普通公园设施（景观设施、休闲设施、运动场所、教育设施、管理设施、餐饮设施、停车场等）的基础防灾功能。规划建设防灾设施应考虑防灾性能、安全，有利于平时利用，方便避难弱者，充分利用太阳能、风能发电和电器设备，备用灾时无电条件下的手工启动功能，易于检修与管理等。无平时功能的防灾设施宜设在隐蔽处或景观化。

（5）制定区划规划

防灾公园的区划是以综合防灾理论为指导，合理利用公园的开放空间。制定区划规划以棚宿（宿营）区、防灾设施和防火树林带为核心，实现各个区划的防灾功能互补，有效地利用公园内的防灾空间和设施。为确保市民安全避难，充分考虑市民从社区到防灾公园的避难道路及其与其他道路和设施的关系。避难道路及其宽度符合防灾避难场所设计规范的要求。防灾公园周边的街道有易燃建筑物时，设防火隔离带或防火树林带。区划区域与注意事项如表 3-13 所示。

区域区划与注意事项 表 3-13

区划区域名称	注意事项
棚宿区	主要设置在公园的开放空间，其周围宜有防火隔离带或防火树林带
防灾设施	充分利用公园设施的基础防灾功能，防灾设施不影响或能强化平时的景观效果
救援活动区域	尽可能设在公园内或与防灾公园比邻。例如：救灾物资储备仓库、医院等
避难道路	合理确定宽度。为确保避难人员安全与交通畅通，避难道路与救灾道路、消防通道避难行动时不宜混用，应有无障碍道路
防火树林带	规划设计在公园或棚宿（宿营）区周边可能发生火灾的区域

（6）绘制设施配置规划平面图

依据区划规划，为各个区划地域配置与其防灾功能相对应的防灾设施并绘制各个设施分布平面图。明确各个防灾设施之间的关系，充分发挥设施的综合防灾功能；确保避难道路、救援道路以及消防通道畅通；处理好与公园周边状况、相邻防灾设施的关系；设施配置与整体规划整合且不影响公园的平时利用。西安市近期规划的防灾避难场所分布如图 3-38 所示。

3.3.1.4 安全评价

防灾公园的安全设计已如 3.2.2.5 节所述。

影响防灾公园安全性的因素比较多。充分研究防灾公园的安全保障体系、环境、规模、防灾设施与防灾措施、防火性能与消防能力、避难人群的基本生活保障、医疗与防疫卫生条件、灾后救援功能以及避难行动的安全措施等。

开展防灾公园危险评价，并依据评价结果，有针对性地采取相应的控制措施，消除隐患、确保安全。

防灾公园的危险评价与控制，涉及多个学科的基础理论与方法。而且，这项工作尚处于起步研究阶段，许多相关的课题还有待深入探讨。应当特别关注以下几个问题。

（1）制定城镇建设总体规划、城市综合防灾规划和园林绿地专业规划时，进行城市灾害安全评估，并以此为基础，合理布局包括防灾公园在内的城市防灾避难场所系统，并对其逐个进行危险性评价与控制研究，使每个防灾避难场所都有避难安全保障。

（2）建立城镇防灾公园防灾系统。不同规模的防灾公园发挥不同的安全作用，并且形成有机的防灾体系。每一个防灾避难场所都具有防灾功能，避难人员无论生活在防灾公园还是其他防灾避难场所，或行走在避难道路上时时、处处都有安全感、安全保障。

（3）危险性评价与控制的重要灾种是火灾。评价有无防火树林带与防火隔离带及其防火效果，有无消防通道、消防设施与消防水源及其满足消防要求的程度，有无火灾发生后

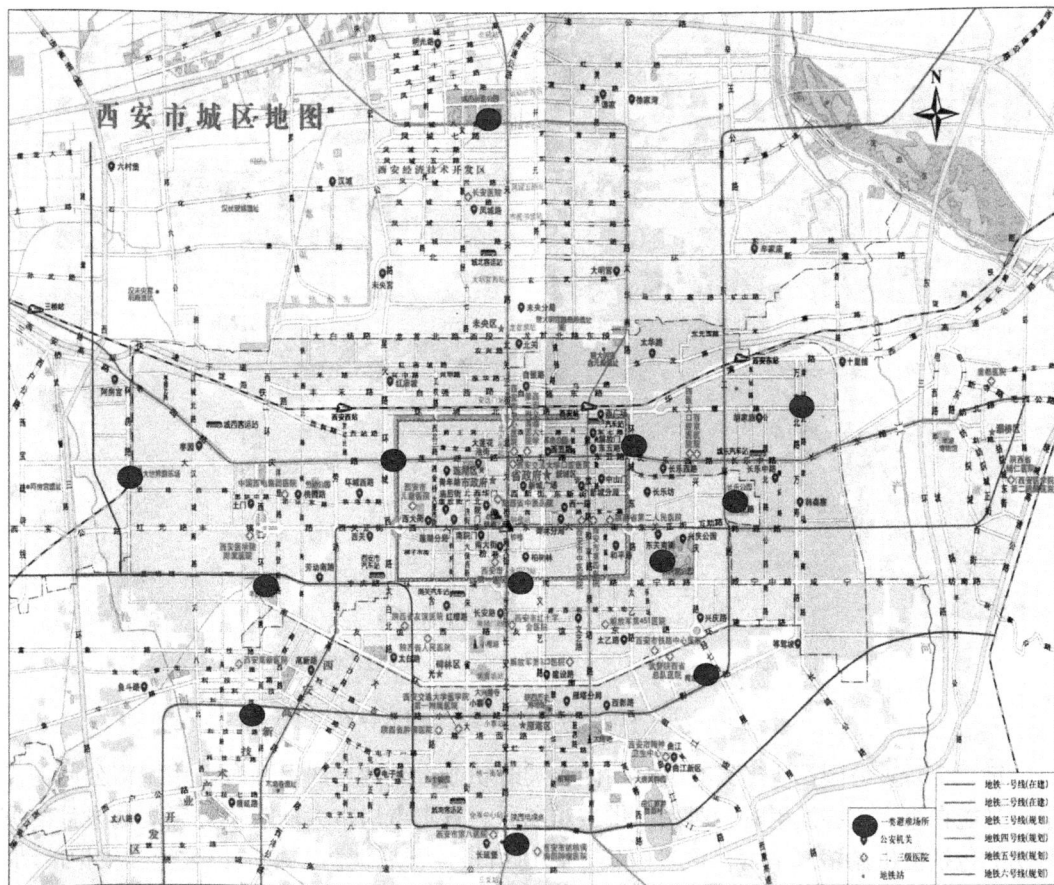

图 3-38　西安市近期规划的防灾避难场所分布图

避难人员撤离防灾避难场所的撤退道路以及撤退所去的目的地等。

（4）"以人为本"控制防灾公园的危险因素，坚持"预防为主，防、抗、避、救"相结合的方针，强调灾前控制，并重视灾后控制措施向灾前转化。

3.3.1.5　防灾公园防灾功能的规划设计

利用既建城市公园规划防灾公园是在充分利用既建城市公园基础防灾功能的基础上，补充规划设计灾时避难必需的其他防灾功能。例如：既有城市公园的草坪广场、体育场等开放空间规划设计成棚宿（宿营）区，公园道路规划为避难道路、消防或救援物资通道，水池和水流规划设计为消防水源、发生火灾时喷散防火树林带的水源以及经净化提供饮用水或生活用水等。同时考量灾时防灾公园内人（包括避难人员、伤员、支援灾区人员等）、物（救灾物资、医疗物资、抢险救灾物资等）、车（救灾物资运输车、消防车、救护车等）多，且人流、物流运动频繁，次生灾害时有发生，一般需要补充规划设计一些防灾功能。例如：医疗设施、炊事设施、饮用水与生活用水设施、救灾物资储备设施与分发场地、消防设施、应急厕所、直升机停机坪、情报设施、照明设施、监控设施、停车场等。图 3-39 是防灾公园内设置的水井、太阳能照明设施、直升机停机坪和多功能应急厕所。

手动水井(灾时左侧设多个厕所,井水兼作冲洗厕所水)

太阳能照明设施

直升机停机坪

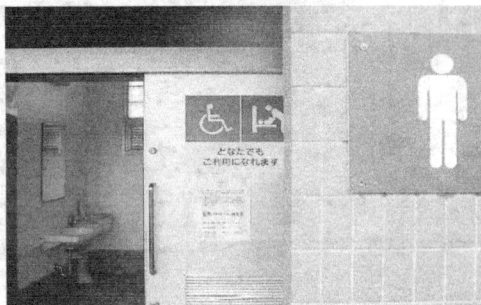

多功能(设残疾人坑位、洗手间)应急厕所

图 3-39　防灾公园设置的部分防灾设施

每一个防灾公园都应当具有平时功能和灾时功能,既满足居民平时利用城市公园的需求,又能在重大灾害发生时为居民提供避难场所。日本市川市大洲防灾公园规划设计的灾时功能包括提供棚宿(宿营)区,收集、传递情报,开展消防、救援、医疗、救护活动,保障灾时避难人员的基本生活,组织防疫卫生活动,开展灾后恢复与各种运输活动等。而规划设计的平时功能则是休闲、消遣、游憩,运动健身,开展文化交流活动,形成城市的优美景观等。平时功能与防灾功能的有机结合是防灾公园最经济的规划设计思想。平时就是一般城市公园,发挥平时功能,只是在重大灾害发生时,能够及时启用防灾设施,发挥满足避难人员需求的防灾功能。从目前各国规划建设的防灾公园看,基本上是既有城市公园的改造,即在城市公园设施基础防灾功能的基础上增加灾时的防灾功能。

3.3.2　防灾设施的规划设计程序

防灾设施是防灾公园规划设计的核心内容之一。城镇防灾避难场所系统、各个防灾公园的防灾功能、防灾区划规划设计完成后,在充分利用城市公园基础防灾功能的基础上,设计每个防灾公园的各个防灾设施。

3.3.2.1　水的防灾设施设计

设计水防灾设施的核心要素是"水",包括水源、水的防灾功能、供水的时间或时期、储备与供给的方法与设施、储备数量与使用限量、管理与启用方法等。

(1) 水源

必须确保水源,这是水防灾功能的基础与保障。灾时,没有水源,就没有水的防灾功能。灾害发生后,如果城市供水系统或防灾公园供水系统不瘫痪,水源与城镇给水系统无灾或轻灾,避难场所的各种水设施运转正常或基本正常,能够保障避难人员的饮用水、生活用水，这是灾时比较理想的供水状况。城市供水系统或防灾公园供水系统若完全瘫痪，河水、湖水、井水、贮水槽的水（含其中贮存的雨水）、瓶装饮用水等则是避难人员饮用水、生活用水以及消防用水的水源。

水源的水质应当满足相应功能的要求，否则需进行净化、消毒处理。适量的饮用水水源、生活用水水源以及消防水源是避难人员维持基本生活条件和确保消防安全的重要保障。设计防灾公园宜充分利用园内的水源——河水、湖水、井水、体育设施用水（游泳池、赛艇场）、水景观（喷泉）用水等。

（2）水的防灾功能

设计防灾公园的水防灾设施必须研究灾时水的不同防灾功能——饮用水、卫生和医疗用水、生活用水、消防用水、防火树林带洒水用水等。饮用水可由水源直接供给或经过滤消毒、煮沸后利用，也可以供应瓶装饮用水；卫生和医疗用水用于卫生、医疗；生活用水用作炊事、洗涮、浴室、冲洗厕所等；消防用水包括居民扑灭初火用水，向衣服、身体洒水或消防车消防用水；利用喷雾装置喷洒水雾，发生火灾用于喷洒防火树林带、棚宿区和避难入口，减轻热气流和热辐射对人群的危害，防止火焰延烧。

水的防灾功能不同，要求的水质也不同。饮用水以及炊事用水，直接进入身体或与身体接触，水质要求比较高，应达到国家相应标准的技术指标。卫生和医疗用水满足相关标准的规定。洗涮、浴室等用水与人身体直接接触，宜达到城市自来水上水的水质，河水、池水、雨水、井水不能满足国家标准要求时，宜过滤、净化、消毒。消防用水、防火树林带洒水用水基本不接触人体，可直接使用公园内河、湖、池和水景观用水。

饮用水和生活用水的运输、贮存、灌装设施应清洁，适时消毒。重大灾害发生后，饮用符合国家饮用水标准的水对于防止肠道传染病及其蔓延有重要作用。提倡饮用沸水。清洁的饮用水可以防灾，不清洁的饮用水可能致灾（像海地地震后霍乱蔓延，饮水不洁是重要原因）。

（3）水的用量

重大灾害特别是严重地震灾害往往造成城市生命线系统瘫痪，生活用水特别是饮用水短缺。因此，水的供应既要保障灾区居民生命、生活的基本需要，又要在灾后短期内对水用量进行有效控制。

根据城镇的水源与灾后给水系统的恢复进程，可以规划设计灾后不同阶段的用水量。1995年日本阪神地震后神户市编制的《管道抗震基本规划》中设定的用水量与市民取水距离如表3-14所示。

用水量的设定目标　　　　　　　　　　　　　　　表3-14

地震后的天数	用水量	市民取水距离	地震后的天数	用水量	市民取水距离
1～3d	3L/（人·d）	约1km	4～10d	20L/（人·d）	约250m以内
11～21d	100L/（人·d）	约100m以内	22～28d	灾前的供给量[约250L/（人·d）]	约10m以内

灾时，如果城镇供水系统瘫痪，灾后1～3d储备水量可按以下方法估算。

① 饮用水量。饮用水量（m^3）＝避难人数（人）×每人每天所需的水量（L）×用水天数（d）×1/1 000

避难人数是棚宿区能够收容的避难人数。灾后 3d 内的用水量以 3L/(d·人) 计，这是人类维持基本生活必需的饮用水量。3d 后供水量分阶段逐步增加，大约灾后 1 个月城镇给水排水系统恢复或基本恢复，防灾公园等避难场所避难人员的生活用水供应恢复正常。其他时间阶段的生活用水量也可利用该式计算，但避难人数、用水量取相应时段的数值。

日本的东日本地震、中越地震和阪神地震避难场所数、避难人数随时间的变化如表 3-15 所示。

东日本地震、中越地震和阪神地震避难场所数、避难人数随时间的变化表　　表 3-15

地震	时间 参数	地震 当天	1 周	2 周	3 周	1 个月	2 个月	3 个月	4 个月	5 个月	6 个月	7 个月
东日本 地震	避难场所个数	—	2 182	1 935	2 214	2 344	2 417	—	—	—	—	—
	避难人数	20 499	386 739	246 190	167 919	147 536	115 098	—	—	—	—	—
中越 地震	避难场所个数	275	527	234	146	96	0	—	—	—	—	—
	避难人数	42 718	76 615	34 741	11 973	6 570	0	—	—	—	—	—
阪神 地震	避难场所个数	—	1 138	1 035	1 003	961	789	639	500	379	332	0
	避难人数	—	307 022	264 141	230 651	209 828	77 497	50 466	35 280	22 937	17 569	0

注：东日本地震统计截至 2011 年 5 月 11 日（震后 2 个月）。

随着避难场所个数的减少（合并、关闭），运转的防灾水设施数量也减少（东日本地震直到震后 2 个月避难场所个数有增无减）。避难人数从高峰值逐步降低，每位避难人员的生活用水量增加，用水总量有可能反而减少。我国城镇居民平时用水量为 200L/(d·人) 左右。

还应当指出，随着灾后灾区的逐步恢复，城镇生命线的恢复率不断上升，给水系统逐步恢复正常供水，即恢复到供水的无灾状态。视灾害破坏程度大小，城镇给水系统的恢复一般需数天、数周。日本新潟地震城镇生命线系统恢复与时间的关系如图 3-40 所示。这次地震的避难人数高峰时 10 万多，半个月后不足 2 万。震后约 1 周基本恢复了电力系统，20d 左右恢复了给水系统，然后逐步恢复煤气系统和交通系统。因此，储备水的功能与防灾设施的防灾功能主要在地震后 3 周之内，而且凸显在灾后的数日至 10d 左右。首先急需的是饮用水，解决的途径是救灾物资储备仓库储备的瓶装饮用水、符合饮用水标准或经净化消毒达到饮用水标准的贮水槽贮存的自来水、雨水以及避难人员自行携带的瓶装饮用水等。然后是生活用水，贮水槽贮存的水和经净化消毒的河水、湖水以及井水。冲洗厕所的用水等可直接利用河水、湖水。依据当前净化水的科学技术水平，把符合公园用水水质的河水、湖水、贮存的雨水等净化成生活用水乃至饮用水是有可能的。图 3-41 是日本防灾公园采用的超过滤与紫外线杀菌装置示例。

② 冲洗厕所的水量。冲洗厕所的水量 (m³)＝厕所总坑数（穴）×单穴水量 [L/(穴·d)]×对应天数 (d)×1/1000×余裕率

厕所总坑数（穴）——基本上是平时的水冲厕所灾时继续冲水的总坑数；

单位水量——24L/(d·穴)；

对应天数——取应急阶段 (10d)；

余裕率——随厕所使用频率增加用水量增加，还要考虑其他用途使用，依据需要，取 1.0～2.0 的余裕率。灾时，可以用备用的水泵抽河水、湖水，冲洗厕所。

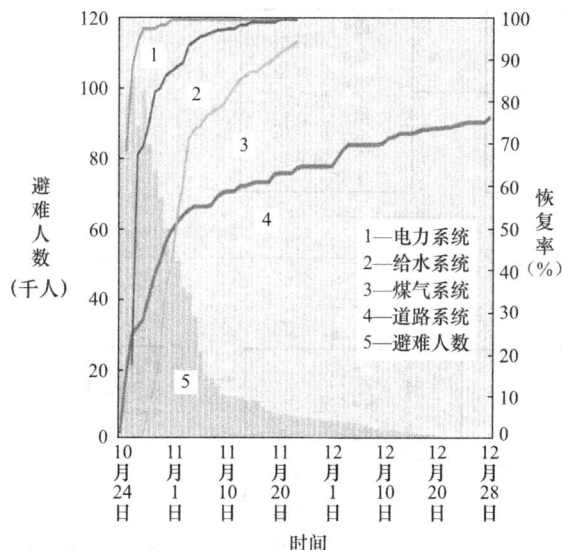

图 3-40 日本新潟地震生命线系统恢复与时间的关系

图 3-41 净化水的超过滤与紫外线杀菌装置

③ 消防用水。1 个防火、消防水源的水量（m³）≥40m³ 以上。

防火树林带、入口与棚宿区的防火洒水量由预想的火灾规模、风力和风向以及气象状况等多种因素综合判断。

（4）设计程序示意图（图 3-42）

各种防灾设施的设计应在城市防灾公园系统规划设计完成后进行，即已知系统中各个防灾公园的名称、分布、位置、避难场所规模与类型、面积、地形地貌、植被及其分布、景观和其他设施、收容的避难人数、园内的水源（种类、水量、水质）和水的用途等。这是各个防灾公园防灾设施的设计基础。

主要在中心防灾公园和固定防灾公园设计完善的水防灾设施系统。紧急防灾公园，可提供瓶装饮用水或设防灾贮水槽。

水防灾设施设计的核心是水的贮存设施和用水设施。灾时，为避难人员提供防灾用水，是确保避难人员身体乃至生命安全的基本生活条件，必须有符合水质要求，满足用量需求，功能多样的水源。如果一个水源的水质不经处理不符合要求，应设计水净化、消毒装置。

贮水设施贮存的防灾用水在防灾过程中发挥防灾功能，"贮"是为了"用"。贮水设施、用水设施、净化消毒设施构成一个防灾公园的水防灾设施系统，是设施设计的核心，其中的贮水设施、用水设施是水防灾的必备设施。

（5）设计注意事项

① 平灾结合。水防灾设施的设计尽可能发挥城市公园与防灾公园的共有功能。贮水槽平时为公园提供生活用水、灌溉用水等，灾时关闭出口阀，其内贮存的水用于防灾（饮用、生活用水等）。园内的湖、河、池的蓄水量满足平时和灾时的用水需求。水的净化、消毒、杀菌设施可以平灾兼用。防灾公园的救灾物资储备与园内的超市、商店签订合同，确保灾时按时、按量、按质供应瓶装饮用水等应急救灾物资。设置平时和灾时共用的饮水处、厕所及其冲洗系统。园内的水井平时和灾时都能利用等。平时应将贮水设施、用水设施以及净化消毒设施调整到正常运转状态，灾时启用后快速达到规划设计的各项技术指标。

设计基础

水防灾设施设计

```
┌─────────────────────┐      ┌─────────────────────┐      ┌─────────────────────┐
│ •设计依据           │      │ 避 •中心防灾公园   │      │ 避 •避难型         │
│ •设计原则           │─────▶│ 难 •固定防灾公园   │─────▶│ 难 •宿营型         │
│ •防灾公园承担的     │      │ 场 •紧急防灾公园   │      │ 类 •混合型         │
│   防灾功能          │      │ 所 •绿道           │      │ 型 •紧急型         │
│ •场地选择           │      │ 系                 │      │ 设 •绿道型         │
│                     │      │ 统                 │      │ 计                 │
│                     │      │ 设                 │      │                     │
│                     │      │ 计                 │      │                     │
└─────────────────────┘      └─────────────────────┘      └─────────────────────┘
```

```
┌───────────────────────────┐  ┌──────────────────┐  ┌──────────────────┐  ┌─────────────┐
│ 用 •饮用水 •卫生、医疗用水│  │ 水 •城市给水系统 │  │ 贮 •容积         │  │ 贮存方法    │
│    •生活用水(炊事、涮洗、 │  │ 源 •井水         │  │ 水 •构造         │◀─│ 设计        │
│ 途  浴室、冲洗厕所等)     │  │    •瓶装饮用水   │  │ 设 •材质         │  └─────────────┘
│    •消防用水              │  │ 设 •河水、湖水、景观│ 施 •贮存方式     │
│ 设 •洒水用水(防火树林带、 │  │ 计  用水(喷水池等)│ 设 •标准设施     │
│ 难  避难广场和入口部位等) │  │    •雪水         │  │ 计 •净化设施     │
│ 计 •冷却用水(身体、衣服等)│  │    •雨水         │  │                  │
└───────────────────────────┘  └──────────────────┘  └──────────────────┘

                                                      ┌──────────────────┐  ┌─────────────┐
                                                      │ 用 •饮水设施     │  │ 用 •饮用水  │
                                                      │ 水 •浴室设施     │  │ 水 •生活用水│
                                                      │ 设 •洗涮设施     │◀─│ 量 •卫生、医│
                                                      │ 施 •洒水设施     │  │ 的  疗用水  │
                                                      │ 设 •应急厕所     │  │ 设 •其他用水│
                                                      │ 计 •炊事设施     │  │ 计 •对应时间│
                                                      └──────────────────┘  └─────────────┘

┌─────────────┐  ┌────────┐  ┌──────────────┐
│ 水 •饮用水  │  │ 净化消 │  │ 设 •位置     │
│ 质 •生活用水│  │ 毒设施 │  │ 置 •面积     │
│ 要 •卫生、医疗用水│─▶│ 设计 │─▶│ 场 •地基   │
│ 求 •其他用水│  │        │  │ 地 •分布     │
│             │  │        │  │ 设 •形态     │
│             │  │        │  │ 计 •管理     │
└─────────────┘  └────────┘  └──────────────┘

              ┌──────────────────────────────┐
              │ 平时管理体制、灾时运转与管理 │
              └──────────────────────────────┘
```

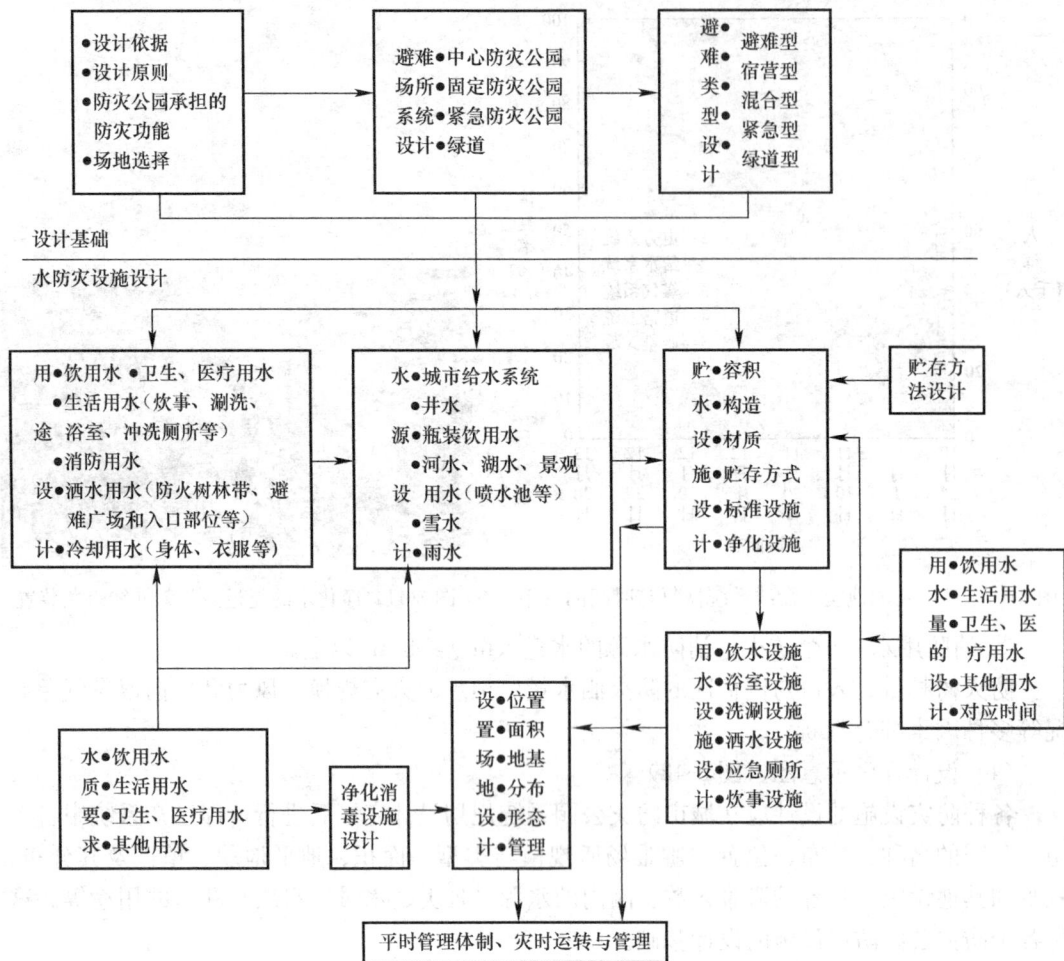

图 3-42　防灾设施的设计步骤示意图

　　② 贮水设施设计。设计贮水设施的类型、容积、材质、水源、贮存水的处理与使用方法等。贮水槽有各种各样的形态。一般采用平时供水系统与贮水槽相通分，重大灾害发生后，出水口阀门关闭，形成贮水功能，供灾时利用。抗灾贮水槽的材质可采用钢、铸铁、不锈钢、陶瓷和混凝土等。依据贮水量的多少、公园的特色等，选择适宜的材质。通常储备饮用水、卫生医疗用水、生活用水、消防用水以及洒水设施用水等，水源主要是自来水、井水、雨水。公园内的湖、河、池、水的景观设施、游泳池和赛艇场地等都是贮水设施，设计水源、贮水量以及净化、消毒、灭菌方法与设施。确保水源、水量与水质是这些设施的重要设计内容。公园内的水井是一种重要水源。符合饮用水水质标准的水井，灾时不仅提供生活用水，也是饮用水的重要来源。水井宜平灾兼用。

　　③ 用水设施设计。灾时的用水设施包括饮水设施、浴室设施、洗漱设施、洒水设施、应急厕所、炊事设施等。依据防灾公园的规模、类型、服务人数、水源及其分布、防灾区划、各设施的相关规范标准等设计。设计的基本要求是满足防灾需要，方便避难人员利用，具有防灾功能并形成设施防灾系统。而且，在可能的情况下，设计平灾共用的系统，否则分别设计灾时系统与平时系统。公园水源的蓄水量不能满足园内人员需求时，可用送

水车从园外的水源补充部分用水。送水车是可移动的水源，具有灵活性、机动性，是城镇避难场所的重要补充性水源。送水车的水源还可以延伸到轻灾区、非灾区。

④ 净化、消毒、杀菌设施设计。视水源水质决定是否设置净化、消毒、杀菌设施。需要设置时，依据各水源灾时的用水量以及处理后的水质要求，设计相应的设施。

⑤ 功能与水源的关系（表 3-16）。

水的功能与水源的关系 表 3-16

贮存方法	饮用水	卫生医疗用水	功能生活用水	防火消防用水	洒水用水	自来水	井水	水源雨水	瓶水缸水	河、池 湖、水
贮水槽	○*	○*	○*	○	○	●	●	●		
应急水井	○*	○*	○*	○	○		●			
湖、池、河	○**		○**	○	○	●		●		●
游泳池	○**		○**	○	○	●				
缸、瓶	○***	○***							●	

＊视水质考虑是否净化、消毒、灭菌；＊＊必须净化、消毒、灭菌；＊＊＊瓶装饮用水直接饮用，缸装水视水质考虑是否净化、消毒、灭菌。

根据水源状况确定贮存方法。瓶装饮用水的水质满足饮用要求，便于运输、携带与贮存，是受灾初期宜选水源。贮水槽、应急水井和缸装水视水质考虑是否净化、消毒、杀菌。河、湖、池水和游泳池、赛艇场的水用作饮用水、生活用水必须净化、消毒、杀菌。贮水槽贮存的水源于自来水、井水、雨水。唐山地震居民用水主要是送水车从自来水厂贮水池取水送水和机井水。饮用水消毒、灭菌。

3.3.2.2 情报设施的规划设计

情报设施是防灾公园的重要防灾设施，宜构成情报设施防灾系统，见图 3-43 所示。

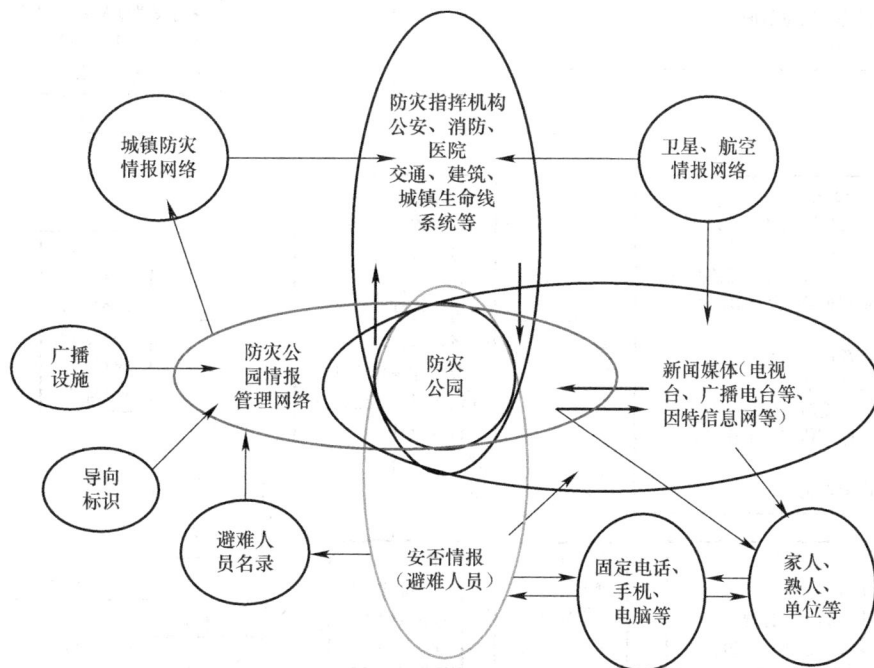

图 3-43 防灾公园的情报防灾系统

防灾公园应建立情报管理网络，不仅能够为避难人员提供安否情报服务（利用情报管理网络的固定电话、电脑以及手机等），还能收集、传递上级救灾指挥机构的指令、城市灾情通报、城镇生命线系统恢复进程以及灾区医疗、公安、消防等信息，并通过电视台、广播电台和因特网等与新闻媒体建立情报联系。每个防灾公园的情报管理网络是城镇防灾情报网络的一个组成部分，并融入卫星、航空、信息网络情报以及无线、有线多种情报传递方式。与家人、亲朋、单位等的安否情报，即能利用电话、信息网络传递，也可以通过新闻媒体或防灾公园情报网络向社会报道。广播设施、导向标识设施是防灾公园情报网络不容忽视的组成部分，对避难人员的避难行动与避难生活起重要作用。设计步骤如图 3-44 所示。

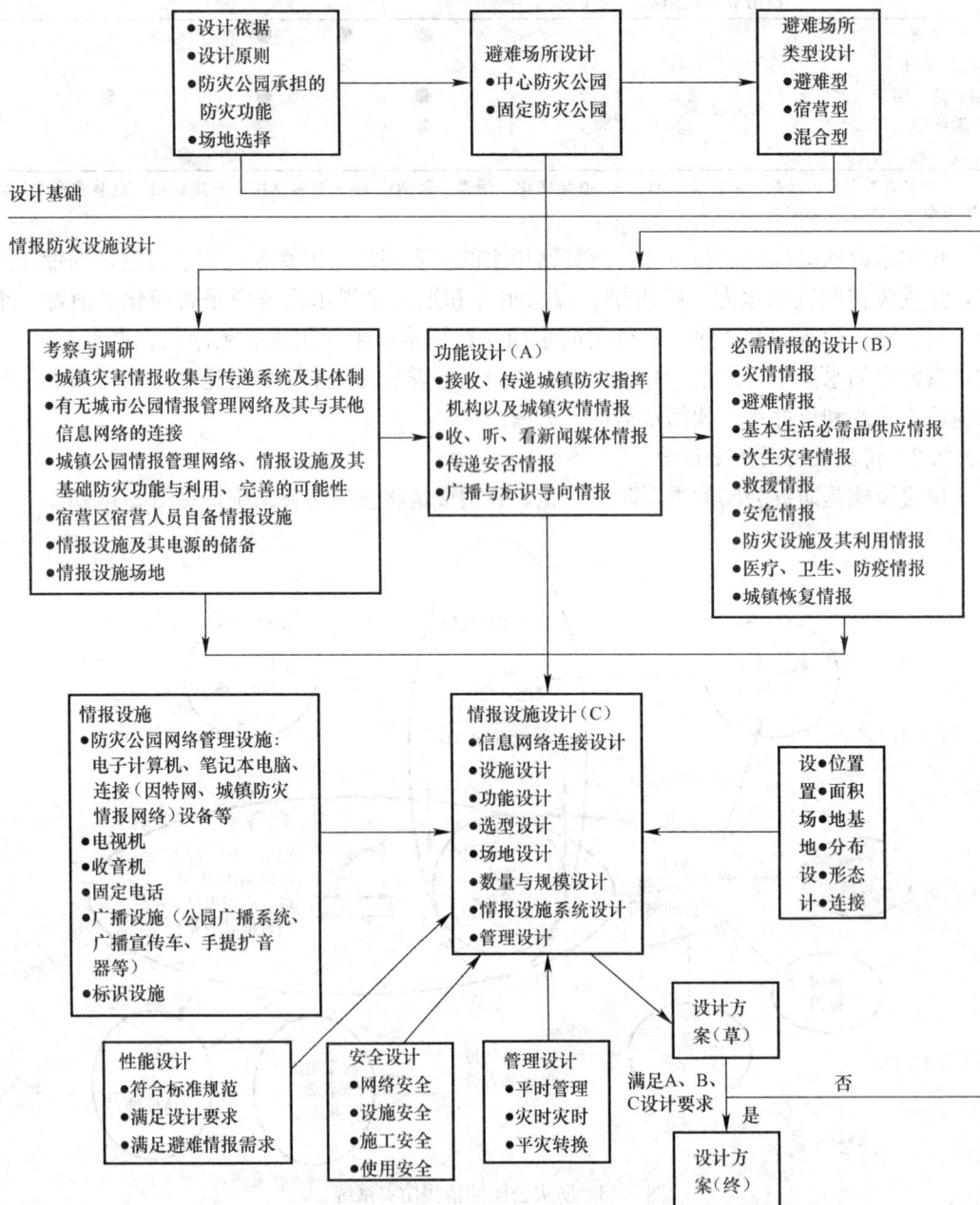

图 3-44　情报设施设计步骤示意图

防灾公园情报设施设计的要点如下：

（1）利用城镇防灾情报网络系统，并与城镇的其他信息网络系统连接。通过这些网络系统收集、传递政府部门和各级防灾指挥机构发布的防灾信息，有效落实避难劝告与避难指示，按照部署和要求开展救灾活动，有序进行救灾、恢复与重建。因特网传递地震灾害情报始于1995年阪神地震，灾区有的高等学校利用信息网络传递灾情信息和安否信息，情报传递快捷，传递的地域广泛。宜规划设计防灾公园防灾管理网络，把各种情报设施纳入网络管理，并与城镇防灾网络系统和政府部门的网络系统连接。

（2）重视城市公园情报系统与设施基础防灾功能的开发利用。在信息网络蓬勃发展、信息网络技术在各行各业的应用日益普及的态势下，有可能在中心防灾公园、固定防灾公园建立信息管理网络，并与多种信息网络连接，强化情报设施的防灾结构，提高灾害情报收集、传递的时效性和实效性。城市防灾情报网络系统应当把各防灾公园设为子系统，构成城市防灾避难场所的信息网，灾时发挥上情下达，下情反馈，防灾信息共享的作用。城市公园平时还宜设电子计算机特别是笔记本电子计算机、固定电话、半导体收音机以及广播、导向标识等情报设施，在救灾物资储备仓库储备灾时必备的情报设施和相应的电源。城市公园情报设施的基础防灾功能灾时具有延续性。

3.3.2.3 应急厕所的规划设计

应急厕所是灾时避难人员的重要排泄设施。据日本阪神地震的避难实践，灾时避难场所人员骤增，城市的有些地域给水排水系统瘫痪，水冲厕所无水冲洗，厕所内排泄物堆积或溢流，脏乱不堪，甚至不能利用。东日本地震后，对宫城县2个市1个町的调查表明，40％的避难场所厕所卫生状况恶化，患肠道疾病的灾民人数增加，希望增加应急厕所数量，调入较多的抽吸式清洁车。

应急厕所是灾时必备的防灾设施，坑位必须满足避难人员需求，水冲厕所应确保冲洗用水，并设化粪设施、粪便抽取与运输装置。灾时，应急厕所应能正常利用，保持清洁卫生，设专人管理。应急厕所的科学管理，不仅方便避难生活，对预防传染病特别是肠道传染病也有重要意义。

规划设计应急厕所应考虑图3-45各种因素。

规划设计应急厕所的基本原则是实用多样、严格管理、满足需求、便于利用、卫生防疫。

图3-45 规划设计应急厕所应考虑的主要因素

（1）类型多样

防灾公园的应急厕所类型多样。从平灾利用的情况看，大致划分为平灾兼用厕所和专设的灾时应急厕所。目前，城市公园内的厕所大多为水冲厕所，如果能够确保冲洗水，灾时可以继续使用，即为平灾兼用厕所。防灾公园内的避难人员多于平时公园内游人人数时，应规划设计专用的灾时应急厕所。后者可采用多种形式，例如：根据灾时的需求，在城镇公园现有厕所处增设应急厕所坑位。这些坑位平时闲置，灾时启用，即使无水冲洗也

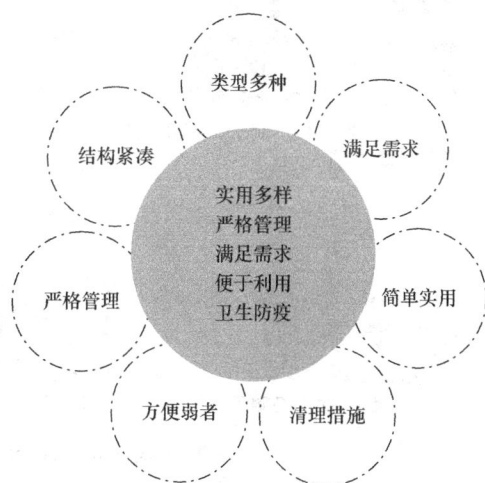

能使用；在公园隐蔽处设带盖的厕所坑位（坑位下设水槽或与排水管道连通，也可设在灾时提供冲洗水的水井附近），灾时坑位处设隔断或搭建帷幕即可使用；灾时组装、组合式厕所，平时厕所组件储备在救灾物资储备仓库，灾时在避难所附近临时组装，方便实用、占地空间少等。日本防灾公园应急厕所示例如图 3-46 所示。

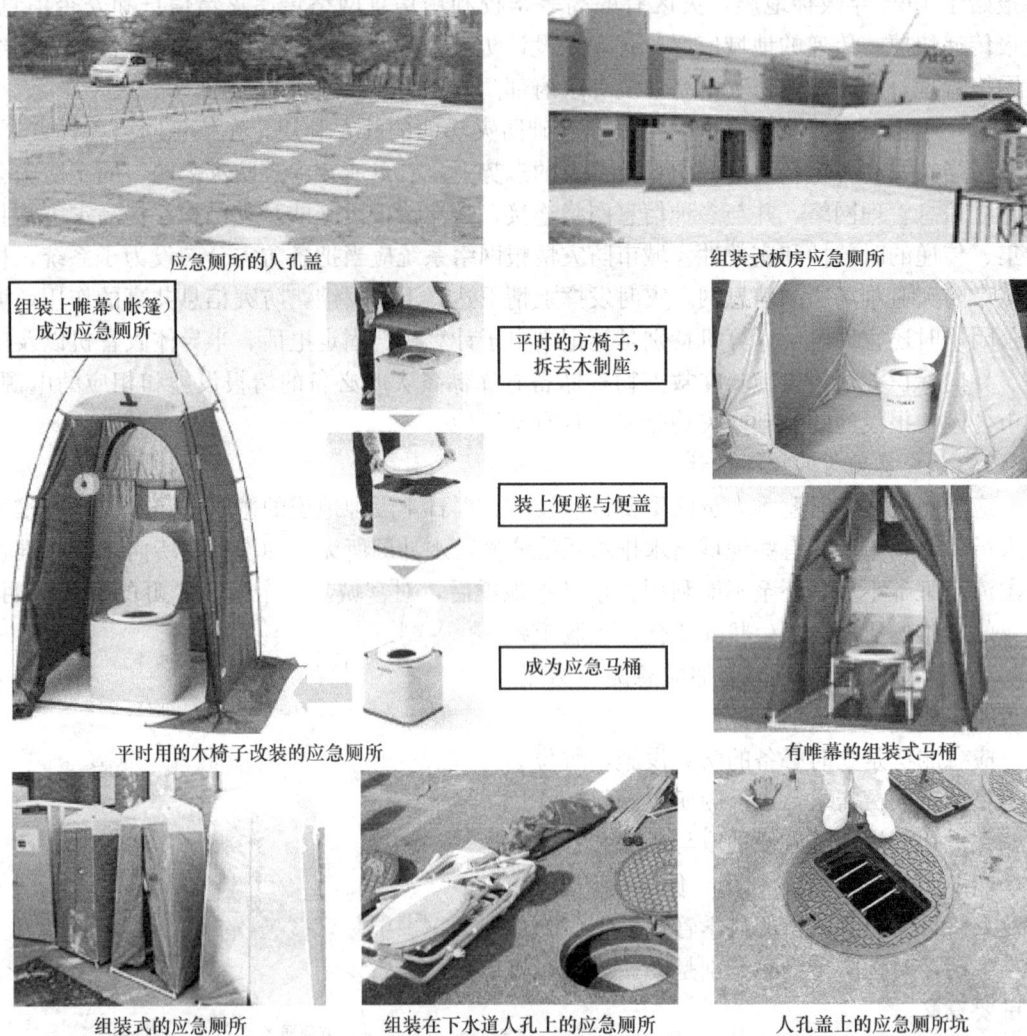

応急厕所的人孔盖　　　　　　　　　　　　　组装式板房应急厕所

组装上帷幕（帐篷）成为应急厕所

平时的方椅子，拆去木制座

装上便座与便盖

成为应急马桶

平时用的木椅子改装的应急厕所　　　　　　有帷幕的组装式马桶

组装式的应急厕所　　　　组装在下水道人孔上的应急厕所　　　人孔盖上的应急厕所坑

图 3-46　日本防灾公园应急厕所的示例

（2）满足需求

平时，城镇的公共厕所应符合《城市公共厕所设计标准》CJJ14—2005 的要求。按照国家标准《城镇防灾避难场所设计规范》的规定，设计防灾公园应急厕所的坑位数和便槽容量。

日本应急厕所的坑位数设计见表 3-17。该表表明，依据防灾公园等避难场所收容的避难人数规划设计坑位数；阪神地震的城市公园应急厕所坑位数的实际统计值是 73 人（避难人数）/坑；防灾公园是 30～100 人/坑；100 人/坑（避难人数）是坑数的最低值。通常取 60～100 人/坑。

日本应急厕所的坑位设计设定值　　　　　　　　　　　表 3-17

数据来源	所需坑位数
阪神大地震避难场所的统计（日本厕所协会）	60～100 人（避难人数）/坑
自然公园的计量规划	80 人（入园人数）/坑
灾时城市公园实测数值（例）	73 人（避难人数）/坑
宿营场地规划	10～20 人（宿营人数）/坑
防灾公园等的规划设计（例）	30～100 人（避难人数）/坑
神户市地域防灾规划——地震对策篇	100 人（避难人数）/坑

如果防灾公园附近有居民区，应考虑附近居民利用防灾公园应急厕所的可能性，即坑位数应有适量的冗余。

灾时临时组装的马桶每个按 1 坑位计。防灾公园的总坑位数包括各类应急厕所的坑位数。防灾公园的应急厕所有的设置在棚宿区现场附近（包括城镇公园平灾兼用的厕所），有的储备在救灾物资储备仓库，灾时支领后在棚宿区及其附近临时组装式。

设计便槽容量应考虑每人每天的粪便量和避难人数。便槽容量（无水冲洗，m^3）＝避难人数×每人每天的粪便量［L/(人·d)］×1/1 000。每人每天的粪便量取 1.5～2.0L/(人·天)。水冲厕所应加入每天的冲水用量。

规划设计的防灾公园应急厕所的坑位数量与便槽容量满足避难人员的需求，是保障应急厕所清洁卫生的基础与前提，再经严格管理，对控制疫病发生与蔓延起重要作用。

从阪神地震避难场所应急厕所的使用状况看，由于应急厕所坑位数量与便槽容量不足，震后的前三周，有的避难人员随地大小便，有些水冲厕所粪尿横流，卫生环境脏、乱、差。震后 3 周以后，主要利用水冲厕所和应急厕所，厕所环境发生较大变化，见表 3-18 所示。

神户市厕所利用情况的时序变化表（统计件数）　　　　　表 3-18

内　容	灾后 1～3d	4～7d	8～21d	22d 以后
1. 不使用厕所，随地大小便（运动场、树荫等）	9	2		
2. 建应急厕所（挖茅坑等）	8	4	3	
3. 水冲厕所，粪便溢流	25	8	2	
4. 铺上报纸、打开塑料袋，大小便	10	3	1	
5. 利用水冲厕所（有冲洗水的地域）	38	24	10	6
6. 利用应急厕所	1	4	29	15

在不影响卫生的条件下，棚宿区到应急厕所的距离宜近不宜远。去厕所的道路和厕所内设照明装置。

（3）简单实用

应急厕所宜简单实用、结构紧凑、占据空间小。人孔式应急厕所，打开孔盖，搭上帷幕或设置隔断后即可使用。组装式的应急厕所，只需把马桶和帷幕、隔断简单组合，而且使用时，马桶上沿罩上塑料袋，接收粪便，便后向其中投入固化剂、杀菌剂、消臭剂，取下固化的粪便包，置于垃圾篓中，简便、清洁、实用。

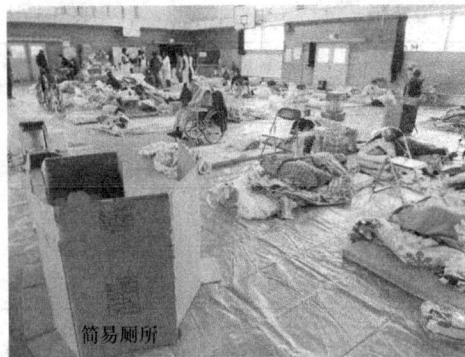

图 3-47 东日本地震一个福祉避难所的简易厕所

（4）方便弱者

避难人员中有避难弱者时，应为其设专用坑位，从避难场所到应急厕所的道路应为无障碍通道，且直达或少有转弯，转弯处设导向装置，坑位处设扶手。宜安排看护人引路。东日本地震一个福祉避难所内的简易厕所如图 3-47 所示。

（5）严格管理（含清理措施）

重大地震灾害后，应急厕所的应用实践表明，在诸多防灾设施中，脏、乱、差最严重，避难人员意见最大的是厕所。为了保持厕所的环境卫生，给避难生活创造更好一些的条件，应研究制定严格的管理制度，采取可行的有效措施。例如：为避难人员制定简单易行的规章制度，避难人员家喻户晓；并设专人管理，粪便适时清理、外运，保持环境卫生；水冲厕所灾前储备必需的冲洗用水，且确保排水通畅；重视厕所的类型选择，马桶式厕所结构简单、紧凑，便于储备，易于组装，粪便可简易处理，移动式厕所便槽容量大，粪便处理比较简便，都比较实用。

防灾公园应急厕所的设计步骤如图 3-48 所示。

设计内容包括类型设计、规模设计、场地设计、性能设计和管理设计。类型设计、规模设计、场地设计应符合相应的标准规范和设计要求。管理是重要的设计内容，涉及平灾及其相互转换管理、设施及其维护管理、卫生防疫管理、避难弱者管理等。

3.3.2.4 棚宿（宿营）区的规划设计

防灾公园的棚宿（宿营）区是避难人员和支援灾区的部队、抢险救灾人员、医疗队和志愿者的宿区。通常选择在防灾公园的开放空间，其应有基本的宜居性（居住安全性、生活方便性、出行便捷性、自然环境与人文环境舒适性、居住环境的健康性等）。这些是防灾公园防灾设施规划设计的核心内容，是影响其他防灾设施规划设计的重要因素，可谓"动一发牵全身"。

（1）开放空间的选择

主要选择在园内的广场、草坪、空地、体育（操）场等。城镇公园改造成防灾公园最基本的条件就是有满足避难需求的开放空间，否则不具备改造条件。考察场地开放空间的规模大小是规划设计防灾公园的首要任务。在防灾减灾工程和防护工程的教学与学术研究过程中，考察了唐山市主要城市公园的开放空间。

① 唐山市凤凰山公园（山地公园）

该公园有比较宽阔的空地、草坪等。公园中北部是湖区，中东部是凤凰山，其山麓划出泥石流、滑坡等次生灾害的威胁区，上述地域不能设棚宿区。东北部是唐山市博物馆，不宜设避难场所。其他地域基本上是草坪、空地、树木，地势比较平坦，可规划设计为 4个棚宿区（图 3-49）。每个棚宿区的面积约 4ha，供文化路以西、凤凰道以南的居民避难。并与东北部的大城山公园（其间的最近距离约为 500m）、西北部的唐山开滦一中操场（与凤凰山公园仅北新道一路相隔）、西南部的大钊公园和唐山纪念碑广场（二者的最近间距500m 左右）等构成规模更大的避难场所。

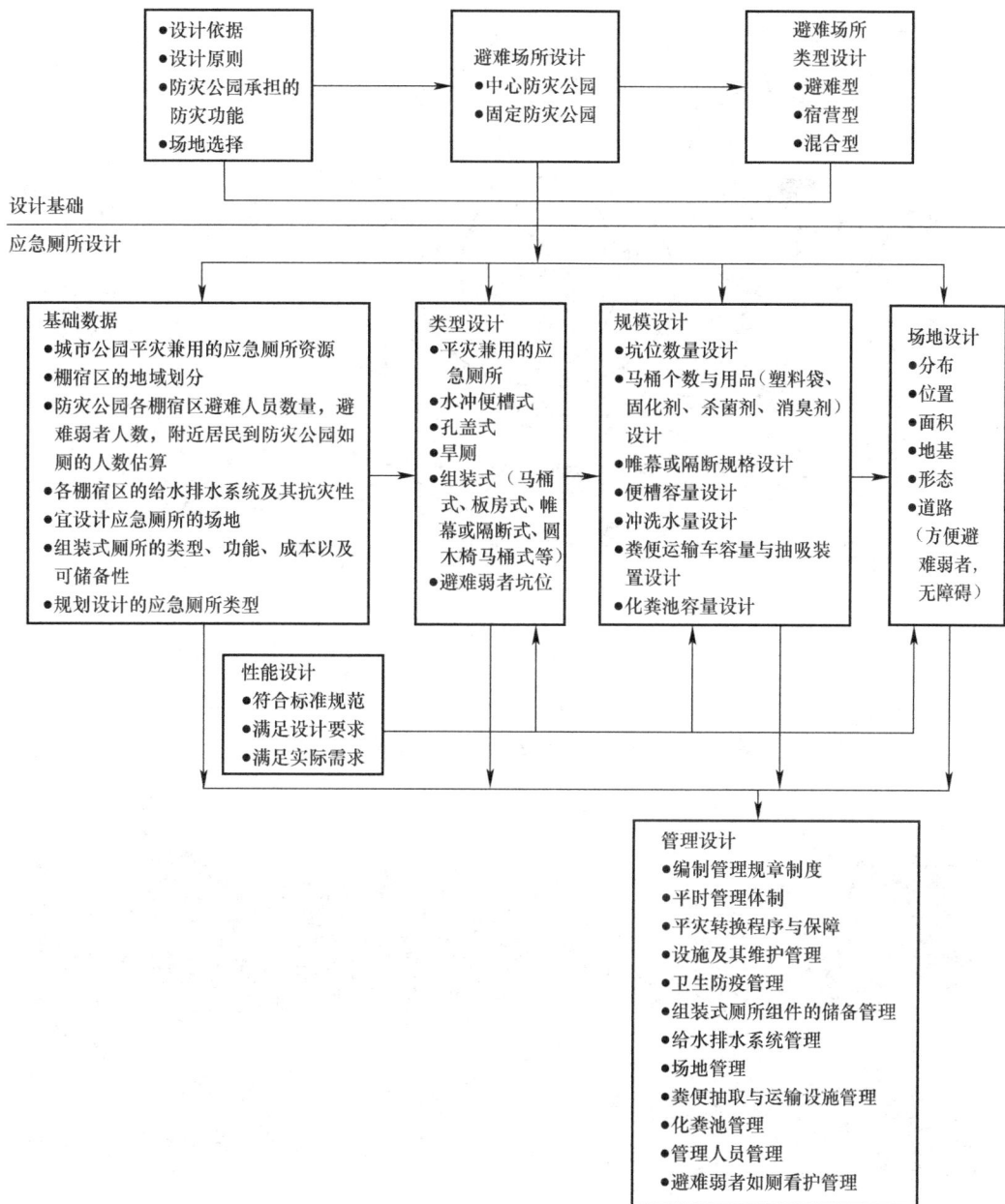

图 3-48 应急厕所设计步骤示意图

凤凰山公园的部分空地、草坪如图 3-50 所示。

改造后的凤凰山公园总面积 37ha，园内外交通四通八达，各类公园设施齐备，开放空间资源丰富，可规划设计多个棚宿区，是比较理想的山地防灾公园，宜用作地震灾害、洪涝灾害等突发事件的防灾避难场所，但应避开泥石流、山体滑坡等次生灾害的威胁区。

② 唐山市大城山公园（山地公园）

该公园的规划面积 252ha。其中，中心涵养区 114ha，东园近 14ha，城市发展展览馆

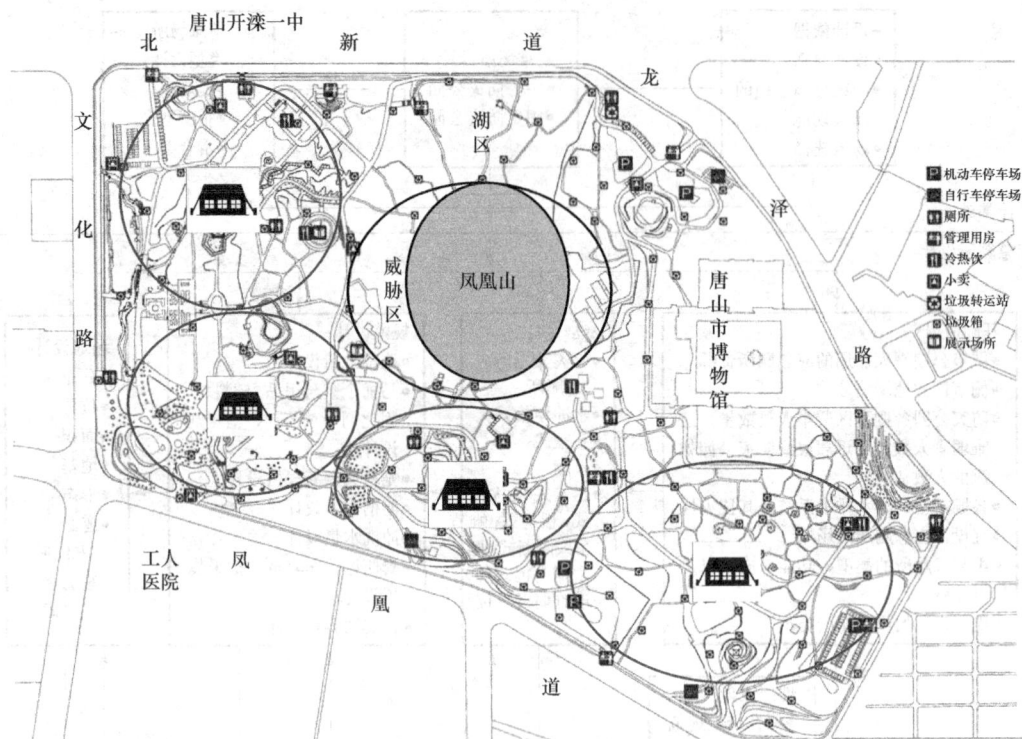

图 3-49　唐山市凤凰山公园棚宿区规划设计示意图

图 3-50　唐山市凤凰山公园的空地与草坪示例（一）

图 3-50　唐山市凤凰山公园的空地与草坪示例（二）

和兴国寺一带 28ha，西园约 10 余 ha。除去山丘、密林、凹凸不平地块、水面、野生动物园，适于用作棚宿区的开放空间大约有 40~50ha，可以规划为中心防灾公园，中心涵养区棚宿区可设抗灾减灾指挥机关、支援灾区人员的宿营地，东南部可设直升机停机坪。也可规划为大型固定防灾公园。棚宿区以及部分开放空间如图 3-51 所示。

园内的野生动物园有虎、狮、熊、狼等食肉动物，改造防灾公园前应迁出野生动物园。否则灾时，动物可能冲出围栏，威胁避难人员安全。

东园棚宿区可为附近居民提供避难服务。棚宿区临近峭壁处，宜留出泥石流、山体滑坡威胁区。由于东园东临陡河，地势较洼，不宜用作洪涝灾害避难场所。

③ 唐山市南湖公园（湿地公园）

2009 年，唐山市人民政府在南湖公园凤凰台上树碑，其碑文《唐山南湖记》记述，"忆昔日之南湖，为采煤塌陷之区，荒芜废弃之地，孑孓盈池，水墨草蓬，累年之秽咸积于此，路人眯目掩鼻，百姓不堪其苦。""乃乘时代之大潮，……，凝心聚力，创新思变，南湖为执，整饬家园。……。顿使泥淖变清流、绝地化美寰、疮痍为钟灵毓秀、腐朽为神奇之苑，千顷湖辟，碧水绕城，层台耸翠，景象万千，工业重镇重为洗礼，生态城市尽展靓颜。""领南湖之韵，在其自然和谐。居幽燕之州，无风漠枯燥之气；处闹市之邻，无喧嚣嘈杂之扰。""观南湖之景，在其风采雅致。春则天光和煦，杨柳依依，花团锦簇，鸟啭莺啼；夏则凉风习习，草木苍郁，莲荷田田，芳菲透迤；秋则清明朗朗，金风送爽，层林尽染，丹桂飘香；冬则莽莽皑皑，银装素裹，玉树琼枝，冰湖鉴彻。一湖四时之景大相径庭，览物之情与哉快哉。"碑文虽无避难功能之记述，但良好的避难环境浸透于字里行间。

南湖公园原来是生态环境和自然景观遭到严重破坏的采煤塌陷区。总面积 1 300ha，水面 165ha。1997 年初，规划为大型综合性生态公园，并开始实施生态绿化工程。目前，已经成为唐山市最大的一座生态园林。

南湖公园位于唐山市中心城区南部。交通通达性好，公园东侧有唐山市南北主干道建设南路，南部有唐胥路，西部有学院路，北部有南新西道。

南湖公园保持了湿地系统的完整性，被住房和城乡建设部批准为"国家城市湿地公园"。而且，2001 年，南部采沉区生态建设项目获河北省"人居环境奖"，2002 年获"中国人居环境范例奖"，2004 年 7 月又荣获"迪拜国际改善居住环境最佳范例奖"。

南湖公园的广场、草坪、空地等开放空间资源丰富（图 3-52），可规划设计多处棚宿

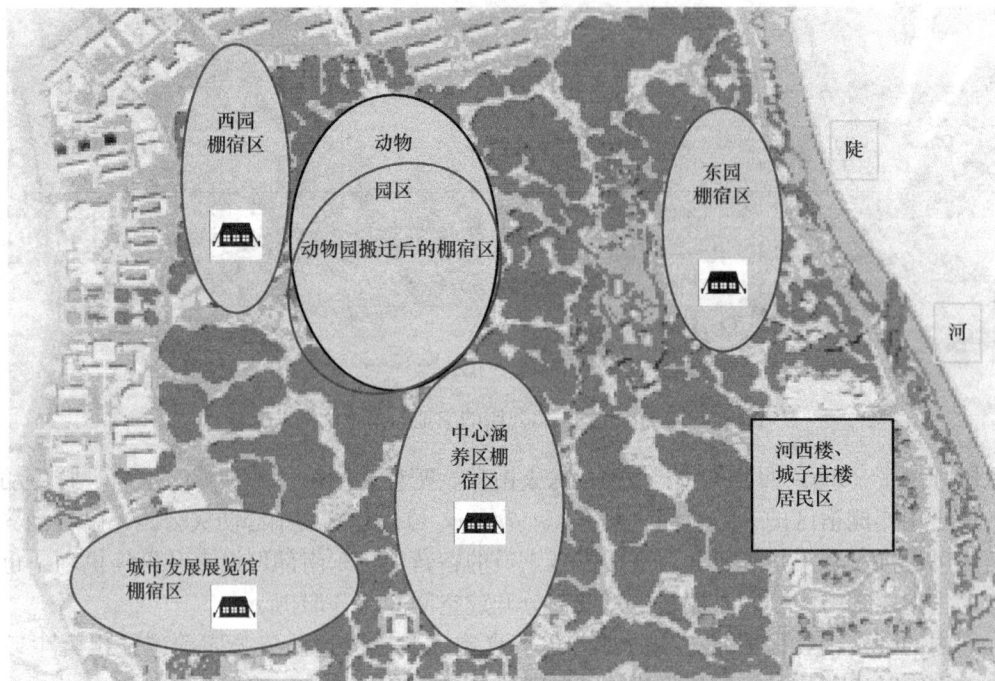

棚宿区规划示意图

中心涵养区开放空间

东园绿地

公园概貌

图 3-51 大城山公园的棚宿区及部分开放空间

区。其中的市民广场、高尔夫球场可设抗震救灾指挥机构或支援灾区部队、抢险救灾工程技术人员、医疗队和志愿者的宿营地。

铁路京山线的支线经由南湖公园南部，沿线的开放空间可规划设计为救灾物资储备仓库或收发处。

图 3-52　唐山市南湖公园的开放空间示例图（一）

图 3-52　唐山市南湖公园的开放空间示例图（二）

公园内的湖泊与唐山市环城水系连通，开发水运资源，灾时把伤病员运往市区，把市区的紧急救灾物资运往园内的棚宿区。

还应当指出，2011 年在南湖东中部 55ha 的唐山植物园基本完工，把杂草丛生、荆棘遍野、沟壑纵横、凹凸不平的荒地，改造成鲜花满园、树木成荫、道路通衢、地势平坦的花园。在鲜花、绿树、嫩草之间镶嵌着大片大片的开放空间，见图 3-53 所示。

图 3-53　南湖公园内唐山植物园的开放空间

唐山植物园既是独立的园林，灾时又可与南湖公园融为一体。作为独立园林，可以用作救灾指挥中心、支援灾区的部队、抢险工程技术人员、医疗队的宿营地。其内可设中心医院，直升机停机坪，成为重伤员医治和转运中心（转运到唐山飞机场，再运至附近各城市医治）。

④ 大钊公园（平地公园）

大钊公园位于唐山市中心地区，如图 3-54 所示。面积 14.8ha，除 0.4ha 的土丘（天池飞瀑区）和 2.2ha 的水面外，基本上是平地。公园的平时功能主要集中在 6 个区，即红色文化区（大钊园）、健身休闲区（轻舞飞扬）、山林活动区（天池飞瀑）、水上活动区（景阁鹬飞）、生态休闲区（秋色云水）和专类观赏区（花舟鱼跃）。大多利用了红色文化活动区、湖面、土丘等不宜用作避难场所的开放空间。

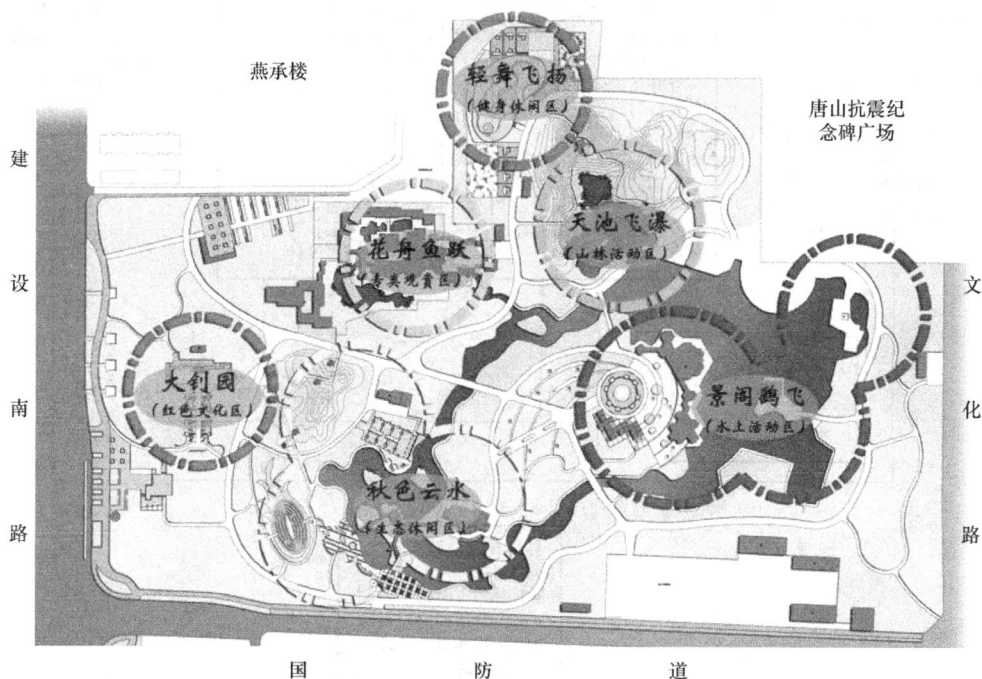

图 3-54 大钊公园的平时功能区

唐山市大钊公园改造成防灾公园具有明显的优势。主要是开放空间面积大、地势平坦，可设多处棚宿区；公园内外道路四通八达；与唐山抗震纪念碑广场比邻，能够形成规模较大的避难场所，有能力为万达广场、新华楼、燕承楼、南苑楼等居民区的居民提供避难服务；公园东南部隔建设路与唐山市妇幼医院相望，西北部设有公安派出所，灾时这些机构提供医疗和治安服务；园内平时功能的地域与灾时功能的地域重复较少，容易实现平时功能与灾时功能的相互转换；水面面积大，可为灾时避难人员提供生活用水，经过滤、消毒、杀菌转化为饮用水，并设消防水站。

（2）防灾公园棚宿（宿营）区的规划设计程序

如图 3-55 所示。

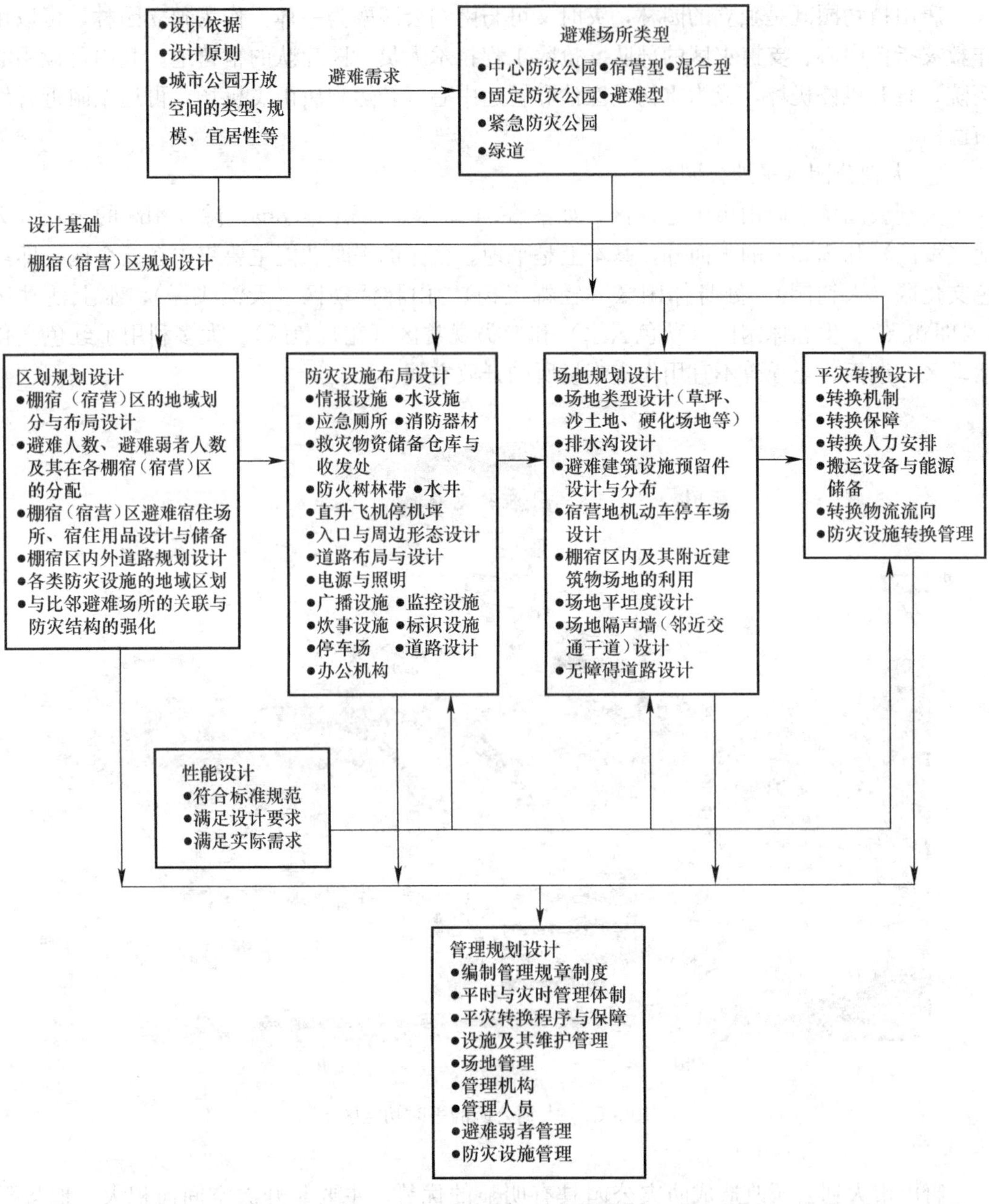

```
┌──────────────────┐                    ┌──────────────────────────┐
│ •设计依据         │                    │      避难场所类型         │
│ •设计原则         │   避难需求          │ •中心防灾公园 •宿营型 •混合型 │
│ •城市公园开放      │ ───────────────→  │ •固定防灾公园 •避难型      │
│  空间的类型、规     │                    │ •紧急防灾公园             │
│  模、宜居性等      │                    │ •绿道                    │
└──────────────────┘                    └──────────────────────────┘
```

设计基础
──
棚宿（宿营）区规划设计

图 3-55　棚宿（宿营）区设计步骤示意图

在防灾公园的规划设计程序中，棚宿（宿营）区的规模是决定防灾公园类型、功能以及防灾设施及其布局的主导因素。而防灾公园的类型、功能确定后，棚宿（宿营）区的规划设计，不仅涉及棚宿区自身的区划、场地及平灾转换，也为布局各类防灾设施提供依据。

棚宿（宿营）区规划设计的主要内容包括区划、场地、道路、避难宿住场所（帐篷、临时板房、安置过渡房等）、宿住用品（床、垫、被、褥、毯等），各类防灾设施的场地、地基与布局，平灾转换与管理规划设计、性能设计（确保符合设计规范，满足设计要求与实际需求）。

大中型城市公园特别是特大城市公园，开放空间种类齐全，且各类开放空间面积大。像

264

总面积 1 300ha 的唐山市南湖公园有广场、植物园、儿童游乐园、草坪及其他绿地、小花园、空地、健身园、赛马场、高尔夫球场、机动车停车场等，用作棚宿（宿营）区的面积数百公顷，可用作地震灾害的中心防灾公园或避难型避难场所的多个棚宿区（宿营地）。由于唐山市南湖公园是湿地公园，有些地域地势较低，水面较大，一些地域不宜用作水灾防灾公园。

城市公园的开放空间是确定防灾公园规模功能、防灾结构以及防灾贡献的基本依据。规划设计防灾公园必须充分考察城市公园开放空间的种类、面积、宜居性、对外开放性、它们之间的连接性与互补性等。为规划设计各类防灾公园及其开放空间的防灾结构、防灾功能等提供科学依据。

3.3.2.5 救灾物资储备仓库规划设计

救灾物资储备仓库是重要的防灾设施，储备灾后应急的食品与饮用水、宿住设施与用品、衣物等生活必需品、药品与医疗设备、应急发电设备与照明电源、组装式应急厕所与用品、抢险救灾设备与物资等。

救灾物资储备仓库的规划设计程序如图 3-56 所示。

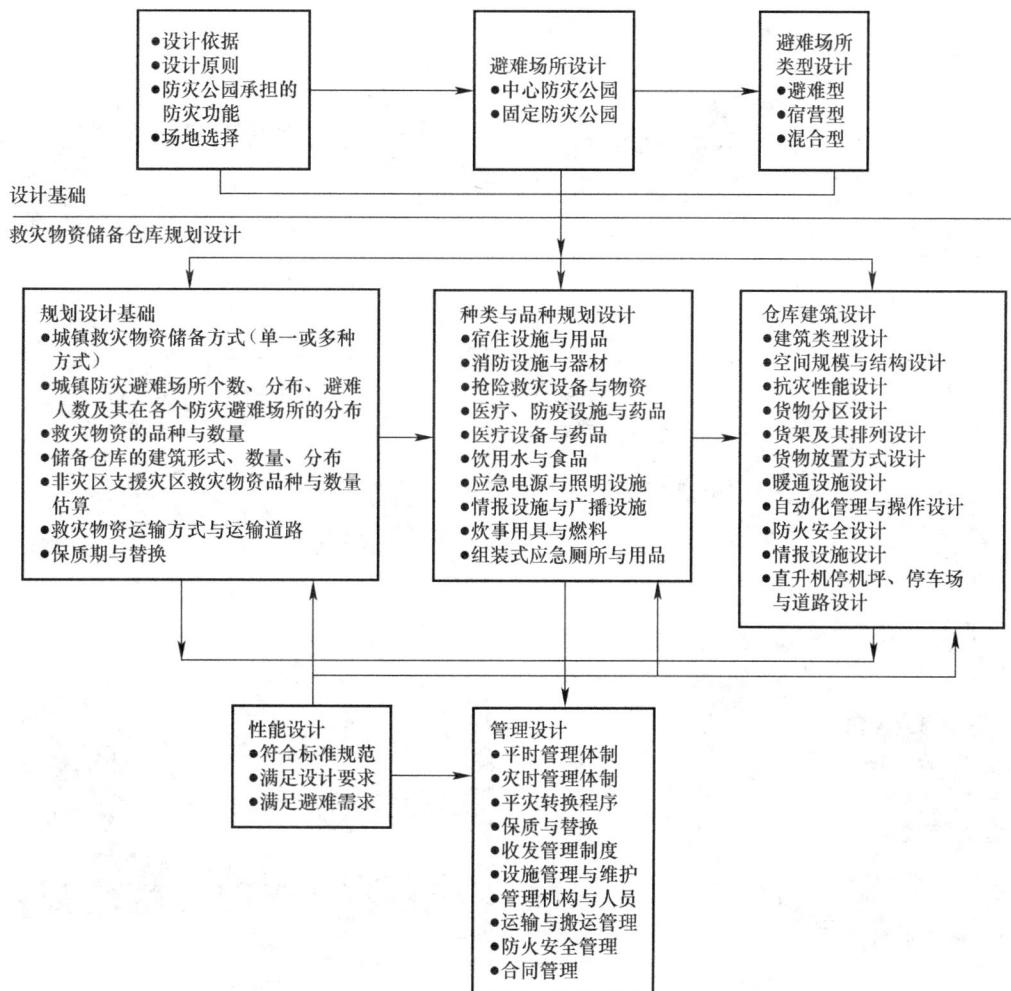

图 3-56 救灾物资储备仓库规划设计步骤示意图

　　救灾物资的储备可以采用多种方式。可在城镇设一个或多个救灾物资储备仓库，灾时按照需求紧急调拨分发给城镇的各个防灾避难场所；也可设在大型防灾公园，主要供本园和附近的防灾避难场所灾时使用；还有一种方式是藏救灾物资于商场、超市，按照灾前签订的合同灾时商场供应救灾物资；中心防灾公园、固定防灾公园可适量储备手电筒、锹镐、手推车、手套、铁丝、铁钉、绳子等常用物品。

　　在各种储备方式中，与大型超市、商场签订灾时救灾物资供应合同，可以节省储备仓库的建设与管理费用，但若灾时超市、商场遭毁灭性破坏，商家无诚信不能履行合同或不能按照合同规定提供灾时必需的救灾物资，必给救灾工作造成严重后果。救灾物资储备仓库分散建设、多头管理，有可能造成人力、财力、物力的浪费。大型城市公园根据救灾需要集中建设1个到数个救灾物资储备仓库，统一规划设计，统一管理，统一调拨、购入、分发，并在中心防灾公园、大型的固定防灾公园储备部分平灾兼用的防灾设施和工具，是常用的规划设计模式。

　　我国中央有关部门、各省市区和大中城市建有救灾物资储备。图3-57所示为部分救灾物资储备仓库与储备物资图。

民政部

国家红十字会

绵阳市

河北省

广东省

郁南县

图 3-57　部分救灾物资储备仓库

3.3.2.6 应急电源和应急照明设施规划设计程序

应急电源的功能是灾害发生后保障防灾公园各种防灾设施的电源，并为避难道路、棚宿（宿营）区提供夜间照明。应急电源多采用小型发电装置、蓄电池以及利用太阳能、风能等自然能源的发电设备。宜采用自然能源发电。应急电源及其储备仓库应有符合准规范要求的满足防灾公园需求的抗震性能。

应急电源和应急照明设施的规划设计程序如图 3-58 所示。

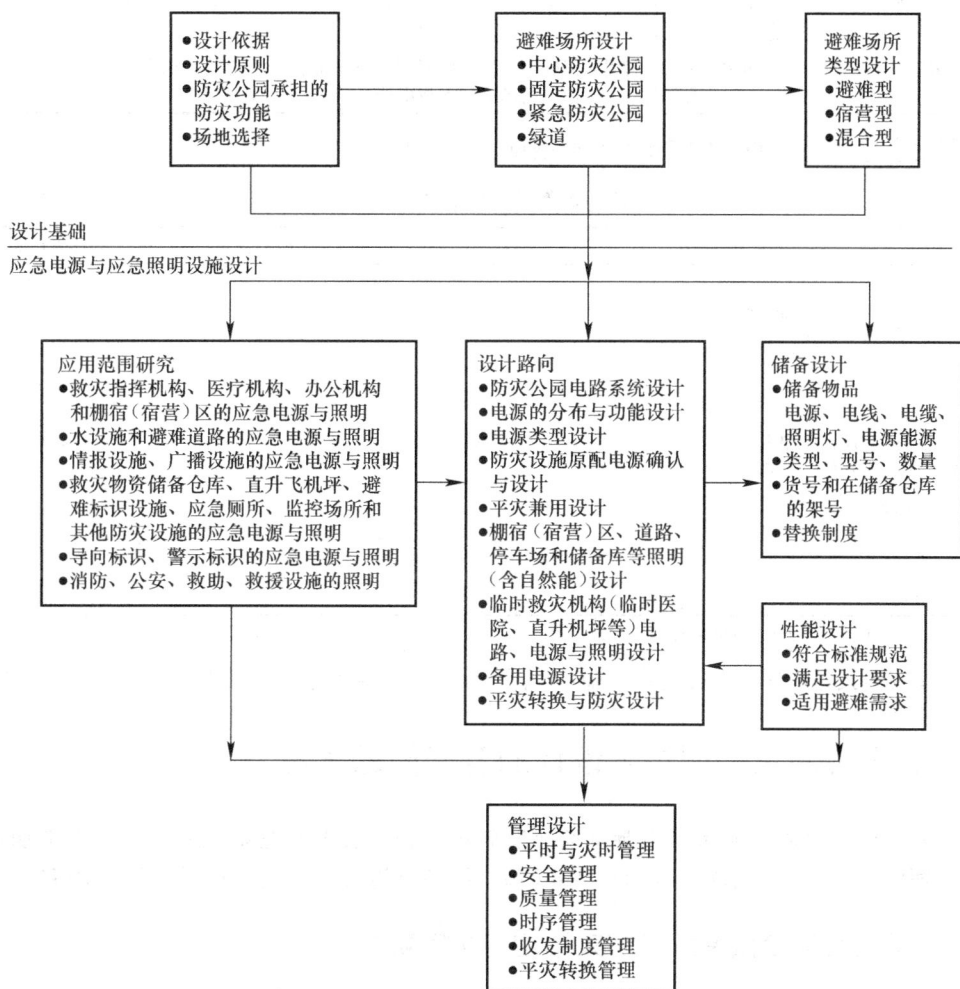

图 3-58 应急电源、应急照明设计步骤示意图

通常，应急电源与应急照明在灾后几小时至几天启动。确保数量、型号、质量以及供应的应急性极为重要。应急电源的能源储备量不少于灾后 3d 的需求。应急电源和应急照明使用的时间还和灾后城市电力系统的恢复进程与防灾公园所在地受灾程度密切相关。城镇电力系统完全恢复后，应急电源与应急照明即完成其防灾功能。

重视规划设计平灾兼用的与公园景观相协调的防灾公园供电系统。供电功能从平时延续到灾时，降低用电防灾设施灾时的用电"困难度"。城市公园设应急电源并有燃料储备，停电或用电高峰时开启，灾时沿用。

太阳能取之不尽用之不竭、清洁环保，园内路灯的能源宜考虑利用太阳能。可在部分防灾公园试行，再逐步推广。

应急电源设备有如表 3-19 所示的 3 种。

应急电源设备分类 表 3-19

分 类	概 要
自备发电设备	通常用可移动式小型发电机。可平灾兼用，城镇电力系统停电时开启
自备电池设备	适用于小型防灾设施。城镇电力系统停电时，蓄电池供电。手电筒是平灾兼用的简易照明设备
自然能发电设施	太阳能发电——利用太阳电池，把太阳能转换成电能。为了夜间利用和稳定供电，需设置蓄电池。风力发电——把风的动能转换成电能

利用应急电源的防灾设施和电源类型见表 3-20 所列。

利用应急电源的防灾设施与电源类型 表 3-20

防灾设施	自备发电设备	蓄电池设备	太阳能发电设备
供水设施	○		△
水池、水流等的循环泵和喷水设施	○		△
水设施的过滤器、杀菌装置	○		△
各种洒水装置的用泵	○		
应急水井泵	○		
应急厕所的照明设备与冲水泵	○		○
标识的夜间照明和指向设施的照明	○		○
应急广播设备和应急情报设施	○	△	△
应急照明设施	○	○	
储备仓库的冷藏设施	○		△
公园管理机构	○	○	△

注：○——适合；△——容量小时，一般适合。

自备发电设备适用于各类防灾设施，而蓄电池和太阳能电池一般适用于用电容量小的场合。

3.4 唐山市防灾公园规划设计的若干问题思考

目前，唐山市尚未颁布城市避难场所发展规划和突发事件避难规划。在最新的唐山市总体规划中，虽然涉及防灾避难的一些问题。但还有许多课题值得思考，值得探究。

3.4.1 强化防灾公园系统的防灾结构与防灾功能

经历过唐山地震的唐山人民，对城市公园绿地的防灾避难功能有亲身体会和深刻认识。地震后，大城山公园、凤凰山公园和人民公园（现大钊公园）等是居民避难的重要场所。

唐山市在震后 30 多年的恢复、重建和发展过程中，唐山市人民政府始终重视城市园林规划建设，大力实施"碧水蓝天绿地洁城"工程，采用多种手段和有效措施，不断提高城市的生态环境，延伸其内涵。园林绿化以大城山公园、大钊公园、凤凰山公园、南湖公园和陡河地貌为基础，建成了南北向贯穿中心城区的城市绿化带；积极实施环城高速公路防护林带建设，初步形成了中心城区外围生态绿化防护林体系。截止到 2008 年年底，唐山市建成区绿化覆盖率、绿地率和人均公共绿地面积分别为 44.1%、38.4% 和 10.5m^2。大力开展市区南部采煤塌陷坑生态园林绿化工程，建成了大型的南湖风景园区。

此外，唐山市推进拆墙透绿、拆房扩绿、退硬还绿、见缝插绿等措施，逐步形成了"城在绿中，绿布全城"的园林城市特色。近些年，唐山市分别获得了"全国园林绿化先进城市"、"全国城市环境综合整治优秀城市"和"全国卫生城市"等光荣称号，而且连续多年获河北省"全省环境容貌综合治理竞赛燕赵杯金奖"。唐山市中心城区已经规划建设的主要公园绿地以南湖公园为起点向东北方向延伸，依次是大钊公园、凤凰山公园、大城山公园和陡河绿化带。上述公园绿地地域比较集中，有助于形成城市防灾公园系统，强化城市防灾结构、提高综合防灾功能。

在最新的唐山市总体规划中，把南湖公园、大城山公园、凤凰山公园、大钊公园等市级城市公园规划为唐山市的防灾公园（图3-59）。唐山市（2008—2020年）中心城区公园绿地规划图中规划了2个郊野公园——南湖公园和东湖公园，其中南湖公园的建设工程已具规模，东湖公园待建。规划建成且近几年大规模改建的市级公园有大城山公园、凤凰山公园、大钊公园等，还规划了体育公园、机场路公园和十几处片区中心公园（图3-59中未注明具体名称的黑点处）。

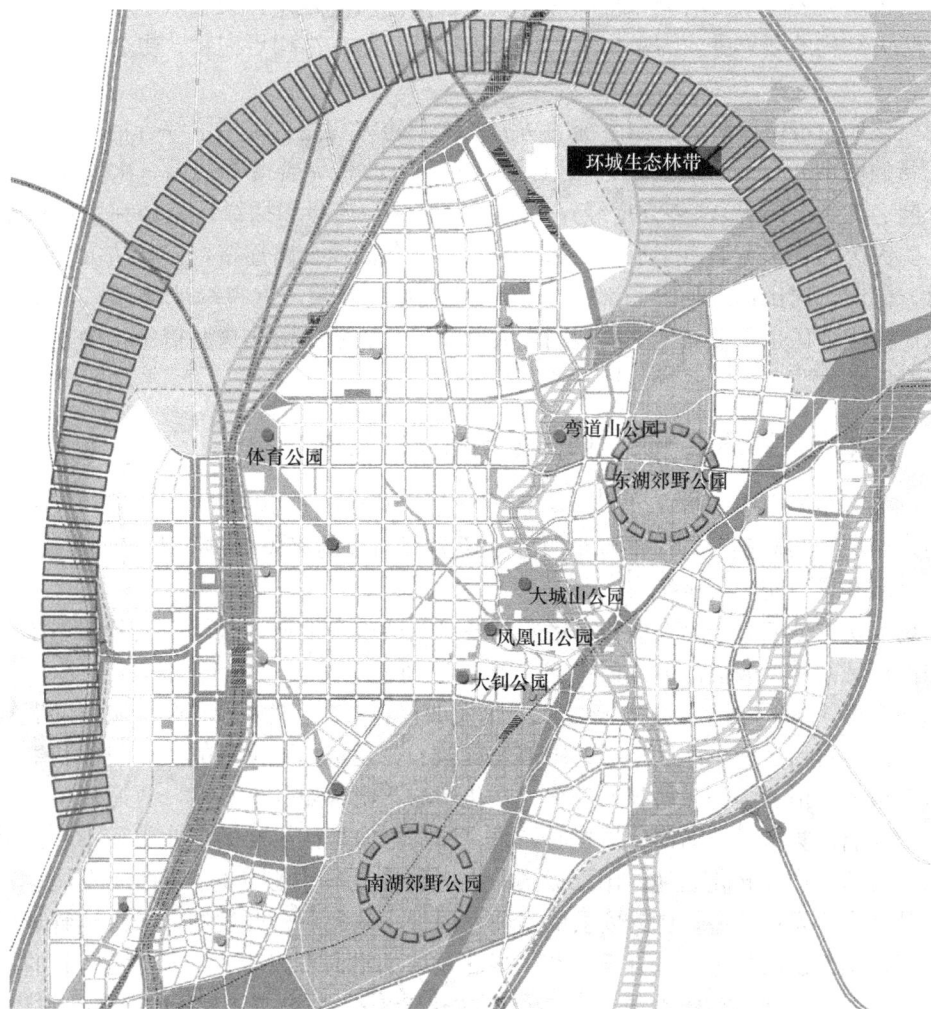

图3-59　唐山市总体规划中心城区公园绿地规划图

唐山市的城市公园类型多样。有山地型，如大城山公园、凤凰山公园；有平地型，如大钊公园；有湿地型，如南湖公园。上述公园总面积和开放空间比较大，交通通达性好，城市生命线系统和公园设施比较完善，绿化覆盖率比较高，周边是大型居民住宅区，有灾时需求避难的大量避难人员。每个防灾公园可设多个规模较大的棚宿区，而且公园内有体育设施、游艺设施、广场设施和常用的城市公园设施，具备改造成防灾公园的基础条件。灾时，城市公园周边有大量人员需求避难，公园自身具备防灾避难场所的基础条件，这是需求避难与满足避难需求两个方面的和谐与统一。

唐山市总体规划中规划的防灾公园南起南湖公园，沿东北向穿过市中心区，一直延伸到北部的环城生态林带和陡河两岸的公园绿地。相邻公园绿地的距离较近，最近的只有几百米，最远的也只有几千米，有助于强化防灾公园在服务范围内的防灾功能。唐山市总体规划中，还在城市的西部、北部增设了凤凰湖公园、体育公园等公园绿地，提高了防灾公园在城市分布的均衡性。而且，城市的环城水系依次连接各个防灾公园，构建了水运交通网络，有效地增强了交通运输能力和次生灾害的防范水平。

唐山市防灾公园系统的分布格局既有城市公园的历史延续，又融入了增设新的防灾公园强化防灾结构的新思维，力求构筑避难防灾功能、防灾结构更完善、更合理的防灾公园系统。

为强化唐山市市区防灾公园系统的防灾结构与防灾功能，采用了综合治理方法，即规划兴建新的城市公园（南湖公园、凤凰湖公园等），改造完善既有公园（大城山公园、凤凰山公园、大钊公园等），多方增绿——透绿、扩绿、还绿和插绿，充分利用环城水系连接主要防灾公园，扩宽城市干道并与邻近城市的多条高速公路连接，完善防灾公园的交通通达性。同时，唐山市各县区和部分乡镇也兴建城镇公园，重视绿地建设。曹妃甸工业区、京唐港工业区也在盐碱地上因地制宜大面积绿化。积极落实这些措施，为创建唐山市区及各县区的大防灾公园系统创造了防灾绿地等条件。

3.4.2　避难防灾新思维——大防灾公园系统的构想

防灾公园系统由中心防灾公园、骨干防灾公园（属防灾功能更大的固定防灾公园，不仅为附近居民区的避难人员提供避难服务，还为其周边的灾民提供必需的救灾物资）、固定防灾公园和紧急防灾公园组成。

所谓大防灾公园系统是在城市市区及其各区县的整个地域内构建防灾公园系统。唐山市颁布的市区及其所属县区的发展规划如图3-60所示。

从图3-60可以看出，唐山市将建成2个发展核心、2个发展带和2个城镇发展轴。即由唐山市区、古冶区和丰润区构成的中部发展核心，是京津冀重要的产业服务和生活居住中心，全市的政治、经济、科技、教育、文化中心；由曹妃甸生态城、曹妃甸工业区、南堡工业区和唐海县构成的南部发展核心，系京津冀沿海地区重要的产业服务中心，冀东地区的高教科研及产业转化基地，国家级滨海生态创新发展中心。2个东西向发展带，即东起玉田县经中部发展核心，到迁安县的山前发展带；东起芦台开发区，经汉沽管理区、丰南工业区、南部发展核心海港开发区和乐亭工业区的沿海开发带。2个贯穿南北的城镇发展轴，东部的一条南起京唐港区、海港开发区和乐亭工业区，经滦南县、滦县到迁安市；西部的一条始于南堡经济开发区，经丰南工业区、空港区、丰润区到遵化市。

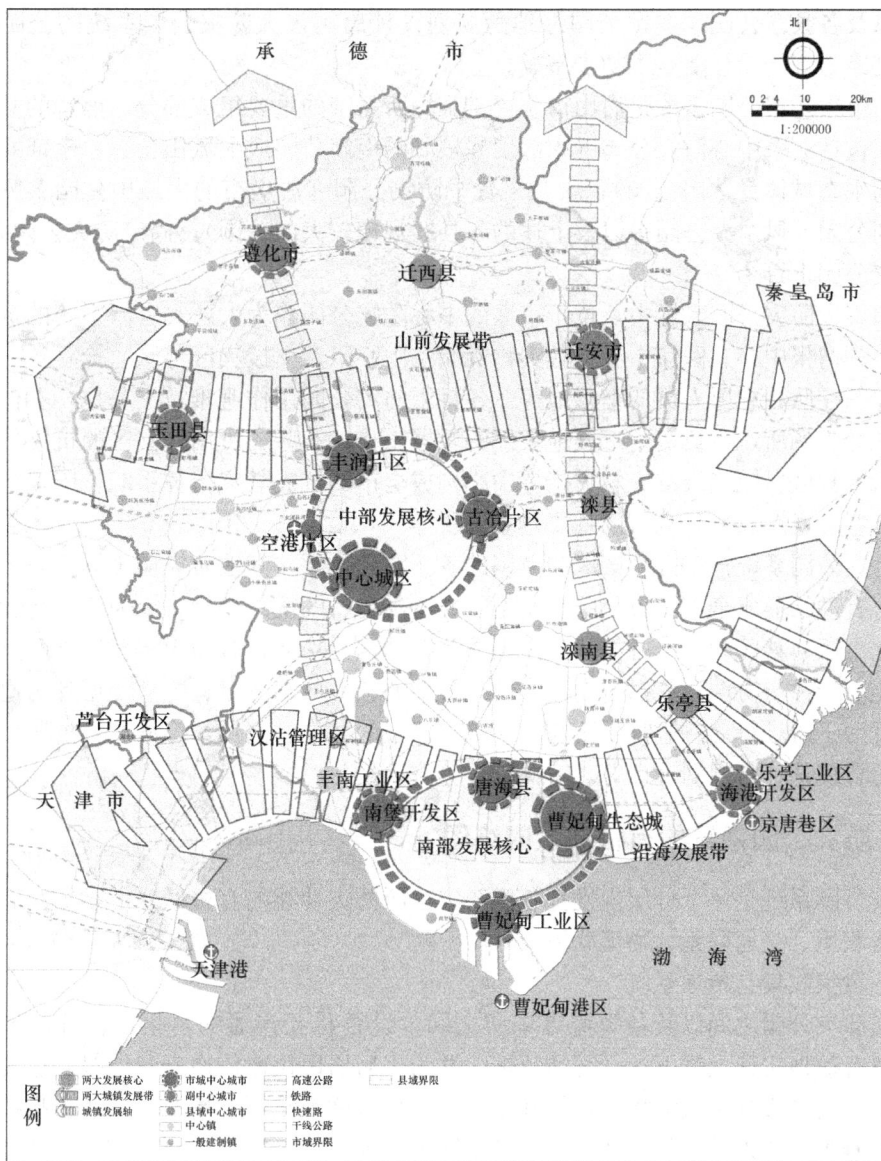

图 3-60 唐山市及其所属县区的发展规划图

唐山市"2 个发展核心、2 个发展带和 2 个城镇发展轴"的城镇发展空间结构，为规划设计包括防灾公园系统在内的城镇防灾避难场所系统创造了良好的空间结构布局与条件。全市城镇主要集中在"心、带、轴"上，社会经济发展功能明确、路向清晰，重点避难防灾地域突出、层次分明。

唐山市及其所属各县区的公园绿地建设快速发展，各县区已经或正在建设规模较大的公园绿地。像丰南区的惠丰湖公园 100ha，丰润区曹雪芹公园 110ha，迁安市黄台山公园 34.2ha，古冶区北寺公园 12.4ha，遵化市人民公园 12.2ha，滦县龙山公园 60ha，滦南县北河公园 88.3ha，迁西县栗香植物园 189ha。从规模上看，这些公园都具备规划设计成中心防灾公园、固定防灾公园的资质。唐山市有些乡镇还规划建设了公园绿地。唐山市的城市公园以及各县区公园、乡镇公园绿地是规划设计唐山市大防灾公园系统的公园绿地资源，并已经为规划设计奠定了初步基础。

唐山市大防灾公园系统是唐山市防灾避难场所系统的重要组成部分。前者的基础防灾避难框架包括 2 个中心防灾公园（中部发展核心的南湖公园或大城山公园，南部发展核心的曹妃甸生态城体育休闲公园），十几个骨干防灾公园（唐山市的大城山公园、凤凰山公园、大钊公园、凤凰湖公园等以及上述的各县区规模较大的公园），固定防灾公园几十个、紧急防灾公园上百个。

唐山市大防灾公园系统中，位于市区的中心防灾公园作为大防灾公园系统的抗灾救灾指挥中心、情报中心、医疗中心、救灾物资储备中心以及支援灾区部队、抢险救灾工程技术人员、医疗队和志愿人员的宿营地等。各骨干防灾公园用作避难救灾基地，不仅用作附近居民的避难场所，也负责附近其他灾民的救援工作，有些还可用作县区的抗灾救灾指挥中心，市、县区、镇三级抗灾救灾指挥中心构成全市的抗灾救灾指挥系统。固定防灾公园和其他类型的避难场所是全市的主要避难场所。

大防灾公园系统把市区、县区和乡镇的各类防灾公园与其他防灾避难场所有机地联系在一起，有助于形成全市防灾公园和其他防灾避难场所的统一规划、统一建设与管理的体制，强化市区、县区和乡镇各类防灾公园的防灾结构与功能；有助于实现避难防灾与救灾减灾的统一指挥与协调，依据自助、共助与公助的救助原则及时、合理使用各类避难防灾资源；有助于避难行动、避难生活与救灾减灾情报的共享、共用，广域避难场所、远程避难场所的合理选址与规划设计等。

3.4.3 防灾公园系统的有机联系网络图

防灾公园系统是一个分层次发挥各类防灾公园防灾功能的有机联系的整体。有机联系包括情报联系、交通联系、物流联系等。

（1）情报收集与传递系统

各类防灾公园之间以及各类避难场所之间，设置相互连通的情报设施，保障情报畅通，能够有效地实现上情下达、下情反馈，并为灾后居民快速传递安危情报创造良好的设施条件。灾后各级减灾救灾指挥机构和市民通过情报联系掌握灾情及其变化，指挥调度避难行动、避难生活以及恢复重建，强化城市防灾减灾功能，提高应对灾害的综合能力。重大灾害发生后，情报联系对创建和谐的防灾减灾环境，形成"有令则行、有禁则止"的遵纪守法氛围起了不容忽视的作用。建设现代防灾减灾城市，应规划设计包括人造卫星、航空、定位导航、信息网络系统、有线与无线等多系统、多种情报手段组成的现代情报收集与传递系统。包括大防灾公园系统在内的大防灾避难场所宜设城市防灾减灾情报系统，城市防灾减灾指挥中心、各个防灾避难场所以及消防、公安、医疗机构等共享系统的情报。

防灾公园的情报收集与传递系统有广泛的情报功能。平时用于公园管理，为公园利用者提供情报；灾害发生后，提供情报服务，主要情报包括灾区居民的安危情报、灾害情报、抢险救援需求情报、救援物资供给情报、中心防灾公园与其他防灾公园之间、各级抗灾减灾指挥机构之间、各类人员之间的情报联络以及救援、恢复情报等。

日本学者依据日本的国情，按照灾后救灾的时序和灾后不同的阶段，提出了受灾者、当地政府和非灾区人群的情报需求和自救、互救行为模型。该模型表明：①在灾后自救的初始阶段（数分钟～数小时）是政府和非灾区人群的救灾空白区，脱险、救人、救护主要依靠灾区居民的自救行为，除了脱险、救人、救护行为之外，还有扑灭初生火灾、避难行为和获取灾情情报的行为；自救阶段的后期，灾民在确保安全和基本生活条件的基础上，格外关注灾害情报——火灾、交通网络、生命线系统、危险地域和医疗、救援活动情报。在该阶段，地方政府启动灾时对策体制，非灾区的居民询问灾区相关人员的安危情报。②在救援阶段，受灾者主要关注当前的生活与安全以及未来的生活恢复和重建。地方政府确立灾时对策体制，而且非灾区的居民实施个人的或集体的救助活动。③恢复重建阶段，受灾者的情报需求集中在恢复重建补助金、住宅建设、医疗卫生、交通修复等情报。而地方政府则推进实施恢复重建规划。

这个模型重点揭示了重大灾害发生后，受灾者的情报需求。从一个侧面说明，灾后必须确保情报收集与传递系统畅通。

在重大灾害的环境和条件下，宜采用卫星通信、航空通信、信息网络、无线信息网等立体情报网络。特别是手机、笔记本电脑、因特网、城市防灾情报系统、大型信息显示屏（公告牌）、园内广播以及业务专用无线联络系统等，灾时往往起重要的情报收集与传递作用。各个防灾避难场所应依据灾后的信息需求，储备、设置与信息网络连通的情报设施。

就唐山市的防灾公园系统而论，情报收集与传递系统应当形成由各级抗灾减灾指挥机构、地方政府相关部门、中心防灾公园、骨干防灾公园、各固定防灾公园、其他防灾避难场所系统、交通系统、救灾物资储备仓库、唐山飞机场等组成的情报信息网络。该情报信息网络通过多条无线线路与全国各地连通，或者说，包括唐山市防灾公园情报收集与传递系统在内的唐山市防灾避难场所情报系统应当是全国信息网特别是灾害情报网的组成部分。及时准确地把灾情情报传递给河北省和国务院灾害管理部门，把上级领导和相关部门的指示传递给灾区群众，有效、有序地组织灾区群众抗灾救灾，把灾害造成的损失减少到最小；向社会提供抢险救灾急需的人力资源、技术资源和物资资源信息，以便非灾区和轻灾区有针对性地支援灾区，科学调度救灾物资，合理利用救灾资源；居民的安危情报快速传递给亲人、友人和相关单位和部门，妥善处理灾后事宜。

（2）交通运输系统

唐山市中心城区有市内、市外良好的交通环境和条件，而且随着交通事业的发展，交通运输系统将更完善，通达性更好。重大灾害发生后，形成空运、陆运和水运三种交通运输方式。

唐山市中心城区的道路交通基本上由南北向的"路"——建设路、华岩路、卫国路、学院路等和东西向的"道"——新华道、南新道、北新道、西山道、兴源道等构成。城市各主要公园都紧邻主要道路，交通通达性良好。还有环城公路与各个"道"、"路"连通。

唐山市中心城区的主要街道连接京沈、津唐、唐曹（曹妃甸）、唐承（承德）等高速公路。市西郊有军民两用飞机场。京唐城际铁路、途经唐山市的津秦城际铁路正在或将要建设。唐山市是1976年唐山地震后重建的新型城市，"道"、"路"相对宽阔。特别是近几年来，经过城市交通的重修与改造，打通了多条丁字路，部分道路裁弯取直，扩宽了建设路和北新道，城市交通状况得到进一步改善。这是城市防灾公园救灾物流集聚与分配系统能够有效发挥抗灾减灾功能的基本交通保障。

南湖公园的南部有环城公路、205国道、唐胥路，东有建设南路，北邻南新西道，西有学院南路。南湖公园通过周边的道路可以与其周边的多条高速路连接。园内有原京山铁路支线通过，而且可在市民广场设直升机停机坪。南湖公园内有多条园路，形成园内道路局部网络，可以通过园路直接向园内设置的居民避难场所、支援灾区人员宿营地提供救灾物资和设施。

有效发挥唐山飞机场的空中运输功能，接收国内运往灾区的物资和工程技术人员等，再通过南湖公园直升机坪把救灾物资运往各骨干公园。

各骨干公园分发到各个固定防灾公园的救灾物资，采用汽车运输或利用环城水系水运的方式运送到包括防灾公园在内的各个避难场所。由于唐山市主要街道比较宽，道路两旁高层建筑较少，即使局部道路发生堵塞，也不会严重影响整个交通运输系统的正常运输。灾后城市交通畅通是安全避难、及时有效抢险救灾的重要基础条件。

唐山市正在建设环城水系，建成后有望用于灾时运输避难人员和救灾物资等。该水系的建设应当融入灾时救灾思维和相应的措施。例如：河道考虑行船，在主要道路部位修建若干水运码头，水系的水道与南湖公园连通，南湖公园设适当规模的水运码头，运载避难人员和抢险救灾物资。

交通运输是灾时防灾减灾的重要保障。交通畅通能够快速把伤员运往当地医院或其他城市治疗，及时抢运抢险救灾物资，确保支援灾区的部队、抢险救援工程技术人员、医疗队、志愿者等顺畅到达灾区等。灾区及其周边的飞机场、火车站、长途汽车站、高速公路、主要干道以及避难道路等对交通畅通起极为重要的作用。

（3）物流

中心防灾公园和骨干防灾公园设救灾物资储备库或储备空间，重大灾害发生后，这些防灾公园能够快速形成救灾物资集聚与分配功能，及时为避难者提供急需的基本生活必需品和设施，为抢险工程队提供常用的机械设备，为医药卫生部门提供应急的医疗设备、药品和防疫用品等。确保灾后避难者、居民和参加救灾的所有人员有基本的生活环境和生活条件，能够及时开展各种救灾和抢险活动，尽快降低重大灾害造成的居民生活"困难度"，尽可能减少次生灾害的发生与蔓延。

图 3-61 是唐山市中心城区防灾公园系统的救灾物流集聚与分配系统设想图。图中，箭头所示是救灾物流流动的方向，交通标识表示交通运输手段。用同样的方法还可以绘制唐山市区、各县区和乡镇的防灾公园系统的救灾物流集聚与分配系统设想图。

以中心防灾公园——南湖公园为物流集聚与分配中心，园内设抗灾减灾物资储备仓库、直升机坪。重大灾害发生后，利用经过园内的原京山铁路、南部的津唐高速路、北部的京沈高速路、唐山环城公路等陆路交通和唐山飞机场空运，接收支援灾区的各类物资。并利用直升机分发到 3 个骨干公园和大城山公园，再利用汽车运输分发到各个固定防灾公园。

唐山市总体规划中的东北部公园、西北部公园和东湖公园建成后，可以用作骨干防灾公园，与大城山公园一起成为救灾物流的收发地，通过直升机、汽车运输或环城水系接收物流集聚与分配中心配发的救灾物资，并及时分发到各个防灾避难场所。

各个防灾避难场所设救灾物资接收和分发场所，及时把各种救灾物资分发给避难者和附近居民。

图 3-61 所示的防灾公园系统救灾物资集聚与分配的物流网络设想图，结构合理、层

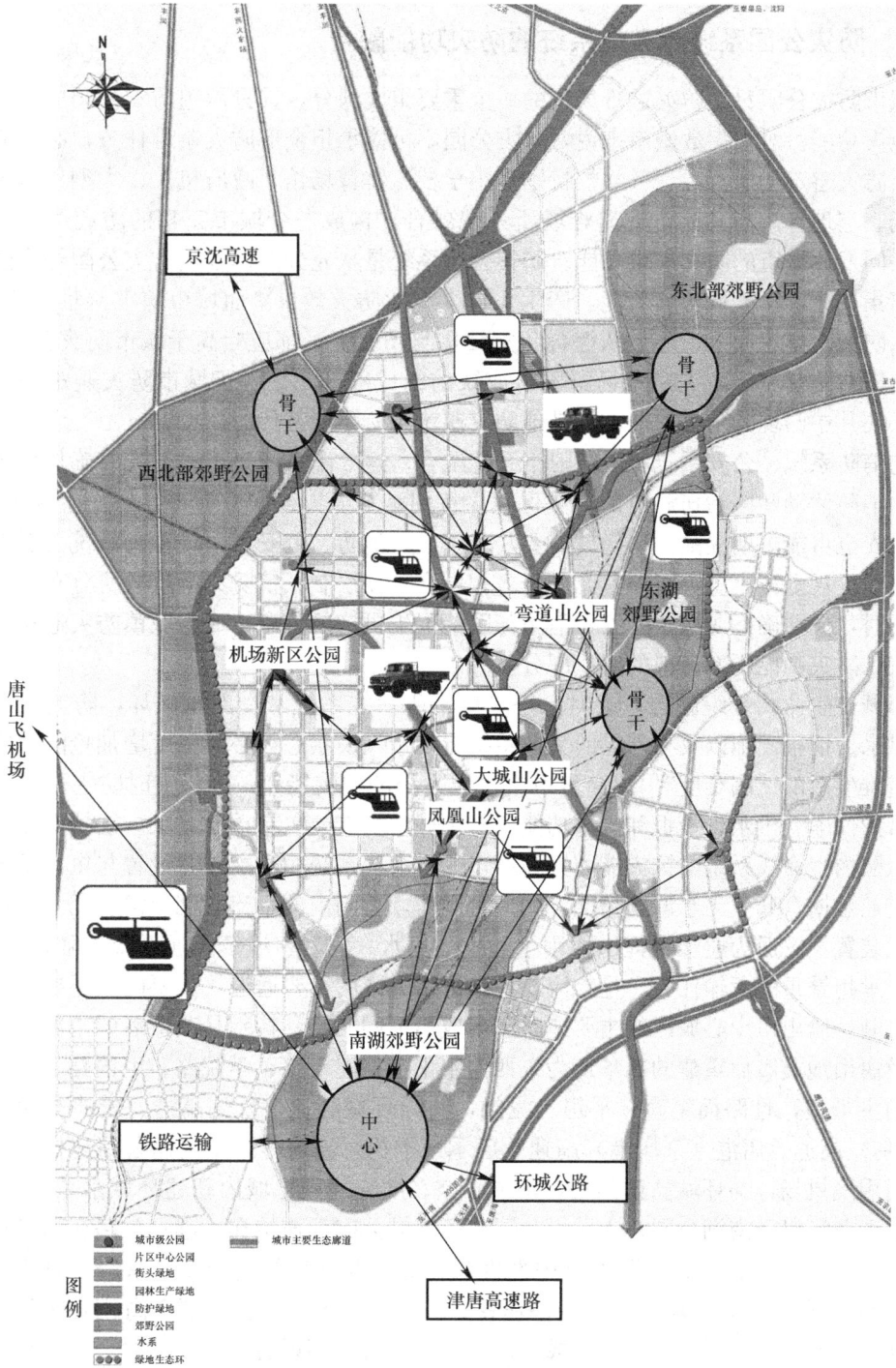

图 3-61 唐山市中心城区防灾公园系统救灾物流集聚与分配系统设想图

次分明、重点突出、手段可靠，城市内外有效衔接，是确保灾后救灾物资畅通流动到各个避难场所的重要保障。

3.4.4 防灾公园系统与其他系统的防灾功能融合

城市防灾公园只是防灾避难场所的一个重要组成部分，其只承担防灾公园应当承担的抗灾减灾功能。对大多数城市来说，防灾公园不可能承担全部防灾避难任务，必须充分利用各类防灾避难场所资源——学校特别是小学校、体育场馆、政府机关、大型停车场、集贸市场、空地等。与其他防灾避难场所系统融合，构成一个城市完整的防灾避难场所系统，共同发挥城市的防灾避难功能。防灾公园系统是从充分发挥各类防灾公园综合防灾的角度富集、充实、扩展防灾功能，产生 1＋1＞2 的防灾效果。而城市防灾避难场所系统，无论从防灾总体规模上，还是从综合防灾结构与功能上，都应当高于城市防灾公园系统。防灾公园系统是城市防灾避难场所不可或缺的组成部分，它融于城市防灾避难场所系统中，又在其中凸现其防灾功能，有其他防灾避难场所不能替代的作用。

与消防系统、公安系统和医药卫生系统融合。这 3 个系统是平时、灾时确保城市社会安全、消防活动和医治伤病员的重要保障。特别是重大灾害发生后，容易发生次生火灾，社会治安也可能短期混乱，伤病员需要及时医治，消防、公安和医药卫生系统三者缺一不可。因此，规划城市防灾时，宜充分与之相融合。在绘制城镇防灾避难场所分布图和防灾区划图时，应明确标明城镇公安、消防与医药卫生机构的分布，成为城镇防灾避难场所防灾结构、防灾功能不容忽视的组成部分。

与城市生命线系统融合。灾时，一旦城市生命线系统遭受严重破坏，防灾公园的供电、供水、情报设施以及与外界的交通系统将处于瘫痪状态，必大幅度增加抢险救灾和避难者避难生活的"困难度"。提高城市生命线系统的抗灾能力，确保灾时防灾公园维持基本正常的供电、供水、情报和交通功能，对于城市抗灾减灾有重要意义。规划建设防灾公园时，园内生命线系统的抗灾能力宜与城市的生命线系统相匹配，并设置与供水系统连通的抗震贮水槽，开发无水冲刷情况下的应急厕所，公园内的水流（江、河、湖）应设置水质净化装置，灾后为避难者提供饮用水和生活用水。灾时，城镇交通系统（陆运、水运、空运）承担繁重的运输任务，是物流、人流进出灾区的重要通道，重要路段还要适时实施交通管制。唐山市中心城区的主要道路基本成矩形网格状，特别是改造后的南新道、北新道以及唐山地震震后重建的新华道为东西向主干道，建设路、学院路、卫国路、友谊路为南北向主干道，且路面笔直、平坦、宽阔，并与环城高速、京沈高速、唐津高速、唐曹（曹妃甸）高速、唐港（京唐港）高速、唐承（承德）高速等多条高速公路连接；西郊设军民两用飞机场，与环城高速连接，形成了空、陆交通网；城内新建环城水系，把陡河、唐河、青龙河以及南湖公园、大城山公园、凤凰湖公园等连接在一起；铁路交通发达，京沈铁路、京哈铁路、大秦铁路通过中部发展核心，并规划修建津秦、京唐、唐曹（曹妃甸）、唐张（张家口）等城际铁路和快速铁路。唐山市区和各县区都有高速公路和干线公路相连，基本实现村村通公路，形成了以城市为中心，辐射各县、乡、村，干支相连，四通八达的地方公路网络，形成了以高速公路为主干道，以国道、省道为骨架，以农村公路为脉络的公路交通网络。唐山市包括大防灾公园系统在内的大防灾避难场所系统与城市的陆、水、空交通网络相融合，构筑强劲的抗灾减灾与防灾避难结构，有效地强化防灾避难场所的防灾功能，提供抗灾减灾与防灾避难的时效、实效。

规划设计城镇防灾公园系统特别是大防灾公园系统，宜充分融合城市生命线系统、交通系统以及公安、消防、医疗系统，充分调动城镇各种系统的防灾减灾功能与能力，强化、充实各类防灾避难场所的防灾结构，确保避难行动与避难生活的有序性、安全性，尽可能降低避难生活中避难人员的生活"困难度"。

3.4.5 防灾公园适宜性分析——以唐山市的主要城市公园为例

3.4.5.1 南湖公园

南湖公园所在地曾经是生态环境和自然景观遭严重破坏的采煤塌陷区。1997年初，南湖公园规划为大型综合性生态公园，并开始实施生态绿化工程。依据规划，南湖公园的建设目标是："一城"——交通娱乐城；"三场"——高尔夫球场、赛马场、军体射击场；"四园"——水上游乐园、湿地生态园、水禽园、水上垂钓园；"六区"——综合游憩区、青少年活动区、地震纪念区、农桑区、植物景观区和管理区。

南湖公园改造成防灾公园的适宜性表现在以下诸多方面：

（1）交通通达性好

公园东侧有唐山市南北向主干道建设南路，南部有唐胥路，西部有学院路，北部有南新西道。这些街道还与唐山市周边的多条高速公路连通。原京山铁路贯穿公园东西，有能力承担救灾物资的运输与储备。园内的市民广场上可设直升机坪，灾时用于紧急运输重伤员、救灾物资以及来访的要员等，并与唐山市西郊的飞机场共构联运关系，使之与省内、环渤海城市群和邻近各省市的飞机场形成紧密的运输网络。

（2）公园的外围与城市居民区毗邻

园内的绿地、广场可规划为棚宿区，收容附近的居民避难，也可规划为支援灾区部队、工程技术人员、医疗队、志愿者的宿营地及其配套设施和空间。公园北部约1～2km有唐山市妇幼保健院、唐山市截瘫医院（唐山市老年人医院）、二五五医院等医疗机构以及消防机构和公安派出所，有医疗、消防、治安安全保障。

（3）规模大

总面积1 300ha，被称为"北方第一大公园"，内设广场、游乐园、植物园等多种景观，具有构建中心防灾公园的品格。可以增设各种防灾设施，完成重大灾害后必备的防灾功能。而且能够与其附近的大钊公园、凤凰山公园、大城山公园以及社区公园、小花园等形成防灾公园系统，强化防灾综合防灾功能。从规模上看，唐山市的中心防灾公园应首选南湖公园。南湖中心防灾公园还可以用作混合型防灾公园。园内设唐山市抗灾减灾指挥中心，场所规模能够容纳各办公机构办公使用，与城市各防灾避难场所的交通通达性好，指挥中心设城市防灾减灾信息网络系统，卫星、航空、有线、无线通信系统以及停车场等其他防灾设施。建设南路东部设支援灾区部队、医疗队、工程抢险人员和志愿者的宿营地。部队宿营地单独设立，依据灾时实际需要设置棚宿区和办公区（内设情报设施、发电设施等），并配备大型停车场、供水处、炊事场地、洗浴场地、盥洗场地和其他活动场地等。在支援灾区医疗队营地的附近设伤病员救助中心等医疗、防疫机构，与城市医疗机构共同负责整个灾区的重伤员收治、伤情鉴别与向外地转运以及防疫灭病工作。工程抢险人员和志愿者的宿营地可以合设一处或分别设置，并提供各类防灾设施。

（4）南湖公园是国家城市湿地公园

依据《唐山市城市总体规划》，唐山市将建设中心城区绿地系统，并在南湖公园规划建设生态城。

　　由上述可知，南湖公园具有良好的避难生活环境和宜居条件。有条件有能力收容其周边的居民避难。但不宜用作重大水灾的防灾公园。

3.4.5.2　大城山公园

　　大城山公园位于唐山市中心城区中部，居弯道山公园、凤凰山公园、大钊公园和南湖公园以及规划待建的东北部公园、东湖公园的核心地带（图 3-62），距离凤凰山公园的最近距离约 1km。在唐山市中心城区的防灾公园中起举足轻重的作用。

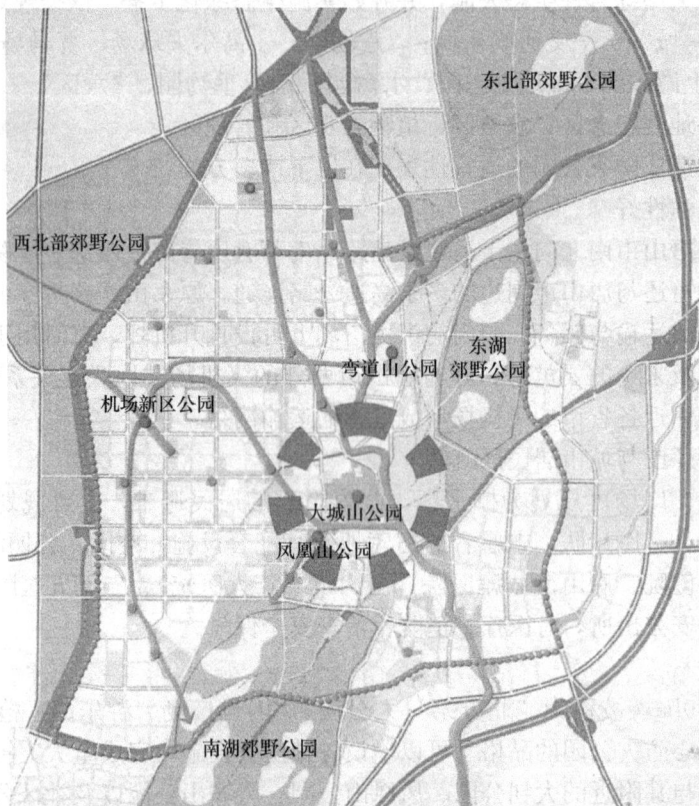

图 3-62　大城山公园在唐山市中心城区的地理位置

　　在当前的状况下，大城山公园不宜用作防灾公园。因为其西北部设有野生动物园。发生重大灾害后，食肉类动物虎、狮、狼、熊等有可能从园中逃出，威胁避难人员安全。因此，大城山公园用作防灾公园的前提是迁走野生动物园。城市公园内没有安全、宜居的棚宿区，或有野生动物园等不适宜用作防灾公园。

　　据现场考察，大城山东麓有陡河流过，东园地带不宜用作洪水灾害防灾避难场所。即使用作其他灾害的防灾避难场所，也应当选择在不会发生泥石流和滑坡的场所或采取预防泥石流和滑坡的有效措施。

　　大城山公园的北部是山区，开放空间较少，不能用作大面积的棚宿区。但有机动车通道，与其他园路和北出入口连通，是防灾公园不能忽视的部分。

　　依据 2003—2020 年大城山公园的规划，公园的中心部位是中心涵养区，东部是园林会馆区，西部是城市客厅区，北部是生态居住区，南部是商业、广场区。可以用作防灾避难场所的地域主要集中在中心涵养区的南部、东园、西园和城市发展展览馆和兴国寺（正在兴建）。

中心涵养区棚宿区面积大，地势平坦，包括既建的十二生肖广场、卡丁车场、冀东抗震纪念碑广场、姜将军纪念园。东南部开放空间可以设直升机坪，有机动车道环绕，南侧临城市主干道北新东道，西侧是公园管理处，棚宿区内有供电、供水、广播设施，适宜用作防灾害避难场所。

城市发展展览馆棚宿区包括该馆西部的绿地广场和兴国寺绿地和空地。北部是住宅区，西部、南部比邻城市主干道，西南方向约 500m 是凤凰山公园。南面隔道是小公园。该棚宿区既可以用作固定防灾公园，也可以用作大城山公园中心涵养区固定避难场所或凤凰山公园的紧急避难场所。

东园棚宿区位于大城山公园东北部。其南是居民区，东隔城市干道与陡河比邻，西部是山崖、陡坡，北部隔山与唐山发电厂相望。园内设 4～6m 宽的园路，交通通达性好。用作固定避难场所时，山麓应设防山崩和泥石流的安全带。

西园棚宿区在公园西部。

野生动物园搬迁后，在中心涵养区棚宿区和西园棚宿区之间可再设 1 个棚宿区。其地域范围除动物园的大部分占地之外，还可向北部适当延伸。

大城山公园用作防灾公园具有如下适宜性特点：

（1）规模适宜

新规划的大城山公园，规划面积 252ha。其中，适宜用作棚宿区的开放空间大约有 40～50ha，可以用作中心防灾公园，中心涵养区棚宿区面积大、地势平坦，能够安置抗灾减灾指挥机关、支援灾区人员的宿营地，东南部可设直升机坪。也可用作大型固定防灾公园。

还应当指出，大城山公园和凤凰山公园、凤凰山公园和大钊公园之间相距不足 500m，大钊公园和南湖公园相距 1km 左右，相互间有城市干道连通，可以构建一个大型的综合防灾公园，各公园的开放空间防灾功能互补，可以有效地强化唐山市防灾公园的综合防灾功能。如果东湖公园和东北郊公园建成，将有一个防灾公园群东北向贯穿城市中心，可以容纳中心城区近 1/3 地域的居民避难。

（2）环境适宜

大城山公园依山傍水，园内的大城山是全市的制高点，与贾家山、凤凰山、弯道山构成复岭重岗地貌。陡河从山下流过，山环水抱、山水相依。四时风光，各有千秋。地势北高南低、东陡西倾、东北部甚为陡峭。旧时，大城山分西、东两峰，东峰海拔 75m、西峰海拔 122m。大城山表面凹凸不平，不乏奇石突峰，上有自然植被覆盖。峰回路转，曲径通幽。公园西临的龙泽北路有大型超市和多家饭店、商铺，东部有唐遵铁路通过，西南方向约 1km 有唐山工人医院，北出口是唐山电视台。灾时，这些设施可转化为防灾资源。

（3）园内园外的防灾资源可连片利用

园内、园外比邻的防灾资源连片利用是扩大避难场所规模，强化避难场所防灾结构与防灾功能的重要措施。大城山公园可设多处棚宿区，且园外西南部有近 30ha 的城市发展展览馆、兴国寺及其隔街相望的小花园绿地，可增设 1 个棚宿区。这个棚宿区与凤凰山园隔道相连，又把大城山公园和凤凰山公园连接在一起。

3.4.5.3　凤凰山公园

凤凰山公园位于唐山市中心城区的中心部位。西南方向距唐山抗震纪念碑广场约500m，东北方向距大城山公园亦约500m。周边交通通达性良好，北临唐山市东西向主干道——北新道，西接文化路，南靠凤凰道，东北是龙泽路。2008年公园改造后，面积增加到37ha。公园的中部为凤凰山，山北侧是烟雨湖，东部是博物馆。

公园周边有唐山开滦一中、唐山第十中学和多所小学，这些学校200～500m² 的体育操场可作为防灾公园避难场所的一个组成部分。包括城市公园在内的多个防灾避难场所视为一个防灾地域整体，规划为一个综合性的防灾避难场所，有助于灾时防灾减灾的集中管理和防灾设施的分级设置与利用。

凤凰山公园规划设计为防灾公园有以下主要特色：

（1）公园的西部和南部有约20ha的开放空间，可用作防灾避难场所，安置公园附近2万居民避难。而且，凤凰山公园与抗震纪念碑广场、大钊公园、大城山公园和唐山开滦一中距离很近，易于形成多个防灾避难场所协同防灾减灾的综合能力。

（2）2008年改造后的凤凰山公园的管理设施、服务设施和公用设施种类齐全。园内道路既有通行大型机动车辆的主干道，连通各个棚宿区；棚宿区内有网状的人行道，园内交通便利。公园无围墙、护栏，设多个行人入口，便于避难。且公园西部的棚宿区设无障碍道路，便于残疾人行走。

（3）公园的中部有凤凰山，如果规划设计为防灾公园，其周边宜采取预防泥石流、山体崩塌和岩石滚落的具体措施。棚宿区与山麓之间应设置灾时的安全带，发生严重地震灾害时，停止利用紧靠山麓的道路。公园山麓地势高，向公园四周高程递减，有些地段宛若梯田，布置棚宿区应考量地形特点。公园内的烟雨湖与西北部的棚宿区比邻。平时供游人划船，灾时启用湖岸设置的湖水净化装置，为避难人员提供饮用水和生活用水；并设消防水站，发生严重火灾时，供消防车取水。

3.4.5.4　大钊公园

大钊公园规划设计防灾公园的适宜性相当突出。园内主要景观和周边环境如图3-63所示。

（1）大钊公园是平地型城市公园，与比邻的唐山抗震纪念碑广场融合在一起。前者主要是绿地、河湖水面；广场既有硬化的场地，也有成片的草坪。可以规划设计多片棚宿区。而且，位于唐山市的中心部位，距唐山市人民政府和市属主要政府机构约1km，便于指挥与组织救援。

（2）多片场所成片组合。大钊公园的东北部是唐山纪念碑广场，沿文化路向北约500m是凤凰山公园，建设南路向南约1km是南湖公园，西北部隔建设路与城市小花——静园相望，这些场地的避难空间可以成片利用，发挥综合防灾功能。可以为附近的 ⁘等提供避难服务。

⁘具有良好的交通通达性。公园西侧是唐山市南北主干道建设路，向南约1km是⁘北约1km是唐山市人民政府，西南部与唐山市妇幼医院隔路相望。北侧是⁘5km是唐山火车站，往东约2km是开滦医院。东侧是文化路，向北约⁘院与凤凰山公园，向南至唐山市东西向主干道南新道。南侧是国防

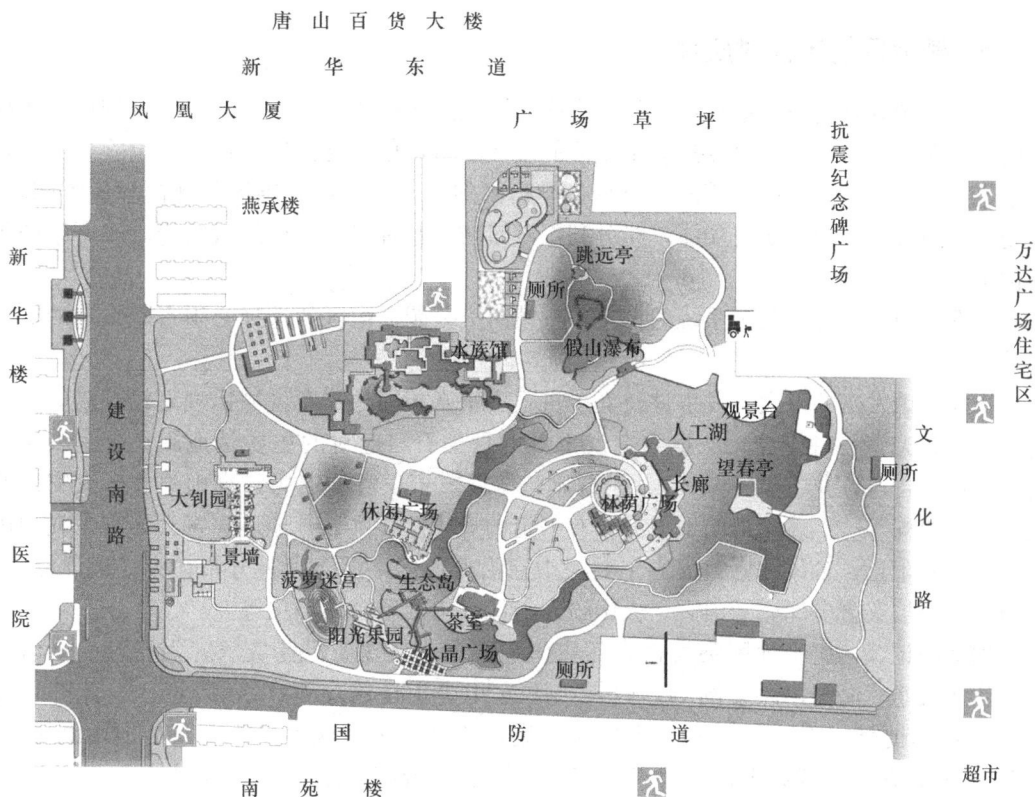

图 3-63 大钊公园的主要景观与周边环境

道，向西约 1km 是 255 医院。大钊公园与唐山纪念碑广场的交通可谓四通八达。园内的道路把各个棚宿区和各种防灾设施连成畅通的道路网。

（4）公园周边有公安机构和医院，有利于灾时的安全保卫与伤病员的及时医治。公园西北部有公安派出所，唐山纪念碑广场设公安岗亭，昼夜值班。距工人医院、开滦医院、255 医院、唐山妇幼医院以及同济医院、唐山市截瘫医院等的距离 1km 左右。

（5）附近有大型商场和超市。北部有唐山市最大的商场，西南角隔国防道与大型超市相望。灾时有可能及时提供救灾物资，特别是饮用水、食品和衣物等。公园南侧有饭店，灾时可用作熟食提供场所。

大钊公园选作防灾公园的上述特点，主要源于其地理位置位于市中心区的中心部位。交通四通八达，在居民中的知名度高，周边商业繁华，名店林立，附近有市人民政府及其所属机关，还有多家医院和公安派出所，适宜规划设计为防灾公园。

判断宿住型防灾公园适宜性的主要依据是有无棚宿区，棚宿区的规模、宜居性与各棚宿区之间的关联性；公园周边有无居民住宅区及企事业单位，灾时需求避难的人数；公园附近的防灾避难场所资源与公园用作避难场所的优势；园内外交通网络与避难道路的通达性；良好的安全环境、安全条件与安全保障；防灾设施、防灾资源、防灾机构等对防灾避难的共享力度等。唐山市的大城山公园、凤凰山公园、大钊公园以及南湖公园等基本满足固定防灾公园适宜性的要求。

3.4.6 棚宿区的灾害对应性

防灾公园和其他防灾避难场所的棚宿区是固定避难场所、中心避难场所规划设计的核心内容。棚宿区是城镇居民度过避难生活的重要场所，也是支援灾区部队、抢险救灾工程技术人员与医疗队、志愿者等的宿营地。棚宿区的选定为确定避难场所规模和避难圈域，规划设计防灾设施及其防灾功能，充分利用城镇防灾避难资源，构筑城镇避难场所系统等提供依据。

依据唐山市大防灾公园系统的构想，城镇防灾公园棚宿区的选择必须考虑灾害的对应性等。

不同城镇发生的重大突发事件及其严重程度未必相同，或者说城镇规划设计防灾避难场所应当有灾害的对应性。从重大突发事件的种类看，应对的主要是地震灾害、洪涝灾害、风灾（台风、龙卷风、飓风）、泥石流与滑坡灾害、海啸灾害、火山喷发、火灾以及核电站核泄漏等。上述灾害的地域分布有一定的规律性。例如：地震灾害大多突发在地震断裂带及其附近，台风和海啸灾害主要集中在沿海地区，洪涝灾害分布在大江大河流域，泥石流与滑坡灾害多肆虐于山区，火山喷发与活火山活动密切相关等。

据文献记载，唐山地区突发性自然灾害包括地震灾害、洪涝灾害、泥石流、岩溶塌陷、岩溶突水、海啸、风暴潮等。例如：1976 年唐山地震，死亡 24 万余人，此外还有 1568 年渤海地震，1624 年和 1945 年滦县地震，1991 年古冶地震；1569 年丰润山洪暴发，1949 年唐山地区洪涝灾害；1845 年和 1868 年迁安岩溶塌陷，1920 年唐山西北井矿和 1984 年唐山开滦范各庄矿岩溶突水；1949 年乐亭县沿海海啸，1985 年和 1992 年丰南区沿海风暴潮；1978 年迁西县、遵化市和 1979 年迁安市泥石流等。在上述灾害中，地震与洪涝灾害危害的地域广，灾害严重，每次灾害后避难人数多，持续的时间长。其他灾害危害的地域较窄，持续时间短，无需较长时间避难。因此，唐山市大防灾避难场所棚宿区主要对应重大地震灾害和洪涝灾害。

唐山市位居燕山南麓，地势北高南低。北部和东北部多山，海拔 300～600m。中部为燕山山前平原，海拔在 50m 以下，地势平坦。南部和西部为滨海盐碱地和洼地草泊，海拔 10～15m。

在唐山市所属的遵化市、迁安市、迁西县等山区的城镇，规划设计地震和洪涝灾害避难场所的棚宿区宜选择在地势高、平坦，规模较大，排水性能好，且无泥石流和滑坡威胁，不在山间风口的公园、广场、体育场（馆）、空地、大型机动车停车场以及既建的有抗灾能力的公共建筑。不在滦河、陡河等河流以及潘家口水库、陡河水库、邱庄水库沿岸的低洼处规划设计洪涝灾害防灾避难场所。

唐山市位于燕山山前平原。市中心区（路南区、路北区）有大城山、凤凰山和弯道山，设山地城市公园，即大城山公园、凤凰山公园和弯道山公园。在这些山地公园的平坦以规划设计防灾避难场所棚宿区，以应对重大地震灾害与洪涝灾害。但棚宿区应避泥石流、滑坡威胁区以及市的陡河、唐河、青龙河流域沿岸的低洼处。

1938 年、1940 年、1949 年陡河流域相继发生洪涝灾害。特别是 1949 年 8
唐山市区以南一片汪洋。沿河的复兴路、解放路以东水深 2～3m，沿河
部分被淹；因厂区进水，唐山发电厂、华新纱厂和启新水泥厂停工停

产；京山铁路受阻，陡河下游平地可行木舟。最大淹没水深达4m，持续时间3～7d，过水之处农田绝收，受灾人口60多万。唐山市区在选择洪涝灾害防灾避难场所的棚宿区时，位于采煤塌陷区的南湖公园（湿地公园）应按照地势高低划分为若干个区域，北部靠近南新道地势较高处可规划部分棚宿区（图3-64）。依据洪涝灾害的大小从规划设计的棚宿区内选择，选择的范围在非洪水淹没区。且首先在地势较高的北部选择，再向南部推移。

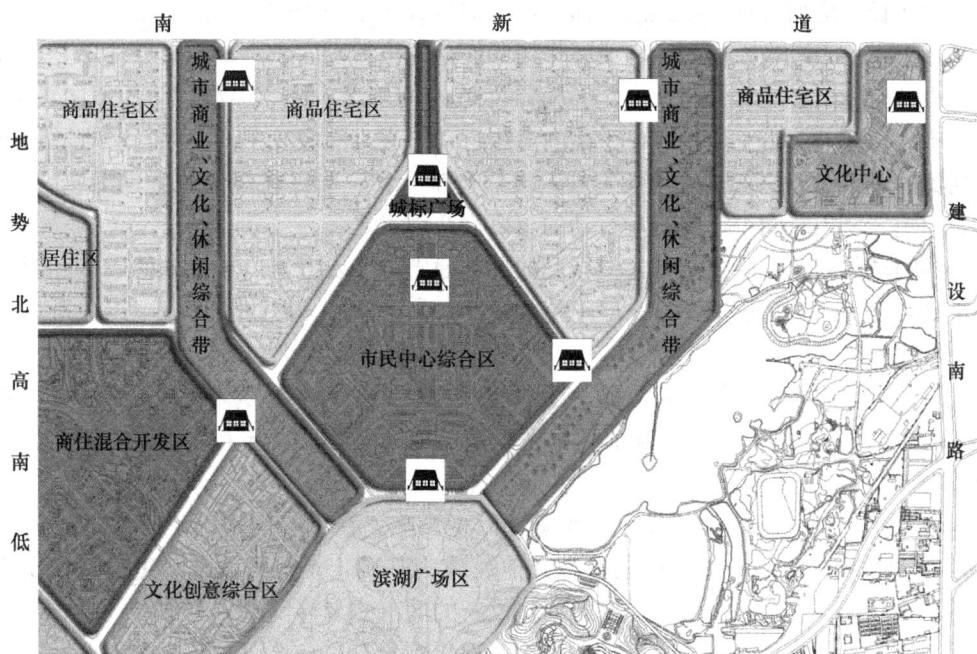

图3-64 南湖公园靠近南新道的棚宿区规划图

绘制1949年洪灾时唐山地区洪水淹没区特别是燕山山前平原、南部和西部滨海盐碱地和洼地草泊淹没区的地图，作为规划设计百年一遇洪涝灾害防灾避难场所的选址依据。

乐亭县、唐海县、丰南区滨海地区以及曹妃甸工业区、海港工业区可规划设计风暴潮和海啸专用避难场所。例如：在可能发生风暴潮、海啸的滨海地域设超过海啸水墙高度的观海平台，平时是观海景观，灾时是应急避难场所。

燕山山前平原的城镇所在地的地势有一个重要特点，即普遍高于周边的田野。这是几百年唐山地区城镇防涝经验知识的积累与利用。即使像1949年那样百年一遇的洪涝灾害，大片农田被淹，但许多村镇并未进水。因此，在现有城镇地势较高处规划洪水防灾避难场所，其棚宿区一般不会被百年一遇的洪水淹没。

1976年唐山地震时，燕山山前平原特别是南部和西部滨海盐碱地和洼地草泊地区场地液化现象严重，普遍发生喷砂冒水。而村镇内的场地地势高，又经夯实，少有液化现象发生。这是村镇内规划地震防灾避难场所的一个有利因素。

3.4.7 避难圈域的规划设计路向

3.4.7.1 避难圈域

避难圈域是规划建设城市防灾避难场所的重要指标，依据城镇避难场所的规划原贝要求与程序，确定适宜的避难圈域规模，对市民避难安全和避难弱者近距离避难有重要意义。

所谓避难圈域是某个城市防灾避难场所规划的或实际的避难服务地域范围。对于规划建设的防灾避难场所，避难圈域是灾害发生前确定的；对于震后自主避难者选择的避难场所，避难圈域是对实际避难者的统计值。避难圈域大，有些避难者避难路程远，避难行动消耗的时间长，增加避难行动风险，而且，增加避难弱者的避难难度。

实际上，由于避难人员的住宅或工作场所的地理位置不同，避难的起点并不是以各个防灾避难场所为中心均等分布。在同一避难圈域内的避难人群，避难行动的方向、途径、距离与所需时间等并不完全相同。市民的避难行动与避难圈域有密切关系，避难圈域指定附近居民的避难地理位置，并约束避难人员的避难行动。居民在规定的避难圈域内避难，避难路程短，所需时间少，是避难行动的重要安全因素之一。

避难圈域的划分，既要坚持方便居民的避难原则，又要考虑避难行动的安全和引导避难的难易程度等。一个避难圈域一般不跨越铁路、高速路、公路以及河流，以免避难行动受阻或发生次生灾害。

固定防灾公园避难圈域的模型是一个以棚宿区为中心、半径为 2 000m 的圆域，避难行程 1h 以内；紧急防灾公园的避难圈域是以避难场所为中心，半径为 500m 的圆域，避难行程 20min 左右。

居民住宅和其他设施的建设布局受多种因素影响。在目前的情况下，许多城市的避难场所规划设计是以现有的居民住宅和其他设施为基础，是依据城市既建建筑和设施规划设计避难场所，不是依据避难场所规划建设新的城市建筑与设施。避难人员避难起点的不均等分布是规划建设城市避难所存在的普遍现象。分布在避难圈内的避难人群即使到同一个避难场所避难，也有多个起点、多个方向、多条路经，行走的路途与时间也会千差万别。

避难人员的避难行动有选择性，一个避难者、一个家庭成员或者一栋住宅楼的市民，有可能采取自由避难方式，在周围的多个固定避难场所中选择一个自认为最适合的避难场所避难。也有可能不去指定避难场所，而是就近占领其他建筑或设施避难，或舍近求远，到规划避难圈域以外的避难场所或其他设施避难。这些都会人为地改变避难的场所、路线、方向和所消耗时间。

避难圈域的划分，不仅要考虑市民就近避难，还要充分考虑避难行动的安全和引导避难的难易等。市民的避难行动应当在安全的避难道路上进行。因此，避难的路程一般不是避难距离，有可能是由安全避难道路构成的曲折道路，避难方向总体上是奔向避难场所的棚宿区或临时休息区。

火灾是最严重的地震次生灾害之一，是居民避难行动中，改变欲去的避难场所、经由道路和所选避难方向的重要影响因素。按照躲避火灾的常识，避难行动的方向应当朝向有防火隔离带或防火树林带保护的场所，避开火灾的下风向等。为了躲避避难人员有可能从避难起点、指定避难场所到其他场所避难。由于发生火灾的多少、灾情大小、消防状况以及风速、风向等的不同，受火灾影响，避向、路线、最终到达的避难场所等都随时变化。

3.4.7.2 大城山防灾公园等的避难圈域模型

以大城山公园、凤凰山公园和大钊公园为例，说明固定防灾公园避难圈域的规划设计路向。这3个公园附近居民楼的分布如图3-65所示。

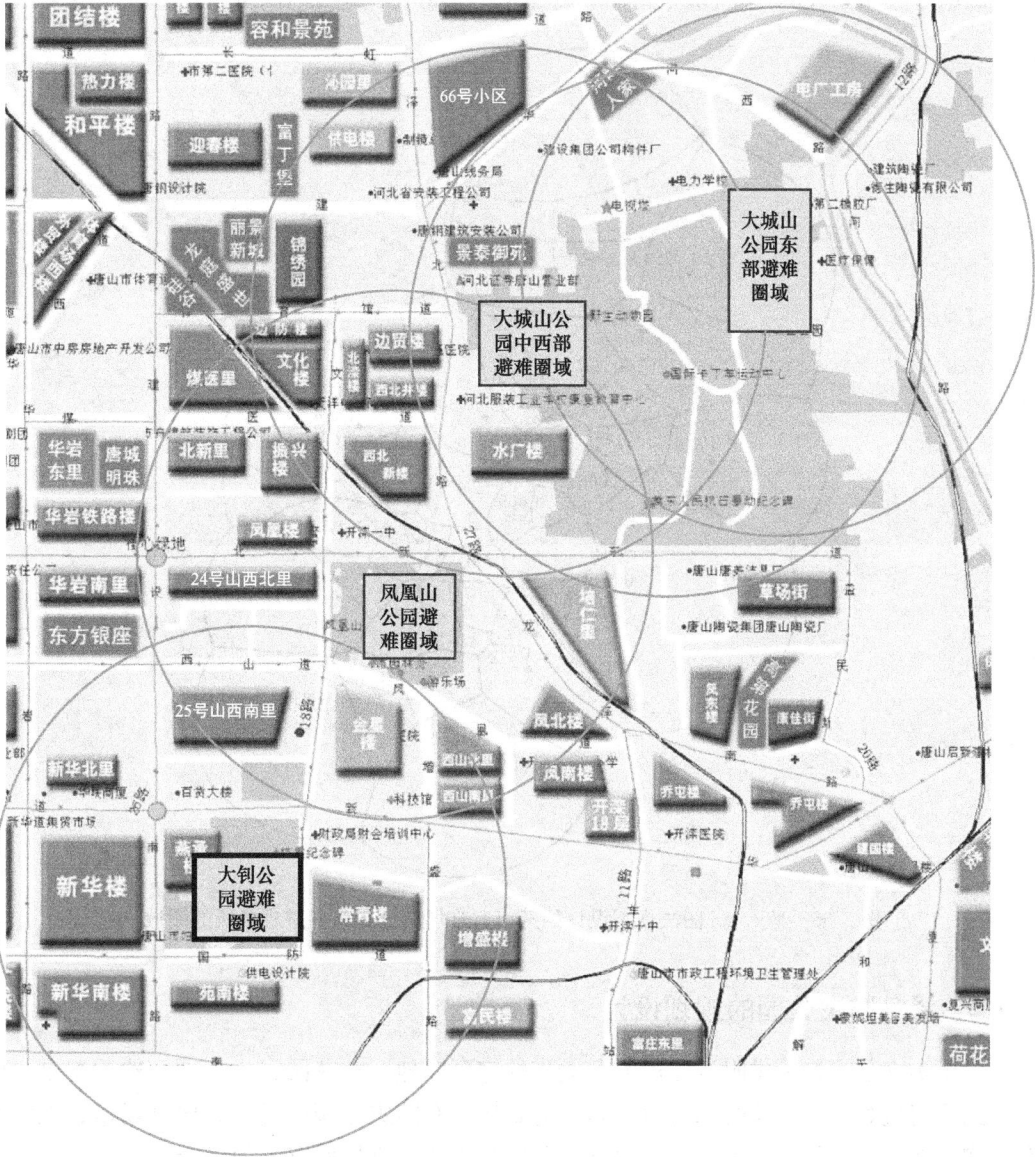

图3-65 大城山公园、凤凰山公园、大钊公园避难圈域分布图

以3个公园的棚宿区为中心，划出3个半径2 000m的圆域。圆内的地域即为各自的避难圈域。有些防灾公园规模较大，棚宿区分布比较分散，可分别绘制避难圈域。例如：大城山公园的西园棚宿区与东园棚宿区相距较远，又有山地相隔，宜各自划分避难圈域。

共有避难圈域内的避难人员去哪个避难场所避难，应依据相关避难场所的规模、收容能力、避难行动安全性等确定。

以圆域作为避难圈域的模型可以清晰地反映出避难圈域的地域范围，避难服务半径，为各个防灾公园规划设计收容的避难人员数量及其所属地域提供依据。但每个防灾公园或其他防灾避难场所的实际边界，往往不是圆，棚宿区也未必在圆心，而是相当复杂的各种形状，但应当在避难圈域内，符合服务半径的要求。例如：用 Voronoi 图法规划设计的某市避难场所分布图及其避难圈域如图 3-66 所示。实际上的避难圈域的形状应当更复杂。

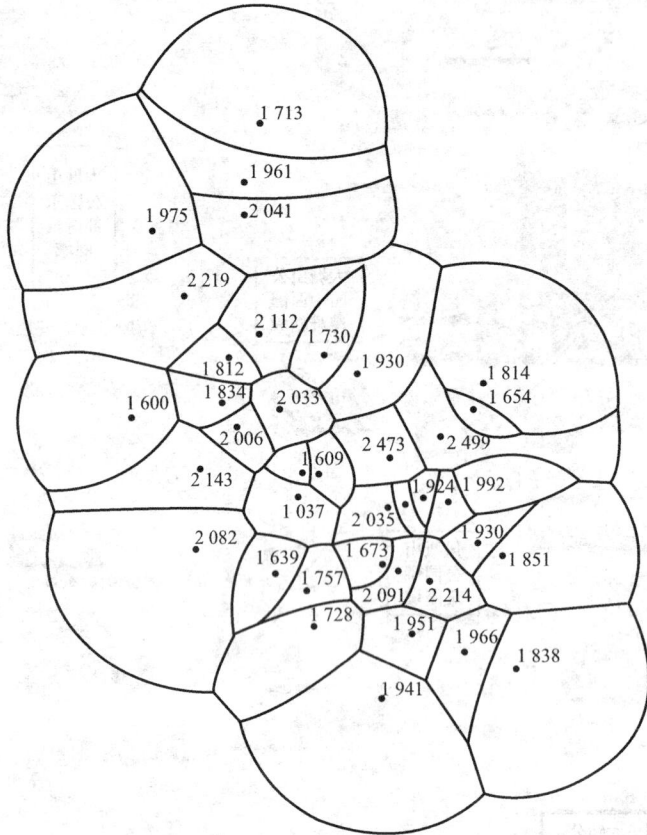

图 3-66　Voronoi 图法规划设计的某市避难场所分布与各避难场所的圈域

3.4.8　紧急防灾公园的规划设计

紧急防灾公园是可供附近居民紧急避难的宅旁绿地、小花园、小公园，然后避难人流转移到固定避难场所较长时间避难。防灾避难场所有防灾公园、学校、体育场馆、大型停车场和空地等多种类型。因此，紧急防灾公园与固定避难场所有多种组合。

分析防灾公园系统图（图 3-9）可知，在避难行动（灾害发生时从避难者所在地——住宅、工作场所等到固定避难场所的避难行为）过程中，紧急防灾公园是第一避难地点，供短期紧急避难，然后向附近的固定防灾避难场所转移。避难行动是从多个紧急避难场所到数量相对少的固定防灾避难场所、从临时紧急避难场所到较长时间避难的避难场所的转移过程。

图 3-67 是紧急防灾公园与固定避难场所的关系示意图，表明位于避难圈域中心部的固定防灾公园收容来自附近 7 个紧急防灾公园的居民避难，显示出紧急避难场所与固定避

难场所的数量关系、多种组合关系，紧急避难场所与其他类型的防灾避难场所可以形成防灾避难场所系统的可能性和必然性。上述关系决定了一个城市防灾避难场所的数量应遵循以下规律：紧急防灾避难场所＞固定避难场所＞骨干避难场所＞中心避难场所。

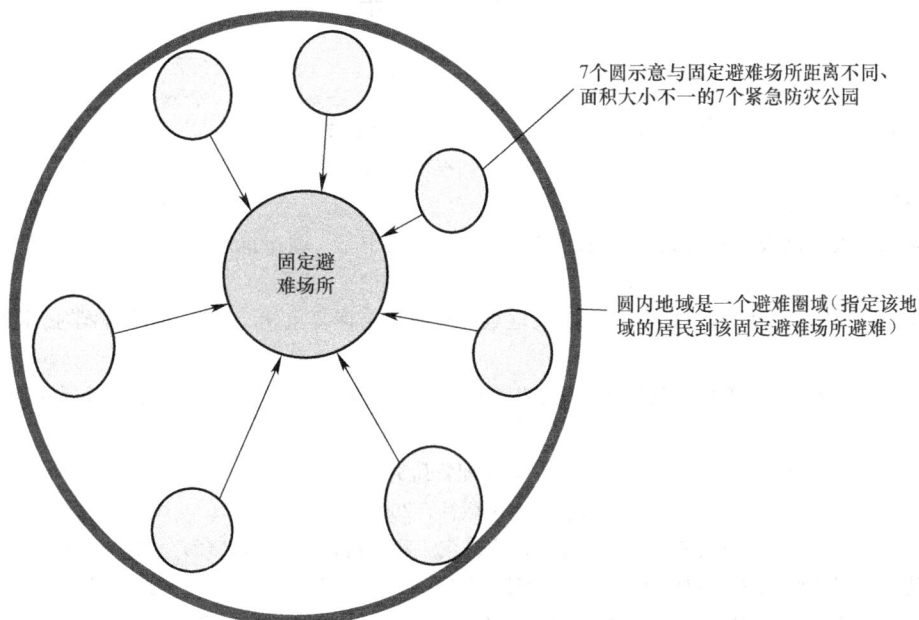

图 3-67　紧急防灾公园与固定避难场所的关系图

对唐山市中心城区公园绿地资源的调研表明，唐山地震后规划建设了诸多宅旁绿地、小花园、小公园。但其周围的固定避难场所类型不同。能够和固定防灾公园组合成防灾公园系统的主要是固定防灾公园附近的小花园、小公园。例如：在大钊公园附近有位于建设路和新华西道交叉口的静园和抗震纪念广场北部的绿地。

唐山市中心城区的部分小花园、小公园可以和学校等构成防灾避难场所系统。大城山东南部的城市发展展览馆绿地和其南部的草地既可以规划为大城山防灾公园的组成部分，用作固定防灾公园，也可以和大城山防灾公园组合，规划为紧急避难场所。新华西道西端两侧的绿地可以规划为紧急防灾避难场所，附近的小学等规划为固定防灾避难场所。

参 考 文 献

[1] 苏幼坡. 城市灾害避难与防灾疏散场所. 北京：中国科学技术出版社，2006.

[2] 河北省地震工程研究中心，北京工业大学抗震减灾研究所. 城镇防灾避难场所设计规范. 北京：中国建筑工业出版社，2012.

[3] 北京工业大学抗震减灾研究所，河北省地震工程研究中心. 城市抗震防灾规划标准 GB 50413—2007. 北京：中国建筑工业出版社，2007.

[4] 于山，苏幼坡，刘天适，刘瑞兴. 唐山大地震震后救援与恢复重建. 北京：中国科学技术出版社，2003.

[5] 苏幼坡，苏经宇，苏春生，刘瑞兴. 城市生命线系统震后恢复的基础理论与实践. 北京：地震出版社，2002.

[6] 苏幼坡，张玉敏. 唐山市丰南区抗震减灾资源配置研究. 参见：周锡元，苏幼坡，马东辉. 城市与工程减灾研究与进展. 北京：中国科学技术出版社，2006，50～53.

[7] 苏幼坡，刘瑞兴. 防灾公园的减灾功能. 防灾减灾工程学报，2004，24（2）：232～234.

[8] 苏幼坡，刘瑞兴. 城市避难疏散场所的规划原则与要点. 灾害学，2004，19（1）：87～91.

[9] 李延涛，苏幼坡，刘瑞兴. 城市防灾公园的规划思想. 城市规划，2004（5）：71～73.

[10] 苏幼坡. 避难动机、避难选择与行动. 现代职业安全，2008（11）：87～89.

[11] 苏幼坡. 吸取经验教训 提高城市防灾能力. 城市环境设计，2008（4）：22～24.

[12] 苏幼坡. 避难疏散场所的类型与功能. 现代职业安全，2008（10）：78～79.

[13] 苏幼坡. 避难生活存在的主要问题与解决途径. 现代职业安全，2008（12）：88～90.

[14] 苏春生，苏幼坡，初建宇. 城市园林的抗震减灾功能. 世界地震工程，2005，21（1）：37～41.

[15] 苏幼坡，初建宇. 防灾公园"平灾结合"规划设计思想. 河北理工学院学报（社会科学版），2007（4）：149～151.

[16] 苏幼坡，马亚杰，初建宇，刘瑞兴. 日本防灾公园类型、作用与配置原则. 世界地震工程，2004，（4）：27～29.

[17] 苏幼坡. 防灾公园的功能与规划. 现代职业安全，2009（6）：37～39.

[18] 苏幼坡，初建宇，刘瑞兴. 城市避难道路的安全保障. 河北理工学院学报，2005，5（4）：191～193.

[19] 马亚杰，苏幼坡，刘瑞兴. 城市防灾公园的安全评价. 安全与环境工程，2005，12（1）：50～52.

[20] Ma Yajie, Su Youpo, Liu Ruixing, Wu Qiang. Preliminary Study on Risk Assessment of Disaster Prevention Parks. Progress in Safety Science and Technology (Vol. V), Part B, Science Press, Science Press USA Inc. 2005, 1535～1538, Shaoxing, Zhejiang, China.

[21] 苏幼坡. 避难所的安全评价. 现代职业安全，2009（1）：84～86.

[22] 苏幼坡，刘瑞兴. 地震灾害情报的速发性. 情报杂志，2001（2）：80～81.

[23] 苏幼坡，刘瑞兴. 城市地震灾害紧急救助的时序特性分析. 灾害学，2000（2）：34～38.

[24] 苏幼坡. 避难疏散场所规划. 现代职业安全，2009（3）：86～88.

[25] 苏幼坡. 避难资源及其配置. 现代职业安全，2009（4）：72～73.

[26] 苏幼坡. 避难资源配置的主要途径. 现代职业安全，2009（5）：76～77.

[27] 苏幼坡. 防灾公园的功能与规划. 现代职业安全，2009（6）：86～88.

[28] 初建宇，苏幼坡. 城市综合防灾管理体系的完善. 河北理工学院学报（自然科学版），2009（3）：144～146.

[29] 苏幼坡，张玉敏. 唐山大地震震灾分布研究. 地震工程与工程振动，2006（3）：18～21.

[30] 苏幼坡，刘瑞兴. 横滨市实时地震防灾系统的技术特点与实用效果. 世界地震工程，2001（3）：59～61.

[31] 何建辉. 防灾公园的规划路向——兼论唐山市中心城区的防灾公园规划. 河北理工大学硕士论文，2011.

[32] 卢秀梅. 城市防灾公园规划问题的研究. 河北理工大学硕士论文，2005.

[33] 王秋英. 城市公园防灾机制的研究. 河北理工大学硕士论文，2005.

[34] 曹国强. 城市避难疏散和救助医疗机构规划问题. 河北理工大学硕士论文，2005.

[35] 李树华. 防灾避难型城市绿地规划设计. 北京：中国建筑工业出版社，2010.

[36] 陈志芬，李强，陈晋. 城市应急避难场所选址规划模型与应用. 北京：气象出版社，2011.

[37] 王景明. 冀京津区自然灾害及其防治. 北京：地震出版社，1994.

[38] 吴积善. 泥石流及其综合治理. 北京：科学出版社，1993.

[39] 国家地震局震害防御司. 中国历史强震目录（公元前23世纪—公元1911年）. 北京：地震出版社，1995.

[40] 柏原士郎，上野淳，森田孝夫. 阪神・淡路大震大震災における避難所の研究. 大阪：大阪大学出版社，1998.

[41] 岩崎信彦. 阪神・淡路大震災の社会学（第二巻 避難生活の社会学）. 東京：昭和堂，1999.

[42] 井上宜裕. 緊急行動論. 東京：成文堂，2007.

[43] 城市緑化技術開発機構. 防災公園計画・設計ガイドライン. 東京：大藏生印刷局，1999.

[44] 都市緑化技術開発機構，公園緑地防災技術共同研究会. 防災公園技術ハンドブック. 東京：株式会社ェポ，2000.

[45] 都市緑化技術開発機構，公園緑地防災技術共同研究会.（続）防災公園技術ハンドブック. 東京：株式会社環境コミュニケーションズ，2005.

[46] 亀田弘行. 総合防災学への道. 京都：京都大学学术出版社，2006.

[47] 辻本哲郎. 豪雨・洪水災害の減災に向けて——ソフト対策とハード整備の一体化. 東京：技報堂，2006.

[48] 日本建築学会. 1995年兵庫県南部地震災害調査速報. 東京：丸善（株），1995.

[49] 加藤禎一. 地震と活断層の科学. 東京：朝倉書店，2010.

[50] 河田惠昭. 津波災害——減災社会を築く. 東京：岩波書店，2010.

[51] 杨珺珺，孟祥臣，王振勇. 城市防灾公园系统及其防灾功能. 参见：周锡元、苏幼坡，马东辉. 城市与工程减灾研究与进展. 北京：中国科学技术出版社，2006，37～40.

[52] 张秀彦，朱庆杰，李刚. 基于GIS的城市地震应急避难场所规划的应用研究. 参见：周锡元、苏幼坡，马东辉. 城市与工程减灾研究与进展. 北京：中国科学技术出版社，2006，114～119.

[53] 李刚，马东辉，苏经宇，等. 基于加权Voronoi图的城市地震应急避难场所责任区的划分. 建筑科学，2006，22（3）：55～59.

[54] 李刚，马东辉，苏经宇，等. 城市地震应急避难场所规划方法研究. 北京工业大学学报，2006，32（10）：901～906.

[55] 曹国强，李刚，马东辉. 城市防灾疏散场地公园绿地面积指标的研究. 防灾减灾工程学报，2006，26（2）：224～227.

[56] 陈志芬，李强，陈晋，等. 城市应急避难场所层次分部研究（Ⅰ）. 自然灾害学报，2010，19（3）：

151～155.

[57] 陈志芬，李强，陈晋. 城市应急避难场所层次分部研究（Ⅱ）. 自然灾害学报，2010，19（5）：13～19.

[58] 李景奇，夏季. 城市防灾公园规划研究. 中国园林，2007（7）：16～22.

[59] 叶明武，王军，陈振楼等. 城市防灾公园规划建设的综合决策分析. 地理与地理信息科学，2009（2）：89～93，98.

[60] 周天颖，简甫任. 紧急避难疏散场所区位决策支持系统建立之研究. 水土保持研究，2001（1）：17～24.

[61] 武文杰，朱思源，张文忠. 北京应急避难场所的区位优化配置分析. 人文地理，2010（4）：41～44，35.

[62] 刘强，阮雪景，付碧宏. 特大地震灾害应急避难场所选址与模型构建. 中国海洋大学学报（自然科学版），2010（8）：129～135.

[63] 杨文斌，韩世文，张敬军等. 地震紧急避难疏散场所的规划建设与城市防灾. 自然灾害学报，2004，13（1）：126～131.

[64] 齐瑜. 北京市应急避难疏散场所规划与建设. 中国减灾，2005（3）：34～36.

[65] 姚青林. 关于优选城市地震避难疏散场所的某些问题. 地震研究，1997，20（2）：244～248.

[66] 木村京一郎，大口敬，小根山裕之. 密集市街地における道路閉塞と避難困難者に関する研究. 総合城市研究，2005（85）：85～91.

[67] 朱庆杰，苏幼坡. 唐山市地质灾害综合防灾研究. 防灾减灾工程学报，2005，25（3）：209～314.

[68] 陆建浩. 台中市都市防灾系统动态模拟模式之研究. 台湾省朝阳科技大学建筑及都市设计研究所硕士论文，2002.

[69] 肖素月. 地震灾害避难疏散最适路经之研究——以南投都市计划范围为例. 台湾大学地理环境资源研究所硕士论文，2003.

[70] 修济刚，胡平，杨国宾. 地震紧急防灾疏散场地的规划建设与城市防灾. 防灾技术高等专科学校学报，2006，8（1）：1～5.

[71] 黄典剑，吴宗之，蔡嗣经，等. 城市应急避难所的应急适应能力——基于层次分析法的评价方法. 自然灾害学报，2006，15（1）：52～58.

[72] 包志毅，陈波. 城市绿地系统建设与城市减灾防灾. 自然灾害学报，2004，13（2）：155～160.

[73] 李传贵，张晓锋. 城市灾害与应急避难场所规划问题分析. 安全，2006（5）：5～7.

[74] 白伟岚，韩笑，朱爱珍. 落实城市公园在城市防灾体系中的作用——以北京曙光防灾公园设计方案为例. 中国园林，2006（9）：14～20.

[75] 中国地震局. 地震应急避难场所及设施标准 GB 21734—2008. 2008.

[76] 石渡荣一. 防灾公园之规划与设计. 造园季刊，2000（34）：57～62.

[77] 詹明锦. 台中市公园对紧急救难应变的基本功能调查及临时避难使用评估之研究. 台湾省朝阳科技大学营建工程研究所硕士论文，2003.

[78] 大洲防災公園平成 16 年開園目指し着目へ. http://www.city.ichikawa.chiba.jp/.

[79] 田中重好. 津波からの避難行動の問題点と警報伝達システムの限界. 自然灾害科学，2006，25（2）：183～195.

[80] 亀田弘行. 近代城市の耐震対策. 土木学会誌，1989，76（6）：26～29.

[81] 叶琳，于福江，吴伟. 我国海啸灾害及预警现状与建议. 海洋预报，2005（S1）：147～157.

[82] 中村功. 2003 年十勝冲地震における津波避難行動. 日本災害情報学会第 6 回研究発表大会予稿集，2004，29～36.

[83] 田村保. 総合的の津波防災対策の提案——避難行動シミュレーション. 土木施工，2005，46（8）：

　　19～23.

[84] 王建华，江东，陈传友. 我国洪涝灾害规律的研究. 灾害学，1999，14（3）：36～40.

[85] 马征. 公众聚集场所人员安全疏散性能化设计与评价. 西安建筑科技大学硕士论文，2004.

[86] 李繁彦. 台北市防灾空间规划. 城市发展研究，2001，8（6）：1～8.

[87] 李佳鹏. 应激避难场所：撑起人民生命的保护伞. 中国建设报，2003 年 11 月 21 日头版头条.

[88] 渡邊昭彦，細田智久. A、B 市災害時要援護者の大震災時における避難施設選定に関する研究.
　　地域施設計画研究，2005（23）：431～440.

[89] 钟佳欣. 都市旧市区紧急性避难据点之区位配置研究. 台北：国力成功大学都市计划研究所，
　　2004.

[90] 野津田宗聡，岸本達也. 地域避難施設の最適割当てと最適配置手法に関する研究——地域避難施
　　設の最適配置計画手法に関する研究（その1）. 日本建築学会計画系論文集，2005（589）：115～
　　122.

[91] 及川清昭. 施設配置が所与な場にぉける圏域分割の最適化に関する研究. 都市計画学会論文集，
　　1986，21（40）：235～240.

[92] 大沢義明. 地域施設計画モデルにおける計画施設数と最適配置及び最適距離との関係. 日本建築
　　学会計画系論文集，1996（482）：165～174.

[93] 片田敏孝. 住民の避難行動にみる津波防災の課題とその対策. 港湾，2005（6）：28～29.

[94] 肖江碧. 921 集集震灾都市防灾调查研究报告总结报告. 台湾省建筑研究所，1999.

[95] 集中豪雨時等における情報傳達及び高齢者等の避難支援に関する検討会. 避難勧告等の判断・伝
　　達マニュアル作成ガィドライン. 2005.

[96] 森田武. 東日本大震災の教訓（避難対策の見直し 津波対策）. 近代消防，2011（7）：77～80.

[97] 土木学会事務局. 東北地方太平洋沖地震宮城県沿岸の津波被害（速報）. 土木学會誌，2011（5）：
　　5～7.

[98] 山崎登. 災害情報が救う～現場で考えた防災～. 東京：近代消防社，2005.

[99] 長野県危機管理室. 避難所マニュアル策定指針. 2003.

[100] House. focus. cn/news/106089 2010-09-29.

[101] 日本文部科学省. 关于"促进日本学校抗震化"的计划与现状. 2011.

[102] 曹明. 城镇应急防灾避难疏散场所规划设计研究. 河北联合大学硕士论文，2012.

[103] 赵巍. 城镇社区防灾避难所规划设计研究. 河北联合大学硕士论文，2012.

[104] 庞博. 城镇防灾避难救援场所规划设计研究. 河北联合大学硕士论文，2012.